Hans Lenk
Von Deutungen zu Wertungen

Eine Einführung
in aktuelles Philosophieren

Suhrkamp

Die Deutsche Bibliothek – CIP-Einheitsaufnahme
Lenk, Hans:
Von Deutungen zu Wertungen : eine
Einführung in aktuelles Philosophieren /
Hans Lenk.
– 1. Aufl. – Frankfurt am Main :
Suhrkamp, 1994
(Suhrkamp-Taschenbuch Wissenschaft ; 1089)
ISBN 3-518-28689-7
NE: GT

suhrkamp taschenbuch wissenschaft 1089
Erste Auflage 1994
© Suhrkamp Verlag Frankfurt am Main 1994
Suhrkamp Taschenbuch Verlag
Satz und Druck: Wagner GmbH, Nördlingen
Printed in Germany
Umschlag nach Entwürfen von
Willy Fleckhaus und Rolf Staudt

1 2 3 4 5 6 – 99 98 97 96 95 94

Inhalt

Ernst Oldemeyer,
dem Freund, Philosophen
und Kollegen
zum 65. Geburtstag
gewidmet

1. Philosophieren:
Denken, Fragen, transzendierendes Interpretieren

Philosophie verwirklicht sich im Philosophieren, im denkenden Weiterfragen, im ständigen Tieferbohren – nicht notwendig in Folianten und Zitatensammlungen. Philosophieren ist konstruktives und kritisches Weiterdenken – »work in progress« – über Grundlagen und Grundfragen. Im folgenden möchte ich versuchen, nicht die traditionelle Disziplin Philosophie vorzustellen, sondern das Philosophieren im eben erwähnten Sinne »in Gang zu bringen«, soweit mir das möglich ist. Das ist ein schwieriges Unternehmen und hat natürlich Versuchscharakter.

Das Johannes-Evangelium beginnt mit dem Worte: »Im Anfang war das Wort«, genauer: »der Logos«, was »Wort«, »Rede«, »Gespräch«, »Äußerung«, ja, auch »Vernunft«, »Idee«, »Geist«, »Denken« heißt. Kosmologisch erstreckten sich diese Deutungen bis hin zu einer Weltordnung (griechisch: Kosmos) durch Vernunft etwa. Dementsprechend gab es auch mehrere unterschiedliche Deutungen des Wortes, die uns hier freilich nicht direkt in ihren religiösen Konnotationen interessieren. Vielfach wird die Idee von der Ordnung in der theoretischen Physik heute noch vertreten, wobei man aber nun die Ordnung nicht in der Vernunftordnung sieht, sondern in einer Ordnung, die durch Symmetrien gekennzeichnet ist, welche man wiederum rational abbilden, erfassen, einsehen und nachvollziehen kann. Symmetrien und Ordnungen in einer bestimmten einsehbaren rationalen Proportion sollen die Welt bedingen bzw. strukturieren oder strukturierend ermöglichen: »Im Anfang war die Symmetrie«?

»Im Anfang«, was soll das heißen? Der Ausdruck »im Anfang« ist natürlich doppeldeutig. Er kann den zeitlichen Anfang bedeuten, vielfach ist er wohl so gemeint, wahrscheinlich auch im Johannes-Evangelium. Er kann aber ebenfalls logisch gemeint sein, kann sich idealtypisch auf grundlegende Abhängigkeiten beziehen, die Ermöglichung und die Begründung kann logoshaft gedacht werden. Eine derartige Auffassung kommt der erwähnten Idee von den Symmetrien und den Ordnungen in symmetrisch strukturierten Zusammenhängen schon nahe: So behaupten physikalische Symmetrietheoretiker etwa, daß neue Ordnungen aus bzw. als Durchbrechungen von bestimmten anderen vorausgesetzten Symmetrien entstehen. Man denke an die physikalische Kosmologie, derzufolge am Anfang der Zeit und des Universum eine gewisse, nur mathematisch zu umschreibende Singularität steht, von der niemand weiß, was sie eigentlich bedeuten soll – eine Theorie, die heutzutage schon wieder fragwürdig geworden scheint, die umstritten ist. Zu dieser Deutung des Anfangs als Symmetrien(brechung), als vernünftig einsehbare und beschreibbare Ordnung(sentstehung) gehören auch die dynamischen Entwicklungen und Systeme, die Störungen der Ordnung – generell: das Werden. Viele Kosmologen und theoretische Physiker meinen heute, daß im wesentlichen alle Entwicklungsvorgänge Symmetriebrechungen sind, daß eine mathematisch strukturhaft zu beschreibende Symmetrie eben aufgespalten, aufgebrochen wird – und somit durch neue, sog. emergente (neu auftauchende) System- und Struktureigenschaften zu höheren Ordnungen führt, und daß dadurch erst eine kosmische bzw. strukturelle Evolution als eine Folge von Symmetriebrechungen sich ergeben kann. Alles das sind inhaltliche Einsichten oder Spekulationen, Hypothesen, die in der Wissenschaft heftig diskutiert werden.

Uns interessiert in diesem Zusammenhang die Frage nach der Bedeutung der entsprechenden Begriffe. Einerseits stellt sich die Bedeutungsfrage: »Was ist Logos«. Was soll dieser Ausdruck bedeuten? Etwa »sprachliche Beschreibung« oder »Darstellung«, »Äußerung«, »Rede«, »Wort«, »Vernunft«, »Idee«, »Geist«, »Denken«, »Symmetrieordnung«? Und wie kann man das Bedeutete näher umschreiben und begreifen? Bezeichnet der Begriff etwas, was außerhalb von uns gegeben ist, oder etwas, was von uns, in unseren unvollkommenen Möglichkeiten der Sprache entworfen wird? Etwas, was wir als Instrument benutzen, um unsere Gedanken zu projizieren, zu entwickeln – vielleicht ein sehr unvollkommenes Instrument? Dann steht natürlich die Frage an, wie dieses Instrument angewendet werden kann – die Anwendung macht das Instrument aus –, und wie sich die Beziehung zwischen dem Instrument und dem, auf das es angewendet wird, darstellt. Beide Fragen: »Was heißt logos?« und: »Wie ist die Beziehung zwischen dem sprachlichen Mittel und dem, was damit bezeichnet wird?« sind sehr alte, aber auch immer noch aktuelle analytischphilosophische Fragen. Dahinter stehen allgemeine Fragen nach der Bedeutung von Ausdrücken, von philosophischen Entwürfen, von Hypothesen usw. Das ist eine typische philosophische Vorgehensweise: Man gelangt von Frage zu Frage – in eine Lawine von Fragen.

Entsprechendes gilt natürlich auch für die Variante, die man bei Goethe im *Faust* findet: »Im Anfang war das Wort«, wird dort nach einigen Transformationen umgedeutet zu einem »Im Anfang war die Tat«. Auch das ist entsprechend als die Eröffnung eines Fragekomplexes zu verstehen, wobei genauso wie beim »Logos« unklar und interpretationsbedürftig ist, was die Bedeutungen der Begriffe der Tat, des Handelns, des Tuns, des Verhaltens und des Ausdrucks »Anfang« sind. Auch hier hat die Frage nach der Bedeutung Mehrdeutigkeiten zur Folge, ja, scheint solche geradezu systematisch zu erzeugen.

Und wer hat recht? Der Autor des Johannes-Evangeliums oder Goethes Faust? Kann man diese Frage überhaupt so stellen? Vieles hier ist unklar und vage – und entsprechend zu hinterfragen wie die Mehrdeutigkeit in den Sätzen, die ich zitiert habe. In der Tat, man kann wohl sagen, daß all das Zitierte, Gesagte, Gemeinte von weiteren Deutungen abhängig ist. Und es sind viele Deutungen möglich, abhängig davon, was mit den Fragen angezielt, gemeint ist und in welchem Zusammenhang sie sich stellen. Wenn man Fragen nicht näher präzisiert, kann man sie auch nicht wirklich zutreffend beantworten. In gewissem Sinne haben also natürlich beide – Johannes wie Goethe – recht und beide unrecht, je nach Deutung, je nach Interpretation. Ich denke, daß man vielleicht auch beide Worte zusammenbringen, einander annähern, gleichsam assimilieren muß. Davon später mehr – hier nur soviel: Daß das Anwenden eines Instruments wie des Logos, also des Denkens, der Rede, des Wortes im oberflächlichen Sinne natürlich eine Handlung ist, ist klar, daß aber dieses Beschreiben und das erkennende Beschreiben und Darstellen in einer viel tieferen Weise mit Handlungen verbunden ist, soll später noch deutlicher gemacht werden.

Alles das sind also philosophische Fragen, die sich zum Teil jedem nachdenklichen Menschen stellen und erst recht dem Philosophierenden Möglichkeiten für Denkansätze geben. Freilich ist das Anfangsproblem ein umstrittenes Thema in der Geschichte der Philosophie, auf das hier nicht im einzelnen einzugehen ist, sondern ich möchte mich im folgenden auf die eben angedeuteten Grundfragen des Zusammenhangs von Deutungsmitteln, sprachlichen Beschreibungen, von Denken, Erkennen, Handeln, Interpretieren oder Deuten konzentrieren. Dabei ist stets das zuvor Eingeräumte zu bedenken, daß es sich um Versuche handelt und daß man diese entsprechend »mit Vorsicht« und auch mit Rücksicht darauf zu nehmen hat, daß sie ein »work in progress«, Vor-Sicht-Versuche, vor-sichtige und somit vorläufige Versuche sind.

Ich möchte mit einigen Zitaten beginnen, wie das ja so üblich ist, allerdings nicht mit Zitaten philosophischer Großkopfeten – mit einer einzigen kritischen Ausnahme –, sondern mit dem Zitat einer, an der Quelle, die mir zugänglich war: Ulrich Pothasts *Philosophisches Buch*, leider ungenannten, Studentin: »Wenn ein Philosoph sich nur geistig fett macht in Sachen, von denen er schon im voraus weiß, daß die anderen sie für korrekt halten werden, dann ist das Sünde.« Das ist ein schönes und provokatives Zitat, aber ich glaube, daß es sehr viel Richtiges ausdrückt. Wenn man bedenkt, wie viel in unseren Geisteswissenschaften mit Zitatenhuberei gearbeitet wird, dann sollte man auch betonen, daß das Einreißen von festgefügten Hypothesen und Meinungen, das Untergraben von bestimmten starren Ansichten, ja, von geradezu ideologisch fixierten Meinungen ein wesentliches Merkmal des Philosophierens ist, auch des aktiven Philosophierens, das nicht notwendig immer identisch sein muß mit der Lehre des Stoffaches »Philosophie«, soweit Philosophie überhaupt als ein Stoff repräsentierendes Fach verstanden werden kann.

Das zweite Zitat ist ähnlich kritisch und stammt allerdings von einem, wenn auch nicht in engem Sinne akademischen, aber doch weltberühmten Großkopfeten der Philosophie, nämlich von Seneca, dem Stoiker aus dem Altertum, der in seinen *Philosophischen Briefen* geschrieben hat: »Auf, reiße dich los aus diesem wissenschaftlichen Kindergarten der Philosophieprofessoren, die an den höchsten Gegenständen nur Silbenstecherei üben und durch ihre Kleinigkeitskrämerei den Geist entwürdigen und zermürben. Strebe den schöpferischen Denkern nach und nicht jenen, die nur über sie Vorlesungen halten und es darauf anlegen, daß die Weisheit mehr verwirrt als erhebt.«[1]

1 Die vorliegenden Aufzeichnungen beruhen zwar auf einer Vorlesung,

Dazu nun das letzte Zitat (damit ich wenigstens eine ehrerbietige Verneigung vor der Zitatenhuberei, wie sie üblich ist, mache). Es stammt von Georg Christoph Lichtenberg, dem Physiker und Popularphilosophen, dem Stilisten und Aphoristiker von hohen Graden, der so manche Einsichten der modernen Sprachphilosophie – nämlich die zentrale Idee, die dann Ludwig Wittgenstein[2] im Anschluß an Friedrich Mauthner ausgebrütet hat – schon vorweggenommen hat, daß das Denken im wesentlichen von den Formen unserer Sprache geprägt und beeinflußt wird. Lichtenberg sagte: »Es gibt wirklich sehr viele Menschen, die bloß lesen, damit sie nicht denken dürfen!« Über dieses »Dürfen« stolpert man: Wieso steht hier »dürfen« und warum nicht: ». . . damit sie nicht zu denken *brauchen*«? Oder: ». . . Damit sie nicht denken *müssen*«? Wie dem auch sei, sicherlich ist das, was Lichtenberg gesagt hat, richtig und beherzigenswert. Deshalb wollen wir uns also nun dem Denken, dem Eigendenken und Weiterdenken bzw. Weiterfragen widmen.

Die Philosophie hat es ja bekanntlich mit dem Denken zu tun. Das ist herkömmlich so, das weiß man, und das hat sich sogar an unserer Technischen Universität herumgesprochen: Vor einigen Jahren gelangte eine

ich hoffe jedoch, daß sie nicht mehr verwirren als erheben. Es handelte sich aber in der Tat um keine Vor*lesung* in dem üblichen Sinne, wo jemand ein wohlvorbereitetes, bereits geschriebenes Manuskript verliest – etwa nach dem Motto, das dem akademischen Volksmunde zugeschrieben wird: »Wenn der Professor laut liest, lehrt er, wenn er leise liest, forscht er.« Eine Vorlesung in diesem traditionellen Sinne ist eigentlich, seit und weil die Kunst des Bücherdruckens und -lesens erfunden wurde, in der Philosophie jedenfalls, nicht unbedingt nötig, ja, vielleicht sogar überflüssig. Nicht jede Vorlesung im Fache Philosophie ist auch philosophisch im originären Sinne. Es geht in wirklich philosophischen Vorlesungen nicht in erster Linie um das (Vor-)Lesen, sondern zuvörderst ums Denken, ums eigene Denken, das andere anregt.

2 Man vergleiche den schönen Aufsatz von Reinhard Merkel (1988), der den Nachweis liefert, daß Lichtenberg für viele entscheidende Ideen Wittgensteins Pate gestanden hat. Ähnliches kann man übrigens auch nachweisen für David Hume, Ernst Mach, Arthur Schopenhauer, William James, usw.; es gibt also eine Reihe von Vorläufern Wittgensteins, die ihm sehr viel gegeben haben, nur wird das nicht so unmittelbar deutlich, weil Wittgenstein fast nie zitiert und es auf diese Weise meist im Dunkeln verbleibt, woher er seine Anregungen hatte, von wem er welche Idee bezogen hat, die er dann kreativ weiterentwickelte.

Einladung der Harvard University zu einer *Conference on Thinking*, einer Sommertagung, an unser Rektorat, dieses leitete sie mit der Bemerkung *»Zuständigkeitshalber* an das Institut für Philosophie« weiter. Immerhin, wir waren ganz froh, daß man ans Philosophische Institut dachte und die Einladung nicht gleich an die Abteilung für Informatik oder den damals noch nicht existierenden, aber als Schwerpunkt schon gegründeten, wenn auch formell noch nicht so genannten Sonderforschungsbereich für Künstliche Intelligenz schickte. Ich bin überzeugt, daß in zwei oder drei Jahren solche Einladungen in erster Linie an diesen Sonderforschungsbereich gehen werden oder würden. (Freilich werden die Grenzprobleme zwischen der Neurobiologie des Denkens und der Philosophie derzeit interessant, ja, brisant ...)

Trotzdem, in der Philosophie denkt man offenbar noch. Vor unserem Institutsgebäude sitzt eine Figur, die zwar nicht genau dem Rodinschen Denker nachempfunden ist, aber doch in einer gewissen Denkpose abgebildet ist. Auf Kinder wirkt dieser Denker anregend. Ich erinnere mich, wie ich vor über zwanzig Jahren nach Karlsruhe kam und mit meinen Kindern zum ersten Mal ins Institut ging. Sie liefen auf diesen »Denker« zu, stiegen auf ihn, setzten sich auf seine Schultern und riefen im Chor: »Armer Papa, armer Papa!« Entsprechendes haben wir neulich wieder erlebt. Der Sohn unserer Mitarbeiterin Frau Dr. Kaleri, Konstantinos, nahm auch ein kindliches Interesse – und wir wissen ja, daß Kinder, Narren und auch manchmal Philosophen die Wahrheit sagen – an diesem »Denker«. Er fragte seine Mutter, was »der da« mache, und diese hat ihm erklärt, daß »der« denke. Als Konstantinos später mit seinem Vater dort vorbeikam, sagte der Vater: »Da siehst du einen ganz verzweifelten Menschen!« »Nein«, sagte Konstantinos, »der ist nicht verzweifelt, der denkt«. »Woran siehst du das?« »Der steht doch vor dem Institut für Philosophie.« Darauf fragte sein Vater ihn: »Ja hast du denn im Institut für Philosophie die Leute schon mal denken gesehen?« Konstantinos: »Nein, die arbeiten nur!« Auch das gibt natürlich zu denken.

Mein heute bereits promovierter Sohn hatte als Vierjähriger ein ganz ähnliches Erlebnis, er nahm einen Telefonanruf entgegen und wurde gefragt, ob sein Vater da sei. Er sagte: »Ja«. Daraufhin wurde gefragt, ob der Vater arbeite. Die Antwort: »Nein, der sitzt nur in seinem Zimmer und unterstreicht in Büchern.« (Auch bedenkenswert – gerade angesichts der obigen Ausführungen!) Unter Arbeit versteht man offenbar etwas anderes als Denken, aber, wie gesagt, die kindliche Bemühung hat ja oft durchaus etwas Kreatives und etwas Anregendes oder gar Aufreizendes an sich. Man kann auf Kindesäußerungen hin vielfach stutzig werden. Dies soll auch dem Philosophen Georg Picht passiert sein, dessen Sohn in der Schulklasse gefragt wurde, was sein Vater denn von Beruf sei. Der Sohn sagte: »Mein Vater ist ein großer Philosoph; denn er hat viele Bleistifte.«

Man sieht also, an welchen äußeren Kenn- und Anzeichen man als Denkender, als jemand, der zu denken versucht, gemessen und beurteilt wird. Das Denken kann man eben nicht »sehen« oder direkt beim anderen »erleben« (wie es der alltägliche Positivismus will) – man muß es beim Beobachten oder Kommunizieren unterstellen, deutend verstehen, hineininterpretieren.

Immerhin glaube ich, daß wir Philosophierenden doch wenigstens noch versuchen zu denken, wir forschen nicht nur stets forsch, allzu forsch – wie viele forsche Forscher, die zu Forschungsmanagern wurden, je höher sie die akademische Reputationsleiter erstiegen. Wir Philosophierenden denken noch – man könnte sagen: »von Hand« – ohne Computer(unterstützung) – oder noch vom Kopf. Trotzdem ist das mit dem Denken so eine Sache. Ist die Philosophie so etwas wie ein Restreservat des Denkens geworden? Oder wird auch dieses ihr allmählich immer mehr abgenommen? Etwa z. B. durch die erwähnte Künstliche Intelligenz, durch die Computerwissenschaften und entsprechende Technologien? Eine Frage, die natürlich auch philosophische Relevanz besitzt, etwa hinsichtlich der Philosophie der Künstlichen Intelligenz, ein zur Zeit ziemlich boomendes Gebiet.

Letztlich haben sich alle Wissenschaften aus der Philosophie ausgegliedert bzw. sich von ihrer eigentlichen Herkunft, ihrer Mutterdisziplin emanzipiert. Die Philosophie ist die Mutter der Wissenschaften. Im Mutterschoß waren oder an der Mutterbrust hingen im letzten Jahrhundert noch solche Wissenschaften wie etwa die Psychologie oder die mathematische Logik. Die letztere residiert zum Teil immer noch in der Philosophie, hat sich aber zum Teil auch schon verselbständigt und ist in die Mathematik abgewandert, wird manchmal bereits als ein neues, mathematisches oder interdisziplinäres Fachgebiet aufgefaßt. Ähnliches gilt für die Semiotik, die Linguistik und in gewissem Sinne auch für die Hirnforschung und »Denkforschung«, die künftig ein ganz besonderes Gewicht zu bekommen scheint. Philosophieren mit dem Denken schlechthin gleichzusetzen, ist allzu einfach. Wir müssen da näher nachfragen. Das Denken ist bekanntlich eine Tätigkeit des Gehirns. In der jüngsten Zeit entwickeln sich die sogenannten Neurowissenschaften derart explosiv, daß sogar der amerikanische Senat von einem »Jahrzehnt des Gehirns« gesprochen hat – the decade of the brain –, das er offiziell gerade (1991) eröffnet hat! Warum und wieso nimmt sich gerade der Senat, ein eher politisches Gremium der Stimmen als eines des Denkens, so etwas heraus? Das ist mir unklar, aber wahrscheinlich bezieht sich die feierliche Erklärung auf Forschungsgelder, die für Gehirnforschung bereitgestellt werden sollen – was natürlich auch richtig und wichtig ist.

Die Gehirnforschung – und nicht nur die neurologische Gehirnforschung, sondern die interdisziplinäre Gehirnforschung, die sich abzuzeichnen beginnt – wird, so scheint es, eine Umwälzung der gesamten traditionellen Disziplinen, auch der Humanwissenschaft einschließlich der traditionellen Philosophie und deren Unterteilungen, herbeiführen, vielleicht sogar zu einer Abschaffung oder jedenfalls weitgehenden Modifizierung, Veränderung des klassischen, des sog. Cartesianischen, Dualismus zwischen Geist und Körper oder zwischen dem Mentalen einerseits und dem Körperlich-Ausgedehnten und geometrisch-wissenschaftlich Beschreibbaren andererseits Anlaß geben: Der traditionelle Dualismus befindet sich derzeit in heftigen Kontroversen. Wird eine materialistische Deutung des Denkens als bloßer Gehirnfunktion, Epiphänomen oder emergente Systemeigenschaft obsiegen?

In der Tat ist es interessant, daß etwa Wolf Singer, Vorsitzender des Max-Planck-Instituts für Hirnforschung in Frankfurt, neuerdings davon spricht, daß das Hirn in bestimmtem Sinne Konstrukte herstellt, um Erkenntnis zu liefern. Es wird also von »Hirnkonstrukten« gesprochen, gleichsam von Deutungshypothesen, von Modellen, die als Konstrukte benutzt werden. Hirnkonstrukte werden gleichsam als Modelle aufgefaßt, die Erkenntnis ermöglichen und zur Erkenntnis herangezogen werden. Das ist natürlich schon ein Übergreifen auf andere Gesichtspunkte als man sie in der traditionellen biologisch-neurologischen Forschung findet: Wie kann man sich solche Konstrukte vorstellen, wie können sie repräsentiert, wie können sie erfaßt, operational gemacht werden, wie können sie dargestellt werden und als was kann man sie verstehen? Das sind, glaube ich, besonders interessante Fragen des gegenwärtigen erkenntnistheoretischen Philosophierens: Was kann man unter derartigen Konstrukten verstehen, die für das Erkennen verwendet werden, aber auch für das Vorstellen, Darstellen etwa von Einsichten, Wünschen und allen Tätigkeiten, insbesondere der beabsichtigten (sog. intendierten) und intentionalen (zielgerichteten) Tätigkeiten, also beim Handeln im alltäglichen Leben?

Doch zurück zum Philosophieren. Wir haben gesehen: Philosophieren ist nicht schlichtweg Denken (als würde anderswo nicht gedacht!?), sondern ist ein spezifisches oder spezielles Denken auch über die Grundfragen des Handelns, Wollens, Sprechens, Wertens, Meinens, Existierens, des Seins, Universums usw., und es ist auch Denken über das Denken, ist Selbstdenken.

Anfang des letzten Jahrhunderts gab es einen Anschlag an der Berliner Universität, der besagte: »Die Vorlesung von Herrn Professor Hegel muß heute leider ausfallen, weil der Herr Professor mit dem Nachdenken noch nicht fertig geworden ist. Gez. Hegel«. Ganz so ist es hier nicht: Erstens bin ich der Meinung, daß das Nachdenken sowieso nie zu Ende kommt, daß man nie fertig wird, und zweitens hatte ich allerdings gerade erhebliche Beeinträchtigungen bei meinem Versuch des Vordenkens zu erleiden: Ein Dauerdampfhammer war damit beschäftigt, den Bürgersteig vor unserem Haus und vor meinem Arbeitszimmer aufzureißen, weil offensichtlich die Häuser unserer Straße für den Fernsehempfang verkabelt werden sollen. Damit man medial besser angeschlossen ist, darf man offenbar nicht mehr denken. Immerhin haben wir hier keinen Dampfhammer, wir können noch denken. Man hat also seine Schwierigkeiten mit dem Bemühen, eigene Denkversuche zu exerzieren. Trotzdem Denkhindernisse überall. Wo, wenn nicht in philosophischen Gesprächen, selten genug in Vorlesungen, findet noch ein freies Reflektieren über Denken statt? Fahren wir also nachdenklich und nachdrücklich fort, dem nachzuspüren, was die Hintergründe und Untergründe dessen sind, was wir tun, wenn wir denken – etwa nach der fast sprichwörtlichen Einsicht des Volksmundes: »Wenn du denkst, du denkst, dann denkst du nur, du denkst; denn das Denken der Gedanken ist gedankenloses Denken. Denken tatst du also nie!« Das letztere möchte ich bezweifeln, aber immerhin wollen wir versuchen, dahinter zu kommen, was Denken heißt. Auch in der Universität kommt das Denken in gewisser Weise in Verruf, und Heidegger hat ja sogar gesagt, daß die Wissenschaft nicht denkt – er meinte das natürlich in einem bestimmten Zusammenhang, aber das ist nicht ganz unrichtig, man forscht heute und denkt nicht mehr, vielleicht läßt man auch forschen und läßt denken, aber das Denken selbst ist im Zeitalter des Kopierens in Verruf gekommen. Meine Tochter sagte mir, daß in Studentenkreisen in Freiburg das Sprichwort umgeht: »Kopieren geht über Studieren«. Ich halte es da eher mit dem Stanford-Professor, der seinen Studenten immer wieder eingeschärft hat: »Study less, think more!« Das kann man natürlich auch ausdehnen, Studieren bezieht sich ja keineswegs nur auf die Tätigkeit von Studenten, ich *bemühe* mich ja auch noch, das bedeutet ja »studieren«, mittlerweile im 75. Semester. Man kann das auch auf das Lesen und Schreiben beziehen, ja, auf die drei berühmten englischen Grundarten der geistigen r-Techniken: reading, writing, 'rithmetic. Man sollte also weniger lesen, weniger schreiben, weniger rechnen, dafür mehr denken. Wenn irgendeine Disziplin es mit dem Denken zu tun hat, dann ist es die Philosophie und wir sollten uns dieser Tradition auch bewußt sein. Was tun wir aber, wenn wir denken – bzw. über das Denken nachdenken?

Es ist also sicher nicht empfehlenswert, so wie Goethe zu reagieren, der stolz darauf war: »Ich habe es klug gemacht, habe nie über das Denken gedacht«. Denn das ist also offensichtlich ein gefährliches Terrain, auf dem es trotz vieler jahrtausendealter Bemühungen zu nichts Endgültigem, manche meinen gar, bislang zu nichts Sinnvollem, gekommen ist. So scheint Goethe jedenfalls unterstellt zu haben. Inzwischen – und wohl auch zu seiner Zeit – hat sich das als nicht ganz richtig erwiesen: Insbesondere ist die Forschung (mit verbesserten Instrumenten) über das Denken und dessen Grundlagen weitergegangen, sowohl in der schon erwähnten biologischen bzw. neurobiologischen, psychologischen und neuro- und sinnesphysiologischen Richtung als auch in der philosophischen Deutung und der Einbettung der philosophischen Erkenntnis in sozialwissenschaftliche und soziale Zusammenhänge.

George Herbert Mead hat beispielsweise das Denken als ein virtuelles Probehandeln aufgefaßt, das heißt, wir haben als denkende Wesen die Fähigkeit, etwas am Denk-Modell auszuprobieren: wir können uns Gedanken machen und Denkmodelle aufstellen, eben solche »Hirnkonstrukte« à la Singer. Und wir haben die Möglichkeit, diese intern und auch extern am inneren bzw. äußeren Modell zu testen, indem wir sie beim Modell- oder Testhandeln verwenden oder in experimentellen Zusammenhängen auf Reaktionen anwenden oder als Erfahrungshypothesen oder als bestimmte Leitpläne für das Handeln gleichsam an einer künstlich hergestellten Schein- oder Modellrealität ausprobieren. Virtuelles Probehandeln setzt die Möglichkeit, so etwas wie interne Konstrukte und interne Modelle zu bilden, voraus. Das virtuelle Probehandeln kann übrigens auch sehr folgenreich sein, wenn es extern, in der Realität verwendet wird; es hat aber den Vorteil, daß wir Hypothesen, Theorien bilden können und, wie Popper einmal gesagt hat, daß wir unsere Hypothesen sterben lassen können oder verabschieden können, ohne selber jedesmal nach dem berühmten Problemlösungsverfahren des trial and error selbst sterben zu müssen. Das Verfahren der Hypothesenliquidierung hat große Vorteile. Es bedeutet zwar, daß der Erkenntnisprozeß und auch das planmäßige Handeln in gewisser Weise auf Indirektes, auf das Hantieren und Manipulieren mit Symbolen abgezogen wird, ich will nicht sagen: eingeschränkt wird, doch ist man auf die Verwendung und Manipulation von Symbolen, von Zeichen angewiesen. Aber dies erst schafft die Möglichkeit zu kreativen Entwicklungen durch Variationen und Verzweigungen. So kann man feststellen, daß das Erfinden, Variieren, Testen und Verwerfen von Probekonstrukt(ion)en die wissenschaftlichen Erkenntnisse in ihrer heutigen Vielfalt überhaupt erst möglich gemacht haben und auch variierend zielstrebiges sowie langfristig orientiertes planmäßiges Handeln erst ermöglichen. Ohne dieses virtuelle Probehandeln wären wir überhaupt nicht in der Lage, komplexe Situationen abzubilden, zu modellieren und unter bestimmten Zielgesichtspunkten Handlungen zu planen und auszuführen.

Das Denken über das Denken selbst ist wie gesagt traditionell in der Philosophie zu finden, und ist dennoch ein offenes Problem geblieben. Das gilt auch heute noch, besonders für jenen Philosophiebereich, der sich speziell mit dem Denken befaßt, also die Erkenntnistheorie: Wie und inwiefern kann man durch Denken überhaupt etwas erkennen, seien es nun geistige, ideale oder mentale Strukturen einerseits, oder die äußere Wirklichkeit bzw. deren Strukturen andererseits? Wie kann man insbesondere mit Hilfe des Denkens, eines doch irgendwie *innerlichen* Umgehens mit (Probe-)Konstrukten, etwas über die Realität erfahren? Offensichtlich reicht hier das Denken allein nicht aus. Es gibt eine lange Tradition der Frage, wie Erfahrung und Denken zusammenhängen und ob die Inhalte der Erfahrungserkenntnis ausschließlich aus der Sinneswahrnehmung stammen. Die Auffassung des sensualistischen Positivismus, der sich in der Nachfolge des englischen Empirismus von David Hume, John Locke und anderen entwickelte, daß Erkennen und Wissen nur aus der Sinneserfahrung abgeleitet seien, wurde inzwischen weitgehend aufgegeben. Es hat sich nämlich herausgestellt, daß selbst diese Theoretiker, insbesondere Hume, sehr viel stärker die Kraft des modellierenden Denkens, des Bildens von Konstrukten und Modellen in Anspruch genommen haben, als sie es selbst wahrhaben wollten. Es zeigte sich, daß offenbar dieses Bilden von Konstrukten und Hypothesen notwendig ist und weit über das bloße Sammeln und Abstrahieren von Sinnesempfindungen und Wahrnehmungen hinausgeht. Dabei ist freilich nach wie vor fraglich, was Wahrnehmungen und Sinnesempfindungen im eigentlichen Sinne sind: Werden wirklich »Daten«, also ursprünglich Gegebenes, wahrgenommen, irgendwie aus der Außenwelt extrahiert, oder sind es bestimmte, aufgrund unserer Erkenntnisapparatur in gewisser Weise vorformierte Konstrukte, kontrastprofilierte Erzeugnisse einer Wechselwirkung zwischen der unterstellten Außenwelt und unserer durch die Evolution geformten Erkenntnisapparatur? Das letztere scheint viel wahrscheinlicher – bis zu praktischer Gewißheit – zu sein, aber viele Einzelheiten sind noch unklar. Die Konstruktivität, Handlungs- und Kontextgebundenheit sowie die genetisch-evolutionäre Vorgeprägtheit der Wahrnehmungen ist insbesondere auf der Basis neuerer sinnes- und neurophysiologischer, evolutionsbiologischer und auch wahrnehmungspsychologischer Untersuchungen über fast jeden Zweifel hinaus erhärtet. Wir nehmen in Vorstrukturierungen, Schemata, Konstruktbildungs- und -anwendungsprozessen wahr. Reize werden nicht bloß abgebildet, sondern selektiert, verarbeitet, strukturiert.

Das philosophische, genauer: das philosophierende Denken ist nicht einfach Denken über Spezialfragen. Die Spezialfragen im Sinne von inhaltlichen und abgegrenzten Teilfragen eines bestimmten Gebiets hat man weitgehend der Wissenschaft überlassen müssen. Zwar dürften alle Wissenschaften in ihrem eigentlichen Schürfbereich durchaus manche philosophischen Fragen aufwerfen, die sie auch beantworten müssen, zum Teil in eigenen Entwürfen und Spekulationen oder Modellbildungen, zum Teil auch in Zusammenarbeit mit den Philosophen, die sich einer solchen interdisziplinären Forschungsarbeit und einem Dialog zur Verfügung stellen. In der Tat ist es wichtig und nach wie vor besonders dringlich, daß die Philosophierenden sich für solche Begegnungen mit den eigentlichen Fachwissenschaften offenhalten. Das gilt natürlich insbesondere für die philosophischen Grundlagenfragen und Grenzfragen in jenen dramatisch sich entwickelnden Disziplinen, die von der Naturwissenschaft aber auch von der Sozialwissenschaft her direkt mit den Vorgängen, physiologischen Verkörperungen bzw. Korrelaten des Denkens zu tun haben. Das philosophierende Denken ist aber dadurch gekennzeichnet, daß es sich auf umfassende Fragen richtet, nicht nur auf Spezialfragen und Spezialgebiete. Es geht auf Strukturen von übergreifender Reichweite. Was ist z. B. dasjenige, was beim Denken gedacht wird? Gibt es das Gedachte überhaupt und, wenn ja, in welchem Sinne? Was ist das Produkt, das vom Gedanken bzw. im Denken Bedeutete? Was sind die erwähnten Hirnkonstrukte, von denen der Neurowissenschaftler Singer spricht? Sind das nur metaphorische Verwendungen von Sprachformen? Oder wie hat man sich diese »Konstrukte« im einzelnen vorzustellen? Wie ist die Struktur zu denken, zu erfassen, wie der logische Zusammenhang darzustellen? Das sind Fragen, die viele Disziplinen angehen, die einerseits umfassenden Charakter haben, andererseits aber hinsichtlich ihrer methodologischen Orientierung doch auch recht spezifisch sind, nämlich spezifisch erkenntnistheoretisch, und die die logische Funktion von solchen Konstrukten und deren Zusammenhänge betreffen. Ein solches allgemein philosophierendes Denken hat also mit dem integrativen Denken zu tun, mit einer Funktion der Verbindung zwischen verschiedenen Bereichen. Es geht über das Spezielle eines Teilgebiets hinaus. Es ist das Behandeln des Überspeziellen, des Überspezifischen: Das Bedenken der umfassenden und tiefreichenden Fragen, der Gesamtperspektiven, der Fundamentalfragen, also auch der Sinnfragen des Lebens, des Menschen ist traditionell Philosophieren.

Philosophie hat es herkömmlicherweise schon immer mit den fächerübergreifenden Struktur- und Orientierungsfragen zu tun gehabt. Philosophieren ist insofern Fragen nach dem oder einem Sinn, und das heißt: nach dem Sinn für *uns*. Alfred North Whitehead, der große Metaphysiker und Logiker, der zusammen mit Bertrand Russell die *Principia mathematica* geschrieben hat, der also nach und neben Gottlob Frege die Begründung der modernen symbolischen Logik geleistet hat, antwortete auf die Frage, worum es bei der Philosophie eigentlich gehe, daß es ihr um alles gehe: »What is it all about« ist also die Zentralfrage der Philosophie. Sie ist die Disziplin, die sich auf solche umfassenden Fragen wirft, man kann eigentlich nicht sagen: darauf spezialisiert. Philosophie ist das Fach der Fundamental- und Umfassungsfragen. In modernerer sprachanalytischer Formulierung könnte man diese Fragestellung auch einschränken oder zumindest untergliedern und in einer Teilfrage behandeln unter dem Motto: »What does it all *mean*?« Thomas Nagel, ein analytischer Philosoph in Amerika, hat ein kleines hübsches Büchlein zur Einführung in die Philosophie geschrieben unter diesem Titel *What does it all mean?* Die Fragen des Sinnes und der Bedeutung stehen also im Zentrum der Philosophie, nicht nur die Frage *nach* dem Sinn und der Bedeutung bestimmter Begriffe, sondern auch die Fragen nach der Bedeutung von »Bedeutung« und »Sinn« selbst. Solche Bedeutungsfragen sind für die Philosophie ebenso charakteristisch wie die allgemeinen Was-ist-Fragen: »Was ist Wahrheit?« »Was ist die Vernunft?« »Was ist Denken?« und wie auch die Warum-Fragen, die der Mensch nicht abstoßen kann: »Warum«, so hieß es traditionell in der sog. Grundfrage der Metaphysik und der theoretischen Philosophie, »ist überhaupt etwas und nicht vielmehr nichts?« Etwas hochstilisiert wird diese metaphysische Zentralfrage nach Gottfried Wilhelm Leibniz von Martin Heidegger wieder aufgegriffen und so ausgesprochen: »Warum ist überhaupt Seiendes und nicht vielmehr Nichts?« Die Philosophie hat es also offenbar mit dem Gesamt des Seins zu tun, mit dem, was ist. Doch auch diese Formulierung ist mehrdeutig; die Frage ist in der Tat, was »sein« oder auch »Sein« bedeuten soll. Bezieht sich das Wort »sein« im wesentlichen auf die Verwendungsweisen des Ausdrucks »existieren« oder »sein« auf das, was »real«, was »wirklich« ist, oder gar auf das, was »wirkt«, natürliche oder etwa bloß soziale Wirkungen zeitigt? Das damit Angedeutete wäre eine die Gesamtfrage untergliedernde, modernere Formulierung dieser Teilfragen. In der Tat scheint es ja so zu sein, daß sprachliche Ausdrücke, auch die Ausdrücke der Form, »daß etwas ist« oder daß »etwas Sein hat«, notorisch mehrdeutig und in vielerlei Hinsichten unterschiedlich zu verstehen sind. Die Ausdrucksweise »a ist b« kann auf mindestens sechs bis zehn verschiedene Arten verstanden werden; das hat man in der Logik inzwischen herausgearbeitet: Nicht allein die bloße gattungs- und klassenmäßige Unterordnung »Der Mensch ist ein Säugetier« im Sinne der Mengeninklusion (Verhältnis von Untermengen zu diese enthaltender Menge) und die Einordnungsprädikation »Sokrates ist ein Mensch«, also die Element-Klassen-Relation (Subsumption) sind zu unterscheiden, sondern natürlich auch die verschiedenen Formulierungen des »Ist« als Gleichheit, d. h. als Gleichheit von bestimmten Individuen bzw. von Meßgrößen. Davon wird noch die Gleichheit unterschieden, die in bezug auf alle Eigenschaften mit (logischer oder praktischer, etwa naturnotwendiger?) Notwendigkeit eingesehen werden kann: die (Arten der) Identität. Das wären allein schon vier (bis sechs) verschiedene Deutungen dieses Ausdrucks »ist«, welche logisch und analytisch sehr sorgfältig unterschieden werden müssen. Sie zeigen bereits, daß Philosophieren auf einem bestimmten analytischen Genauigkeits- und Anforderungsniveau sehr diffizil werden kann, aber unter Umständen auch sehr scholastisch.

Es gibt heutzutage in der Tat so etwas wie eine analytische Scholastik, auf die Philosophen der logischen Ausrichtung sich kaprizieren, indem sie sich auf die Analyse von bloßen Ausdrucksbedeutungen und Sprachformen beschränken, sei es der formalen Sprachen oder der normalen Sprachen, der Umgangssprachen. Man hat oft diese Programme und Ansätze hochstilisiert und behauptet, sie bildeten die eigentliche und einzig sinnvolle Aufgabe der modernen – einer analytischen – Philosophie. Ich sehe das nicht so eingeschränkt.

Die Philosophie hat zwar zweifellos auch diese Aufgaben und sie ist eine Disziplin, die einer beachtlichen begrifflichen und sprachanalytischen Präzisierung fähig ist. Diese Präzision zeigt sich z. B. in der symbolischen Logik oder der Metamathematik, also der Disziplin, die Begründungsfragen der Mathematik und der mathematischen Schlüsse untersucht. Beide sind eigentlich philosophische Disziplinen und gehören im Grunde nicht zur Mathematik, obwohl sie natürlich in unmittelbarem Zusammenhang mit der Mathematik und mit der Entwicklung der mathematischen Theorien stehen müssen und also interdisziplinäre mathematisch-philosophische Arbeitsfelder sind. Die aus der philosophischen Analyse geborenen logisch-mathematischen Grundlagenfragen haben in der Informatik – z. B. bei der Programmverifizierung und der Automatisierung von Beweisen – heutzutage sogar technische Relevanz erlangt.

Die Philosophie insgesamt kann man aber nicht auf diese präzisen wissenschaftlichen Teildisziplinen zusammenstreichen. Sie ist mehr, sie geht über diese Spezialisierungen und über diese Einschränkungen auf das Formale und rein Logisch-Analytische hinaus. Wenn das Philosophieren über das Spezifische und Spezielle hinausgeht, dann heißt das auch, daß es umfassende Fragen der Sinnorientierung und moralische Fragen diskutiert und daß der Philosophierende sich über solche Fragen der Sinnorientierung, der Wertung und Bewertung, über Fragen nach den Werten überhaupt (nach deren Wesen und Inhalt) Rechtfertigung geben muß. Er sollte Untersuchungen anstellen, die solche Fragen nicht nur analytisch erarbeiten und präzisieren, sondern auch dahingehend aufbereiten, daß man auch zu einer persönlichen Stellungnahme gelangen kann bzw. dazu aufgefordert wird. Dies wird sich natürlich in der Regel nicht in dem Sinne leisten lassen, daß eine solche persönliche Stellungnahme mit Anspruch auf Allgemeingültigkeit oder als eine fertige Antwort ein und für allemal geboten wird; insbesondere kann für solche umfassenden Entwürfe nicht absolute Sicherheit geboten oder auch nur beansprucht werden. Es gibt unter diesem Gesichtspunkt des Philosophierens als des relativen Fest-Stellens von Orientierungsfragen – und dazu gehören auch die praktischen Orientierungsfragen im Sinne der moralischen Rechtfertigung – keine ein und für allemal fertigen Antworten. Es gibt kein moralisches Beweisverfahren, das undiskutiert überall anerkannt würde. Philosophieren ist stets das noch unfertige Denken des Unfertigen. Die Philosophie im Orientierungssinne ist immer auf dem Wege, immer auf der Suche, unendlich unterwegs. Es gibt keine Philosophie der Allesoder Besserwisser – oder soll ich sagen »Besser-Wissis«? Die Philosophie und das Philosophieren können nicht mit schwarz auf weiß nach Hause zu tragenden fertigen Antworten aufwarten, außer in diesen erwähnten, spezifischen streng verwissenschaftlichten Teildisziplinen, etwa in der Logik, auf bestimmten Feldern der Begriffsanalyse, wo eine so hohe Sicherheit und eine Präzision wie in der Mathematik erreicht werden, die aber auch immer wieder abhängig von bestimmten vorausgesetzten hypothetischen Annahmen, philosophischen Grundannahmen, Grundaxiomen usw. sind, die ihrerseits der Diskussion offenstehen bzw. bedürfen. Man muß ja schon etwas haben, um überhaupt etwas anderes beweisen zu können; man kann nichts »aus dem hohlen Bauch« heraus zu beweisen suchen. Die Frage nach dem Beweis der ersten und grundlegenden Axiome ist uralt, sie hat schon die antiken Philosophen beschäftigt. Sie kann allerdings nicht endgültig gelöst werden, auch nicht durch formale und methodologische Tricks, wie sie in der Begründungsproblematik der Mathematik um die Jahrhundertwende etwa von dem großen Geometer und formalistischen Metamathematiker David Hilbert versucht worden sind. Hilbert wollte die grundlegenden Axiome auf sogenannte implizite Definitionen zurückführen: Das formale Gerüst eines Kalküls definiert die begriffsoperationale Bedeutung: diese ist nur durch jene formalen Regeln und nur bis auf solche Operationsbedingungen festgelegt. Das alles läßt sich in den Formalwissenschaften, in gewisser Weise einwandfrei technisch-kalkülmäßig durchführen, aber man hat dann eine Auszeichnung von bestimmten Begriffen als symbolischer Instrumente, die eben nur formal dadurch charakterisiert sind, wie man diese Instrumente im Rahmen eines bestimmten, vorab abgesteckten Rahmens benutzt. Die implizite Definition der natürlichen Zahl durch das Peano-Axiomensystem ist ein Beispiel. Es zeigt sich aber, daß solche Formalwissenschaften, die auf solchermaßen formalistisch gedeuteten »Definitionen« bauen, im Grunde nichts anderes leisten als die Präzisierung und Spezifizierung von instrumentellen Begrifflichkeiten, mit denen wir sehr sinnvoll und richtig arbeiten können – und das ist wichtig –, für die wir sogar eine gewisse logische Notwendigkeit im Rahmen des vorab aufgesteckten oder aufgespannten Arbeitsbereiches beanspruchen können. Doch damit kann man natürlich weder die erwähnten umfassenderen Sinnfragen beantworten noch Realerkenntnis gewinnen, obwohl solche mathematischen Methoden nach wie vor von höchster instrumenteller Relevanz für die Naturerkenntnis sind. Viele Physiker meinen auch heute noch, die Mathematik sei tatsächlich *in* der Natur, mathematische Strukturen oder Gesetzmäßigkeit seien in der »Wirklichkeit« vorhanden – in Gestalt etwa der erwähnten Symmetrien. Manche glauben gar, daß die Realität Zahl – oder besser: Struktur – sei. Es gibt ein altes, von Pythagoras stammendes Wort: alles sei Zahl, meßbar, quantitativ. Das wird heute nur etwas moderner formuliert, etwa von Werner Heisenberg, wenn er sagt, symmetrische Strukturen oder bestimmte lineare Operatoren stellten die Wirklichkeit der Realität dar, die Realität wäre demzufolge sozusagen in mathematischen Ordnungen verfaßt. »Das Buch der Natur ist in mathematischer Sprache geschrieben«, sagte Galilei. Das ist eine Metapher, die zu einfach und zu schön ist, um wahr zu sein und so einfach hingenommen werden zu können. Realität ist Symmetrie, heißt es heute: Realität ist mathematisch strukturiert. Aber was heißt das genauer? Ein tiefes, offenes philosophisches Problem – nach wie vor.

Der Zusammenhang zwischen den erwähnten formalen Disziplinen einerseits und der Erfassung oder Gestaltung von Realerkenntnis andererseits ist wesentlich komplizierter und differenzierter, als es das Strukturbekenntnis ausdrückt und hängt viel enger, als man bisher gedacht hat, mit den zuvor angedeuteten Orientierungsfragen, mit den Handlungsdisziplinen und somit auch den praktischen Rechtfertigungen unseres Lebens und

Überlebens zusammen. Philosophieren ist überformalistisch, geht über das Formalistische hinaus, ist nicht darauf zu beschränken, obwohl es, wie erwähnt, hochformalistische Teilbereiche auch der Philosophie gibt. Ich möchte grundsätzlich das Philosophieren unterscheiden in ein Orientierungsfragen stellendes – und zwar durchaus auch auf theoretischer Ebene –, also ein theoretisches Philosophieren im allgemeinen Sinne, und in ein philosophisches Fragen nach handlungs- und lebenspraktischen Rechtfertigungen. Letzteres ist das praktische Philosophieren, das man auch als eine Disziplin des handlungsleitenden und beurteilenden Sich-Orientierens auffassen kann, das nach orientierenden, wertenden, ästhetischen moralischen und anderen Bewertungen und Rechtfertigungen fragt. Das Trennen zwischen dem theoretischen Philosophieren und dem praktischen Philosophieren führte herkömmlicherweise zu einer klaren und scharfen Unterscheidung zwischen der theoretischen und der praktischen Philosophie. Das Interessante aber ist – und das hat sich erst in den letzten Jahrzehnten ergeben –, daß auch das theoretische Philosophieren in viel tiefergreifendem Sinne abhängig ist vom Praktischen, von unserem orientierenden, auswählenden, ausrichtenden Umgang mit Formen und Instrumenten des Handelns. Erkennen ist nicht handlungsfrei; Erkennen ist sozusagen konstitutiv an Handeln gebunden. Erkennen ist immer Erkennen des endlichen Menschen, der sich in einer bestimmten Situation befindet; allein schon daher ist das Erkennen handlungsgebunden, ist an Handlungen orientiert, ist von bestimmten Deutungen und Auffassungen wirklicher und möglicher Handlungen abhängig: es ist von solchen Deutungen »imprägniert«, wie ich sage. Alles dies zeigt wiederum, daß die Bemühungen der Philosophierenden und die philosophischen Fragestellungen nie fertig sind, keine endgültigen Lösungen und Antworten besitzen, sondern ein ständig weitersuchendes, umkreisendes Denken als Fragen darstellen. Man kann im Grunde die Philosophie als eine Art von grundlegender, ja, grundstürzender Fragedisziplin auffassen, die weniger eine Ansammlung von Stoffen bietet als ein permanent sich erweiterndes Problemfeld, das trotz oder gerade im Zuge des konstanten Erkenntnis- und Suchimpulses ein flexibles, ständig auf Wandlung und Weiterentwicklung ausgerichtetes Problemdenken erfordert, das auf das Entdecken, das Aufdecken, das Entwickeln, das eigendenkende Durchdringen von Problemen ausgerichtet ist. Die Philosophie hat natürlich eine Geschichte, und die verweist auf eine Tradition der Stoffe und Themen sowie auf eine gerade in ihrer Vielfalt beeindruckende Sammlung von Dokumenten von schon einmal gestellten Fragen und darauf geantworteten Entwürfen und Lösung(sversuch)en, an denen sie sich orientieren kann. Aber diese historische Orientierung, die man zur Aufgabe einer bestimmten akademischen Teildisziplin, nämlich der Geschichte der Philosophie, machen könnte, darf nicht zu einem Selbstzweck des Gesamtfaches werden. Manchmal wird oder wurde die Philosophie leider als bloß quasimuseale Selbstverwaltung der geschichtlichen Tradition verstanden – gerade in einigen deutschen Universitätsseminaren –, doch ist das falsch, zumindest ist es zu einseitig oder eingeschränkt. Das kreative, das umkreisende Denken der genuinen und authentischen philosophischen Fragestellungen läßt sich nicht auf solche Stoffsammlungen und das Ableiten aus historischen Traditionen und Ergebnissen zurückführen. Das Philosophieren ist sozusagen ein ewiges Weiterfragen, ein rastloses, ruheloses Fragen, das allerdings auch einer Idee der freien Kreativität verpflichtet ist, einer Idee des freien, des eigenen Denkens, des radikalen und fundamentalen Fragens. »Philosophieren«, sagte etwa Martin Heidegger 1928/29 in einer noch unveröffentlichten Vorlesung zur Einführung in die Philosophie, »ist Transzendieren«, ist systematisches Übersteigen bestimmter Gesichtspunkte und aller Perspektiven, die beschränkt sind.[3] Philosophieren geht also aufs Ganze, geht über beschränkte Gesichtspunkte hinaus, es liefert umfassende, je von anderen und oft allgemeinen Gesichtspunkten aus konzipierte und weiterzuentwickelnde Deutungen. Es ist dabei entwerfend kreativ: stets wird dabei gefordert, daß der Denkende sich in neues Gebiet, in neues begrifflich wenig oder nicht erschlossenes Gelände wagt. Der Philosophierende bewegt sich tastend und wagemutig zugleich in begrifflichen Sumpfgebieten! Philosophieren – so würde ich das wahre Wort vom Transzendieren abwandeln – ist freies, aber nachvollziehbares und insofern relativ plausibles (über die Kriterien der

3 Kann man sich aber über alle Perspektiven hinwegsetzen, gleichsam oberhalb aller Standpunkte – auch der jeweils eigenen? – im leeren Raume der übergreifenden Abstraktion der Perspektivlosigkeit denkend suchen? Doch wohl nicht! Jede *einzelne* Perspektive ist zu übersteigen, jeweils zu hinterfragen: Die Perspektivenüberschreitung ist *methodisch* – und methodologisch angelegt.

Plausibilität und Nachvollziehbarkeit wäre zu reden) Interpretieren: Philosophieren ist freies transzendierendes Interpretieren. Das erfordert intellektuellen Mut, Risikobereitschaft, die Bereitschaft, Sicherheiten und Brücken abzubrechen, sich auf die hohe See intellektueller Expeditionen zu begeben. Diese Freiheit des transzendierenden Deutens und Denkens ist natürlich nicht unbegrenzt, nicht tollkühn oder fahrlässig zu handhaben.

Das philosophierende Denken ist also gekennzeichnet von einer konstitutiven Unabgeschlossenheit, einer ewigen Offenheit, einem ständigen dynamischen Weiterfragen. Es muß somit auch bestimmte Risiken eingehen, die sich schon daraus ergeben, daß es ein unendliches Unternehmen ist, unendliche Aufgabe bleibt. Man kann generell nicht zu festen, absoluten, ein und für allemal sicheren philosophischen Ergebnissen kommen, die man schwarz auf weiß nach Hause tragen kann, auf die man sich fürderhin fraglos stützen könnte. In gewissem Sinne sind alle philosophischen Bemühungen nach wie vor »auf Sand« gebaut: Eine neue Strömung kann sie unterspülen.

Andererseits ist das Risiko des Philosophierenden auch darin zu sehen, daß man leicht zwischen »alle Stühle« gerät, das gilt natürlich insbesondere in der praktischen Moralphilosophie, in der politischen Philosophie, in der Sozialphilosophie, aber auch in anderen Bereichen. Die Philosophie oder das Philosophieren ist stets in der Gefahr, sich in einer Situation »zwischen allen Stühlen« wiederzufinden, seien es nun kirchliche, gewerkschaftliche, Lehrstühle irgendwelcher ideologischen oder gar wissenschaftlichen Päpste oder welcher Stuhl-, Katheder- oder Parteienfixierungen immer. Mit anderen Worten: Wer echt und zumal engagiert philosophiert, muß auch ein persönliches Risiko des Denkens und öfters auch des Lebens eingehen. Das Philosophieren kann sich nicht binden an vorgegebene Ideologien oder Auflagen, an päpstliche Verordnungen oder solche von Quasi- oder Pseudopäpsten irgendwelcher Disziplinen oder Richtungen, sondern es wirkt tendenziell gleichsam alles unterminierend. Das Hinterfragen macht nirgends halt. Durch die Analyse, durch das dauernde kritische Weiterfragen kann Philosophie subversiv sein und sie ist es immer auch gewesen – subversiv natürlich nur im begrifflichen, doch oft auch im wertenden und im sozialphilosophischen, manchmal letztlich sogar langfristig auch im politischen Sinne. Totales Fragen, Weiterfragen, Immer-weiter-Fragen führt zu bestimmten Kreisbewegungen. Man kann natürlich auch das Denken über das Denken wieder zum Gegenstand des Denkens machen. Man kann das Fragen nach dem Fragen wieder zum Gegenstand des Fragens machen. Wilhelm Weischedel hat früher versucht, die totale Fraglichkeit von allem zu dem einzigen methodischen (bei ihm fälschlich auch substantiell verstandenen) Fixpunkt des Philosophierens zu machen. Er sprach von der totalen Fraglichkeit von allem und jedem, oder wie er es in seiner existentialistischen Sprechweise ausdrückte: Das Zentrum des Philosophierens sei »das Vonwoher der radikalen Fraglichkeit«. Dieses jedoch ist natürlich selbst kein idealer Fixpunkt, um darauf nun eine substantielle Disziplin, insbesondere eine akademische Disziplin aufbauen zu können. Im übrigen hat Weischedel diese Frage nach der totalen Fraglichkeit mit der Gottesfrage identifiziert – eine interessante Variante. Die Frage bleibt, ob er letztlich mehr meinte als das Bedürfnis, das der Mensch (als metaphysisch orientiertes Wesen) hat: das Bedürfnis, immer weiter zu fragen. Immanuel Kant hat das geradezu zwingende Bedürfnis, alles zu hinterfragen, als das Charakteristische des Menschen angesehen. Dieses metaphysische Bedürfnis, das sozusagen die philosophische Einstellung par excellence verkörpert, ist etwas, das prinzipiell nicht abgesättigt werden kann. Es ist ein end-loses Bedürfnis, ein endloses Weiterfragen-wollen, das sich freilich in sprachlichen Ausdrücken artikuliert.

Damit sind wir bei einem weiteren Punkt, der bisher zwar angeklungen ist, aber für die moderne Philosophie – insbesondere für die theoretische Philosophie – einer der Hauptpunkte sein dürfte, nämlich die Frage nach der sprachlichen Möglichkeit des Formulierens, des Darstellens dieses philosophischen Denkens.

Sozialgebundenheit der Worte und Bedeutungen

Es gibt ein Gedicht von Günter Kunert, das hinsichtlich der Einstellung und der Fragen zu Werten und Bedeutungen auch philosophisch sehr aufschlußreich erscheint:

Klage

Wieder nur Worte
Wieder nur Worte geschrieben
gesprochen gehört

Ist das die Sache die du meinst
als Hoffnung
als einzige Möglichkeit
freier zu sein glücklicher oder
wenigstens wirklicher
aber wird denn je davon etwas wahr
wenn nicht nur
Worte

Was sich wandelt ist
Rhetorik und Terminologie
die Kombination von Vokabeln
die Täuschung
Neue Worte für alte Bestände
trostloser Taten
die stets dich betreffen und die
du gewöhnlich kaum
überlebst.

Es gibt ein afrikanisches Sprichwort, das dies alles viel kürzer sagt, in einem Satz, und das ist auch in gewissem Sinne das Dilemma des Philosophierens, des Sprechens und insbesondere des Haltens von Vorlesungen: »Worte sind schön – aber Hühner legen Eier!« Das ist in der Tat eine sehr philosophische Haltung und Neigung: Was können wir denn tun, wenn wir philosophieren, wenn wir denken, außer daß wir Worte benutzen? Wir benutzen Worte in Kommunikationssituationen und wir nennen dieses Wortewechseln auch ein Handeln, ein symbolisches Handeln. Dabei verwenden wir Symbole als Zeichen. Herkömmlich sind Symbole ja solche Zeichen, denen man nicht das Gemeinte unmittelbar ansieht, wie etwa den onomapoetischen Ausdrücken: Der Ausruf »Au!« ist ursprünglich kein Symbol. An symbolischen Zeichen und am symbolischen Handeln kann man nicht unmittelbar das Gemeinte ablesen; Symbole funktionieren nicht als Anzeichen, sondern als spezifische Zeichen, deren Bedeutung erst durch eine bestimmte Konvention in einer sozial geregelten Praxis des Sprechens festgelegt wurde. Symbolverwendung beruht also auf einer geregelten Praxis der normalerweise *sozial* bestimmten Zuordnung von Bedeutungen, was immer diese sein mögen.

Das Bedeutungsproblem ist eine der tiefen philosophischen Vexierfragen: Was ist (die) Bedeutung? Was ist die Fähigkeit der Sprache, Bedeutungen auszudrücken und transportieren zu können? Wie sind die Bedeutungsbildung und -erhaltung bzw. -übertragung zu denken, wie kann man all das verstehen?: »What does it all mean?« Handelt es sich nicht vielleicht um ein quasi-magisches Ritual, um hypostasierende Projektionen, die wir vornehmen, wenn wir glauben, daß, wenn wir reden, wir Bedeutungen in der Kommunikationssituation transformieren oder auf andere Personen, Hörer, Rezipienten übertragen? Ist es nicht eine quasi suggestive kollektive Illusion, daß wir glauben, einander durch das Austauschen von Worten mit Bedeutung versorgen, versehen und verstehen zu können? Diese »Illusion« wurzelt natürlich sehr tief. Und Worte allein reichen oft auch nicht zu einem tiefen zwischenmenschlichen Verstehen aus – das weiß jeder: »Worte sind schön – doch Hühner legen Eier«. Es wird also die Rede sein müssen von dieser Praxis des Bedeutungsverstehens, von den beiderseitigen Unterstellungen, von dem Verständnis solcher Konventionen, die wir entsprechend benutzen. Setzen wir nicht voraus, daß wir bestimmte Regeln beherrschen, ein gemeinsames Sprachrepertoire haben und eine Gemeinsamkeit des Gemeinten und des Zugriffs zu diesem, über die wir verfügen können, auf die wir aufbauen können? Wir unterstellen geteilte Deutungen und Interpretationen, die wir haben müssen, damit überhaupt eine praktische Regeleinhaltung und gleiche Regelverwendung möglich werden. Wie soll man solch eine Regeleinhaltung grundsätzlich feststellen und kontrollieren? Gibt es hier nicht Zirkel? Bewegen wir uns nicht grundsätzlich im Kreise? Jedenfalls ist es offensichtlich so, daß das Verwenden von sprachlichen Ausdrücken mit Bedeutung zutiefst in das philosophierende Denken eingewoben ist: Philosophieren ist auf Sprechen, auf Sprachverwendung angewiesen, findet grundsätzlich in Handlungssituationen statt, die letztlich ihrerseits auch in soziale Zusammenhänge eingebettet sind. Der Mensch als sprechendes Wesen ist grundsätzlich das soziale Wesen – und zwar in einem viel tieferen Sinne, als das gemeinhin angenommen wird. Die Sprache und das Denken sind zutiefst, sind konstitutiv sozial. Es ist sogar so zu verstehen, daß dasjenige, was uns nur innerlich, introspektiv gegeben zu sein scheint und was wir dann in unseren Selbstdeutungen ausdrücken, eigentlich gerade dasjenige ist, zu dem wir nur durch sprachliche Projektionen, durch sprachliche Formungen und Prägungen Zugang haben, also eigentlich aufgrund eines sozial geprägten Instrumentariums. Wir projizieren sprachliche oder sprachlich veranlaßte Differenzierungen in unser Innenleben, wenn wir uns selbst zu erforschen scheinen. Wir sind also in einem viel radikaleren Sinne sozial verortete und auf Sozialität angewiesene Wesen, als man sich das herkömmlicherweise in der gesamten klassischen Erkenntnistheorie und Philosophie vorgestellt hatte. Es ist nicht zuletzt Ludwig Wittgenstein gewesen, der auf diese totale und radikale soziale Verankerung des Denkens und des Sprechens, ja, sämtlichen Beherrschens von Regeln und der Kontrolle der Regeleinhaltung hingewiesen hat – und zwar in seinen Überlegungen über die Unmöglichkeit einer für andere total unverständlichen Privatsprache. Man kann, meinte er, nicht rein privat einer Regel folgen, weil man allein nicht zweifelsfrei und ohne äußere Kriterien, d. h. letztlich sozial verankerte Standards, kontrollieren kann, ob man diese Regel einhält – insbesondere, wenn es etwa darum geht, »innerliche«, sogenannte mentale Regeln zu befolgen. Hier dokumentiert sich die radikale soziale Verankerung des menschlichen Denkens und Handelns. Wir sind als Menschen auf ein grundsätzlich soziales, man könnte sagen: dialogisches Verhältnis angewiesen; ohne dieses könnten wir weder sprechen noch denken, noch uns selbst verstehen, noch uns introspektiv etwa selber erkennen. Das sich orientierende Wesen ist also auf Gegenseitigkeit in diesem tiefen funktionalen Sinne verwiesen; es ist auf Handeln, auf soziales oder sozial eingebettetes Handeln angewiesen, und dieses soziale Handeln ist viel tiefer in unsere Gewohnheiten eingebaut, als die traditionelle Philosophie und Erkenntnistheorie sich das vorgestellt hatten. Sprache und Sprachbedeutung ist konstitutiv handlungsgebunden, ist notwendig verwoben mit Handlungen: Nicht nur bei der Verwendung der Sprache, wo es ja offensichtlich ist, daß man Bedeutungen übertragen, darstellen, für den anderen verständlich machen, einsichtig machen will, sondern auch im Verständnis der Gehalte und der Inhalte, der gemeinten Inhalte, des Gemeinten, des Gedachten, der Bedeutung selbst. Bedeutung ist auch ein sprachlich soziales Konstrukt, man kann nicht total private Bedeutungen in sprachlicher Fassung nur für sich allein haben und kultivieren, die andere nicht verstehen würden. Bedeutung ist eine im Grunde nur sozial zu verstehende – Institution.

Das Umgekehrte gilt natürlich auch: Das Handeln ist grundsätzlich ebenso auf konventionalisierte, geregelte, kontrollierbare Handlungsleitung, auf Orientierung an Zielen, an bestimmten Projektionen von Absichten, oft Intentionen genannt, angewiesen. Man identifiziert oft das intentionale Handeln mit dem Handeln schlechthin. Handeln ist auch grundlegend an die sprachliche oder irgendwie konzeptuelle Differenzierung gebunden. Handlungen bestehen im Grunde nicht unabhängig und abtrennbar von Interpretationen. Das Handeln ist sozusagen von Interpretationen, von Deutungen durchwoben, imprägniert. Diese Deutungen können natürlich nur wieder sprachlich deutlich und verständlich gemacht werden. Deuten ist das Entwerfen bzw. Anwenden von bestimmten Konstrukten, etwa den eingangs erwähnten Hirnkonstrukten, unter Umständen auch das Abwandeln von diesen. Es ist teils biologisch-genetisch (geradezu determiniert), teils sozial veranlaßt, teils schöpferisch handelnd möglich. Es besteht also eine Wechselwirkung zwischen den biologisch vorgegebenen, evolutionär selektierten, den sozial geprägten Teilen und der Möglichkeit einer in Grenzen abweichenden schöpferischen Weiterentwicklung. Wechselwirkung und Wechselstabilisierung gehen Hand in Hand. Es handelt sich um ein Spiel zwischen Kreation und Angleichung der Sprechweisen, der Ausdrucksmöglichkeiten, um ein Spiel zwischen Anlehnung an Vorgefundenes, an das Instrument, mit dem wir versuchen, etwas auszudrücken, und der tastenden Ausdehnung, der Neufindung, Neuentwicklung, Neudefinition, die etwa zur Konstruktion neuer Darstellungsweisen von Inhalten, u. U. auch zur Konstruktion neuer Inhalte selbst führen kann. Es ist eine Tautologie, eine Binsenwahrheit, eine Selbstverständlichkeit, daß man das Unsagbare nicht aussagen kann, eine Tautologie, die übrigens in Wittgensteins berühmtem Frühwerk, dem *Tractatus logico-philosophicus*, als Satz angeführt ist. Aber Wittgenstein war der Meinung, wenn sich auch nicht alles sagen läßt, so ließe sich doch einiges Unsagbare (auf)*zeigen*. Es ist sozusagen durch eine bestimmte Verkörperung darzustellen; er nennt es »das Mystische« und dasjenige, was über die wissenschaftliche Sprache hinausgeht. Wittgenstein möchte das Ausdrückbare letztlich auf das Wissenschaftliche zurückführen; dies ist in gewissem Sinne dem Ansatz des Neopositivismus verwandt, bei dessen Entwicklung auch Wittgenstein eine Rolle spielte, obwohl er kein reiner Positivist war. Das Mystische ist also etwas, das unsagbar ist, aber in gewissem Sinne doch da ist, über das Sagbare hinausgeht. Es kann sich nur zeigen. Das Philosophieren nun macht den Versuch, in dem erwähnten kreisenden Nachfragen dennoch sich diesem Unsagbaren zu nähern – also zu sagen, was eigentlich nur gezeigt werden könnte. Philosophieren ist in gewissem Sinne der stete Versuch, das Ungesagte, das Ungesehene, das Unsichtbare, das Unsagbare dennoch zu sagen, irgendwie in der Sprache umkreisend zu erfassen. Also ein Versuch, das Unmögliche möglich zu machen? Ein utopisch zu hoch gegriffener Anspruch des Philosophierens? Man kann auch hier natürlich nicht auf endgültige Antworten hoffen. Aber dieses sprachlich-fraglich versuchsweise stattfindende Umkreisen kann vielleicht wenigstens neue Dimensionen des Fragens aufschließen: Fragen nach den Grundlagen, Hinterfragen von Selbstverständlichkeiten, Aufzeigen von alternativen Sichtweisen. Es kann sich zeigen, daß Philosophie nicht nur im sozialen Sinne verstanden eine analytisch unterminierende, neue Begriffs- und Sichtweisen darstellende Tätigkeit sein kann, sondern auch in gewisser Weise ganz neue Grundfragen und Grunddeutungen etwa über den Zusammenhang zwischen Sprache und Gemeintem aufschließen kann.

Ist die vorhin erwähnte gleichsam magisch-projektive Beziehung von sprachlichen Ausdrücken auf das Bedeutete, auf das Gemeinte, das Etablieren und das Abspielen in gewisser Weise ein Ritual? Traditionell galt, daß alles, was denkbar ist, auch sagbar sei. Ist alles, was ist, nun denkbar und damit auch sagbar? Im Mittelalter stellte Wilhelm von Ockham wohl gar die These auf: Erkanntwerden ist das Sein: »esse est cognosci«, das heißt, das Sein besteht im Erkanntwerdenkönnen. Das scheint zu einfach zu sein. Es ist vielleicht auch eine Hypertrophie oder gar Hybris des erkenntnistheoretischen Denkens, daß man glaubt, man könne sozusagen über *alles* hinsichtlich der Existenz und der Möglichkeit entscheiden, indem man einfach Sprache darauf anwendet. Ist dieser Optimismus, der die klassische und insbesondere die idealistische Tradition beherrscht hat, nunmehr aufzugeben? Der Zusammenhang zwischen Denken und Sprechen ist nach wie vor recht geheimnisvoll. Die quasi magische Beziehung zwischen dem

Zeichen, dem sprachlichen Ausdruck einerseits und der Bedeutung, dem Gegenstand oder dem Begriff, dem Referenten, wie es heute auch in der Semiotik und Linguistik heißt, andererseits ist letztlich eigentlich noch unverstanden. Löst sich etwa das Problem, wie Ausdrücke ihre Bedeutung gewinnen, in eine funktionale Projektion auf? Reduziert es sich auf bloße Verankerung in funktionaler Regelbeherrschung und auf die Beachtung in der Sprachgemeinschaft? Diese Art von sozialsprachlichen Konstruktbildungen, die von Interpretationen imprägniert, durchsäuert sind, sind aber im individuellen Denken repräsentiert. Wie ist das möglich? Wie ist das beschreibbar? Weder die Semantik noch die Gehirnforschung haben bisher einen wirklichen Zugang dazu gefunden. Ian Hacking hat in einem Buch über *Die Bedeutung der Sprache für die Philosophie* Mitte der siebziger Jahre versucht, die Philosophie in drei Phasen aufzugliedern, von denen er meint, daß zwei davon heutzutage überwunden sind und daß die letzte Phase im Absterben begriffen sei; freilich hat er noch nicht erörtert, welche Phase nun folgen soll. Die Phase 1 nennt er die Glanzzeit der Ideen. Es gab einen Kult und Ritus der Ideen von Platon über George Berkeley bis hin zu den deutschen Idealisten. Ideen beherrschten die Philosophie. Die Phase 2 sei die Phase der Bedeutung gewesen, der Bedeutung von Sätzen; Hacking meint natürlich im wesentlichen die sprachanalytische, sprachphilosophische Ausrichtung der Philosophie, die Glanzzeit der Bedeutung, die bis hin zu Noam Chomsky, Bertrand Russell, Ludwig Wittgenstein reicht. Diese sei dann abgelöst worden durch die Glanzzeit der Sätze, etwa von Alfred Ayer und Alfred Tarski bis hin zu Donald Davidson, einem der anregungsreichsten und schwierigsten Philosophen der Jetztzeit. Man ist also vom Kult der Ideen und vom Kult der Bedeutungen nun zum Kult der Sätze gelangt, aber, wie ich versucht habe zu zeigen, ist die Reduktion des Philosophierens überhaupt – und das gilt auch für das Funktionieren von sprachlichen Ausdrücken generell in deren Zusammenhängen – auf Sätze nicht ausreichend. Auch die Glanzzeit der Sätze ist vorüber. Kommt nun die Glanzzeit der Interpretationen, der Hirnkonstrukte, generell der Modellbildungen? Ich weiß es nicht.

Ich möchte dieses Kapitel über die Frage der Entstehung der Bedeutung mit einem sehr schönen Beispiel aus dem genannten Buch von Hacking abschließen, der sich fragt, wie denn überhaupt Bedeutungen von Begriffen oder von Ausdrücken zustande kommen. Er führt ein Beispiel an, das 1973 im englischen *Observer* berichtet worden ist: Als James Cook mit seinen Seefahrern in der Südsee an einer Insel ankerte, brachten seine Leute ein Tier mit an Bord, das eine ganz eigenartige Form hatte, die man bisher nicht kannte: Es hatte einen langen Schwanz, kurze Vorderpfoten und lange Hinterbeine und eine Tasche vor dem Bauch, es handelte sich also um etwas, das wir heute »Känguruh« nennen. Aber das Tier konnte nicht eingeordnet werden, weder von den Seeleuten noch damals vielleicht von einem Biologen. Die Seeleute und Cook wußten also nicht, wie sie dieses Wesen bezeichnen sollten, und schickten wieder zwei Seeleute an Land mit dem Auftrag, zu ermitteln, wie dieses Wesen hieße. Sie kamen zurück und sagten, das Tier hieße »Känguruh«. Erst sehr viel später stellte sich heraus, daß »känguruh« in der Eingeborenensprache bedeutet: »Was habt ihr gesagt?« So kam das Känguruh zu seinem Namen.

2. »Bilder« und Metaphern
des mentalen Repräsentierens

Was tun wir, wenn wir bedeutungsvoll sprechen? Was tun wir, wenn wir Bedeutung erleben, erfahren, übertragen? Was soll das heißen? Was sind Bedeutungen? Was ist überhaupt der Inhalt des Denkens? Ist das Denken nicht nur eine Art inneres Sprechen? Ist es nicht auch eine Art von nach innen verlagertem Handeln – zum Teil im Sinne des oben erwähnten Probe- und internen konstrukt-gebundenen Modellhandelns –, ein Umgehen mit Zeichen, mit Symbolen, oft gar mit ritualisierten oder anders konventionalisierten Worthülsen? Jedenfalls gehen wir doch – teils eingebungsgebunden, teils manipulierend selbstaktivierend – doch irgendwie mit gewissen Vorstellungen um, die bestimmten Phonemen, die wir äußerlich gebrauchen, zugeordnet sind.

Was sind Vorstellungen? Was kann Denken als »inneres Sprechen«, als nach innen verlagertes Sprechen sein? Ein Kommunizieren im »Innenverkehr«, ein Kommunizieren mit sich selbst? Doch was kann das heißen? Liefern solche Beschreibungsversuche nicht bestenfalls Metaphern, die im Grunde nichts erklären, sondern eigentlich nur etwas unergründlich Geheimnisvolles mit Begriffen zu umschreiben suchen, die wir in der Tradition auch schon immer verfügbar hatten, die heute jedoch überholt oder altertümlich klingen: »Vorstellung« z. B. zählt zu diesen alten – veralteten? – Ausdrücken, die aber doch noch nicht überholt sind – insofern, als wir heute noch nichts Besseres haben. George Herbert Mead, ein berühmter Sozialbehaviorist, Psychologe und Sozialphilosoph, hat die Theorie entworfen, daß das Denken als inneres Scheinhandeln, Probehandeln mit Modellkonstrukten umgeht, mit inneren Vorstellungen. Inwiefern kann man kontrollierbar von einem »inneren Modell der Außenwelt« reden, das wir aufbauen und, gewissermaßen in kybernetischer Weise, durch Rückkopplungen verbessern, das die Relationen in der Außenwelt verhältnismäßig verknüpfungstreu abbildet, mit dem wir innerlich und äußerlich operieren und manipulieren? Die Kybernetiker der Erkenntnis verstanden und verstehen innere Modelle der Außenwelt durchaus als relationale Darstellungen, Abbildungen, gleichsam verknüpfungstreue Wiedergaben, wobei diese Erhaltung von Beziehungen wenigstens im Sinne eines, wie die Mathematiker sagen, homomorphen, wenn auch nicht notwendig eines isomorphen, Abbildes verstanden wird: also nicht jede Verknüpfung in der Außenwelt muß intern abgebildet werden, aber es ergibt sich eine Art von Relationen-Kondensierung oder Konzentration auf die wesentlichen oder wichtigen Verknüpfungsstrukturen. Die homomorphe Abbildung wird als eindeutig, wenngleich nicht als eineindeutig angenommen. Immerhin stellen die in den inneren Modellen beschriebenen Bildbeziehungen nach diesem Konzept die wichtigen Verknüpfungen so dar, wie sie in der Außenwelt vorkommen sollten. Was aber bedeutet das genau? Was sollen diese Verknüpfungen und Beziehungen in der Außenwelt sein? Ist die Außenwelt gleichsam direkt nach der Logik angeordnet, so daß Relationen, Beziehungen zwischen Gegenständen in der Außenwelt direkt vorkommen und Verknüpfungen zwischen diesen Gegenständen, so wie wir sie uns vorstellen, dann intern einfach abgebildet und repräsentiert werden? Aber wie funktioniert, wie gestaltet sich diese Repräsentation? Läuft das Vorstellen so homomorph modellierend ab? Und wie das Manipulieren solcher Vorstellungen? Ist das innere Handeln auf diese Weise zu verstehen, daß wir uns verknüpfungstreue Abbilder machen, Modelle, die gewisse Beziehungen in der Außenwelt intern wiedergeben und mit denen wir dann operieren? Operieren wir nicht im Grunde mit selbstgebildeten Vorstellungen, eben mit gewissen Repräsentationen oder Darstellungen, die nur gleichsam, nur im metaphorischen Sinn, Bildcharakter haben? Machen wir uns »innere Bilder«, mit denen wir umgehen? Doch was sind solche »Bilder«? Ist nicht die Redeweise von den »Bildern« genau wie die von den »Referenten« (bezeichnete hypostasierte Gegenstände) metaphorisch? Bilder kennen wir aus dem Umgang mit äußeren Darstellungen, aus der bildenden Kunst, aus der Photographie usw. Welches wäre hier das passendere Beispiel? Ist Erkennen durch das Darstellen in Form von Vorstellungen und deren Verknüpfungen so etwas wie eine Art innerer Photographie? Haben wir gleichsam eine kleine Kamera bzw. einen kleinen Akteur oder Operateur im Gehirn, der unter bestimmten Gesichtspunkten und Perspektiven die Kamera in Gang setzt und Bilder der äußeren Realität »schießt«, die wir dann in einer bestimmten Weise anordnen und dann bei sich wandelnden, variierenden Vorstellungsserien in gewisser Weise bearbeiten, verarbeiten, manipulieren? Alle diese in Frageform dargestellten großenteils metaphorischen Deutungen sind traditionelle Deutungen bzw. Konzepte der Erkenntnis, weil wir dabei von Bildern und Vorstellungen auf der inhaltlichen Ebene reden. Wir können diesen Ansatz als das Abbildmodell, das Kameramodell oder das photographische Modell des Wahrnehmungserkennens und des Erkennens generell auffassen. Wichtig ist festzustellen, daß dieses Abbildmodell eigentlich völlig gescheitert ist. Alle Ergebnisse der Wahrnehmungspsychologie, der Wahrnehmungsbiologie, der Neurophysiologie und der mit diesen verwandten Disziplinen, die sich seit dem letzten Jahrzehnt im Zusammenhang auch mit der Revolution in den Neurowissenschaften sehr stark und zunehmend mit diesen Erkenntnisprozessen und Konstruktbildungen auseinandersetzen, haben gezeigt, daß die Kameratheorie der traditionellen Erkenntnisphilosophie keineswegs richtig ist – und das gilt für die Erkenntnisansätze vom englischen Empirismus bis hin zum Marxismus. Daß wir die sogenannte äußere Realität einfach in inneren Konstrukten isomorph oder homomorph abbildeten, erwies sich als eine gescheiterte traditionelle Metapher, die wir nicht mehr verwenden sollten. In der Tat scheint es so zu sein, daß wir bei solchen Beschreibungen immer noch Metaphern hin und her schieben und daß die eine Metapher nur durch eine andere ersetzt wird. Die Metapher der Vorstellung weicht der des Bildes, das man sich macht: Man denke an den berühmten Wittgensteinschen Satz »Denk nicht – sondern schau!«, d. h., mach dir »Bilder« (ein Wort, das Wittgenstein besonders oft verwendet – und zwar in metaphorischen Anwendungen auf mentale »Bilder«). Das Denken besteht dieser »Bild«-Theorie zufolge darin, daß man sozusagen mit inneren »Bildern« operiert, die bestimmten Regeln der Verwendung genügen, welche ihrerseits in der Sprachgemeinschaft festgelegt werden und dann dazu führen, daß bestimmten sprachlichen Ausdrücken gewisse Verwendungsweisen und Bezüge zu solchen »Bildern« zugeordnet sind. Dann aber entsteht das große Problem der Kontrolle, auf das wir noch zu sprechen kommen werden: Wie kann man die Zuordnung von Bildern oder von Denkprozessen zu Sprachgebräuchen intern regelhaft oder einmalig »ablaufen« lassen und sich vorstellen, daß die Repräsentationsvorgänge durch innere »Bilder« regelhaft verlaufen und gleichzeitig zu kontrollieren sind? Offenbar muß eine Kontrollinstanz über einen Standard oder über eine Meßmöglichkeit, einen Maßstab verfügen, der wiederum unabhängig ist von der zu repräsentierenden inhaltlichen »Bildrealität« selber. Innere »Bild«-Produktion und Kontrolle lassen sich nur analytisch, aber nicht operational voneinander trennen. Die Schwierigkeit ergibt sich, weil alle kontrollierbaren Regelverwendungen letztlich nur auf äußere, auf sozial verankerte Kriterien zurückgehen können. Deswegen auch der berühmte Satz von Wittgenstein: »Ein innerer Vorgang« – und einen solchen leugnet er keineswegs, wie manche ihm fehlerhaft unterstellt haben – »bedarf äußerer Kriterien« (PU § 580). Das ist ein Satz, über den man viel nachdenken muß. Eine recht radikale Folgerung daraus ist, daß das Innere (Psychische, Mentale), also das eigentlich privat, »intern« Zugängliche, nur mittels der äußeren Sprache und ihrer sozial bestimmten Bedeutungszuordnungen dargestellt (repräsentiert), differenziert, gemeint und begriffen werden kann. Das klingt geradezu paradox. Die gesamte herkömmliche Philosophie und Tradition hat gemeint, das »Innere« sei dasjenige, was nur privat dem einzelnen zugänglich ist. Über Fremdmentales, Fremdpsychisches könnten andere eigentlich nichts Kontrollierbares sagen, ja, im Grunde könnte man nicht einmal unterstellen, daß andere über ein psychisch-mentales Inneres verfügen. Das ist das Problem des Fremdpsychischen in der traditionellen Philosophie: Man weiß das Fremdmentale nicht sicher zu erkennen, man kann es nur unterstellen, erahnen. Man kommuniziert jedoch, man macht praktische Annahmen – etwa die, daß man nicht mit Automaten umgeht, sondern mit Menschen, mit denen man sich wirklich verständigen kann. Aber letztlich wissen wir nach der traditionellen Auffassung nie sicher, ob wir nicht doch einer fein abgestimmten Automaten-Puppe aufsitzen. Wie können wir jetzt äußere Kriterien anwenden, um dieses »Innere« zu differenzieren? Das ist eine Frage, welche die moderne Leib-Seele-Philosophie – Körper-Gehirn-Geist-Philosophie sollte man vielleicht sagen – seit den *Philosophischen Untersuchungen* des späten Wittgenstein stark beschäftigt. Wittgensteins Problemformulierung ist in der Tat wichtig, sie hat eine neue Dimension für die Deutung der grundsätzlich sozial verankerten und an linguistisch-behaviorale Kriterien gebundenen sprachlichen Verfassung des Denkens oder Mitverfassung des Denkens eröffnet. Sie ist aber noch weit davon entfernt, endgültige Antworten zu liefern. Man beschränkt sich meist auf vordergründige Kriterien und Metaphern, gibt Beispiele, wie man Regeln kontrollieren oder die Einhaltung von Regeln auch skeptisch hinterfragen kann. Letztlich scheint sogar eine totale Skepsis (eine Hyperskepsis der Regelbildung, Regelverwendung, Regelkontrolle wie in Saul Kripkes Wittgenstein-Deutung) zu überwiegen, wenn man im strikt erkenntnistheoretischen Sinne vorgeht. In Wirklichkeit jedoch gehen wir in Handlungssituationen miteinander um. Wir können nicht strikt auf Sicherheit und Kontrolle der Regeln achten, sondern nehmen sukzessiv Abstimmungen vor und überprüfen Wiederholungen. Durch ein Variieren und Kreisen in Vorstellungen, durch ein Hin- und Herschieben von Metaphern verbessern wir schrittweise die Passungen zwischen Beschreibungen und der schon in der Wahrnehmungsaufnahme durch hypothetische Konstrukte vermittelt repräsentierten sogenannten Realität. In einem solchen Abstimmungsprozeß erreichen wir schließlich einen Eindruck der Plausibilität oder die relativ feste praktische Überzeugung, daß wir das getroffen haben, was wir meinen, daß wir regelhaft sprechen, daß wir in der Lage sind, unsere Erinnerungen als solche wiederzuerkennen, zu identifizieren, und z. B. Farbnuancen, die man gar nicht mit Worten benennen kann, doch in der Wahrnehmung wiedererkennen zu können. Alles das ist sehr umstritten und fraglich, noch sehr hypothetisch – ist sozusagen auf Sand gebaut. Es ist Denken als ein Kreisen in Metaphern, in Metaphern, die über Metaphern gehen, wenn wir uns etwa Mental-Bildliches vorstellen als das Zuordnen von »Bildern« zu bestimmten Gegenständen oder gar Deutungen. Metaphern über Metaphern, das »Über« in doppeltem Sinn verstanden! Sind aber Metaphern und die Selbstanwendung von Metaphern nicht zu zirkulären, wenn auch über verschiedene Ebenen reichenden, Begründungen – also Scheinargumenten – verurteilt? Wenn wir *in* der Sprache über das Sprechen sprechen, haben wir dann nicht schon das, was wir eigentlich problematisieren wollen, im Instrument mit benutzt? Kommen wir da nicht auch in zirkuläre Beschreibungs- und Begründungszusammenhänge? Können wir durch Denken über das Denken selbst das Denken erkennen? Ich verweise zurück auf dieses lustige Sprichwort, verfaßt vom bekannten Herrn Ondit »Wenn du denkst, du denkst, denkst du nur, du denkst; denn das Denken der Gedanken ist gedankenloses Denken...«

Wie bedeuten Zeichen und Symbole?

Wir benutzen Zeichen, Symbole, was sind aber gedachte Symbole, Vorstellungen? Wissen wir das? Offenbar wissen wir es nicht – jedenfalls nicht genau genug. Was sind diese Symbole, welche gleichsam die oben erwähnten Denkkonzepte, das Mentale darstellen (sollen) – sind sie Zeichen über Zeichen oder Symbole über Symbole? Wir wissen es nicht. Wir kommen auch aus diesem Kreise nicht heraus. Wir können aus der Welt der Symbolisierungen, der »Bilder«, der Metaphern, der Sprachformen, der Worthülsen nicht aussteigen – insbesondere natürlich nicht dadurch, daß wir darüber reden. Letztlich sind wir hier mit einer Art Geheimnis konfrontiert, ich möchte von einer Art »Wunder des Bewußtseins und des Bedeutens« (oder der Bedeutung) sprechen, man könnte es auch ein Wunder nennen, daß symbolisches Bezeichnen möglich ist und sogar intersubjektiv verläßlich funktioniert. Im Anfang steht also nicht das Wort, sondern offenbar das Wunder der Zeichenbildung, der Zeichenverwendung, insbesondere der Symbolverwendung. Doch Wunderzuschreibungen erklären nichts, sie verweisen nur auf das Unerklärte, vielleicht Unerklärbare.

Symbole sind Zeichen, die nicht unmittelbar auf den gemeinten Gegenstand oder die gemeinte Bedeutung verweisen, sondern erst durch Konvention einen solchen Verweisungsprozeß in Gang setzen, u. U. erst einen Bedeutungs»gegenstand« konstituieren. Zugrunde liegt dabei natürlich die Zeichen*verwendung*. Wichtig ist für die Bedeutungsrelation, daß Zeichen oder Symbole etwas bedeuten können, daß durch sie Netze von Beziehungen hergestellt, dargestellt und übertragen werden können. Bedeutungen können durch Verwendung von Signalen äußerer Art, sei es sprachlicher, sei es schriftlicher, übertragen werden; vorausgesetzt ist dabei stets eine Fähigkeit der Symbolentwicklung, der Symbolmanipulation, die wir alle besitzen, die natürlich trainiert wird, uns andressiert wird, die wir allerdings auch kreativ nutzen, die wir weiterentwickeln können, indem wir neue Symbole und Symbolbedeutung(szuordnung)en schaffen. Am Anfang des Menschlichen, könnte man sagen, steht das Umgehen mit Symbolen. Das Umgehen ist dabei aktiv gemeint – und auch rezeptiv-passiv. Wie aber entstehen Symbole, Bedeutungsrelationen, Zeichen? Wie entstehen Bedeutungen selbst? Was heißt überhaupt »Bedeutungen«? Das ist eines der tiefsten Probleme der gegenwärtigen Philosophie, über das Philosophen und auch viele Gelehrte anderer Disziplinen, von den Semiotikern bis zu den Behavioristen und kognitiven Psychologen, sich keineswegs einig sind: es ist ein weites Gebiet meist ungelöster Fragen. Vielleicht ist es ein Problemfeld, das sich auf eine Art von Scheinfragenkomplex reduziert. Wie entstehen Bedeutungen? Man denke an das oben erwähnte Beispiel, wie das Känguruh zu seinem Namen kam, der in der Eingeborenensprache bedeutete: »Was habt ihr gesagt?« und sonst nichts. Das Känguruh hat seinen Namen weg. Das Känguruh trägt also jetzt den Namen »Was habt ihr gesagt«. Doch das bedeutet eigentlich nichts Besonderes, der Name selbst ist Schall und Rauch, wie jeder weiß. Das Entscheidende ist, wie der Name *verwendet* wird, wie er im Sprachgebrauch regelhaft verwendet wird, wie er immer wieder von allen verwendet wird und auch den Hörern, Lesern usw. wiedererkennbar ist. Die Wiedererkennbarkeit hängt mit der Phonetik, mit der Aussprache der Ausdrücke zusammen bzw. mit einer etwa schriftlichen Darstellung der Zeichengestalt des Symbols. Entscheidend für das, was wir Bedeutung nennen ist der sozial etablierte Zeichen*gebrauch*, wobei der Zeichengebrauch *geregelt* sein muß. Man kann ein Zeichen zwar durchaus auch privat verwenden, wenn man insgesamt mit der Verwendung von Symbolen und Sprachen vertraut ist. Man kann z. B. mit sich selber verabreden, daß man ein Zeichen für etwas verwendet oder kann es als Symbol für etwas verstehen, als privat ausgezeichnetes konventionelles Zeichen, doch setzt diese »Selbstverabredung« die Kenntnis der Institution des gemeinschaftlichen Zeichenverwendens im Prinzip voraus. Normalerweise wird man jedoch einen sozial geregelten Gebrauch in dem Sinne anzielen, daß der regelgemäße Gebrauch sich zurückführt auf die regelmäßige Verwendung des Zeichens in einer Sprachgemeinschaft, in einer Gemeinschaft, welche die entsprechenden Symbole und Zeichen verwendet: »Die Anwendung bleibt ein Kriterium des Verständnis« (Wittgenstein, PU § 146). Regelmäßig und regelgemäß sind zunächst analytisch zu unterscheiden. Etwas regelgemäß zu verwenden heißt, dieses Etwas korrekt nach dem Muster der Regel zu gebrauchen – als Einsetzungsfall der entsprechenden Regel. »Regelmäßig« hat eine zeitliche Konnotation – der Ausdruck beschreibt das, was sich gewissermaßen als übliches Handlungs- oder Verhaltensmuster durchgesetzt hat. Letztlich spielt diese Idee bei Wittgenstein eine große Rolle, daß sich Bedeutungen in letzter Instanz auf den Gebrauch von Zeichen bzw. sprachlichen Ausdrücken zurückführen lassen – er sagt gelegentlich (PU §43): Bedeutung ist (»für eine große Klasse von Fällen der Benützung des Wortes... – wenn auch nicht für alle«) der »Gebrauch in der Sprache« oder: Bedeutungen erlernen (z. B. §77, vgl. a. 524, 532) wir durch den Gebrauch in der Sprache – wobei dieser Gebrauch geregelt ist. »Geregelt« heißt dabei, er hat sich sozial institutionalisiert durchgesetzt, ist gleichsam zur gesetzesartigen Konvention einer Sprachgemeinschaft geworden: Das eingespielte »Regelmäßige«, das Gewohnte, wurde zur normativ wirkenden, vorschreibenden, bzw. kontrollierten Regel. Natürlich kann man Geheimsprachen, Privatsprachen entwickeln, aber man muß dann erstens wissen, daß die Sprecher der Sprachgemeinschaft im üblichen Sinne das in diesen Sondersprachen Ausgedrückte nicht mehr verstehen würden, und zweitens, daß man eine solche private Konvention in gewissem Sinne letztlich auch selber nur durch Rückgriff auf äußere Kriterien oder äußere Verfestigungen von Regeln oder Gebrauchsweisen kontrollieren kann. Man könnte eine private Konvention, die man mit sich selbst eingeht, jederzeit wieder ändern – und könnte diesen Fall gar nicht – so Wittgensteins Argument – zweifelsfrei von dem trennen, der nur die ursprüngliche Regel rückblickend beläßt, aber als viel komplizierter deutet. Viele Regeln – Wittgenstein (PU §§ 197-238, 143, 145, 82 ff.) bringt auch mathematische Beispiele, z. B. solche der Ausführung von bestimmten Folgenkonstruktionen – lassen unterschiedliche Fortsetzungen zu, prinzipiell sogar unendlich viele, jeder endliche Ausschnitt aus einer mathematischen Folge kann auf unendlich viele beliebige Weisen weitergeführt werden, wenn man nicht bei einer bestimmten einfachen Kondensation verbleibt, die sich z. B. in einer praktisch (aber nicht prinzipiell!) hinreichend eindeutigen analytischen Formeldarstellungsweise ergibt. Das sind interessante zentrale Probleme, die das Regelbefolgen auch in der Wissenschaft und in der Mathematik betreffen, die hier nicht zu behandeln sind.

Zurück zur Bedeutung und Deutung von Symbolen und Zeichen. Es gibt eine Tradition, die eigentlich in den gesamten Geisteswissenschaften, insbesondere den Literaturwissenschaften und in der Semiotik, auch heute noch Bestand hat, die auf Ideen von Charles Sanders Peirce und Ferdinand de Saussure zurückgeht und schließlich von C. K. Ogden und I. A. Richards in eine eingängige Darstellung gebracht wurde. Ogden und Richards haben in ihrem berühmten Buch *The Meaning of Meaning* von 1923 eine Darstellung der Zeichenrelation gegeben, die klassisch genannt werden kann; sie fassen die Zeichenverwendung und die Zuordnung von Bedeutungen und dem bezeichneten Gegenstand in einer Dreiecksrelation auf:

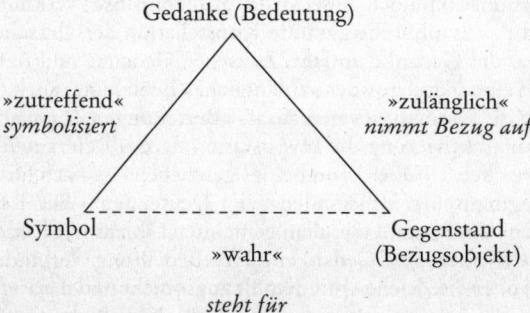

Gedanke (Bedeutung)

»zutreffend«
symbolisiert

»zulänglich«
nimmt Bezug auf

Symbol

»wahr«

Gegenstand
(Bezugsobjekt)

steht für

Symbole sind solche Zeichen, denen die Bedeutungen konventionell zugeordnet werden; sie sind nicht an der Signalgestalt selbst ablesbar. Man braucht eine Konvention, nach der Symbolzeichen verstanden, decodiert werden. Im hier wiedergegebenen triadischen Bedeutungsdiagramm steht oben der »Gedanke«, gemeint ist die Bedeutung im traditionellen Sinne des Wortes (meaning), und unten rechts das bezeichnete Objekt, der Referent. Der Referent ist das Bezugsobjekt. Das Symbol funktioniert nun so, daß es für den Referenten, für das bezeichnete Objekt, »steht« – eben im Sinne der konventionell »angenommenen Beziehung« des Ausdrückens oder Vertretens. Ein Symbol steht für einen Gegenstand; und wenn das der Fall ist, dann reden Ogden und Richards davon, daß es ein »wahres« Symbol ist. (Das freilich ist eine Redeweise, die etwas unglücklich ist, weil der Ausdruck »Wahrheit« sich normalerweise nicht auf einzelne Symbole, sondern auf Sätze bezieht.) Durch diese Konventionalität entsteht gleichsam eine indirekte Beziehung, die über den »Gedanken« (die Bedeutung) vermittelt wird. Die Autoren fassen die Beziehung zwischen Symbol und Gedanken als eine kausale Beziehung; auch das ist mißverständlich oder gar unverständlich, wenn man modernere Analysen der Kausalität oder des Kausalbegriffes heranzieht: das

»Kausale« hier ist wahrscheinlich mehr in dem Sinne gemeint, daß, wenn ein Symbol auftritt, durch dieses Auftreten beim Rezipienten oder auch beim Sender *bewirkt* wird, daß die *Bedeutung aktiviert* wird. Vielleicht sollte man hier besser von einer Beziehung des »Triggerns«, von einer Auslösung sprechen; denn es kann sich sicherlich nicht um eine naturgesetzliche Ursache-Wirkungs-Begründung handeln; denn weder herrscht hier eine Naturdetermination noch eine strikt ausnahmslose Verknüpfung, noch ist das Symbol die gesamte Konstellation der Ursachen für alles, was der Gedanke umfaßt. Zwischen Gedanke und Referenz herrscht eine adäquate oder »zulängliche« Beziehung, auch dieses, so sagen die Autoren, seien »kausale« Beziehungen. (Löst aber die Bedeutungsaktivierung die Hypostasierung des Referenten aus – oder umgekehrt? Oder kann beides geschehen – je nach Situation und pragmatischen Umständen beim Deutenden?) Die Relation zwischen dem Symbol und dem gemeinten Objekt wird jedenfalls hergestellt über den Gedanken. Die Bedeutung verbindet das Symbol oder die Zeichen mit dem Bezugsobjekt und das ist für die Autoren die Hauptaufgabe der Bedeutung, des Bedeutens. Aber was sind solche Bedeutungen? Sie sind ja offensichtlich nicht selbst Gegenstände, sondern sie sind durch ihre funktionale Aufgabe gekennzeichnet bzw. charakterisierbar. Wir unterstellen Bedeutungen. Wir nehmen an, daß Bedeutungen da sind, mit Symbolen/Zeichen verbunden sind. Aber was heißt das genauer? Bedeutungen beziehen sich offensichtlich auf bestimmte andere »Gedanken« oder Felder, in denen die Gegenstände, die durch die Symbole bezeichnet werden, auftreten – sie stellen offenbar funktionale Vermittlungskonstrukte dar. Aber das alles sind noch vage Umschreibungen. Wir wissen, daß Bedeutungen im wesentlichen abhängig sind vom funktionalen Status des Zeichens oder Wortes, vom regelmäßigen und (folglich) regelgemäßen Gebrauch in der Sprache, daß der geregelte Gebrauch unter gewissen, sei es privaten oder sozial gegebenen, Korrektheitsmaßstäben das Bedeuten etwas näher zu charakterisieren gestattet. Die deutsche Sprache ist ja recht verführerisch durch ihre Substantivierungen, und zwar verführt sie oft und geradezu systematisch zu Mißverständnissen. Selbst die Formulierungen wie Bedeut*ung*, Vorstell*ung*, Mein*ung*, Handl*ung*, ja, alle Abstrakta mit der »ung«-Endung sind mehrdeutig. Normalerweise ist damit die Substantivierung einer Tätigkeit ausgedrückt, aber häufig meinen wir damit zugleich oder alternativ auch das Endprodukt einer Handl*ung*, Leist*ung*, Mei-n*ung*, usw. Ist *Bedeutung* so ein Ergebnis, oder gar *das* Ergebnis des Bedeutens, d. h. der Handlung der Bedeutungsbildung oder -aktivierung? Leicht denken wir, es seien irgendwelche abstrakten oder idealen »Entitäten« oder gar »Gegenstände« gemeint, jeden-falls etwas, das benannt werden kann. Selbst dies kann man eigentlich auch nicht sagen. Was ist das Bedeutete? Ist es eindeutig *ein* Etwas? Sind es zusammengenommene Konzepte? Worauf ich hinweisen will ist, daß hier systematisch eine Mehrdeutigkeit ein-gebaut ist, die philosophisch gefährlich ist: Wenn man Handeln zu Handlungen versubstantiviert, dann gerät man leicht dazu, Hand-lungen zu versubstantialisieren. Und Ähnliches gilt für die Bedeu-tungen. Wenn die Substanzen nicht unmittelbar zur Hand sind – man kann weder Handlungen noch Bedeutungen noch Vorstel-lungen anfassen oder sehen, »wahrnehmen« in diesem direkten Sinne –, dann erfindet man sich sozusagen ein ideales Reich von abstrakten oder idealen Gegenständen oder eben fiktiven, eigent-lich projizierten Referenten, die nun ähnlich wie Gegenstände durch normale Namen bezeichnet werden, nur eben im hyposta-sierten Bereich abstrakter Entitäten. So gewinnen Abstrakta, die Konstrukte aus Verbalprojektionen und Sprachfiktionen sind, Scheinsubstantialität. Hier werden wir leicht durch die Sprache verführt. Wittgenstein analysiert manche Beispiele von psychi-schen Tätigkeiten oder besser gesagt: von Tätigkeitsworten, die scheinbar mentale Handlungen wie die z. T. eben erwähnten be-zeichnen. Beispielsweise, wenn wir etwas »meinen« oder »wis-sen«, so seien das natürlich keine Tätigkeiten, sondern die Ausdrücke beschreiben jeweils einen Zustand, d. h., Verben müs-sen nicht unbedingt Tätigkeiten bezeichnen und »ung«-Aus-drücke, also versubstantialisierte Verben, müssen nicht wirkliche Entitäten bezeichnen in dem Sinne, daß diese nun zeitlich unver-änderliche oder wenigstens relativ stabile Entitäten darstellen. Es kann sich auch nur darum handeln, daß man funktionale Bezie-hungen darstellt. Auch die Darstellung selbst kann die Perspektive der Entwicklung, des Prozessualen, des Werdens, des Variierens verändern, verzerren. Das Darstellen »macht« etwas schon »fest«, fixiert etwas, sei es durch eine Unterstellung, sei es durch eine Projektion. Alles, was wir herkömmlicherweise als Ideen, Gedan-ken, Inhalte, Gemeintes im Sinne von solchen abstrakten Entitä-ten auffassen, ist in dieser Weise ein Produkt von funktionalen

Umgängen und Manipulationen mit Symbolen, deren hypostasierte Bedeutungen, da sie nicht mehr nur bei der äußeren Symbolverwendung verbleiben können, eben dann nach »innen« projiziert werden. »Inneres Verweisen« auf ideale oder abstrakte Gegenstände – ist das so einfach möglich – und, wenn ja, wie?

Vorstellungen und einheitliches Bewußtsein des Selbst

»Vorstellungen«, dieser klassische Ausdruck, der in der traditionellen Philosophie eine beherrschende Rolle spielt, ist natürlich ein besonders trickreiches Beispiel der erwähnten Art einer Verbsubstantivierung. Bei Kant, aber auch schon bei René Descartes war das Auftreten von Vorstellungen das entscheidende Moment für die Bildung des Erkennens, des Bewußtseins, der Persönlichkeit überhaupt. Die Einheit des Erkenntnishorizonts, ja, überhaupt der geistigen und intellektuellen Persönlichkeit, wird der klassischen Philosophie zufolge erst durch die Einheit des Bewußtseinseinerlebens ermöglicht bzw. konstituiert. Ich bin nur als denkendes Wesen – das ist Descartes' Ausgangssatz: »Sum cogitans« – ich bin als denkendes Wesen. Das notorische »Cogito ergo sum« findet sich bei ihm so nicht wörtlich. Es ereignet sich Bewußtsein, könnte man vielleicht allgemeiner sagen. Wieso Descartes das Denken oder das Auftauchen von Bewußtseinserleben nun an die eine Person, an das Ich knüpft, ist selbst eine problematische Festlegung, die hier im einzelnen nicht zu diskutieren ist. Aber auch bei Kant ist die Einheit des gesamten intellektuellen Horizonts oder des Spektrums dessen, was überhaupt in den Bereich der Erkenntnis und des Bewußtwerdens treten kann, letztlich durch eine bestimmte Vorstellung garantiert; bei ihm ist es die »Ich-Denke«-Vorstellung, die Vorstellung »Ich denke etwas«.[1] Diese »Ich-Denke«-Vorstellung soll die Einheit des Bewußtseins garantieren. Kant (KrV § 16, B 133) nennt diese formale Einheit »die analytische Einheit des Bewußtseins«; diese besteht insofern,

1 Bei Kant ist diese Ausdrucksform inkonsequenterweise nicht vollständig ausgefüllt, die Ich-denke-Vorstellung ist natürlich an sich leer, man muß *etwas* denken, man kann nicht einfach denken, ohne etwas zu denken. Denken ist in diesem Sinne *gerichtet* auf etwas, auf einen Denkbezug, ist »intentional«, wie man besonders seit Edmund Husserl sagt.

als ich zu jeder Vorstellung, die ich habe, die in mein Bewußtsein tritt, immer den Satz oder die Vorstellung »Ich denke diese ins Bewußtsein eingetretene Vorstellung« hinzufügen und direkt mit jener verbinden kann, sie ist korreliert, verkoppelt. Dadurch, daß solch eine Verbundeinheit aller derjenigen Bewußtseinsvorkomm-nisse auftritt, die durch diese »Ich-denke«-Vorstellung, die mir zugeordnet ist, die ich mir selber zuordne, habe ich gleichsam meine Welt des Bewußtseins aufgespannt; dadurch habe ich eine Einheit meiner Erkenntniswelt konstituiert. Das besagt Kants These von der »analytischen Einheit« der transzendentalen Ap-perzeption, also der formalen Einheit der Bewußtseinserlebnisse des Selbst. Darüber hinaus ist für Kant wesentlich, daß der Mensch fähig sein muß, aktiv Vorstellungen zu verbinden und zwar spontan: Der Mensch ist auch das Wesen, das seine Vorstel-lungen selbst neu kombinieren, zusammendenken, synthetisieren, manipulieren oder irgendwie beeinflussen kann; er kann sogar Vorstellungen kreativ und produktiv verbinden, die bisher noch nie verbunden waren. Diese Fähigkeit der Vorstellungsverbin-dung nennt Kant die »ursprünglich-synthetische« Einheit der Apperzeption, des reinen Selbstbewußtseins (ebd. B 131, 134). Der erkennende Mensch ist für Kant ein Wesen, das der Vorstel-lungsverbindung fähig ist, er kann sozusagen Vorstellungen mit Inhalt(en), mit Bedeutung(en) versehen und verschiedene Vorstel-lungen, die unterschiedliche Bedeutungsaspekte haben können, verbinden, und er kann natürlich auch identische Bedeutungen und Vorstellungen als solche erkennen. Auch dieser Ausdruck »Vorstellungen« ist einer, bei dem durch unsere Sprache mit ihren Versubstantivierungen eine versubstantialisierte Hypostasierung geradezu provoziert werden dürfte. Wir alle gehen ja davon aus, daß Vorstellungen *etwas* sind, daß *Bedeutungen* etwas sind, daß sie in gewissem Sinne – selbst wenn sie keine Gegenstände sind – doch abstrakte Wesenheiten sind, die erkennbar, in irgendeiner Weise erfaßbar, identifizierbar und wiedererkennbar sind. Sie sind jedenfalls keineswegs nichts. Wir operieren nicht im Vagen; unser gesamtes bewußtes oder vorstellungsmäßiges Leben richtet sich ja zum guten Teil auf derartige Entitäten oder Wesenheiten aus. Wie ist nun dieses Operieren mit Vorstellungen psychologisch, neuro-physiologisch zu beschreiben und philosophisch-erkenntnistheo-retisch zu verstehen?

Mentalesische, funktionale oder sozial
verankerte Bedeutungen?

Benutzen wir interne Symbole? Gibt es so etwas wie eine eigene Sprache des Gehirns, wie manche Psychologen, etwa Jerry Fodor, annehmen? Fodor spricht von einer eigenen Sprache des Gehirns, dem »Mentalesischen«. Es ist umstritten, was er damit meint, ob er damit nur meint, daß eine bestimmte Kodierung der Information in den Nervenbahnen stattfindet und weitergeleitet wird. Die Übertragung erfolgt neurophysiologisch gesehen dadurch, daß bestimmte Aktionspotentiale auf den Axonen fortgepflanzt werden und dann über die Synapsen zu andern Neuronen überspringen; und zwar werden die Aktionspotentiale frequenzmoduliert, d. h., die Häufigkeit der Impulse in einer bestimmten Zeiteinheit wird in charakteristischer Weise variiert, und diese Häufigkeit ist das Muster, in dem die Information steckt. All das ist nachrichtentechnisch und neurobiologisch zu untersuchen. Doch ist die rein äußere signaltheoretische Darstellung natürlich nicht in der Lage, direkt die Bedeutungen im Sinne der zugeordneten Bedeutungsrelation zu erfassen. Zwischen der Syntax oder der syntaktischen Verarbeitung von Signalen, die sich z. B. in Frequenzmodulierungen darstellen können, und der semantischen Zuordnung der abstrakten Entitäten »Bedeutungen« oder der funktionalen Verwendung von Bedeutungen oder gar bis zu deren sozialen Verwendungen ist natürlich noch eine große Kluft festzustellen.

Bedeutungen haben aber wesentlich auch soziale Konnotationen; sie »existieren« (»wirken«) in der sozial verorteten Funktion, im geregelten Gebrauch. Sie beziehen sich zugleich aber auch auf die Gegenstände, wie wir sie in der Welt vorfinden oder wie wir diese in die Welt konstituieren und eingruppieren – je nach unserer entsprechenden Einteilung von Dingen und Gegenständen in Arten. Auch eine solche Einteilung bzw. deren Strukturierung und Erfassung sind nicht absolut, nicht unabhängig vom Menschen etwa einfach vorgegeben, sondern Einteilungen von Arten sind z. T. auch Konstruktionen, die wir vornehmen. Jedenfalls ist offensichtlich, daß wir bestimmte Bedeutungshypostasierungen, Unterstellungen von Bedeutungen und Bedeutungsrelationen und entsprechenden Funktionen, machen oder mit symboltragenden, symbolträchtigen Signalen operieren, um überhaupt etwas verstehen oder mit Bedeutung versehen zu können bzw. Bedeutungen kenntlich zu machen und übertragen zu können. Es muß auch hier so etwas gegeben sein wie eine soziale Gemeinsamkeit: Eine Verabredung über bestimmte Gleichheiten, Konstrukte und Projektionen muß irgendwie gewährleistet sein, damit die Bedeutungsübertragung stattfinden kann und damit überhaupt ein Symbol in diesem erwähnten funktionalen Zusammenhang Bedeutung tragen kann. Dabei möchte ich diese Worte »Bedeutung tragen« oder »Bedeutung haben« sehr vorsichtig verwenden, weil es eben nicht darum geht, derartige abstrakte Entitäten oder Wesenheiten einzuführen, zu postulieren – und sei es in einem idealen Reiche von Abstrakta. Sie »leben« nur im Gebrauch. Im Gebrauch in der Sprachgemeinschaft oder etwa im privaten Gebrauch einer Person, die grundsätzlich in der Lage ist, Sprache zu erkennen und die Funktionsweise von Sprachen, Signalen, Zeichen, Symbolen zu begreifen. Nur im Symbol lebt die Bedeutung, und Symbole leben nur im Gebrauch. Mit anderen Worten: Es geht um die Einordnung von Symbolmanipulationen in den sozialen Zusammenhang. Die bloße syntaktische Analyse etwa von Nachrichtenübertragungsprozessen ergibt noch keine bedeutungsvolle Nachricht. Obwohl natürlich jede Symbolübertragung und jedes Symbolverständnis auf Signalveränderung und Wiedererkennbarkeit von formal-syntaktisch abtrennbaren Signalstrukturen angewiesen ist, muß man sagen, daß das Syntaktische, dieses gleichsam Nachrichtentechnische, allein noch nicht den Bedeutungsprozeß und das Bedeutungsverstehen erschöpfen kann. Hilary Putnam (1979) hat eine Bedeutungstheorie entwickelt, die versuchte, etwas über diese traditionelle Zeichenrelation und Bedeutungstheorie nach Ogden/Richards hinauszukommen. Er unterscheidet (ebd. S. 94 ff.) syntaktische Marker, die sich bei der sprachlichen Darstellung auf das Syntaktische im grammatischen Sinne beziehen, von semantischen Markern, also inhaltlichen Merkmalen (Konnotationen). Die Analyse des Ausdrucks »Wasser« ergibt für die syntaktischen Marker: Konkretum, Kontinuativum, Substantiv, und auf der semantischen Seite: »natürliche Art«, Flüssigkeit. Sodann führt er, über die traditionelle Auffassung hinausgehend, eine weitere »Bedeutungs«komponente ein: eine soziale Standardform (»Stereotyp«), in der zusammengefaßt wird, was *man* unter Wasser versteht; diese ist abhängig von bestimmten standardisierten Mustererfahrungen, charakteristischen Zügen, die als kennzeichnend für Wasser gelten. Man kann Wasser durchaus mit anderen Flüssigkeiten verwechseln. Ob, was uns als Wasser erscheint, wirklich Wasser ist, hängt von bestimmten Untersuchungsergebnissen ab. Man kann z. B. schweres Wasser, D_2O, haben, welches chemisch – genauer kernphysikalisch – anders zusammengesetzt ist als normales H_2O, oder andere Flüssigkeiten, die dem Wasser äußerlich völlig in der Präsentation und in den Reaktionen entsprechen: geruchlos, durchsichtig, durstlöschend, dieselbe Viskosität u. ä., die also dem »Stereotyp« des Wassers entsprechen. Dann ist der Normalbürger gar nicht in der Lage festzustellen, ob es sich um Wasser handelt oder nicht, er ist auf Experten angewiesen, z. B. auf Chemiker, die analysieren können, daß es sich wirklich um Wasser handelt, oder sogar auf Kernphysiker, die in der Lage sind zu unterscheiden, ob D_2O oder H_2O vorliegt. Diese charakteristischen Standardmerkmale sind insofern »Stereotype«, als sie konventionell angenommen werden und sich auf wenige charakteristische Züge beschränken, die aber zur Identifikation im alltäglichen Sinne ausreichen. Sie stellen natürlich in erster Linie eine bzw. die soziale Komponente der Umgangssprachbedeutung des Ausdrucks – etwa von »Wasser« – dar. Das Syntaktische, das Semantische eines Ausdrucks könnte man wie erwähnt jeweils auch privat verwenden, aber das Stereotypische ist unverwechselbar sozial verortet. Diese »Stereotypen« sind notwendig sozial konstituiert, sie stellen eine wesentliche soziale Komponente im Gebrauch von Symbolen mit Bedeutung dar. »Stereotyp« ist ein recht treffender Ausdruck. Wir greifen so stets auf bestimmte stereotype Bedeutungskonnotationen zurück, die durch die Sprachgemeinschaft festgelegt wurden und mit bestimmten Symbolen verbunden sind. Wir aktualisieren die Stereotype, wenn wir bestimmte Ausdrücke verstehen (wollen), zunächst auch in ihrem Bedeutungshorizont einordnen wollen. Last but not least kommt zur Bedeutung nach Putnam noch der mengentheoretisch verstandene Umfang, die Extension hinzu, das heißt, die Menge der Gegenstände, auf die der entsprechende Begriff zutrifft. Bei »Wasser« wäre das die Gesamtmenge des Wassers oder der Wassermoleküle. Dieser »Umfangsbegriff« ist allerdings selbst auch mehrdeutig, er kann sich z. B. auf alles aktual gegenwärtig vorhandene Wasser beziehen oder auf alles, was jemals überhaupt in der Kosmosgeschichte Wasser gewesen ist oder sein oder als solches produziert wird. Hier gibt es natürlich noch feinere und differenziertere Mehrdeutigkeiten (»Wasser« in anderen möglichen Welten usw). Wichtig ist hier nur, daß jeweils insgesamt die Bedeutungsrelation oder die Auffassung der Bedeutung bei Putnam durch eine solche Viererfunktion gekennzeichnet ist: syntaktische Eigenschaften, semantische Eigenschaften, soziale stereotype Wesenszüge, Umfang. »Bedeutung« bezieht sich also wesentlich auch auf aktuale oder potentielle Referenten (auf eine Referentenmenge). Putnams Theorie bietet einen modernen Ansatz für das Verständnis von Bedeutungs- und Symbolfunktionen, der sich mit auf soziale Grundlagen stützt und in gewissem Sinne über die zuvor erwähnte traditionelle Triade hinausgeht. Mit Sicherheit wird auch hier etwas hypostasiert, Bedeutungen werden unterstellt und funktional realisiert, indem Stereotype aktiviert, abgerufen werden, z. B. wenn ein Empfänger ein Signal oder ein Symbol in diesem Sinne des Zeichen-, Symbol- oder Sprachverstehens deutet. Ist das dadurch umrissene Verständnis nun hinreichend? Und wie ist die Bedeutung auf diese Weise in bezug auf Gegenstände zu verstehen?

Eigennamen, strukturelle Bedeutungen und Symbolfunktionen

Wie kommt etwa die Bedeutung von Namen zustande? Man denke nochmals an das Känguruh-Beispiel. Ist Zuordnen bzw. Verorten von Bedeutung so etwas wie ein Anheften von Etiketten oder bestimmten Namenschildern an die Gegenstände? Bei abstrakten Gegenständen ist das unmöglich, an sie kann man kein Etikett anheften, es sei denn in einem übertragenen und höchst fragwürdigen, problematischen und kaum kontrollierbaren Sinne. Selbstetikettisierung ist natürlich möglich und intersubjektiv durch Äußerungen dokumentierbar und kontrollierbar: »Mein Name sei Gantenbein«. Doch sind, wie man sieht, Fiktionshypostasierungen und Fehlverständnisse auch dabei nicht ausgeschlossen, wie das Beispiel des Mannes auf der Straße illustriert, der »Heiße Würstchen!« ruft, was einen Hinzukommenden zur Antwort provoziert »Heiße Meier, angenehm«. Mißverständnisse können also auftreten. Es handelt sich hier ja um bestimmte kennzeichnende Ausdrücke mit einer bestimmten Funktion, die erst richtig identifiziert werden muß, indem an der syntaktischen Form erkannt wird, um welche Ausdrucksart es sich handelt. Ei-

gennamen haben nach der traditionellen Zeichen- und Symbol-
theorie zwar einen Referenten, einen Träger des Namens, aber
eigentlich keine Bedeutung. (Dabei ist natürlich von manchen Namen abgesehen: einige Namen haben auch eine Nebenbedeutung,
die aber nicht eigentlich *die* Bedeutung des Ausdrucks als Vertre-
tung des Trägers darstellt – manche Namenträger leiden sogar
unter ihren Namen.) Jedenfalls ist es so, daß offenbar in der traditionellen verkürzten Triadentheorie der Namen nur eine ganz
bestimmte Weise der Namensverleihung für bestimmte Gegenstände ausgewählt ist, die offensichtlich nicht als für alle möglichen Ausdrücke repräsentativ gedacht werden kann. Außerdem
liegt eine fragwürdige These zugrunde, nämlich jene, daß alle Gegenstände benannt werden können. Hinsichtlich der abstrakten
Wesenheiten ist diese These zuvor kritisiert worden. Die These,
alle Gegenstände könnten benannt werden, ist auch insofern pro-
blematisch, als es ja prinzipiell unendlich viele Gegenstände gibt –
selbst dann, wenn das Weltall endlich ist, könnte man dennoch
durch Kombinationen von Mengenbildungen in Form von Po-
tenzmengen (Aufschichtungen von Mengen von Untermengen)
usw. stets dennoch unendlich viele Gegenstände bilden. Alle diese
Gegenstände können aber, selbst wenn es sich nur um endlich,
aber eben ungeheuer viele handelt, praktisch sowieso nicht benannt werden – und eben auch prinzipiell nicht. Hier muß man
also den Unterschied zwischen dem Aktual-Unendlichen und
dem Potentiell-Unendlichen heranziehen. »Alle Gegenstände
können benannt werden« – das könnte eigentlich nur bedeuten,
daß wir zu der Menge der Gegenstände, die wir bezeichnet haben,
stets beliebig weitere, die uns nun besonders wichtig erscheinen,
die wir selektieren, dann benennen können. Wir können die
Menge der Gegenstandsbenennungen ausdehnen.
Eine andere These, die sich noch zentraler auf die Bedeutungsrelation bezieht, wird eigentlich immer unterstellt: Alle Ausdrücke
der Sprache – und zwar nicht nur die Gegenstandsbezeichnungen
oder Eigennamen, sondern alle Ausdrücke – haben Bedeutung
und/oder Referenz, außer den sogenannten synkategorematischen Ausdrücken, wie etwa grammatische Konjunktionen, die
ihren Sinn und ihre Aufgabe nur aus dem funktionalen Zusammenhang im Sprachgebrauch gewinnen. Das Synkategorematische ist eine Kategorie, die schon in der Antike eingeführt worden
ist: Ausdrücke haben synkategorematische Bedeutung, wenn sie

nicht unmittelbar selbst Bedeutung tragen und etwas bezeichnen, sondern nur im Zusammenhang mit Sätzen oder von ganzen Theorien eine Art Strukturbedeutung aufweisen. So sind beispielsweise die Satzpartikeln, die die Satzzusammensetzungen formieren wie »und«, »oder«, »nicht« synkategorematisch. Sie haben zunächst keine Bedeutung, sondern sie beziehen ihren Sinn aus den Verknüpfungsfunktionen, die sie verkörpern. Solche synkategorematischen Ausdrücke kommen häufig in der Sprache vor.

Die erwähnte These wäre also, daß alle Ausdrücke entweder Bedeutung haben oder wenigstens Referenz, und als Sonderfall gibt es die synkategorematischen Ausdrücke, die ihre Bedeutung erst als strukturelle Funktionsbedeutung aus dem Gesamtzusammenhang beziehen. Diese These ist ähnlich übertrieben wie die traditionelle erkenntnistheoretische These, daß *alles* erkennbar, repräsentierbar, alles sagbar sei. Es scheint sich noch um eine aufklärerische Übertreibung zu handeln, die Ausdruck eines traditionellen Erkenntnisoptimismus ist, der behauptet, daß die Welt durch Begriffe total erfaßt werden könne. Wir haben die Fähigkeit, durch Beschreibungen die Welt zu erfassen, was immer das auch im einzelnen bedeuten mag. Wenigstens ein Name oder ein Begriff stellt zur rechten Zeit sich ein. Wir hegten die Idee, daß wir durch solche begrifflichen Konnotationen unser Erkenntnisfirmament aufspannen und strukturieren können und daß prinzipiell nichts aus diesem Firmament ausgeschlossen ist. Wenigstens im potentiellen Sinne können wir sozusagen alles sprachlich benennbar machen; wir können Namen zuordnen, wir können alles in unseren Erkenntnishorizont hineinnehmen, einpassen. Ist diese unterstellte Ansicht eine sprachgebundene Art eines hybrishaften Benennungsimperialismus, eine gewisse schwächere Variante der traditionellen Erkenntnishybris, alles sei wissenschaftlich erkennbar, einer Ideologie, wie sie noch der Dialektische Materialismus vertrat?

Die These über die synkategorematische Bedeutung ist sogar gelegentlich in dem Sinne ausgeweitet worden, daß alle Sprachformen letztlich nur synkategorematische Bedeutung tragen können, daß wir letztlich nicht Einzelausdrücke, wie Eigennamen, speziellen Referenten zuordnen können, sondern daß das sprachliche Funktionieren von entsprechenden Symbolen immer und nur in strukturellen Netzen stattfindet, daß Symbolnetze erst dafür sorgen, daß überhaupt Einzelausdrücke in der Sprache nun gleichsam sprachintern Bedeutung gewinnen: Symbolnetze, sozusagen die Gesamtsprache erst, generieren »intern« die Funktionen, die man als Bedeutungsfunktionen auffassen könne. Diese Strukturbildungen, was immer sie sein mögen, sind also von Symbolverwendungen abhängig.

Bedeutungen unter Wandlungen und Handlungen

Man kann dann sagen, daß auch dieses Netz der Sprache und der Symbole sich entwickelt – es ist ja evident, daß die Sprache dynamisch ist, auf eine wandelbare Kultur und eine Tradition zurückgeht und sich dieser entsprechend differenziert und weiterentwickelt, verändert. Somit würden sich die (strukturellen) Bedeutungen jeweils mit der Sprache wandeln. Diese These weist einige Plausibilität auf.

Sprache hat mit Erkenntnis zu tun. Wir können im Sinne der erkenntnisbildenden und weiterführenden Funktion der Sprache fast das berühmte Gleichnis übertragen, das Otto Neurath am Beispiel der theoretischen Erkenntnis ausgearbeitet hat. Nach Neurath sind unsere Theorien, die wir zur Erkenntnisbildung benutzen, Menschenwerk. Sie werden konzipiert, gebildet, gebastelt, gebaut und weitergebaut, abgeändert: Wir sind in unseren Erkenntnisbemühungen – und das kann man genauso auf die Sprachverwendung und die symbolische Darstellung durch sprachliche Formen beziehen – im Grunde wie Schiffer auf hoher See, die ihr Schiff während der Fahrt immer wieder umbauen. Wir müssen z. B. einzelne Planken auswechseln, dabei natürlich bestimmte Ausrüstungen und Vorrichtungen verwenden und Vorsichtsmaßnahmen ergreifen, damit das Umbauen nicht zum Untergang führt, aber wir müssen auf dem Schiff bleiben. Theorie geht nicht ins Trockendock; wir können während der Fahrt nicht auf das Schiff verzichten. So ähnlich ist es wohl auch mit unserer Sprache und ihrer Funktion bei der Erfassung und Beeinflussung der Wirklichkeit. Wenn man sich vor Augen hält, was für eine gewaltige Entwicklung in den letzten dreihundert Jahren in bezug auf die Verwendung von normalsprachlichen oder wissenschaftlich-formalsprachlichen Symbolsystemen zur Erfassung der Wirklichkeit, ja, zur Gestaltung, zur symbolischen Repräsentation der Wirklichkeit stattgefunden hat, dann kann man sich schon kaum einen Begriff von diesen grundstürzenden Veränderungen machen, man wird sie aber nicht mehr unterschätzen dürfen. Man könnte sich z. B. vorstellen, Luther wäre mit der modernen Elementarteilchenphysik konfrontiert worden und sollte sich in dieser unserer Welt der Wissenschaften mit allen ihren Beschreibungen und Differenzierungen des mathematischen Erfassens, des Experimentierens zurechtfinden – würden ihm nicht die Augen übergehen? Entsprechend kann man sich vorstellen, daß sich in vielerlei Weise auch die Alltagssprache verändert hat, daß auch hier Entwicklungen stattfanden, die früher kaum zu erahnen waren. Kurz: wir erfassen offenbar nicht nur die Wirklichkeit durch Sprache, sondern die Wirklichkeit ist für uns in gewissem Sinne auch eine sprachlich verfaßte oder durch den Symbolgebrauch imprägnierte, identifizierbare, gleichsam konstituierte Wirklichkeit. Und die Symbole und Erfassungsweisen wandeln sich mit historischen und kulturellen, heute zumal wissenschaftlichen und technischen Entwicklungen. Wir kategorisieren, wir teilen alles, was uns begegnet, in Arten und Klassen ein, in Merkmale, Funktionen, Prozesse: Alles dies geschieht mithilfe der sprachlichen Symbole, einschließlich der schriftlichen Symbolsysteme und der Notationssysteme der Wissenschaft. Wir haben also den Grundgebrauch der Symbolverwendung überall zu benutzen, nicht nur zur abbildlichen Darstellung der Wirklichkeit, sondern auch zur Einteilung, zur Kategorisierung, zur Manipulation, zum Experimentieren. Darstellen ist symbolisches Handeln. Alles dieses Darstellen hängt natürlich auch mit dem realen Handeln zusammen. Das Manipulieren von Symbolen ist nicht nur passiv, sondern ist mit dem realen Handeln innerlich verwoben. Symbolsysteme können zwar in gewissem Sinne auf Wirklichkeit passen, aber diese Passung ist erst herzustellen, auszuarbeiten, zu differenzieren, zu kontrollieren im Handeln, im Experimentieren, im Anwenden. Symbole leben in Handlungssystemen, nicht nur in Sprachgebräuchen oder Symbolgebrauchsverwendungen. Symbole leben in Interpretationen, in Deutungen, die auf Funktionen bezogen sind. Handlungssysteme sind aber selbst abhängig von Interpretationen. Ob wir eine bestimmte äußerlich wahrnehmbare Bewegung, z. B. ein Winken, als eine Anzeige einer Richtungsänderung oder als ein Hinweisen auf einen bestimmten Gegenstand deuten, ist Frage einer situations- und kontextgebundenen Interpretation, eben einer angemessenen Deutung: Ein und dieselbe Bewegung kann durchaus als verschiedene Handlungen gedeutet werden. Handlungen sind deutungsabhängig und in doppelter Weise perspektivisch: einmal vom Handelnden aus und zum anderen natürlich auch vom Beobachtenden aus gesehen. Sie sind auch abhängig von einer Zuordnung zu einem Handelnden. Eine solche Zuordnung nimmt auch der Handelnde selber vor: Ich selber verstehe mich ja als Handelnder, wenn ich handle: Die Handlung wird in einem bestimmten Handlungsplan entworfen, durchgeführt unter einer Zuordnung und auch vom Akteur. Und dasselbe ist entsprechend analog auch in der Beobachterperspektive zu sagen. Auch der Beobachter ordnet die Handlung, das Handeln dem Handelnden als dem Akteur zu und interpretiert sie von einer bestimmten perspektivischen Warte der Beobachtung aus, ordnet sie aber auch sozusagen sekundär oder gleichsam stellvertretend in die Perspektive des Handelnden ein. Handlungen sind also zutiefst abhängig von Deutungen, Interpretationen. Handlungen sind selbst, wie ich gerne sage (1978), Interpretationskonstrukte. Sie sind Interpretationskonstrukte als Zuschreibungen zu den Handelnden, zu den Akteuren, eventuell auch als Selbstzuschreibungen. Und sie sind Interpretationskonstrukte auch der inhaltlichen Auffassung und Ausgestaltung nach. Symbole sind bei solchen Zuschreibungen unerläßlich. Wechselseitige funktionale Abhängigkeiten zwischen der Handlungsdeutung einerseits und der Symbolverwendung andererseits können also festgestellt werden.

Wir haben also so etwas wie eine neue symbolphilosophische oder symbolmethodologische Triade. Symbolfunktionen oder Symbolsysteme sind in ihrer Deutung – und sie tragen ja Bedeutung kraft Konvention – innerlich verwoben mit Handlungsfunktionen und Handlungssystemen; denn schon die Verwendung eines Symbols ist eine Handlung, und sie sind eingebettet in ein differenzierendes System der symbolischen Repräsentation, also beispielsweise der Sprache. Wir haben hier eine Art von Funktionstriade, die natürlich radikal auf soziale Gebräuche angewiesen, in diese eingebettet ist, eine soziale Symbolverwendungs-, Handlungs- und Interpretationsgemeinschaft voraussetzt. Symbole, Handlungen und Sprachweisen sind miteinander in einer derartigen Funktionstriade verbunden. Das ist einsichtig und plausibel, aber im einzelnen erst genauer zu deuten und zu analysieren.

Was heißt es, daß wir bestimmten sozialen Regeln der Symbolverwendung folgen? Gibt es Unterschiede zwischen der Selbst- und der Fremdregelung? In jedem Falle handelt es sich ja offenbar um eine Vereinfachung, eine Konzentration auf bestimmte Formen, eine Art von Disziplinierung im Gebrauch von Zeichen. Was tun wir, wenn wir Regeln befolgen, Regeln anwenden, ja, Regeln aufstellen? Brauchen wir nicht die Ausbildung und eine Vereinbarung über Gepflogenheiten, die uns erlauben, das Ergebnis einer Regelanwendung als solches wiederzuerkennen, ja, überhaupt erst einmal die Regel auf einzelne Fälle anzuwenden? Sind die Symbolkonventionen, die Zuordnungen, die dort zugrunde gelegt sind – etwa bei der Zuordnung von Referenten zu Namen oder umgekehrt – ähnlich aufzufassen wie etwa die des Umgangs mit Münzen im Geldverkehr? Entsprechen die Münzen den Symbolen und die entsprechenden Funktionen den Austauschfunktionen? Entsprechen die Symbolfunktionen im weiteren Sinne (die Bedeutungen) solchermaßen denen des Geldes? Gilt das insbesondere auch bei nicht direkt mit Referenten versehenen Ausdrücken, die z. B. abstrakte Wesenheiten bezeichnen? Wie dem auch sei, die festzuhaltende Hauptthese ist, daß es eine Handlungsverkettung der Symbolmanipulationen und auch der Symbolkonventionen gibt, denn eine Konvention ist eine geregelte Absprache, die auf dem Handeln basiert, die durch Handeln zustande kommt, die aber auch Handeln sekundär strukturierend oder normativ prägt. Solche Handlungsverkettungen der Symbolverwendungen – in jedem Sinne des Wortes – sind auf Deutungen, Interpretationen und entsprechende Konstruktbildungen angewiesen. Im Handeln erst, erst in der Funktion, erst in den Gebrauchsweisen, auch erst in der sozialen Einbettung gewinnen Symbole ihre Bedeutung. Denken heißt, wenn wir Symbole verwenden – ob es nun äußere oder innere (mentale) sind –, in diesem Sinne ein interpretierendes Handeln. Symbolisches Handeln heißt Interpretieren. Konstrukte bilden, Konstrukte verwenden ist Verwenden von modellhaften Schemata, von Formen, Formeln, Anwendung von regelhaften Konzepten oder Bildern, Vorstellungen, Kategorien auf bestimmte Fälle. Denken ist Interpretieren. Denken heißt Deuten. Denken bedeutet Verwenden von Konstrukten in bestimmten funktionalen Zusammenhängen. Beim Denken benutzen wir mentale Konstrukte, die erst funktional zu analysieren, zu verstehen und sozial einzubetten sind. Was soll es also heißen, daß wir im Mentalesischen nach Jerry Fodor so etwas wie eine Sprache des Gehirns haben, die unabhängig von sozialen Einbettungen funktioniere? Ist hier etwa das Muster von der Variation von Aktionspotentialen in den Axonen und Synapsen gemeint? Was sind mentale Konstrukte überhaupt? Was sind Hirnkonstrukte? Erzeugt das Gehirn sozusagen Bedeutungen? Können wir das neurowissenschaftlich verfolgen? Können wir auf diese Weise nun wirklich die Kluft zwischen dem Syntaktischen einerseits und dem Semantischen andererseits, diese Kluft zwischen der Signalverwendung und der zugeordneten Bedeutung überwinden? Kann das Gehirn das? Ist das Gehirn eine funktionale Maschine, die semantische Bedeutungen ohne soziale Einbettung produzieren kann? Fragen über Fragen, die hier noch offen bleiben müssen.

Gehirn als Überlebensorgan – Mensch als Forschender

Auf der signaltheoretischen Ebene scheint übrigens das letztere in gewissem Sinne möglich zu sein. Man kann, so behauptet die neurobiologische Deutung des Gehirns, dieses als ein Instrument im Sinne der Bewältigung der Überlebensherausforderung ansehen, das sich im Laufe der Evolution herausentwickelt hat und dessen Aufgabe hauptsächlich die Sicherung des Überlebens ist, sei es der Art, des Genpools oder auch der individuellen Existenz. Wir leben in einer bestimmten, das Individuum und seine biologische Gruppe gefährdenden Umwelt. Das Gehirn ist in erster Linie gar nicht ein reines Erkenntnisorgan, sondern evolutionär gesehen eher ein Überlebensorgan. Deswegen ist es vielleicht auch nicht von ungefähr, daß der sogar von Nelson Goodman als solcher zitierte berühmte Philosoph Woody Allen einmal gesagt hat: »Mein Gehirn, das ist mir mein zweitliebstes Organ!« Diese Einordnung des Erkenntnisorgans hängt mit dieser Überlebensaufgabe zusammen. Offenbar liebt Allen seine Überlebensorgane – verständlicherweise. Offensichtlich besteht die primäre Funktion des Gehirns in der Verarbeitung von überlebensrelevanten Informationen. Dabei ist von deren Einbettung in Handlungssituationen, in bestimmte Umgebungen auszugehen, wobei natürlich externe (Wahrnehmungs-)Informationen verarbeitet, aber nicht bloß abgebildet werden, wie das die traditionelle erwähnte Kamera-Auffassung darstellte, sondern die Informationen werden unter bestimmten überlebensdienlichen Selektionsgesichtspunkten ausgewählt, strukturiert. Handlungstests, Kontakt und experimenteller Erfahrungszugang zur Wirklichkeit, sozusagen die Überprüfung unter Überlebensgesichtspunkten sind das vorrangige Kriterium der Informationsbearbeitung im Gehirn. Die Dominanz des Bewegungssehens, der Kontrastprofilierungen usw. spricht deutlich dafür. Jedenfalls scheint es so zu sein, daß das Denken im Sinne des inneren Probehandelns sich evolutionär entwickelt hat und dann auch entsprechend der Überlebensaufgabe im evolutionären Zusammenhang strukturiert und konturiert worden ist: Das Gehirn ist ein Überlebensorgan. Das Gehirn kann als Muster und Instrument des Probehandelns aufgefaßt werden, nicht als bloßes Instrument des Schauens oder des Sehens, wie es vielfach in der antiken Tradition des theoretischen, des beschaulichen, des kontemplativen Lebens und Erkennens gedeutet wurde, sondern als Prüfinstrument, als ein Mittel, um in Handlungssituationen zu bestehen. Die Verknüpfung von Symbolverwendungen im weitesten Sinne – einschließlich solcher, wie sie auch in Gehirntätigkeiten vorkommen – mit den Handlungsmustern, den entsprechenden Normen, »Notwendigkeiten« und Strukturen des Handelns in einer praktischen Lebenssituation, ist auch hier deutlich. Denken und Symboleverwenden sind letztlich mit dem Handeln direkt verwoben, das war ja unsere Haupterkenntnis. Man kann vielleicht sogar sagen, daß das Handeln selbst in gewisser Weise einem Forschen unter praktischen Anwendungsbedingungen ähnelt. In der Psychologie ist um die sechziger Jahre von George A. Miller, Eugene Galanter und Karl H. Pribram der Ansatz des sogenannten subjektiven Behaviorismus entwickelt worden, der das Handeln nach einem sogenannten Test Operate-Test Exit-Modell zu analysieren versucht. Nach diesem Konzept entwickelt man bestimmte operationale Pläne, Konstrukte oder Schemata, die sich in einem Flußdiagramm darstellen lassen, wodurch man das Handeln als instrumentellen Versuch der Verwirklichung eines angestrebten Zielzustandes entwirft, den Ablauf vorstrukturiert, sich die Mittel vornimmt, antizipatorisch auf Reaktionen und Variationen vorgreift und den Plan dann an der Wirklichkeit, an bestimmten Modellsituationen testet, schrittweise mit jeweiliger Rückkopplung zum Soll-Ist-Unterschied verbessert und sich entsprechend bewähren oder scheitern läßt. Das

rückkoppelnde Überprüfen der antizipatorischen Handlungs-
skripte ist dabei die Grundstruktur, wobei es offenbleibt, ob diese
Modellhandlungspläne im traditionellen Sinne der Psychologie als
bloß behavioristisch zu beschreibende Dispositionsbegriffe aufgefaßt werden oder als intervenierende Variablen (nach E. C. Tol-
man). Der Witz liegt jedenfalls darin, daß offensichtlich die
Konstruktbildungen, die mentalen Modelle, die wir uns machen,
in Handlungssituationen und in mehrfach zu wiederholende ex-
perimentelle Tests eingebettet werden und daß in gewissem Sinne
der normale Mensch im Alltagsleben gleichsam als eine Art »Mi-
niforscher« auf eigene Faust operiert: der Mensch als Forscher
und Sichselbsterforscher, ein Handelnder, der gleichzeitig auf
Denken als Entwickeln von Modellen des inneren Probehandelns
und auf die entsprechenden Überprüfungen angewiesen ist. Es
gibt seit den fünfziger Jahren auch eine von George A. Kelly ini-
tiierte Richtung, die sich Psychologie der personalen Konstrukte
nennt und in gewisser Weise den Forscher als Vorbild des Subjekts
nimmt, um die Situation des Sichorientierens und des Handelns
an diesem Analogbeispiel des Forschens zu verdeutlichen. *Inquiring Man* (*Der Mensch als Forscher*) – so heißt ein Buch von Don
Bannister und Fay Fransella (1981), das die Hauptthesen dieses
Ansatzes der personalen Konstrukte darlegt. Der Mensch als Forscher, Selbsterforscher, Konstruktebildner auf eigene Faust – das
scheint zunächst ein Modell zu sein, das sich noch zu wenig in den
sozialen Zusammenhang einbettet, den wir von Wittgenstein und
seiner Einsicht der radikalen sozialen Handlungseinbettung aller
Interpretationen und Symbolverwendungen übernommen haben.
Doch gibt es wenigstens ein »Sozialitäts-Korollarium« in der Psychologie persönlicher Konstrukte, das behauptet: »In dem Aus-
maß, in dem eine Person die Konstruktionsprozesse eines andern
konstruiert, kann sie in einem gemeinsamen sozialen Prozeß mit
dieser Person eine Rolle spielen« (Bannister-Fransella 1981, 21 f.,
190). Jedenfalls scheint es so zu sein, daß wir uns auch nicht allein
auf eine individualistische Psychologie personaler Konstrukte
verlassen können, ohne die soziale Basis der Einbettung von
Handlungsformen und Testsituationen zu berücksichtigen. Andererseits sollten wir auch nicht einfach Ludwig Wittgenstein folgen, der gesagt hat, wenn wir Denken und die Sprachverwendun-
gen analysieren wollen, dann sollten wir nicht darüber nachdenken, sondern bloß schauen, wie etwas funktioniert: »Denk nicht,

sondern schau!« (PU § 66) In gewissem Sinne glaube ich freilich auch, daß die von Ogden und Richards (1974, 7) zitierten Eingeborenen von Fernando Po, die Bubi, recht haben, wenn sie sagen: »Wir wollen näher ans Feuer gehen, damit wir sehen können, was wir sagen.« – Unter »Feuer« könnte man in unserer wissenschaftlichen Situation auch das Feuern von Neuronen verstehen.

3. Bezugnahme als interpretative Zuordnung

Schon in dem erwähnten berühmten zeichentheoretischen Dreieck zwischen Bezugsobjekt oder Referent, Bedeutung und Symbol oder Zeichen steht die Beziehung zwischen dem Ausdruck und dem bezeichneten Gegenstand im Brennpunkt des Interesses. Heute spricht man hinsichtlich der Beziehung zum bezeichneten Gegenstand (dem Denotatum) von Referenztheorien. Fragen stellen sich wie: Was heißt es, wenn wir uns mit der Sprache auf Gegenstände beziehen? Es handelt sich um eine unerwartet schwierige und eigentlich letztlich bis heute noch nicht gelöste, jedenfalls noch nicht allgemein mit einer akzeptierten Lösung versehene Frage. Sie hängt zusammen mit der allgemeineren Problematik einer Erkenntnistheorie, die sich auf Konstrukte und Schemata bezieht und auf die Art und Weise, wie insbesondere die Kognitionsprozesse – einerseits von Psychologen und andererseits von Erkenntnistheoretikern – beschrieben werden können und wie sich diese Deutungsversuche in einen allgemeinen Ansatz einbetten lassen, den ich den Ansatz der Interpretationskonstrukte oder einen Konstruktinterpretationismus nennen möchte.

Zum Beginn erinnere man sich nochmals an das semiotische Dreieck (vgl. o. 43). Es wurde in der traditionellen Theorie behauptet, daß zwischen Symbol und Gegenstand ein indirekter Zusammenhang bestehe, daß aber ein Symbol, also ein konventionelles Zeichen, eindeutig einen Gegenstand bezeichne, designiere, charakterisiere. Der Zusammenhang zwischen dem Zeichen und dem Gedanken allerdings sollte eine Art »kausaler« Beziehung darstellen, und auch der Zusammenhang zwischen dem Gedanken und dem Referenten habe irgendwie etwas mit »Kausalität«, mit Verursachung zu tun – und zwar dadurch, daß etwa die Vorstellung einer Bedeutung sozusagen die Bezugnahme auf den Gegenstand oder die Beziehung auf den Gegenstand irgendwie aktiviert oder hervorruft. Es war der Philosoph Hilary Putnam, der im letzten Jahrzehnt diese Theorie der Bedeutung im Anschluß an den späten Ludwig Wittgenstein und dessen Sprachtheorie einer Kritik unterzog, indem er meinte, daß es sich hier gleichsam um eine »magische Theorie der Bedeutung« oder der Bezugnahme auf Gegenstände gehandelt habe. In der Tat scheint es sich um eine gleichsam magische Beziehung zu handeln, wenn man glaubt, so etwas wie eine metaphysische, eine irgendwie über das direkt Kontrollierbare hinausgehende Verbindung, eine ständige Verbindung zwischen Zeichen und den Referenten bzw. Bedeutungen zu erkennen. Wenn wir uns hier einmal auf die indirekte Beziehung zwischen Symbol und Referenten beschränken, so meint Putnam, daß man sich diese herkömmlicherweise so vorstellt, daß das geäußerte oder angeschriebene Zeichen (also das Symbol bzw. gar der Typus, die Gestalt des Symbols, repräsentiert durch eine einzelne Instanz) gleichsam fiktive »Strahlen« aufweist, gedachte Strahlen, die zu dem Referenten hinweisen, d. h., daß die Beziehung wie »noetische Strahlen« (E. Zemach, zit. bei Putnam, 1982, 77) gedacht werden könne. Das sei aber eine metaphysische Theorie, die an magische Praktiken und Etablierung bzw. Aktivierung insinuierter Beziehungen erinnert. Diese These, daß es eine unhintergehbare, eine beständige metaphysische Beziehung zwischen Zeichen und dem bedeuteten Gegenstand gebe, müßte man sich dann auch entsprechend erweitert denken auf den Zusammenhang zwischen Gegenstand und Bedeutung. Auch diese Verbindung sei nur durch eine gleichsam magische Theorie der Bedeutung oder der Bezugnahme zu verkörpern. Man unterstellte etwa, daß eine interne Eigenschaft des Symbols allein ausreiche, um eine Verbindung nach außen zu wenden, also eine externe Beziehung zum Gegenstand herzustellen. Wie soll aber diese Beziehung überhaupt vorhanden sein? Wie soll sie existieren? Wie soll sie erkannt werden? Wie soll in der Realität – was immer das heißen mag – diese Beziehung statthaben? Ist eine solche Beziehung nicht von vornherein eine Art von magischer Projektion? Überziehen wir nicht gleichsam die gesamte Welt mit derartigen Projektionsnetzen, daß wir gewissermaßen »noetische Netze« aufbauen und versuchen, in diesen Netzen in Gedanken, aber eben nur in Gedanken, die Welt bzw. deren Gegenstände zu »fangen«, abzubilden, zu bezeichnen oder wie immer dies sprachlich gefaßt werden soll. Die traditionelle Bedeutungs- bzw. Referenztheorie ist eine Art Lasso-Theorie der Gegenstandserfassung. Das ist zwar nicht Putnams Bezeichnung, doch er meinte, man habe die Vorstellung, daß man Begriffe verwende – was immer diese wieder sein mögen! –, die sozusagen am Seil hängen und eine Schlinge aufweisen: Man wirft sie mit dem Fangseil über die Welt und erfaßt nun die Gegenstände. Das sei eine Auffassung von Gegenstandsbeziehung, mit der man gleichsam die Verwendung dieser noetischen Strahlen bzw. die Arbeiten des noetischen Netzes irgendwie plastisch vorstellen könne. Er wendet sich genauso gegen die klassische Abbildtheorie oder Ähnlichkeitstheorie der Referenz, d. h. dagegen, daß in gewisser Weise die Ähnlichkeit der begrifflichen Erfassungsprodukte mit den Gegenständen in der externen Welt existiere und dazu ausreiche, über die Bildung von Ähnlichkeitsklassen Referenz zu konstituieren, zu bilden. Ähnlichkeit allein reicht offenbar nicht aus, denn Ähnlichkeit selbst muß erst einmal festgestellt werden – dazu brauche man bereits Anknüpfungspunkte, Ausgangsformen; und Ähnlichkeit kann auch in vielerlei Hinsicht zwischen ganz unterschiedlichen Dingen bestehen: Ähnlichkeit – so würde ich den Zusammenhang deuten – wird erst hergestellt, erzeugt, konstituiert anhand von Ähnlichkeitskriterien. Sie ist eine Angelegenheit von perspektivischen Sichten, von Interpretationshypothesen, von Ansätzen. Ähnlichkeit kann zwischen den unterschiedlichsten Gegenständen bestehen, nämlich in einer besonderen Hinsicht, bezüglich jeweils einer bestimmten Perspektive. Ähnlichkeit ist also ein Begriff, der erst gedeutet, geklärt werden muß, von dem man also nicht direkt ausgehen kann, wie Bertrand Russell es in seiner späteren Erkenntnistheorie noch meinte. In der Wahrnehmung sind Ähnlichkeiten allerdings anscheinend direkt gegeben – oder sollte man nicht eher sagen: scheinbar? –, jedoch hängt auch die Wahrnehmung von vielen solchen aussondernden Konstruktionsvorgängen ab. Diese machen auch das Ähnlichkeitsurteil oft unmerklich indirekt zu einer deutungsvermittelten Erkenntnis. Die Wahrnehmung selbst ist ja eine Konstruktion unseres Wahrnehmungsapparates, zum guten Teil freilich eine erblich festgelegte, eine in der Hardware fundierte, in der Wahrnehmungsbahn sozusagen »fix« verdrahtete Konstruktion, deren Grundstrukturen in der Neurophysiologie und Neurobiologie untersucht werden. Offensichtlich ist die eine Entsprechung zwischen Symbol und Gegenstand immer noch das große, Putnam glaubt sogar, das ganze Problem: »Wie Repräsentationen es uns ermöglichen können, daß wir uns mit Ausdrücken auf etwas beziehen können, was außerhalb des Geistes liegt« – was immer dieses heißen mag: »außerhalb des Geistes«. Er meint, daß diese repräsentative Bezugnahme letztlich gar nicht möglich sei: Wir können nicht unterstellen, daß es eine Einzigkeitsverbindung gibt, daß eine Eindeutigkeit der Beziehung besteht, sondern es verbleiben stets viele Möglichkeiten der Deutung und der Zuordnung. Es sind, abhängig von perspektivischen Ausgrenzungen und Auswahlen, geradezu beliebig viele, fast unendlich viele Relationen oder Beziehungen zwischen Symbol und Gegenstand möglich und zulässig, die diese Art der Bezugnahme darstellen könnten. Wir müssen immer auswählen, und das Auswählen ist natürlich von bestimmten Gesichtspunkten abhängig. Die Beziehung im Sinne der Bezugnahme ist also kein realer oder auch nur eindeutiger Prozeß, der in der äußeren Welt vorhanden ist. Putnam versucht auch in dieser Stoßrichtung manche sogenannten kausalen Theorien der Referenz zu kritisieren, die eine komplexe physikalistische Kausalbeziehung zwischen dem Symbol und den Referenten erkennen wollen, wie etwa diejenige von Hartry Field (1972). Er meint statt dessen, daß wir, wenn wir über Gegenstände in der Welt urteilen, eigentlich nur über Gegenstände urteilen können, die als solche im Rahmen von vorgegebenen Begriffsschemata ausgezeichnet oder umrissen sind. Er nennt dies einen *internalistischen* Ansatz. Wir können uns nur im Rahmen unserer Begriffe oder Begriffsschemata bewegen, wir können unabhängig von Begriffsschemata gar keine Gegenstände erkennen oder erfassen. Er sagt sogar ausdrücklich (1982, 78): »Unabhängig von Begriffsschemata existieren keine ›Gegenstände‹.« Das ist natürlich eine sehr kühne und zunächst seltsam erscheinende Aussage. Putnam meint aber, daß die Abgrenzung und Ausgrenzung in Form von Gegenständen, die bestimmte Merkmale der sogenannten äußeren Realität aufweisen, immer von Begriffsschemata abhängig, von – wie ich sagen würde – bestimmten Interpretationen und Konstruktbildungen, die wir gleichsam wie Begriffsnetze anwenden und im Rahmen derer wir uns die Gegenstände bzw. die Welt selbst deuten, strukturieren. Diese Aussage »Es gibt keine Gegenstände« ist natürlich höchst merkwürdig, ambivalent, mehrdeutig. Man kann sie sicherlich nicht so interpretieren, als gäbe es überhaupt keine äußere Realität – was immer das näher heißen mag –; es gibt offensichtlich doch so etwas wie Gegenstände in dem Sinne, daß eben *etwas* Grundlage für die Einteilungen in Arten von Gegenständen sein muß, die wir in Abhängigkeit von unseren Begriffskonstruktionen vornehmen. Mit anderen Worten: die Erfassung und das Zurechtschneiden, Zurechtmachen der Gegenstandskonstrukte sind wesentlich begriffsabhängig. Zwar könnte es durchaus sein, daß eine Grundlage dieser selbst unabhängig von unserer Machart ist und die Erfassung der Gegenstände zum Teil, aber eben nur zum Teil, mitbestimmt. Zum Beispiel ist eine Voraussetzung dafür, daß zwei Gegenstände in ein und dieselbe Klasse eingeordnet werden, daß die eine Gleicheinordnung ermöglichenden Grundlagen der Charakterisierungen oder Verfassungen dieser »Gegenstände« als vorhanden ermittelt oder unterstellt werden können. Diese erst erlauben es, einen – wenn auch noch so abstrakten – Begriff gemeinsam auf die beiden Gegenstände anzuwenden.

Putnams Hauptthese ist also, daß Gegenstände und Zeichen nur *intern* zu begreifen sind. Alles, was wir in der Welt »draußen« anordnen, ist hinsichtlich der Erfassung letztlich eine Funktion des internen Beschreibungsschemas. Deswegen nennt er seinen Ansatz einen Internalismus. Der Internalist bestreitet, daß es Inputs gibt, die ihrerseits nicht durch diese unsere Begriffe selbst geformt sind. Jeder Input durch die Wahrnehmung oder durch sensorische Bahnen überhaupt ist durch Begriffsschemata geformt, seien diese nun in der »Hardware« der Wahrnehmungsbahnen und des Gehirns gebunden oder seien sie konventionell durch Begriffe, durch Sprache zustande gebracht. Alles ist sozusagen in Graden begrifflicher Formung erfaßbar. Das führt zu einer generellen internalistischen Philosophie, die Putnam auch einen »internen Realismus« nennt; man könnte vielleicht eher von einem pragmatischen Realismus oder Internalismus sprechen, und in den letzten Jahren (seit 1988) spricht Putnam auch selbst von einem solchen. Man könnte den Ansatz auch einen pragmatischen Konzeptualismus nennen, der mit einer gewissen realistischen Grundannahme vereinbar ist. Aber bei Putnam bleibt unklar, was er da eigentlich mit dem »Realismus« oder dem realistischen »Rest« genau meint. Manche Philosophen stellen dieses methodologisch sehr berechtigte Muster des Internen auch ontologisch ganz in den Vordergrund: Etwa Günter Abel, er faßt – methodologisch durchaus zu Recht – im Anschluß an eine Deutung von Nietzsches Interpretationstheorie Philosophieren als »internales Interpretieren« auf: Philosophieren ist dementsprechend nichts als internales, in Begriffsschemata hin und her spielendes Interpretieren. Philosophie sei radikale Internalität oder die umfassende Anwendung begrifflicher Formen unter internalen »Gesichtspunkten« auf alle Arten von Begriffsanalysen, auf unsere Begriffsnetze, unsere Konzepte usw. Diese Philosophie neigt leicht dazu, geradezu einen interpretationistischen Idealismus zu entwickeln, also über das Erkenntnistheoretische-Methodologische hinauszugehen ins Ontologische allgemein und jeglichen Realismus abzulehnen. Das geschieht dann so, daß man radikal diesen Interpretationsgesichtspunkt, der letztlich zunächst ein methodologischer Gesichtspunkt der Erfassung ist, zu verallgemeinern, zu universalisieren, zu radikalisieren versucht, so daß es einerseits außerhalb der Interpretationen überhaupt nichts mehr gibt und daß andererseits das reale, ontische Weltgeschehen nichts anderes ist als ein Interpretieren, ein Interpretationsgeschehen (Vgl. etwa Abel, 1984, Kap. VI). Die Frage ist, wer dann dort (noch) interpretiert? Der große, göttliche Interpret? Auch bleibt das Problem, wie dieser Prozeß über eine über alle Grenzen hinaus ausgeweitete Metapher hinaus genau *als* eine *Interpretations*tätigkeit zu verstehen ist. Bei Friedrich Nietzsche waren es die dynamischen Zentren des »Willens zur Macht«: alle möglichen Aktivitätszentren versuchen demnach, die Welt nach ihren Gesichtspunkten zu ordnen, unterzuordnen oder sich einzuverleiben; das ist das Grundmuster von Nietzsches Ansatz in naturphilosophischer Formulierung. Auch dieser Teil der Deutung beruht letztlich auf einer Ontologisierung der Interpretationstätigkeit und der Machttätigkeit dieser Zentren; sie klingt angesichts Nietzsches Beschreibung doch allzu vermenschlicht, anthropomorph, sehr vitalistisch: Nietzsche versucht in gewisser Weise Fähigkeiten und Funktionen des Lebendigen, wie sie von der Amöbe bis zu höheren Wesen charakteristisch sind: Sich-Einverleiben, Sich-Ernähren, Sich-Ausdehnen bzw. Vermehren usw., auf alle Ereignisse und Erscheinungen auszudehnen – was offensichtlich übertrieben ist und zu Absurditäten führt. Zwar könnte man auch eine Theorie der Bezugnahme in diesem radikalen vitalistischen Interpretationismus ausarbeiten – zweifelsfrei finden sich darin auch einige plausible Gesichtspunkte –, aber man sollte doch diesen Ansatz nicht pseudoontologisch übertreiben, insbesondere wenn man sich weiterhin an pragmatischen Gesichtspunkten orientieren will.

Zurück zur Referenzproblematik: Im Gegensatz zur klassischen Theorie der Referenz als einer Abbildtheorie im Sinne eindeutiger Zuordnung und einer bloß wiedergebenden sprachlichen *Be-*

schreibung muß Bezugnahme auf Gegenstände doch in Abhängigkeit von Interpretationskonstrukten gesehen werden, im Lichte von gewissen Formierungen, die in Verbindung auch mit dem Handeln und seinen Formen zu sehen sind. Soweit kann man dem Interpretationsradikalismus recht geben – eben methodologisch und erkenntnistheoretisch. Ich glaube, daß das ein wichtiger Gesichtspunkt ist, der in der Folge noch etwas ausgearbeitet werden soll. Ein pragmatischer Gesichtspunkt der Deutung der Referenz – das gilt übrigens auch für eine Unterstellung von Realität generell – hängt unerläßlich mit unserem eigenen Handeln zusammen. Es gibt offensichtlich nur in einer pragmatischen Rechtfertigung die Möglichkeit, Referenzketten herzustellen, die eingebettet sind in Handlungsweisen und auch in soziale Zusammenhänge. Das wurde oben schon behandelt. Die *Referenz* ist also in diesem Sinne niemals vollständig, sie ist als *Zuordnung* in gewisser Weise immer abhängig von eingenommenen Perspektiven. Sie ist aber auch gebunden an die Unterstellung eines Handelnden, der solche Perspektiven verkörpert oder wählt; immer ist sie jedenfalls angewiesen auf Praxis. Hieraus ergibt sich eine moderne pragmatisch-interpretationistische Theorie, welche die alte Theorie der Referenz zu ersetzen versucht. Die klassische Theorie der Referenz war ja dadurch gekennzeichnet, daß man glaubte, man könne einen Gegenstand bzw. die Benennung eines Gegenstandes eindeutig durch eine Beschreibung oder eine Kennzeichnung charakterisieren: »Der Autor von Hamlet« wäre eine solche eindeutige Kennzeichnung klassischer Art. Dieser Vorschlag führte aber zu schier unüberwindlichen Widersprüchen, weil man nicht in der Lage war, bestimmte Sätze nun auch als unmittelbar definitorisch mit dieser Beschreibung verbundene anzusehen, obwohl sie notwendig und selbstverständlich zu sein schienen; andere Sätze wiederum durften dem Referenten nur empirisch zugeordnet sein, z. B. zu der Person Shakespeare, müßten dann aber doch auch charakteristisch für diese Person sein, d. h., ohne diese zugeordneten Sätze könnte Shakespeare auch nicht Shakespeare gewesen sein. Diese klassische Referenztheorie wurde später durch eine modernere Beschreibungstheorie ersetzt, die auf einer Bündelung von Beschreibungen beruhte, welche entweder gemeinsam, konjunktiv oder disjunktiv angewendet werden konnte (besser: adjunktiv): »Aristoteles als der Lehrer von Alexander, als der Autor der Metaphysik bzw. als der Autor, der die ungeschriebenen Vorlesungen, die dann als ›Metaphysik‹ überliefert wurden, gehalten hat, als der Schüler Platons, usw…«. Alle diese Kennzeichnungen (und mehr (wie viele?)) müßten sozusagen zusammengefaßt gedacht werden: Das empirische Wissen, das man über die historische Person Aristoteles hat, spannt zusammen mit diesem definitorischen Wissen dann eine Art von »cluster« auf, das dann zur Kennzeichnung unterstellt bzw. verwendet wird. Die Frage bleibt natürlich: Wie verwendet man eine »offene«, adjunktive Kennzeichnung? Und die weitere Frage: Wo trennt man zwischen Empirischem und Wesentlichem, zwischen dem Definitorischen und den empirischen Zuschreibungen? Ist es z. B. ein wesentlicher Zug des Aristoteles, daß Aristoteles in Athen die peripatetische Schule gegründet hat? Wäre Aristoteles auch Aristoteles (gewesen), ohne daß er das getan hätte? In welchem Sinne wäre er dann noch Aristoteles? Alle diese – und weitere – sind Fragen, die keineswegs so leicht zu beantworten sind, wie man zunächst vermuten würde. Es muß die Identifizierbarkeit der Person gewährleistet sein. Es zeigt sich, daß unser historisches Überlieferungswissen strikt verstanden weder hinreichend noch notwendig ist, um Namen korrekt zu verwenden oder die Referenz von Namen meinen, eindeutig machen oder beibehalten zu können: Man kann auch Namen für jemanden, für etwas verwenden, von dem man praktisch nichts weiß. Oft ist es ja so, daß man etwas bezeichnet und unter Umständen auch sucht, ohne es zu kennen. In der Physik beispielsweise werden oft Teilchen mit Namen versehen (z. B. das Z-Boson), bei denen es dann eines großen Aufwandes bedarf, um diese Teilchen (z. B. kürzlich eben das Z-Teilchen) experimentell zu ermitteln –, die Referenz ist offensichtlich erst hergestellt durch eine empirische Unternehmung. (Und selbst der empirische Nachweis beruht noch auf vielfältigen theoretischen Annahmen und Interpretationen.)

Hinzu kommt, daß auch die traditionelle Auffassung der Referenz in jeder Hinsicht doppeldeutig ist und diese nicht nur von Wortverbindungen abhängen kann. Putnam hat dazu mehrere Argumente entwickelt, die unter dem Schlagwort »Doppelerde« (»Twin Earth«) bekannt geworden sind. Er stellte sich etwa vor, es gebe einen Doppelgänger des amerikanischen Präsidenten auf dieser fiktiven zweiten Erde, auf der alles sonst genau so ist wie auf unserer Erde. Nun ist die Frage, wie Ausdrücke oder Aussagen über diese beiden Doppelgänger zu verstehen sind. Es hängt doch offenbar von der Einordnung in die jeweilige Welt ab, wer bzw. was gemeint ist. Putnam bezieht das übrigens auch in einem vieldiskutierten Beispiel auf die Bezugnahme bzw. die Bedeutung von *Art*ausdrücken wie etwa »Wasser«. Er malt sich aus, daß sich unter Umständen Wasser auf der Doppelerde zwar sonst genau gleich darstellt und verhält wie bei uns, aber eine andere chemische Zusammensetzung hat. Das »Doppelerdewasser« kann von unserem nicht unterschieden werden – außer durch die von Experten vorgenommene chemische Analyse. Putnam fragt sich nun, was hätten Leute vor Entwicklung der Daltonischen Chemie in bezug auf dieses Wasser gesagt – sie hätten es offensichtlich als dasselbe erkannt. Es zeigt sich also in Putnams Bedeutungstheorie (s. o.) allgemein, daß die bloße Verbindung von Worten, die bloße Definition durch Merkmale allein nicht ausreicht, um zu einer unzweideutigen Referenz, einem einsinnigen Gegenstandsbezug für Namen (also für Ausdrücke, die singuläre Gegenstände bezeichnen) zu gelangen. Dasselbe gilt auch für Ausdrücke, die Gattungen oder Arten repräsentieren, wie man sich leicht ausmalen kann. Es gibt offensichtlich keine magische Kraft oder Verbindung, die eindeutig durch Sprache erfaßt werden kann und in der Realität irgendwie vorhanden ist und die eine reale (früher »kausal« genannte) Beziehung zwischen Wort und Gegenstand bzw. Symbol und Gegenstand herstellt.

»Kausale« oder Tradierungstheorie der Referenz

Wie kann nun Referenz als entstanden gedacht werden, und wie kann man sich Gegenstandsbezugnahme überhaupt vorstellen? Wie kann beides im Wandel von Welt und Sprachtradition erhalten bleiben? Wie kann es hier überhaupt Wiedererkennbarkeit geben? Es gibt eine relativ neue Theorie, die teils von Putnam teils von Saul Kripke entwickelt worden ist, eine sogenannte »kausale« Theorie der Referenz. Diese behauptet, daß Referenz letztlich in einem »kausalen« Ketten-Zusammenhang zwischen einer ursprünglichen Namengebung, also dem *Ereignis* (»Taufe«) der Zuordnung eines Namens, und einer Tradierung dieses Namens bestehe. Diese Referenztheorie sollte die alte Beschreibungstheorie der Referenz ersetzen. Sie besteht eigentlich aus mehreren Teilen. Das erste namenkonstituierende Ereignis könnten wir uns etwa vorstellen wie eine Schiffstaufe: »Ich taufe dich auf den Namen Eva«. Das bedeutet, daß durch eine anwesende Taufgemeinde eine Festsetzung dieser Korrelation zwischen Gegenstand und Name festgelegt wird und daß durch das Weitertragen des Wortes und der Erinnerung an das Taufereignis diese Beziehung erhalten bleibt, historisch tradiert, auf andere übertragen und weitergereicht wird.

Man unterscheidet also zwischen der *Festsetzung* der Referenz, der Festlegung, der *Referenzfixierung* einerseits und der Übertragung oder Tradierung andererseits. Michael Devitt, der zusammen mit Kim Sterelny ein Buch über *Language and Reality* (1987) geschrieben hat, spricht vom »Borgen (borrowing) der Referenz«. Die Bezeichnungen »Tradierung« oder »Übernahme« scheinen freilich besser geeignet, denn die Referenzen werden durch Benutzung der Tradierung aktualisiert. Die Festlegung der Bezugnahme (reference fixing) und die Übertragung oder Tradierung stellen nach Devitts Auffassung die Grundpfeiler einer Theorie der Referenz dar. Es zeigt sich aber, daß auch hier immer noch Mehrdeutigkeiten vorhanden sind und daß es sich keineswegs um eine rein kausale Theorie handelt. Dieser Ausdruck ist m. E. wirklich ein Fehlausdruck, denn es handelt sich ja um eine Theorie der *historischen* Übertragung, die jeweils zurückgeht auf ein bestimmtes Geschehnis, auf das Taufereignis, das seinerseits selbst eine *Zuordnung* und insofern konventionell ist, also stets symbolische Kodierung und Dekodierung umfaßt; es handelt sich um *semantische* Prozesse, um Bedeutungszuordnungen, die nicht *rein kausal* etwa im physikalistischen Sinne aufgefaßt werden können. Die so bezeichnete »Kausalität« bezieht sich ausschließlich auf die historischen Übertragungsstränge. Deswegen ist also dieser Ausdruck »kausale Referenztheorie« allenfalls in einem sehr weiten Sinne zu nehmen, daß eben die ursprüngliche Taufe berichtet, überliefert, festgehalten wird – oder besser gesagt: die Bezugnahme besteht darin, daß man sich später immer unter Verweis auf eine bestimmte Kette von Übertragungsprozessen oder Verweisen auf die ursprüngliche Taufe, auf den Akt des Taufens bezieht. Es handelt sich also um eine Überlieferungstheorie, eine Verweisungskette spielt die entscheidende Rolle. Im übrigen dürfte die »Kette« sich als baumartige Verzweigung darstellen – nicht nur bei den Namensvorkommnissen (token) in der Folge, sondern auch bei den Typen (types), denn auch diese lassen Mißdeutungen,

Überlieferungsfehler usw. zu. Man identifiziert bestimmte Gegenstände in dieser Weise dann auch durch Wahrnehmungsähnlichkeiten in bezug auf Gegenstände und Inschriften, die ihrerseits natürlich Sache einer Feststellung und damit auch von Interpretationen oder Deutungen sind. Es handelt sich also um eine Typenanalyse; man weiß unter Umständen nur, daß ein bestimmter Gegenstand von einem bestimmten Typ in einer Instanz repräsentiert wird, einem »token«, und daß eine Designationskette dieser Art sich auf dieses »token« bezieht, aber man nimmt das Wissen oder die Kenntnis von solchen Typen mit hinein, deutet die »tokens« im Sinne eines »types«. Diese verbesserte Referenztheorie der Tradierung ist eine Theorie, die auch auf soziale Verbindungen, auf soziale Normierungen durch die entsprechende Tradierungs- und Interpretationsgemeinschaft angewiesen ist. Sie hat gewisse Vorzüge, weil sie bestimmte Schwierigkeiten der alten Beschreibungstheorie vermeidet, sie hat auch Vorteile hinsichtlich der Flexibilität; sie ist z. B. unabhängig von bestimmten Medien, man kann mit ihr die Bezugnahme in jedem Medium darstellen – sei es ein schriftliches, mündliches oder gestisches. Es ergibt sich eine gewisse Unabhängigkeit von der unmittelbaren Reizung. Das Objekt muß auch nicht gegenständlich vorhanden sein, es braucht überhaupt gar nicht (mehr) zu existieren, und trotzdem kann man sich unter Verwendung oder Benutzung dieser Verweisungskette auf einen Gegenstand beziehen. Dieses »Borgen«, »Tradieren« ist natürlich sinnvoll und plausibel als Zentrum der Überlieferungstheorie des Gegenstandsbezugs. Es handelt sich aber auch um eine Theorie, die semantische Typen benutzt, welche man vielleicht als die erst durch Übung zu erwerbende Fähigkeit auffassen kann, das jeweils relevante »token« zu erkennen, zu aktivieren oder zu erzeugen. Das gilt selbst bei fiktionalen Namen oder bei Gattungen, die gar nicht existieren, wie z. B. bei den berühmten Einhörnern u. ä. Man kann also durchaus Namen auch fiktiv benutzen; natürlich muß dann eine bestimmte Begründung, eine bestimmte Pseudo-»Taufe« (Namenetablierungsereignis) mit einem solchen Namen in abstracto vorhanden sein – etwa symbolisch dadurch, daß bestimmte Märchen bestimmte Fabelwesen durch Beschreibung fingieren oder daß ein Autor eine fiktive Person »erzeugt«, auf die man sich dann per deren Namen beziehen kann.

Doch auch diese Tradierungstheorie hat ihre Schwierigkeiten. Insbesondere ist es schwierig, Änderungen von Gegenstandsbezügen festzustellen und mit dieser Theorie zu erfassen. Es kann nämlich sein, daß ein Gegenstand einen Namen bekommen hat und das Verweisen eine Zeitlang in bestimmten Gruppen auch funktioniert, daß aber plötzlich durch ein Mißverständnis in einer Verweisungskette (oder in anderer Gruppe) oder Kulturvermischung eine Änderung auftritt. Was soll man dann sagen: Ist dann die Referenz, der Bezug zum Gegenstand ganz anders? Gilt die ursprüngliche »Taufe« dann nicht mehr als erfolgt? Ist der Name jetzt doppeldeutig? Um ein reales Beispiel zu geben, das auch von Devitt angeführt wird: »Madagaskar« war ursprünglich der Name eines Teils des afrikanischen Kontinents. Marco Polo, der den Namen zuerst nach Europa brachte, hatte aber das mißverstanden und den Namen fälschlich auf die Insel bezogen, die jetzt »Madagaskar« genannt wird. »Madagaskar« hatte durch dieses Mißverständnis, durch diesen Fehler von Marco Polo, im Grunde eine andere Referenz bekommen. Der Name ist einem anderen Gegenstand zugeordnet worden, was lange Zeit niemand bemerkte. (Die Beziehungen zwischen Eingeborenenstämmen, die ursprünglich den Namen auf einen Teil des afrikanischen Kontinents angewandt hatten, zu den Europäern waren eben praktisch nicht vorhanden, so daß die Fehlzuordnung gar nicht entdeckt wurde.) Oder man denke wieder an das obige Beispiel, wie das Känguruh zu seinem Namen kam: Wie kann man gerade diese Situation als *den* Taufakt verstehen, obwohl diese doch auf einem Mißverständnis beruhte? Das heißt also, es gibt durchaus eine Unbestimmtheit der Zuordnung und der Beschreibung: Man muß offenbar doch schon einiges unmißverständlich wissen, wenn man eine Referenzzuordnung herstellen will; man kann nicht die Taufe allein als ausreichend verstehen; man muß auch wissen, daß es sich z. B. um ein Schiff, ein Tier, eine Pflanze handelt, um einen Gegenstand also, der getauft wird, und nicht etwa nur um eine zeitliche Phase, eine Instanz oder ein Phänomen, das gerade einmal für einen Moment auftaucht. (Quines (1980, 138-147 u. a.) Problem der Unterbestimmtheit der radikalen Übersetzung spielt hier hinein.) Dieses notorische Problem hängt in unserem Kontext damit zusammen, daß wir Gegenstände, die sich zeitlich erstrecken und kontinuierlich vorhanden sind, taufen und mit Namen benennen (Ausnahmen wie den Wirbelsturm »Gisela« oder das Hoch »Leopold« gibt es) und daß wir Namen untergründig immer auf kontinuierlich zeitlich überdauernde Gegenstände

oder Vergleichbares, jedenfalls auf Zeitlich-Kontinuierliches, anwenden. Wir verstehen implizit den Namensträger immer als ein
ganzes Objekt, qua »Gegen-Stand«, und das ist schon etwas, was
über den bloßen Taufakt als solchen hinausgeht und schon wiederum ein interpretativ-hypostasiertes Element in die Begründung einer Referenz hineinbringt. Also auch eine reine Tradierungstheorie der Referenz reicht nicht aus, sondern es muß auch
deskriptive Teile und interpretative Elemente schon geben, um
überhaupt Bezug nehmen bzw. einen solchen etablieren zu können. Offensichtlich reichen auch Bilder, die der Beobachter sich
macht, also Vorstellungsbilder, allein nicht aus, obwohl sie unter
Umständen zum Erlernen von Referenzen und zum Verbildli-
chen, zum Vorstellen, zum Wiederabrufen von diesen Vorstellungen sehr wichtig sind. Die Referenz, so könnte man sagen, ist
eigentlich nicht vollständig im Bewußtsein, sie ist im Grund nicht
einmal vollständig im Kopf – also nicht ausschließlich »intern«! –,
obwohl sie stets abhängig ist von gewissen Interpretationen, die
jemand vornimmt. Die Bezugnahme hängt offensichtlich ab von
Situationen sozialer Art und ist an diese gebunden; sie ist determiniert von bestimmten Auszeichnungen, von bestimmten sozialen Gemeinschaften, die Bezeichnungen und Sprache verwenden
können und die um den Taufakt wissen bzw. die Verweisungsketten tradieren können, aber sie figuriert eben auch über die Etablierung, Weitergabe und Erhaltung hinaus: Sie ist mit Verfahren,
bzw. unter Umständen mit handelnden experimentellen Zugriffen
zur Außenwelt verbunden: Der Bezug ist in unsere (selbst interpretatorisch imprägnierte) Welt hineinverwoben – unlösbar letztlich vom handelnden Umgang mit dieser. Und die Sprachaus-
drücke, die in der Sprachphilosophie als indexikalische Ausdrücke oder Verweisungsausdrücke bezeichnet werden – wie
»dies«, »hier« oder »er«, »sie«, »es« oder auch bestimmte desi-
gnierende Bezeichnungsausdrücke und Beschreibungsausdrücke
wie »dieser Mann« – wären z. B. Ausdrücke, die sich auf bestimmte Situationen beziehen, die aber mehr oder minder auch
schon so ein handlungs- und situationsgebundenes, interpretativ-
imprägniertes beschreibendes Teilelement in sich enthalten. Man
weiß eben, daß »dies« sich auf ein Phänomen bezieht, man weiß
eben, daß »dieser Mann« oder »diese Frau« sich auf ein Wesen
bezieht, auf einen Menschen, und daß sogar das Geschlecht schon
benannt wird. Es sind also stets situativ schon in stärkerem Maße

deskriptiv gebundene Verweisungsmöglichkeiten involviert, als es das bloße »dies« oder »das« allein nahelegen würde. Mit anderen Worten: Auch die Demonstrativa, die persönlichen Fürwörter, die komplexen Beschreibungen oder Kennzeichnungen sind in gewisser Weise abhängig von bestimmten beschreibenden Elementen, die eingehen, aber eben andererseits auch abhängig vom jeweiligen Gebrauch in der Situation und von deren interpretations-imprägnierten Vorausstrukturierungen. Die Einbettung in einen bestimmten Kontext entscheidet ja darüber, wie deiktische oder indexikalische Ausdrücke verstanden werden können. Sie können also nicht so einfach hergenommen werden und bedeuteten schon etwas, sondern solche Ausdrücke können sich, ähnlich wie beispielsweise auch persönliche Ausdrücke wie »ich«, durchaus immer auf ganz etwas anderes beziehen. »Ich« bezieht sich immer auf den Sprecher, der »ich« sagt, und der Sprechende kann von Satz zu Satz jemand anderes sein. Diese Situationseinbettungen müssen für den referentiellen oder bezeichnenden Gebrauch von solchen Designationsketten in Rechnung gestellt werden. Ein solcher Gebrauch von Verweisungsketten enthält also auch beschreibende und interpretativ bzw. hypostasierte Minimalelemente. Es kann also offensichtlich keine *rein* kausale Theorie der Referenz geben, es kann auch ebensowenig eine reine Beschreibungstheorie geben, man muß beide Ansätze in irgendeiner Weise miteinander verbinden.

Referenzsuche, Handlungsgebundenheit und Interpretationskonstrukte

Referenzsuche ist auch eine Handlung in einer bestimmten Situation. Wenn man z. B. bestimmte Bezeichnungen bereits besitzt bzw. gebildet hat und diese sich ihrer gedanklichen Orientierung, ihrem Inhalt nach etwa auf theoretische Entitäten wie »Neutron«, »Neutrino«, »Z-Boson« usw. beziehen, so versucht man durch Bestätigung, durch »verifizierende« bzw. »identifizierende« Experimente so etwas wie eine empirische Stützung der entsprechenden Aussage zu liefern. Eine erfolgreiche Bestätigung bzw. gar eine Mehrfachstützung aufgrund voneinander unabhängiger Experimente oder Folgerungen gilt als Finden, als Suche, die von Erfolg gekrönt ist und wichtige Konsequenzen für die Realitätsdeutung bzw. das Verständnis der Natur hat. Zum Beispiel ist derzeit die Frage, ob Neutrinos eine Masse haben, ganz entscheidend für die physikalische Kosmologie. Entsprechend wichtig für die Elementarteilchenphysik ist, ob man das sechste Quark finden und identifizieren kann, ob Quarks physikalisch trennbar und wiederum teilbar sind. Alles das sind Fragen über Mikroentitäten, die sich in einem Bereich finden, der überwiegend von vorausgesetzten theoretischen Konzepten strukturiert wird oder aufgespannt ist, wo man überhaupt nichts direkt beobachten kann, sondern allenfalls nur durch indirekte Schlüsse aufgrund sehr mittelbarer experimenteller Ergebnisse die Existenzaussagen relativ sichern kann. Die Referenzsuche, die Suchstrategien und Sicherungsstrategien der Referenz sind also hierbei stets höchst indirekt und von theoretischen Bemühungen und natürlich auch von Handlungen, von Experimenten, von unter Umständen ungeheurem Experimentier- und Energieaufwand abhängig. Wenn man daran denkt, daß das erwähnte Z-Boson, das bei CERN in Genf entdeckt worden ist, erst indirekt durch Experimente bestätigt (»gefunden«) worden ist, die mit einem beträchtlichen Aufwand erfolgten, der sich etwa auch in der Mitautorschaft von 130 Wissenschaftlern bei der Originalarbeit dokumentiert, dann mag man sich einen Begriff davon machen, wie kompliziert und wie aufwendig eine solche Referenzsuche in einem Bereich ist, wo man prinzipiell keine direkten Beobachtungen machen kann. Was aber heißt »direkt beobachten«? Auch das ist ein sehr indirekt gewordener Begriff. Die Jagd nach dem ersten Aids-Virus ist ein ähnliches Beispiel, das in gewisser Weise von Erfolg gekrönt war, aber auch zu einer Auftrennung für das Virus insofern geführt hat, als nunmehr sehr viele verschiedene Arten von Aids-Viren existieren und auch insofern, als sich während der Suche nach dem Referenzgegenstand dieser Gegenstand selbst wieder evolutionär verändert hat.

Alles das sind Schwierigkeiten, die sich insbesondere in Bereichen der Theoriebildung und der wissenschaftlichen Experimente finden, wo man Ergebnisse nur sehr indirekt experimentell absichern kann, wo man die betreffenden Gegenstände nicht direkt beobachten kann. Aber selbst in den Bereichen, in denen wir direkt beobachtbare Gegenstände vor uns (zu) haben (scheinen), können wir uns täuschen. Die Augen sind auch selbst ein trügerisches Beschreibungs- und Deutungsinstrument. Die Verläßlichkeit der

Sinne ist nicht absolut, vielleicht nicht einmal sehr groß – wenngleich für die meisten Situationen und Handlungen, zumal die gewohnten und die überlebensrelevanten, praktisch hinlänglich. Ich hatte schon gesagt, daß die sinnliche Wahrnehmung eine Art von recht komplizierter komplexer Konstruktion ist, daß man keineswegs sagen kann, was nicht gesehen werden kann, das existiere auch nicht, wie man ja am Beispiel der Elementarteilchen einsehen kann. Aber auch umgekehrt gilt – auch das ist leicht nachweisbar, etwa durch optische Täuschungen –, daß das, was gesehen oder wahrgenommen wird, nicht notwendig objektiv oder material existieren muß. Selbst das Objektive und das material Existierende können sich voneinander unterscheiden. Wir können objektiv (im Sinne von intersubjektiv überprüfbar) einen Regenbogen sehen, aber der Regenbogen hat keine materiale Existenz als Ding, sondern er ist durchaus ein intersubjektiv wahrnehmbares Phänomen, das von der Stellung des Beobachters und von den entsprechenden Richtungen zum Sonnenlicht und dem Regen usw. abhängt. Es ist also ein objektiv von verschiedenen Betrachtern überprüfbares, allen diesen gleich sichtbares Phänomen, das nicht selbst als Ding-Gegenstand existiert, weil es eben perspektiven- und beobachterabhängig ist. Manche Deutungen der Philosophie, etwa in Zusammenhang mit den Quasi-»Objekten« der Quantenmechanik, zeigen, daß *alle* unsere Gegenstandswahrnehmungen letztlich von dieser Art der Regenbogenrealität sind. Die »äußeren Gegenstände«, mit denen wir im Alltag umgehen, sind ja nicht einfach diese Gegenstände, als die wir sie ansehen, sondern auch sie sind Produkte der Wahrnehmung, nur eben im Mesobereich zwischen Mikro- und Makrokosmos. Im Umgang des alltäglichen Lebens werden sie im allgemeinen ganz unspektakulär ausgegliedert durch unser übliches Wahrnehmen, durch die entsprechende Klassenbildung, Gegenstandsbildung, durch die gewöhnlichen Sprachformen, durch den Umgang mit ihnen, durch die vertrauten Handlungsformen.

Übrigens ist auch das Soziale ein solches Konstrukt – sogar ein abstrakteres Interpretationsgebilde, das man nicht sehen kann. Man kann den Staat nicht sehen, nicht direkt, etwa interpretationsfrei oder auch nur aufgrund geringfügiger Deutungen erfahren. Die englische Königin als Repräsentantin des Staates Großbritannien kann man zwar sehen und ansprechen, aber sie stellt als Rolleninstantiierung in einer Person eben nur das Symbol des

Staates oder der Nation dar, ist Repräsentant, aber nicht die Institution »Staat« selber. Mit anderen Worten: Auch die Existenzweise von Institutionen, von sozialen Entitäten allgemein ist eine ganz andere als die von unmittelbar sichtbaren Gegenständen. Die Frage nach der Existenzbestätigung oder -gewährleistung ist dann auch in anderer Weise zu analysieren und zu beantworten als bei diesen. Was heißt es, daß der Staat oder daß die Gesellschaft, das Soziale, die Ehe, das Recht existieren? Es heißt doch offensichtlich, daß diese künstlichen Konstruktivitäten Wirkungen auf unsere Handlungszusammenhänge und zwar unter Umständen durchaus entscheidende, deutlich spürbare Auswirkungen auf uns haben. Die Normierung der sozialen Handlungsformen ist offensichtlich das Entscheidende, aber auch eine bestimmte Wiederholbarkeit und Wiedererkennbarkeit der Anknüpfungspunkte, der Symbole, der Zeichen, der konventionellen Zuordnungen usw. gehören natürlich zu diesen Realitätsbedingungen – ähnlich, wie auch bestimmte Prozesse notwendig sind zur eigenen personalen Selbstvergewisserung und Selbstversicherung. Auch unser eigenes Ich, unsere Person ist ja nicht etwas, was wir unmittelbar in dem Sinne als Gegenstand sehen oder aber innerlich wahrnehmen, sondern wir unterstellen, daß »wir« je als Person eine psychische oder wie immer normativ durch Recht und Regeln zu beachtende Einheit seien, die in einem eindeutigen Zusammenhang mit unserem Körperorganismus und Leiberleben steht. Diese Personeinheit ist ein höchst komplexes und kompliziertes Konstrukt, das entsprechend vielfältig in Handlungszusammenhänge und soziale Interpretationskonstruktgefüge eingebettet ist.

Wer ist es, der handelt? Der Handelnde selbst ist als Handlungssubjekt eine Einheit, die im Grunde eine solche Konstrukteinheit darstellt und keineswegs selbstverständlich eine Einheit als »Gegenstand« ist. Es gibt ja in der traditionellen, aber auch in der neueren analytischen Philosophie eine Vielzahl von Untersuchungen darüber, ob es überhaupt so etwas gibt wie die Einheit des erkennenden Subjekts und, wenn ja, wie, wodurch diese konstituiert ist, sich ausdrückt, geltend macht usw. Es finden sich viele Argumente zur Ablehnung bzw. Befürwortung dieser Einheitsthese und entsprechend auch über die Zuordnung beispielsweise von Person, Charakter, Seele, Subjekt im empirischen Sinne zu diesem erkenntnistheoretischen Konstruktsubjekt, das gleichsam als Einheitspol, als Brennspiegel oder Fokus der Erkenntnisprozesse und Handlungen gedacht wird. Alles das ist also im höchsten Maße abhängig von komplexen Deutungsvorgängen, welche die Bezugnahme und Referenzerstellung auf bestimmte Weise strukturieren.

Man kann also resümierend eine Hauptthese aufstellen: Referenz und auch die Realität von Referenten (also von Gegenständen, auf die man referiert) sind mit Interpretationen, Deutungsweisen, Handlungen, mit Handeln, mit aktivem Intervenieren verbunden, sind abhängig von symbolischen Hinweisprozessen, Tradierungspraktiken und Verweisungsketten und besonders auch von sozialen Regelungen, vom Vorhandensein einer Interpretationsgemeinschaft und von entsprechenden (evtl. nur deutend unterstellten) Vorausvereinbarungen, die z. B. bei der Festlegung und Tradierung von Referenzen eine konstitutive Rolle spielen. Sie sind also alle abhängig von bestimmten Konstruktbildungen, Regelhaftigkeiten, Vergleichbarkeiten. Es handelt sich in gewissem Sinne um Schemata und Konstrukte, mittels derer wir uns in der genannten Weise auf Referenten beziehen, und zwar symbolisch vermittelnd beziehen, keineswegs um eine magische Verbindung zwischen Symbol und Referent. Referenz ist also durchaus von solchen sozialen Strukturierungen und historischen Tradierungen abhängig. Der Bezug geschieht eben durch Konstruktbildungen, die handlungsabhängig sind, die einerseits unsere Handlungswelt und soziale Welt prägen, andererseits auch aus dieser entnommen werden. Ganze Netze von Konstruktbildungen sind gegeben und zu einem großen Orientierungsnetz verwoben, das im Grunde durch die Sprache und Kulturgemeinschaft entworfen und geschaffen wurde. Der einzelne hat hier wenig Möglichkeiten der Auswahl und der Weiterdifferenzierung, doch gibt es diese schöpferische Weiterentwicklung des kulturellen Netzes! Alles Soziale, Kulturelle ist also in gewissem Sinne hierarchisch in bestimmten Netzzusammenhängen angeordnet, in solchen Konstrukten und Konzepten, die ich Interpretationskonstrukte nenne. Diese Interpretationskonstrukte stellen hypothetische Konzepte zur Darstellung, Erfassung und Beschreibung von Phänomenen, Gegenständen, Ereignissen, selbst auch wiederum für Strukturen und Beziehungen dar. Sie sind also selbst gleichsam Netzwerke, mit denen wir uns Konzepte bilden, durch die wir uns nicht nur auf die Wirklichkeit beziehen, sondern auch handelnd mit ihr auseinandersetzen. Der Rückbezug auf die Erfahrung und das Experiment bzw. auf die Möglichkeit des Intervenierens mit solchen Konzepten und Schemata ist ganz entscheidend und bisher, zumal in der klassischen erkenntnistheoretischen Philosophie, aber auch in der modernen analytischen Sprachphilosophie m. E. nicht genügend berücksichtigt worden.

Schemata als Interpretationskonstrukte

Es handelt sich bei Interpretationskonstrukten also um Konstruktbildungen, um eine gewisse Art von Netzen, Netzwerken, Konzepten, die Deutungsschemata darstellen. Aber was soll das heißen? Was ist ein Schema? Was ist ein Konstrukt? Beides sind ja zunächst einmal Worte. Man hat eine bestimmte Vorstellung, ein gewisses Bild. Vielleicht sollte ich hier einerseits auf die Tradition zurückgreifen, in der ein Philosoph in geradezu genialer Weise solche Konzepte vorweggenommen hat, und andererseits auf die empirische Erkenntnis- oder Kognitionspsychologie, die sich in den letzten Jahrzehnten beachtlich weiterentwickelt hat. Der geniale Philosoph, den ich meine, ist wieder einmal Immanuel Kant. Kant sagt in seiner *Kritik der reinen Vernunft*, insbesondere in dem wichtigen Kapitel über den Schematismus der reinen Verstandesbegriffe (A 137 ff., B 176 ff.), daß wir durch das Schema, was immer das sein mag – und es wird gleich im Kantischen Sinne erklärt –, gleichsam von der abstrakten Welt aus uns auf die anschauliche Erfahrungs- oder Erscheinungswelt beziehen und daß nur durch eine solche Verbindung das Abstrakte, Begriffliche auch sinnlich zugänglich, erfahrbar gemacht, verdeutlicht werden kann. Kant schreibt, daß das durch das Schema vermittelte »Denken mehr die Vorstellung einer Methode, einem gewissen Begriffe gemäß eine Menge (z. E. Tausend) in einem Bilde vorzustellen, als dieses Bild selbst« (B 179), sei, dennoch wichtig und notwendig, um überhaupt das Denken auf Erfahrung beziehen zu können. Dieses Vorstellen einer Methode »einem gewissen Begriffe gemäß« nennt er ein Schema. Das Schema wird noch genauer bei ihm definiert: »Diese Vorstellung nun von einem allgemeinen Verfahren der Einbildungskraft, einem Begriffe sein Bild zu verschaffen, nenne ich das Schema zu diesem Begriffe« (B 180). »Sein Bild« – dieser Ausdruck unterstellt eine Eindeutigkeit der Zuordnung, die nach dem zuvor Ausgeführten höchst fragwürdig ist;

kein entsprechendes oder adäquates Bild würde funktional dasselbe leisten. Die Schemata beziehen Begriffe auf Anschauungen, machen sie deutlich, machen sie vorstellbar. Empirische Begriffe, sagt Kant, benötigen zur anschaulichen Konkretisierung ein Schema; in bezug auf empirische Begriffe heißt es, daß der empirische Begriff »sich jederzeit unmittelbar« (?) »auf das Schema der Einbildungskraft« beziehe, »als eine Regel der Bestimmung unserer Anschauung gemäß einem gewissen allgemeinen Begriffe«. Und nun folgen ganz zentrale Sätze: »Dieser Schematismus unseres Verstandes, in Ansehung der Erscheinungen und ihrer bloßen Form, ist eine verborgene Kunst in den Tiefen der menschlichen Seele, deren wahre Handgriffe wir der Natur schwerlich jemals abraten und sie unverdeckt vor Augen legen werden« (B 180 f). »Das *Bild* ist ein Produkt des empirischen Vermögens der produktiven Einbildungskraft, das *Schema* sinnlicher Begriffe (als der Figuren im Raume) ein Produkt und gleichsam ein Monogramm der reinen Einbildungskraft *a priori*, wodurch und wonach die Bilder allererst möglich werden, die aber mit dem Begriffe nur immer vermittelst des Schema, welches sie bezeichnen, verknüpft werden müssen und an sich demselben nicht völlig kongruieren« (B 181). Also: Kant unterscheidet das Bild, die Vorstellung von einem Gegenstand in der sinnlichen Anschauung von dem Schema sinnlicher Begriffe als der Vorstellung des allgemeinen Konstrukts oder Produkts, das durch die Einbildungskraft gleichsam als Form erzeugt wird, aber unmittelbar durch sie angewendet, auf Anschaulichkeit bezogen wird. Kant postulierte das alles, um die Kategorien in seinem Sinne, seine sogenannten reinen Verstandesbegriffe, zu entwickeln, und meint, auch die reinen Verstandesbegriffe, wie die Kategorien der Kausalität oder der Substanz, können nur durch Anwendung eines Schematismus dieser Art auf Erfahrung bezogen werden. Er spricht vom Schematismus der reinen Verstandesbegriffe, die nur darin bestehen, daß man eine Einheit denkt: »nur die reine Synthesis, gemäß einer Regel der Einheit nach Begriffen überhaupt«, zur »Bestimmung des inneren Sinnes« und zur Beziehung der Kategorien oder Begriffe auf den »inneren Sinn« (das ist bei Kant die Zeit, besser: die Zeitlichkeit, die zeitliche Verfassung aller Erkenntnis). Die zeitliche Interpretation von Begriffen in der inneren Darstellung von Abläufen ist also die Anwendung des Schematismus des reinen Verstandesbegriffes auf Kategorien, z. B. auf die Kategorie der Kausalität, der

Ursache-Wirkungs-Form. Kausalvorgänge sind ja zeitlich zu verorten und nur als solche einsichtig zu machen. (Die analytische Wissenschaftstheorie versteht Kausalanalyse als Erklärungen bzw. Voraussagen mittels Nahwirkungs- bzw. Kettenwirkungs-Sukzessionsgesetzen.) Ich möchte hier nicht näher auf diese Schematheorie von Kant in Hinsicht auf die allgemeinen Verstandesbegriffe und Kategorien eingehen – das ist alles sehr abstrakt und zum Teil nach heutigem Diskussionsstand auch sehr fragwürdig, aber die Kantische Benutzung des Begriffs »Schema« bei empirischen, bei sinnlichen Begriffen erscheint mir ganz wichtig und eine ebenso geniale wie noch heutige gültige Vorwegnahme neuerer Schema-Ansätze zu sein. Auch in Sinnesbereichen muß die Einbildungskraft Konstrukte produzieren, um die Vielfalt der Phänomene und der fließenden Wahrnehmungen deutlicher machen, konkreter strukturieren und überhaupt veranschaulichen zu können. Das geschieht eben mit diesem »Transformationsriemen« oder Darstellungsvehikel des Schemas, und zwar des Schemas in Anwendung auf empirische Begriffe. Das ist eine Vorstellung, die keineswegs antiquiert ist wie manches andere in Kants Erkenntnistheorie (obwohl es auch in dieser eine ganze Menge von Einsichten gibt, die durchaus noch aktuell sind – z. B. der erkenntnistheoretische Aktivismus: Erkenntnis ist eine Leistung, beruht auf konstituierenden und konstruierten Handlungen). Wie erwähnt, hat die kognitive Psychologie der letzten Jahrzehnte auf solche Strukturierungen wieder Bezug genommen. Zum Beispiel hat einer der Vorreiter der neuen kognitiven Psychologie und Neuropsychologie, David Rumelhart, bevor er sich den neurologischen, neuropsychischen und neurophysiologischen Prozessen der Parallelverarbeitung zuwandte, sich eingehend mit einer Schematheorie der Kognition auseinandergesetzt. In seiner Arbeit *Schemata: The Building Blocks of Cognition* (1978) beschreibt er den Begriff des Schemas oder der Schemata nicht nur theoretisch, sondern auch anhand von Beispielen und versucht, explizit eine Schematatheorie der psychologischen Darstellung der Kognition bzw. der Repräsentation zu entwickeln, die aber über die bloß psychologische Fragestellung hinaus ausgedehnt werden kann, viel allgemeiner ist, im Grunde auch generelle methodologische Aspekte aufweist und sogar philosophisch oder erkenntnistheoretisch gedeutet bzw. ausgeweitet werden mag. Ich möchte versuchen, das zu verdeutlichen, durch einige Beispiele, die Rumelhart benutzt. Er geht zunächst von einer vorläufigen Definition aus: Ein Schema ist eine Datenstruktur von im Gedächtnis gespeicherten Gattungsbegriffen, wobei natürlich die Frage (offen) ist, was hier unter »Datenstruktur« zu verstehen ist. Man kann sich das Funktionieren eines Schemas aber leicht vorstellen, wenn man beispielsweise bestimmte Schemata in diesem Sinne anwendet. Wir verwenden in bezug auf bestimmte Prozesse oder Handlungen durchaus Schemata, z. B. ein solches des KAUFENS, welches zur typischen Situation des Paradigmas »Kaufen« gehört: Dazu gehört ein KÄUFER, ein VERKÄUFER, ein GUT, das gekauft wird, ein bestimmtes Medium wie GELD usw. (Das Schema ist natürlich sehr viel weiter verzweigt.) Man kann sich also vorstellen, daß in Situationen des Kaufens bzw. Verkaufens bestimmte Schemata über Handlungs- und Wahrnehmungsgewohnheiten und Ausprägungen der Situation und ihrer Erkennung abgerufen bzw. aktiviert werden, die jeder kennt. Jeder versteht z. B. eine Situation des Kaufens, wenn sie als solche bezeichnet wird, und macht sich dazu entsprechende typische (schematische) Vorstellungen. Das Schema GELD oder das Schema KÄUFER bieten Beispiele für Unterschemata, für Subschemata des Schemas KAUFEN (oder VERKAUFEN) – und wären entsprechend dann auch wieder weiter zu differenzieren. Man sieht, daß Schemata ineinander verschachtelt und hierarchisch angeordnet sind und daß die Repräsentation sich in einer netzartigen hierarchischen Struktur gliedert. Nach Rumelhart ähneln solche Schemata in gewisser Weise den Drehbüchern von Schauspielen. Das kann man sich leicht anhand einer Szene vorstellen, wo etwas gekauft oder verkauft wird. Auf der anderen Seite haben Schemata aber auch Ähnlichkeiten mit Programmen oder geordneten Prozeduren, z. B. auch mit Computerprogrammen: Ein Schema läuft sozusagen immer nach einem Strickmuster ab, mit Ja-oder-nein-Entscheidungen dazwischen (man kann ja handeln oder zustimmen und Neues anbieten oder nicht, usw.); man kann sich also entscheidungsbaumartige Strukturen dabei vorstellen oder Flußdiagramme, wie sie bei der überblicksartigen Darstellung von Computerprogrammabläufen gängig sind. Man kann sich ein Schema aber auch so vorstellen wie die Zerlegung eines Satzes in Komponenten, z. B. einen Komponentenanalysator, der einen komplexen Begriff auf seine Bestandteile zurückführt. Darüber hinaus kann man sich Schemata auch vorstellen als private oder Minitheorien, zum Teil subjektive Theorien, aber zum großen Teil auch als sozial normierte Theorien, die entwickelt werden, um eine bestimmte Situation zu umreißen, zu erfassen, zu beschreiben – theorieartige Konstrukte, die dann daraufhin getestet werden, ob dieses Schema, z. B. des VERKAUFENS nun auf die vorliegende Situation paßt oder nicht; die Konzepte müßten im letzteren Falle entsprechend entweder abgelehnt oder verändert werden usw. Es gibt also Ähnlichkeiten mit anderen Konzepten operationaler oder verfahrensmäßiger Darstellungsweise und Prozeduren, die in gewisser Weise geeignet sind, die Schemata und die Funktion von Schemata zu beschreiben, wenigstens zu illustrieren. Als charakteristische Merkmale von Schemata gelten für Rumelhart, daß sie Variablen enthalten, daß sie ineinander einbettbar sind, daß sie eine hierarchische Struktur aufweisen, daß sie Verlaufs-, Prozeß-, Gegenstandswissen repräsentieren und in gewisser Weise auf allen Abstraktionsebenen benutzt werden können, daß sie aktiviert werden (müssen) und eine Prozeßstruktur aufweisen (d. h., daß Schemataaktivierungen aktive Vorgänge sind, und zwar Aktivierungen von Strukturzusammenhängen), daß sie geeignet sind als Wiedererkennungsinstrumente (sowohl als Vehikel wie auch als Mechanismen der Wiedererkennung). Das sind alles Vorgänge, welche die Psychologen sehr interessieren und bei ihren Untersuchungen eine große Rolle spielen, z. B. bei der Wiedererkennung, beim Erinnern, beim Lesen, bei der Sinneswahrnehmung generell, beim Lernen, beim Problemlösen, beim Verstehen. Alle diese Tätigkeiten und Prozesse verlaufen im Grunde als Anwendung solcher Schemata.

Die zentrale methodologische Funktion solche Schemata scheint zu sein, daß man sie deutend (interpretatorisch) anwendet, ja, daß Interpretation allgemein in der Anwendung von Schemata besteht, einerseits in der Zuweisung eines Schemas zu einer bestimmten Situation, andererseits in der Ausbildung eines Schemas oder in der Anwendung eines schon vorhandenen Schemas, in einem Wiederauffinden und Anwenden des Schemas auf eine bestimmte Situation, auf ein Ereignis, einen Gegenstand usw. Man könnte sagen, daß der Prozeß des Erfassens sehr ähnlich ist dem des Theoriebildens, bei dem man die Theorie, also das Schema in diesem Sinne, über bestimmte Prozeßabläufe gegenüber Datenstrukturen testet und unter Umständen weiterentwickelt oder verändert. Informationen oder Signale aktivieren, durchaus auch probeweise im Entwurf, Schemata zur Interpretation je besonderer Daten(strukturen) bzw. gegebener Signale und Informationen, ohne daß sie diese nun determinierten. Man kann bestimmte Signale oder Informationen gegebenenfalls unterschiedlich deuten, die Interpretationsschemata werden also nicht determiniert, trotzdem wird ein Schema gleichsam mental aufgerufen, abgerufen oder wie immer *aktiviert*. Ein Schema wird aktiviert auf Veranlassung durch ein bestimmtes Signal, durch eine Information und auf diese Weise dann gleichsam zur Erklärung, Deutung, Beschreibung, Erfassung der Situation bereitgestellt. Der Vorgang des Interpretierens mittels eines solchen Schemas oder eines Konstrukts ist das Auswählen möglicher Schematakonfigurationen und das Verifizieren dieser, d. h., daß sie sich bewähren müssen in Übereinstimmung mit den entsprechenden gespeicherten Daten oder besser: im Vergleich mit den gespeicherten Daten oder aufgenommenen Signaldaten hinsichtlich der Frage, wieweit sie damit übereinstimmen oder verträglich sind oder angepaßt werden können. Außerdem geht es um die Bildung und Überprüfung von Kohärenz, einer kohärenten Anwendung der Schemata und die Verifizierung mit den sogenannten Datenstrukturen, wobei Daten natürlich nicht als etwas unabhängig Selbständiges gegeben sind, sondern sie sind ihrerseits durch Selektion aus der Umgebung, aus dem Signalfluß herausextrahiert. Wichtig ist, glaube ich, daß das Interpretieren mittels Schemaaktivierung immer auch auf einen bestimmten Gegenstand oder einen Gelegenheitsaspekt, auf einen *Vorwurf* angewiesen ist, der selbst natürlich schon konstituiert, selektiert, also aktiv ausgewählt, sein kann, aber es ist wichtig, daß Interpretation nicht bloß willkürliche oder beliebige Konstruktion ist, sondern auch ein *re*konstruktives Element in sich enthält, daß in gewisser Weise die Schemaaktivierung in diesem Zusammenhang an etwas gebunden ist.

Das Gesagte bezieht sich auch auf Daten aus dem Gedächtnis bzw. auf Gedächtnisfragmente und auch auf bestimmte Merkmale, die aus dem Gedächtnis abgerufen werden können. Interpretieren gilt also als Auswählen möglicher Schematakonfigurationen unter einer solchen Test- und Vergleichsabsicht und als Anwendungen hinsichtlich der Überlegungen, ob die Deutung zutrifft, paßt, die Situation beschreibt usw. Man kann dann natürlich zwischen visuellen Schemata, auditiven Schemata usw. unterscheiden. Jede Sinneswahrnehmung hat eine eigene Form von

Schematastrukturierung.[1] Doch es gibt natürlich auch gemischte Schemata, die z. B. auch den sozialen Handlungen entsprechen, wo vieles von diesen einzelnen Schemata hineinspielt; so ist das Schema des VERKAUFENS verbunden mit bestimmten Handlungssituationen und bestimmten sozialen Situationen, die durch Rollen, Sehweisen, Erfahrungen oder kulturelle Muster und Traditionen oder kulturelle Dinge geprägt sind und in einer bestimmten eindeutigen Weise ausgezeichnet sind.

Was sind nun solche Schemata? Sie sind doch offensichtlich Dispositionsbegriffe, die bestimmte Reaktionen in bestimmter Auswahl einer bestimmten wahrgenommenen und selektiv strukturierten Situation zuordnen. Die Schemata sind Dispositionskonzepte oder -komplexe zum Auffassen, zum Erfassen generell, Wahrnehmen, Verstehen, zum Einordnen von Situationen, Ereignissen, Gegenständen und auch zum Handeln. Auch Handlungen sind nach derartigen Mustern strukturiert. Das Verkaufen ist ja ein Handlungskomplex, der zwischen verschiedenen Personen abläuft und der die Handlungen der Beteiligten dann in entsprechender Weise rollengemäß strukturiert. Rollenhandeln ist in diesem Sinne schematagebunden und relativ deutlich schemageprägt.

Solche Schemata oder Konstrukte zur Interpretation vertreten gleichsam Regeln. Vorstellungen und Bilder, mentale Bilder – was immer das heißen mag – sind geeignet, diese Regeln darzustellen. Schemata vertreten intellektuelle Handlungs- und Strukturierungstypen bzw. Gewohnheiten, Strategien, die man übernimmt; sie sind sozusagen Konstrukte oder Konstruktmodelle, die man dadurch veranschaulichen kann, daß man sie bildlich darstellt. Sie haben modellhaften Charakter. Man könnte sagen, daß weit über die Kognitionspsychologie hinaus solche Schemataprägung und Schemataleitung von Konzepten aller Art, insbesondere bei der Erkenntnis, aber auch beim Handeln, bei jeglicher Situationsstrukturierung eine entscheidende Rolle spielen. Ich möchte diese These sogar ausdehnen zu dem Ansatz, daß alle Erkenntnis schemata- oder interpretationskonstruktgeleitet, oder wie ich es

1 Die jüngste neurobiologische Forschung (David Hubel u. a.) hat sogar herausgefunden, daß selbst das visuelle Erkennen auf getrennten Kanälen verarbeitet und erst in oberen Partien des Zentralgehirns integriert wird: z. B. werden Form-, Farb- und Bewegungssehen erst getrennt verarbeitet und erst später systematisiert.

nenne: interpretationsimprägniert ist. Durch den Begriff des Imprägniertseins, der etwas abstrakter ist, möchte ich verschiedene Begriffe und Strukturierungsmöglichkeiten bzw. -prozesse zusammenführen, bei denen die Konstitution eine Rolle spielt: Alles Erkennen ist durch Interpretationskonstrukte auch konstitutiert, geprägt und geleitet, gesteuert, beeinflußt, strukturiert im sekundären Sinne. Erkenntnis ist also in diesem Sinne interpretations- oder schemaimprägniert. Man kann sogar übergehen zu einem Grundsatz der Interpretationsimprägniertheit allen Erfassens *und Handelns.* Dies ist der Grundsatz einer erkenntnistheoretischen Philosophie und Methodologie von umfassendem Charakter, und die Philosophie kann auf diese Weise zu einer Art von neuer Begründung durch die Schemabegriffe bzw. Interpretationskonstruktbegriffe gelangen. Bezieht man sich auf das Erkenntnistheoretische und Methodologische, so würde man also von einem methodologischen Interpretationismus oder Konstruktinterpretationismus bzw. Interpretationskonstruktionismus sprechen. Dieser behauptet, daß die Anwendung und Strukturierung von allen Erkenntnissen auch in Abhängigkeit von Handlungsstrukturen und sozialen Prägungen im Lichte dieser Interpretationskonstrukte erfolgt. Man kann beispielsweise eine methodologische Analyse der Erkenntnisprozesse hinsichtlich dieser Konstruktgebundenheiten durchführen. Man kann aber auch weitergehen und im Sinne der traditionellen, etwa der Kantischen, Erkenntnistheorie weiterdenken: Wir wissen von der Welt ja nur im Lichte unserer Konstruktbildungen, unserer Begriffe. (Bei Kant waren es die »reinen Verstandesbegriffe«, die Kategorien, also die vom reinen Verstand an sich schon vorgegebenen Strukturen.) Man kann auch sagen, daß der Kantische Transzendentale Idealismus, der darin besteht, daß alle Gegenstandserkenntnis eben Erkenntnis unter Kategorien oder unter Verstandesbegriffen ist, letztlich etwas flexibler und variabler unter dem Gesichtspunkt eines *transzendentalen Interpretationskonstruktionismus* in diesem Sinne darzustellen ist. Das heißt, daß die Interpretationskonstrukte oder die Schemata gleichsam dasjenige vertreten, was bei Kant von der Natur des Verstandes eindeutig, einsinnig und unveränderbar in Gestalt etwa der Verstandesformen, der Urteilsformen, der Kategorien vorgegeben sein sollte und dann durch den Schematismus auf Anschauungen bezogen wird. Der transzendentale Interpretationskonstruktionismus ist eine expliziter gefaßte, erkenntnistheoretisch gewendete Form des methodologischen Interpretationismus, die mit dem Kantischen Ansatz soweit verträglich ist, als auch sie behauptet, daß man das, was die Welt an sich oder das »Ding an sich« ist, nicht erkennen kann. Der Interpretationskonstruktionismus könnte gleichsam eine modernere Form des Kantischen Transzendentalen Idealismus darstellen. (Der Gegenstandscharakter des Unerkennbaren wird selbst schemaabhängig-interpretatorisch konzipiert.) Man könnte übrigens auch sagen, daß z. B. der Putnamsche Interne Realismus ebenfalls eine kantianische Erkenntnistheorie in bezug auf bestimmte Strukturierungen der Begriffsschemata aus interner Perspektive ist. Aus unserer Sprachphilosophie heraus unter Einbezug der Referenzprozesse, wie sie oben behandelt wurden, läßt sich nur eine *interne* Weltbeschreibung gewinnen, wir haben nur unsere Begriffe und können nur mit unseren Begriffen arbeiten, um uns auf die Welt zu beziehen. Ich finde das eine etwas zu eingeengte kognitivistische Sichtweise, weil ich glaube, daß durchaus auch auf dem Wege über die Handlungen, über das aktive Intervenieren in die Welt, über das Manipulieren von bestimmten Systemen sich ein handelnder Kontakt mit der Realität erweisen und gestalten läßt.

So muß also aus diesem Grunde ein Realismus unterstellt werden: Wir machen auch bestimmte Aussagen über die unseren Handlungs- und Erkenntnisschemata zugrundeliegenden, die ihnen als Handlungs- oder Erkenntniskorrelat »gegenüberstehenden« Grundgegebenheiten, die freilich nur durch schemageleitete Interpretationskonstrukte überhaupt konzipierbar sind. Solche Aussagen sind möglich, wenn es auch zum Teil sehr abstrakte Aussagen oder auch nur disjunktive Aussagen oder alternative Interpretationen oder Verbindungen von alternativen Interpretationen über bestimmte zugrundegelegten Entitäten »an sich« sein können. Erfolgreiches Handeln und Erkennen zeigt aber, daß wir grundsätzlich solche Aussagen über die Welt machen können, selbst wenn diese eventuell nur mehrdeutige Alternativen umreißen, vage bleiben oder nur bis auf handlungs- oder erkenntnisfunktionale Äquivalenz bestimmt sein mögen. Wir müssen sogar – und das ist auch ein wichtiger Gesichtspunkt –, solche Aussagen aus pragmatischen und überlebenspraktischen Gründen machen. Der Realismus des Alltags und der praktischen Welt ist in gewissen Grundstrukturen biologisch, überlebensmäßig unaufgebbar und kann nicht einfach beiseite geschoben werden. Es gibt so etwas wie eine pragmatische Begründung von realistischen Grundeinstellungen, die aber ihrerseits nicht absolut bewiesen werden können. Theoretisch strenggenommen könnte der Interpretationsidealismus recht haben, aber aus praktischen, aus sehr gewichtigen lebenspraktischen Gründen heraus gibt es Gründe, daß man bei ihm nicht stehenbleiben kann, sondern wir nehmen es als ein pragmatisches Realitätskriterium, daß wir die Möglichkeit haben, uns durch Handlungen auf die Welt zu beziehen, sie zu verändern, ja, im Grunde neue Realitäten zu erschaffen. Der Umstand, daß unsere Strukturierung der Welt zum wesentlichen Teil von unseren Interpretationskonstrukten abhängt, ist kein Argument dagegen, daß auch bestimmte Entitäten oder Referenzen in der Welt »an sich« existieren.

Man kann und muß diese methodologische und transzendentale Philosophie der Interpretationskonstrukte natürlich ausarbeiten.[2] Das kann an dieser Stelle nicht geschehen. – Hier ist nur einzugehen auf die Frage, wie wir über Schemata und Interpretationskonstrukte verfügen. Wie stellen wir uns Interpretationskonstrukte und Schemata vor unserem geistigen Auge vor? Wie kommen sie ins Bewußtsein? Wie aktivieren und erfahren wir innerlich oder im Bewußtsein Schemata und Interpretationskonstrukte? Wie beziehen wir uns mittels dieser Schemata und Interpretationskonstrukte auf Gegenstände, Ereignisse und Handlungen in der Welt? Das sind zentrale Fragen, die sich im Zusammenhang mit einem solchen Ansatz stellen und die noch weiter behandelt werden müssen.

2 Vgl. z. B. Lenk 1993.

4. Konstruktive Interpretationsprozesse
in der Kognition

Leseinterpretation versus Schemainterpretation

Der Interpretationsbegriff in dem Sinne, wie er hier verstanden wird, ist allgemeiner als der Begriff der hermeneutischen Interpretation oder der klassischen Interpretation der Textwissenschaften. Die hermeneutische Interpretation ist nämlich weitgehend dem Leseparadigma verbunden; man liest Texte, die *vorgegeben* sind, von denen man unterstellt, daß sie je eine bestimmte festgelegte Struktur haben. Dies gilt selbst dann, wenn man den Bereich des Verstehens von sprachlichen Äußerungen verläßt und vom Verstehen oder der Interpretation nicht-sprachlicher Erscheinungen spricht; auch hierfür wird das Leseparadigma übernommen. So ging man etwa in der Naturphilosophie vom Paradigma des Lesens aus, indem man die theoretische Deutung der Naturphänomene als ein Lesen im Buch der Natur beschrieb oder auch in theologischem Zusammenhang Naturdeutung als Lesen der Gedanken Gottes auffaßte. Aber auch in den modernen Sozialwissenschaften wird das Leseparadigma auf die Deutung von gesellschaftlichen Formen, von Kulturen usw. übertragen. Das Modell der Textinterpretation wird in all diesen Fällen als Metapher auf andere Gebiete angewandt, aber gerade dadurch übertreibt das Paradigma des Lesens, indem es ihm nämlich auch dann verhaftet bleibt, wenn keine sprachlichen Äußerungen, kein offenbarer Text vorhanden ist. Ich denke, daß hier eine Gefahr besteht, daß man das Lesen, das Leseparadigma in das Verstehen der Natur hineindeutet, die Natur gleichsam als Text betrachtet, und in dieser Weise dann dazu gedrängt wird, die hermeneutische Methode als ein allgemeines erkenntniskonstituierendes Verfahren darzulegen. Das Lesen selbst ist natürlich auch eine konstruktive Aktivität, ein aktives Konstruieren, das in der Tat Charakterzüge einer eher konstruktiven Tätigkeit hat, also einer Interpretations*tätigkeit*, wie ich sie in meinem interpretationskonstruktivistischen Ansatz betone. So ist Textinterpretation im eigentlichen hermeneutischen Sinne eine spezielle Form, eine Untervariante der allgemeineren Konstruktinterpretation.

Wenn hier allerdings von Interpretation die Rede ist, so geht es nicht um die spezielle Form der Textinterpretation, sondern um ein interpretatorisches Bilden und Verwenden von Konstrukten im allgemeinen Sinn, um ein konstruierendes und auch rekonstruierendes Vorgehen, das natürlich an etwas Gegebenes anknüpft; dieses Gegebene selbst als dasjenige, was uns als Vor-wurf dient, ist allerdings selbst auch konstruiert oder konstituiert. Es ist nicht so einfach im positivistischen Sinne gegeben. Dieses Konstruktinterpretieren bezeichnet also dann das verstandesmäßige, mentale Verfahren, Schemata aufzubauen und anzuwenden, auszuwählen, zu aktivieren, »anzutönen« durch eine Anregungssituation auslösen zu lassen – und zwar im tentativen Sinne: Man versucht, eine Ordnung, eine Anordnung und Einordnung in etwas chaotisch Erscheinendes, etwas uns Vorfindliches zu bringen; man entwirft und gestaltet eine Organisation von kognitiven Elementen, seien diese nun Sinnesdaten, also »äußerlich« gegeben oder Wahrnehmungserlebnisse, oder seien sie selbst höhere kognitive Elemente, z. B. Begriffe oder Vorstellungen abstrakterer Art. Diese versuchte Bildung und Anwendung von Schemata, die in jeglichem Bereich kognitiver Verarbeitung vorkommt, sowie die sukzessive Entwicklung der Anwendung kann man allgemein *Schemainterpretation* nennen. Diese Schemata werden angewendet, getestet und dann verbessert, wobei die entsprechende rückkoppelnde Überprüfung auf Kohärenz, auf Passung, auf Stimmigkeit, auf Wechselverträglichkeit verschiedener Konstrukte dieser Art und deren Unterkonstrukten (von Schemata und Subschemata) eine Rolle spielt. Es handelt sich also um eine Art von Systematisierung, die hergestellt, überprüft und sukzessive verbessert wird.

Alle Wahrnehmung und Kognition ist konstruktiv

Diese Hauptthese meines Ansatzes, daß »Kognition konstruktiv sei«, ist eigentlich aus der Psychologie bekannt, und zwar aus der sog. kognitiven Psychologie. Sie ist aber hier sehr viel allgemeiner im Sinne eines erkenntnistheoretischen Grundsatzes zu verstehen. Die zitierte Formulierung ist von Ulric Neisser (1974, 360 u. a.) übernommen, einem der Hauptvertreter der kognitiven Psychologie. Neisser entwickelte eine kognitive Theorie der Erkenntnis, unter besonderer Berücksichtigung der Wahrnehmung. Kognition, könnte man sagen, ist Konstruktinterpretation in dem vorher erläuterten Sinne. Sie ist oder geschieht als Anwendung, als Auswahl von Schemata und deren Verbesserung. Die Kognition bei der Wahrnehmung ist gebunden an gewisse Vorgaben, eben an die Signale der Wahrnehmungserlebnisse bzw. an die Sinnesdaten, wie wir sie immer nennen, obwohl die *Daten* nicht im schlichten Sinne *gegeben* sind, sondern auch zu einem wesentlichen Teil konstruiert oder konstituiert sind. Die Wahrnehmung von Sinnesdaten kommt aufgrund von neuronalen Verarbeitungsprozessen zustande. Deren Ergebnisse sind also durch diese Verarbeitung erzeugt, sie sind zugerichtet, sie sind nicht einfach nur Abbildungen der Außenwelt, sondern geformt in methodischer Form, z. T. aufgrund von angeborenen Fähigkeiten, z. T. aufgrund von entwickelten und erlernten Formen, Methoden, Verfahren der Strukturierung und der Verwendung von Spuren aus dem Gedächtnis: In diesem Fall werden Schemata entwickelt, abgerufen, aktualisiert. Alles das ist gebunden an Umgebungen, an Kontexte, in welche die Eingaben und die Verarbeitungsprozesse und -ergebnisse eingebettet werden. Die Konstruktbildung hier ist relativ komplex; darüber wird auch noch zu reden sein. Die menschliche Kognition hat nun die Möglichkeit, auch neue konstruktive Beziehungen und Verbindungen zwischen Elementen, die etwa im Gedächtnis gespeichert sind, und anderen Signalelementen herzustellen; dies ist eine entscheidende Einsicht, die aber hier nicht im Vordergrund stehen soll. Wichtig ist vielmehr, daß die Kognitionen gestuft und hierarchisch sind und daß sie in verschiedenen Phasen oder Ebenen ablaufen. Neisser unterscheidet ausgehend von einer Prozeßanalyse der Wahrnehmung insbesondere zwei Ebenen. Zunächst muß ein Primärprozeß gegeben sein, der kreativ Wahrnehmungsmaterial oder Kognitionsmaterial allgemein in gewisser parallelverarbeitender Form erzeugt, wobei viele Elemente bereitgestellt werden; es gibt dann einen zweiten oder Sekundärprozeß nach Neisser, der kontrolliert und seriell, also in abarbeitender Form verfährt. Dieser Sekundärprozeß bearbeitet das bisher bereitgestellte Material, stutzt es zurecht, bringt es auf bestimmte Formen; dies geschieht in Kettenform, in serieller Be- und Verarbeitung. Für Neisser ist die Struktur der Sinneswahrnehmung prototypisch und charakteristisch für die Kognition generell. Sie kann stellvertretend gewisse wesentliche Züge von Kognition überhaupt beschreiben, insbesondere hinsichtlich dieser Unterscheidung von Sekundär- und Primärprozessen. Daher spricht Neisser auch von einer Wahrnehmungsanalogie oder *der* Wahrnehmungsanalogie oder visuellen Analogie in bezug auf seinen kognitionspsychologischen Ansatz.

Deswegen ist es sinnvoll, sich zunächst mit der Konstruktivität bzw. der Konstruktinterpretation bei der Wahrnehmung, insbesondere bei der visuellen Wahrnehmung, zu befassen, was nun in Form eines Exkurses über Wahrnehmung und besonders über visuelle Wahrnehmung als Interpretationskonstrukt bzw. als Konstruktinterpretation – je nachdem, ob man sich auf das Ergebnis oder den Prozeß bezieht – erfolgen kann. Ich folge hier nicht nur Neisser, sondern auch Irvin Rock (1985). Dieser befaßt sich mit der Wahrnehmung von der Aufnahme visueller Signale bis hin zur Apperzeption, insbesondere beschäftigt er sich mit der psychologischen Verarbeitung von visuellen Wahrnehmungen einschließlich der optischen Täuschungen. Man kann das Ergebnis in die Hauptthese zusammenfassen, daß die Wahrnehmung ein Konstruktion(sprozeß oder -ergebnis, je nach Auffassung der »ung«-Form) oder eine Konstruktinterpretation ist. Und zwar gilt das für die bewußte wie auch für die unbewußte Wahrnehmung, was besonders wichtig ist. Es gilt auch schon auf elementarer Ebene: Wir sind konstruierende Wesen auch schon auf der unterbewußten Schicht unserer Wahrnehmungserlebnisse und nicht nur auf jener der bewußten Wahrnehmungserlebnisse. Die traditionelle passivistische Reizwiderspiegelungstheorie ist ebenso überholt, wie die Kamera-Analogie des Auges und des Sehens veraltet und zu einfach erscheint. Auch Wahrnehmung wird aktiv organisiert und konstruiert. Wir leisten sogar ständig eine unterbewußte Interpretation von Sinnessignalen, diese sind keineswegs nur Reaktionen auf (oder passive Ablesungen aus) vorgegebene(n) Reizmuster(n) oder Einzelreize(n), wie es sich etwa die Psychophysik und die behavioristische Psychologie lange vorstellten.

Diese Konstruktivität oder Interpretationsgebundenheit der Wahrnehmung ist natürlich eine alte Einsicht; sie ist keineswegs neu, sondern im wesentlichen schon von den Gestalttheoretikern in der Psychologie erarbeitet worden, ja, früher schon von Wahrnehmungsphysiologen wie Helmholtz im Kern erkannt, der allerdings die Wahrnehmungsverarbeitung nur als eine »logische« Ordnung der Sinnesdaten und deren Materialfülle durch unbewußte, unterbewußte, aus den Sinnesdaten selbst »hergeleitete«

Schlüsse verstand. Das ist in gewissem Sinne noch eine Art positivistischer Vorstellungsweise avant la lettre: Die Daten stellen das gesamte Fundament, und auch die Anordnung wird unbewußt aus ihnen abgelesen, »deduziert«. Helmholtz' unbewußte »Deduktion« ist wohl heute zu ersetzen durch Hypothesen- oder Interpretationsbildung und muß auf aktive, unterbewußte Verarbeitung bezogen werden. Es gibt keine passiven oder bloß aus Daten »deduzierten« Schlüsse: Ein Verarbeitungszentrum – und sei es ein unterbewußtes – muß die Schlüsse *vornehmen*, Schlüsse zudem strukturieren, gestalten, konstruieren – solche Schlüsse sind eher der Erstellung von Hypothesen vergleichbar. Die Gestalttheoretiker haben auch schon gesehen, daß die Sinnessignale, wenn sie apperzipiert werden, also z. T. bewußt gemacht werden, durch bestimmte Prinzipien strukturiert, interpretiert werden, und zwar spontan, allerdings nach bestimmten im einzelnen erst aktivierten Gestaltungsregeln, die den Gestalttheoretikern zufolge die charakteristischen Konstitutionsmerkmale des erkennenden Geistes oder der entsprechenden Psyche überhaupt sind. Solche Gestaltungsregeln sind z. B. die Prägnanz (eine prägnante Form wird herausgestellt) oder nach Max Wertheimer das »Prinzip der guten Gestalt« oder jenes der einfachsten Gestalt oder ein Gesetz der Bewegungsassoziation dergestalt, daß, wenn etwa zwei Punkte sich nebeneinander in gleicher Richtung und Weite und in gleicher Phase bewegen, man eine gekoppelte Bewegung sieht, entweder als Kausalverbindung, wenn eine zeitliche Abfolge da ist, oder als eine gemeinsame Verbindung nach einem »Prinzip des gemeinsamen Schicksals« (Wertheimer). Solche generellen Strukturierungsprinzipien spielten in der Gestalttheorie eine große Rolle. Man wird sicherlich, wenn man das Wahrnehmen als Interpretationskonstruktion auffaßt, eine Formenbildung nach Art der gestaltpsychologischen Gesichtspunkte berücksichtigen müssen, jedenfalls was die Prinzipien phänomenaler Erfassung angeht. Rock meint, daß die Wahrnehmung im wesentlichen darauf angewiesen ist, zentralnervöse Verarbeitungsprozesse zu aktualisieren; das heißt, Wahrnehmung ist nicht nur peripher eine Angelegenheit der Sinnesorgane und der afferenten Nerven, die von den Sinnesorganen zum Gehirn führen und etwas ins Bewußtsein übertragen, sondern das Gehirn oder die zentrale Prozessoreinheit im Gehirn strukturiert ihrerseits die Signale, selektiert und sortiert sie auch danach, welche zulässig sind, d. h. eine gewisse

Schwelle überschreiten, welche überhaupt rezipiert werden, welche abgewehrt werden usw.

Wahrnehmung ist also konstruktiv im Sinne einer zentralnervösen Tätigkeit, sie ist eine Gehirntätigkeit, eine aktive Konstruktionstätigkeit. Man kann das an vielen Beispielen verfolgen, sogar etwa an den Verrechnungen und Verschätzungen bei optischen Täuschungen und bei Konstanzerfahrungen von Wahrnehmungen hinsichtlich der Form, Größe, Orientierung, Lage, Helligkeit usw. Es gibt hierzu eine Reihe von eindrucksvollen Beispielen (vgl. Rock 1985, 13 ff.). Die Hauptthese ist: *Gesehenes wird rekonstruiert, interpretiert. Gesehenes wird,* wie Rock sagt, *als Szene interpretiert, rekonstruiert.* Dies ist eine andere Auffassung der Funktion des Sehens, als uns das Kamera-Modell liefert. Wir können sagen: *Sehen wird als Geschehen interpretiert.* Kognitive Operationen selektieren, strukturieren, konstruieren, organisieren, wobei wesentliche Strukturen – z. B. der Formwahrnehmung – angeboren sind. Rock sagt wörtlich: »Wahrnehmung ist danach eher ein Produkt einer mentalen Rekonstruktion des Gehirns als ein passives Aufzeichnen von Reizen oder das Resultat der Wechselbeziehungen zwischen aktivierten Nervenzellen« (ebd. 40). Wahrnehmung ist also, wie er sagt, von kognitiven Entscheidungen und Schlüssen abhängig, die freilich unbewußt ablaufen. Unbewußtes Schließen, wie bei Helmholtz, ist auch hier vorhanden, aber es ist aktiv gestaltend und interpretierend. Rock nennt seine Theorie auch eine »Theorie der unbewußten Beschreibungen« (ebd. 109). Es gibt eine Reihe von Belegen und Bestätigungen für die Konstruktivitätsthese schon in der Wahrnehmungsphysiologie und in der Neurobiologie der Wahrnehmungs-Ergebnisse, die man durch Experimente insbesondere an Primaten erarbeitet hat: Man weiß, daß das Wahrnehmungsbild durch Kontrastprofilierungen zurechtgestutzt wird: durch gegenseitige Hemmungen durch benachbarte Zellen, um Kontraste zu verstärken (»laterale Inhibition«) und durch Weiterleitung und Aufspaltung von Verarbeitungskanälen bis hin zu einer Reproduktion von Abbildern in der primären Sehrinde, wo z. B. bestimmte Detektoren vorhanden sind, die ganz spezialisiert sind, etwa nur bestimmte Richtungen – repräsentiert durch wahrgenommene »Balken« – analysieren und darstellen können, aber den »Balken« einer Richtung dann an sechs verschiedenen Stellen (sechs verschiedene Schichten machen diese primäre Sehrinde aus) repräsentieren usw. Ferner sind Nachbarschaftsverhältnisse geboten hinsichtlich der Winkelvariation der Richtung eines solchen Balkens vorgeformt u. ä. Dies alles wurde experimentell an Affen, die man entsprechenden Versuchen unterworfen hat, nachgewiesen (Hubel/Wiesel 1986). Aber das alles ist nur die neurobiologische Basis oder die Grundprozessualität der Verarbeitung im peripheren Nervensystem. Experimentell konnte man bislang nur die ersten Verarbeitungsschritte genauer verfolgen. Schwieriger und weitgehend unerforscht, nur spekulativ darzustellen, sind die Verarbeitungsschritte oberhalb der primären Sehrinde, wenn die Verarbeitung im höheren Cortex einsetzt. Allenfalls bis zum frontalen Sehfeld (V4) und zur visuellen Scheitelrinde reichen erste isolierende Experimente: Bis hierher ist auch etwa die unterschiedliche Kanalbindung und getrennte Verarbeitung der Farb-, Form- und Bewegungswahrnehmung zu bestätigen (vgl. z. B. Treisman 1990, Livingstone 1990): wo genau die Synthese stattfindet, weiß man noch nicht. Überhaupt weiß man, wie Hubel (1989, 35) ausdrücklich betont, fast noch nichts über die oberste (re)integrierende Aktivität der höheren Großhirnrindenbereiche beim visuellen Wahrnehmen.

Konstruktinterpretationen bei optischen Täuschungen

Die aktive Wahrnehmung zeigt sich in vielen Beispielen, z. B., wenn man bei Zeichnungen eine Wahrnehmung von Tiefen hat, sei es bei perspektivischen Täuschungen, scheinbaren Verdeckungen oder Konstanz-Verarbeitung, sei es durch eine entsprechende Bewegung oder durch Scheinbewegungen. Z. B. gibt es die Möglichkeit, daß man Kreise exzentrisch anordnet:

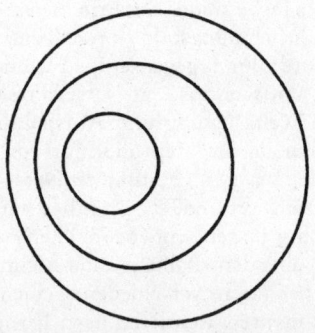

Wenn man dieses Muster auf Drehscheiben bringt und die exzentrischen Kreise rotieren läßt, dann entsteht eine Tiefenwahrnehmung, nämlich die Wahrnehmung einer Bewegung nach hinten ins Bild, ein Röhreneffekt, könnte man sagen. Eine bestimmte Tiefenwahrnehmung scheint auch angeboren zu sein, man hat das bei Katzen experimentell erhärtet, die man auf einer Glasplatte plazierte, die sich über einen Steilabhang vor der Katze erstreckte (das Glas war nicht sichtbar): Selbst neugeborene Katzen schreckten davor zurück und gingen nicht über diese Schwelle, die scheinbar in den Abgrund hineinführen würde. Zu erwähnen wären hier natürlich auch die berühmten Wahrnehmungsverschätzungen, etwa die optischen Tiefen-Täuschungen. Es gibt viele Arten davon; die berühmteste und einfachste, aber doch zwingende, ist zweifellos die Müller-Lyer-Täuschung:

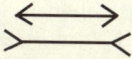

Man fällt immer wieder auf sie herein, auch wenn man weiß, daß man getäuscht wird. Es gibt auch andere solcher Täuschungen, z. B. die von Ponzo:

(nach Rock 1985, 128)

97

oder die Poggendorff-Täuschung:

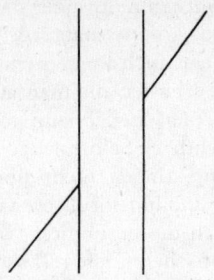

Die Poggendorff-Täuschung

Optische Tiefen-Täuschungen finden sich in verschiedenen Variationen bis hin zu der sog. Korridortäuschung, die darin besteht, daß man gleich große Zylinder,

Die Korridor-Täuschung (nach Rock 1985)

wenn man sie perspektivisch in einem scheinbaren Korridor angeordnet sieht, in ihrer Größe ganz unterschiedlich einschätzt.
Auch gibt es z. B. den folgenden Effekt: Wenn man jemanden vor
zwei beleuchtete verschieden große Quadrate oder Rechtecke im
dunklen Raum setzt und ihn bittet, eine senkrechte Linie *gleicher*
Länge einzufügen, dann kommt normalerweise heraus, daß die
Linie im größeren Rechteck größer gezeichnet oder irgendwie variiert wird:

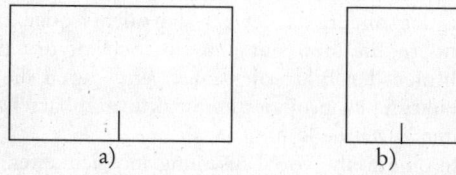

Man verschätzt sich durch den unterschiedlich großen Orientie-
rungsrahmen, es ist aber nicht so, daß diese Verschätzung genau
proportional zum Quadratunterschied erfolgt, sondern es entsteht – und dies erscheint mir wichtig – eine Art von Kompromiß
zwischen verschiedenen Verschätzungen. Die Größenkonstanz
und die Tiefenwahrnehmung geraten in einen Konflikt, der dann
in diesem Kompromiß (teil)gelöst wird.
Eine weitere beachtliche Fehlschätzung ist folgende: Wenn man
eine undurchsichtige Plane mit einem Spalt hat und dahinter eine
Kurve verschiebt oder wenn man diesen Spalt vor der Kurve verschiebt,

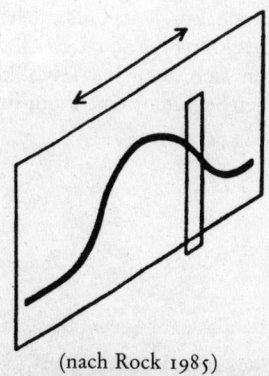

(nach Rock 1985)

dann »sieht« man die gesamte Kurve, obwohl man ja jeweils momentan nur ein Bruchstück der Kurve wirklich als Signal empfängt (»anorthoskopische Wahrnehmung«). Das Phänomen nennt man die anorthoskopische Wahrnehmung. Diese zeigt deutlich, daß das Gehirn bzw. der zentrale Wahrnehmungsprozessor hier offensichtlich strukturierend vorgeht, daß man sogar in der Zeitabfolge etwas konstruiert, was man nicht als solches rezipiert. Die bekannteste Täuschung dieser Art im Sinne einer Scheinbewegung sind natürlich Film und Fernsehen. Es handelt sich ja hier nur um Scheinbewegungsbilder, da bewegt sich nichts quer zum Bildschirm, sondern die Bewegung ist ein Schein, der durch die schnelle Abfolge der Bildprojektionen und durch die entsprechenden strukturellen projizierten Strukturnachbarschaften und -kontinuitäten zustande kommt.

Es gibt auch eine Reihe von Täuschungsmöglichkeiten aufgrund von Scheinkonturenbildungen, z. B. Schein-Überlappungen und -überdeckungen:

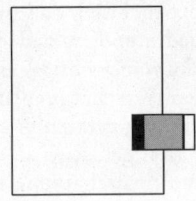

Die obige Zeichnung würde man als ein räumliches Muster sehen – also so, daß das kleinere *vor* dem großen Rechteck liegt und dieses partiell am Rande überdeckt – jedenfalls »sieht« man die Struktur nicht als eine Art achteckige Figur, in der sich die beiden Vierecke verzahnen. Man kann sich auch bei unvollkommenen Figuren durch die ausgelassenen Segmente eine Figur denken, die gar nicht existiert:

Hier sieht man die Scheinkontur einer Figur, die gar nicht vollständig vorhanden ist. Wenn man diese Konfiguration nun abändert und nicht solche unvollständigen Kreisfiguren am Rande, sondern etwa Kreuze mit derselben Aussparung nimmt nach innen, dann entsteht diese Scheinkontur nicht, jedenfalls nicht so deutlich. Dies erscheint mir als ein sehr plastischer Effekt zum kontrastprofilierenden visuellen Verarbeiten, Erarbeiten von Konturen. Viele dieser Wahrnehmungstäuschungen drängen sich charakteristischerweise auch dann weiterhin auf, wenn man sie einmal in ihrem Täuschungseffekt gesehen hat. Es gibt offenbar einerseits eine Tendenz, daß dieser beibehalten wird oder bestehen bleibt. Andererseits ist auch der Effekt typisch, daß das Täuschungsphänomen nach einer bestimmten Zeit des Betrachtens geradezu zwingend umkippt. Man kennt das von den berühmten Kippbildern (»Wahrnehmungsumkehr«). Eines der bekanntesten ist der Neckersche Würfel:

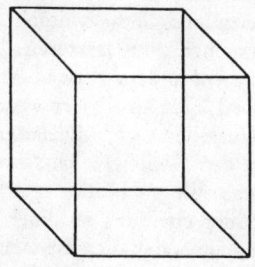

Hier erscheint je einmal die eine oder die andere Quadratseite als Vorderseite des Würfels. [Manche Leute behaupten, daß man nicht beide Sichtweisen zugleich sehen könne, aber andere behaupten, auch dies sei möglich.] Die Problematik der Kippbilder ist gelegentlich auch in der Philosophie schon diskutiert worden, z. B. von Ludwig Wittgenstein mit seinem berühmten Hase-Ente-Beispiel in den *Philosophischen Untersuchungen* (XI, 504 f.). Es gibt also einen aktiven Zwang zur Variation bei einer Strukturierungswahrnehmung, die in Analogie zum suchenden Appetenzverhalten, wie es die Ethologen postulieren, anzusehen wäre.
Diese Kippbilder, optischen Täuschungen, Wahrnehmungsverzerrungen, Scheinwahrnehmungen, Tiefenerlebnisse, perspektivischen Sehzwänge, scheinbaren Konturen, scheinbaren Bewegun-

gen oder anorthoskopischen Wahrnehmungen, Schein-Überlappungen, Verschätzungen der Entfernung und der Größe lassen sich systematisch untersuchen; dies macht sogar ein Hauptkapitel der Wahrnehmungspsychologie aus. Die Ergebnisse zeigen letztlich dreierlei: *Erstens,* das *Wahrnehmen ist konstruktiv.* Wahrnehmung wird konstruiert, zwar zumeist nicht willkürlich, sondern z. T. zwangsmäßig, wie etwa bei der Müller-Lyer-Täuschung deutlich wird: Man weiß um die Täuschung, aber man fällt trotzdem darauf herein. *Zweitens,* es findet eine *Interaktion* statt, eine *Wechselwirkung* der verschiedenen Faktoren und unterschiedlichen Strukturierungstendenzen in der Wahrnehmung, besonders deutlich bei einer Größenschätzung wie z. B. bei den beiden Linien auf den Rechtecken im dunklen Raum. Konfligierende Konstruktionen führen zu Kompromissen. Das heißt also, es gibt nicht eine absolute Verrechnung, sondern es bildet sich bei Tendenzkonflikten zunächst eine Kompromißlösung zwischen verschiedenen Tendenzen und Faktoren aus. *Drittens* zeigt sich, daß der Gesichtssinn die anderen Sinne weitgehend dominiert. Es gibt eine Reihe von Versuchen zum letzteren: Sie zeigen, daß man, z. B. in dunklen Räumen, in denen etwa bestimmte von der Senkrechten abweichende Linien projiziert werden, dazu neigt, sein Lageempfinden umzustellen usw. Mit anderen Worten: Der Gesichtssinn dominiert den Gleichgewichtssinn und über die anderen Sinne. Allerdings gilt auch dies wiederum nicht absolut, sondern es kommt hier ebenfalls zu einer Faktoreninteraktion. Man kann auch hier zeigen, daß die Abweichung geringer ausfällt, als es der Gesichtssinn alleine vorschreiben würde. Also ergibt sich wieder eine gewisse *Kompromißbildung der Sinne bei der Konstruktinterpretation der Wahrnehmung.* Wir könnten also sagen, daß die oben zitierte, sprichwörtliche Weisheit der Bubi von Fernando Po, durch die moderne Wahrnehmungspsychologie geradezu exemplifiziert wird: »Laßt uns näher ans Feuer herangehen, damit wir sehen, was wir sagen«. Man kann das sogar erweitern: »damit wir sehen, was wir fühlen«. Man denke an das letzte Beispiel in bezug auf den Gleichgewichtssinn und etwa das verzerrt gefühlte Schwerefeld.

Aktivitäts- und Handlungsbindung der Wahrnehmung

Interessant ist auch, und das ist bisher weder von Neisser und Rock, noch überhaupt von den Wahrnehmungspsychologen genügend gewürdigt worden, daß bei der Signalverarbeitung und der Faktoreninteraktion nicht die afferenten Signale der Sinneswahrnehmung, also die Verbindung von den peripheren Sinnesorganen zum zentralen Gehirn, die entscheidende Rolle spielen und wirklich die Konstitution der Wahrnehmung bestimmen, sondern daß die efferenten Signale, also die motorischen Signale der Muskelbewegungen offenbar viel wichtiger sind. Im Grunde scheint mir das zu zeigen, daß auch Vorgänge der Wahrnehmung sehr stark von der Aktivität, von der handelnden Orientierung und Wechselwirkung des Menschen oder Organismus in und mit der Umgebung abhängig sind. Der Mensch ist ein handelndes Wesen, eingebettet in je eine bestimmte Handlungssituation, und ist geprägt insbesondere von den Erfordernissen und Gesichtspunkten der Handlungsorientierung, z. B. der Orientierung an der Umgebung unter Handlungs- und Überlebensgesichtspunkten. Mit anderen Worten: *Das visuelle Wahrnehmen muß viel stärker noch mit der Handlungsorientierung in Verbindung gebracht werden, und die Interpretationskonstruktbildung beim Wahrnehmen ist nicht abzutrennen von der Interpretationskonstruktbildung beim Handeln.*

Letzteres läßt sich übrigens sogar bei Tieren nachweisen. Von Rock (1985) wird auch ein Beispiel dazu angeführt: Fische schwimmen in einer Drehtrommel herum, die rund herum Streifenmuster trägt. Wenn die Trommel langsam in Bewegung gesetzt wird, schwimmt der Fisch so mit der Drehung, daß er im Wasser stehenzubleiben scheint. Er orientiert sich und seine Aktivität an der Drehung. Auch hier ist die Orientierung in Beziehung auf die efferenten Signale der Wahrnehmungsverarbeitung offensichtlich entscheidend. Entsprechendes gilt im Grunde auch z. B. für die erwähnte anorthoskopische Wahrnehmung.

Aus allen diesen Ergebnissen läßt sich also schließen: Es ist nicht damit getan, daß bei der Wahrnehmung etwas Externes einfach reproduziert, abgebildet wird. Die Kamera- oder Abbildtheorie der Wahrnehmung ist ebenso wie die bloße Reiztheorie falsch. Es handelt sich beim Wahrnehmen stets um ein aktives Selektieren, Strukturieren, Konstruieren oder wenigstens um ein Rekonstruieren. Die Reorganisation der ursprünglichen aufgenommenen oder auf die Sinnesorgane treffenden Signale geschieht nach bestimmten Selektions- und Strukturierungsprinzipien, die zum Teil angeboren sind – und offenbar ist weit mehr präformiert, als man bisher angenommen hat.* Die strukturierende Interpretation richtet sich dabei auch nach holistischer Organisation, also nach ganzheitlichen Gesichtspunkten aus, nach Symmetriegesichtspunkten etwa der guten, ausgeprägten, prägnanten Gestalt, nach Perspektivitätsgesichtspunkten, nach Bevorzugungsalternativen in bezug auf bestimmte Wünsche, Ziele, Emotionen, Motive, Erwartungen und »last but not least« natürlich nach entsprechenden Handlungswünschen und -gepflogenheiten. Insofern kann man also mit Rock (1985, 196 f.) sagen, daß Wahrnehmung allgemein solche ›Lösungen‹ bevorzugt, die Regelmäßigkeiten, z. B. Symmetrien und Merkmalskoppelung berücksichtigen. Die Organisation der Wahrnehmung ist dann abhängig vom Ausfüllen, Auslösen, Ausführen bestimmter Programme, von Verrechnungen, zentralen Verarbeitungsprozessen, kurz, von kognitiven Operationen: Wahrnehmung ist Konstruktinterpretation. Wahrnehmung ist jeweils kognitiv konstruktinterpretiert oder reinterpretiert, rekonstruiert. Denken, so kann man mit Rock (ebd. 198) vermuten, ist dann »wahrnehmungsähnlich« – nach dem ursprünglichen Muster des Wahrnehmens strukturiert. In ähnlicher Weise ist die gesamte kognitive Verarbeitung aufzufassen wie die Wahrnehmung. Man könnte angesichts der These von der zentralen Verarbeitung natürlich mit gleichem Recht auch sagen, das Umgekehrte gelte auch; denn Ähnlichkeit ist ja eine symmetrische

---

* Beispielsweise konnte man experimentell zeigen, daß ein bestimmter Wahrnehmungseffekt, wie der sog. Looming-Effekt, bei Babies und auch bei Küken angeboren ist: Wenn ein großer Gegenstand sehr plötzlich auf die visuelle Rezeptionsebene, also auf die Sinnesorgane, auf die Augen, zukommt, dann erschrecken das neugeborene Baby und auch das Küken in gleicher Weise, ganz gleich, ob das letztere vorher nur im Dunkeln aufgezogen worden war oder ob es bereits zuvor Lichterfahrungen, visuelle Erfahrungen hatte. Die Reaktionen waren in beiden Fällen gleich. Das zeigt, daß dieses Looming-Erschrecken angeboren ist – zumindest beim Küken, aber vermutlich entsprechend auch bei menschlichen Babies. Auch z. B. das Erschrecken vor dem großen Schatten des Raubvogels scheint beim Menschen auf angeborene Strukturen zurückzugehen.

Relation. Also wäre eine wechselseitige Angleichung eher ein realistisches Modell.

Auch Neisser meint, daß »Wahrnehmung immer ein konstruktiver Prozeß ist« (Neisser 1974, 125, s. a. 187) und daß entsprechend der Wahrnehmungsanalogie das Kognitive nach dem Vorbild und Muster des Wahrnehmens interpretiert oder dargestellt werden kann. In seinen beiden Büchern (1974, 1979) versucht er, dies jeweils im letzten Kapitel auszuführen, wobei er, wie er selbst zugibt, großenteils auch spekulativ vorgeht, weil eben die höheren Ebenen der Kognition (noch) nicht empirisch so zugänglich sind wie etwa die spezialisierten peripheren Phasen des visuellen Wahrnehmens. Die These, daß das Denken entsprechend dem Wahrnehmen stattfinde, ist alt. Es gibt ein Vorbild, das schon aus der Antike stammt. (Nicht ohne Grund heißt »theorein« »schauen« und »idein« »sehen«.) Die alten griechischen Philosophen hatten etwa die Vorstellung, daß das Denken, das Erkennen, das kognitive Erkennen gleichsam so etwas sei wie Sehen mit den »Augen des Geistes«. Wenn der Gesichtssinn, wie bereits erwähnt, tatsächlich dominiert, sollte dann heute noch die antike Theorie des Denkens als eines Sehens mit den »Augen des Geistes« eine Art Auferstehung erleben? Natürlich handelt es sich hierbei nur um eine Metapher, aber um eine Metapher, die informativ und plausibel ist, aber natürlich ähnlich gefährlich ist wie die oben erwähnte Lesemetapher; denn auch dieses Bild vom Denken als bloßem Sehen kann zu einer passivistischen Fehldeutung des Kognizierens führen und dürfte insbesondere die vorhin erwähnten Handlungsgesichtspunkte außer acht lassen. Andererseits ist in vielerlei Hinsicht deutlich – und das gilt sowohl für die Wahrnehmung wie erst recht für die höheren kognitiven Prozesse –, daß jegliche passivistische Abbildungs- und Kameratheorie des Erkennens nicht ausreichen kann. Neisser meint nun aber, daß ganz entsprechend wie bei der Wahrnehmung auch bei den allgemeineren kognitiven Prozessen eine Phasenstrukturierung, z. B. die Unterscheidung in zwei Phasen: in eine Primärphase oder einen Primärprozeß und eine Sekundärphase bzw. einen Sekundärprozeß, auftritt, nicht nur bei der visuellen oder auditiven Wahrnehmung, anhand deren er dies ausführlich untersucht. Der primäre Wahrnehmungsprozeß etwa beim Sehen besteht darin, daß man in relativ chaotischer Weise Wahrnehmungsergebnisse oder -signale aufnimmt und daß gewisse »*präattentive*« Prozesse (1974, 117 f., 120 ff., 134 f., 376 u. a.), also vor der Bewußtwerdung stattfindende Prozesse, dazu führen, daß überhaupt so etwas wie eine erste Objektkonstitution, eine Gegenstandsbildung zustande kommt: z. B. leisten solche vorbewußten Prozesse schon eine Unterteilung des Sehfeldes in gewisse konstante Unterabteilungen oder Gegenstandsentsprechungen, die für jegliche Gegenstandswahrnehmungen notwendig sind. Diese Unterteilungen können dann wieder in einem Kurzgedächtnis optisch gespeichert werden; man spricht hier von dem sog. ikonischen Gedächtnis oder von ikonischer Speicherung (Neisser 1974, 30 ff., 376). Diese präattentiven Prozesse sind Suchprozesse, die in der Flüchtigkeit der Wahrnehmungs- und Signalflüsse in der Umgebung gewisse Konstanzen herzustellen streben. Man kann sich hier an James Gibsons ökologische Wahrnehmungstheorie erinnert fühlen, die ebenso annimmt, daß auf dieser ersten Ebene in der Helligkeits- und Lichtumgebung gewisse Invarianzen durch solche primären präattentiven Prozesse aufgesucht werden. Das geschieht aber noch relativ chaotisch insofern, als man mehrere Möglichkeiten gleichzeitig hat oder Revue passieren läßt. Diese präattentiven bzw. Suchprozesse erinnern wiederum an das sog. »Appetenzverhalten« der Ethologie, der Verhaltensforschung, wonach ein Organismus immer aktiv sucht, bestimmte auslösende Reize aufzunehmen, um eine bestimmte Reaktion abzuspulen. Es scheint manches hier analog zu verlaufen. So findet auf dieser ersten Ebene schon eine gewisse Konfigurationsbildung statt, eine Gegenstandsabtrennung oder versuchsweise eine erste, aber noch recht freie und frei gewählte Konstituierung von Strukturen. Es sind sozusagen Vorbedingungen zu einer figuralen Synthese gegeben, wie Neisser sagt (ebd. 123 f.). Aber in der zweiten Phase, die dann die auswertende, bearbeitende Phase ist, wird das alles auf bestimmte konstante, man kann fast sagen: bürokratische, feste, starre Formen gebracht, indem nun bestimmte Ergebnisse dieser präattentiven Prozesse in die »fokale Aufmerksamkeit« gerückt werden. Das Richten der Aufmerksamkeit ist aber ein konstruktiver Akt ebenso wie die gesamte Wahrnehmung. Das gilt übrigens auch für die Abwehr von bestimmten dieser präattentiven Prozesse, die nicht in das fokale Aufmerksamkeitszentrum gerückt werden; auch dieses Abwenden ist ein aktiver Prozeß. Die fokale Aufmerksamkeit ist dann wie ein Zurechtstutzen, ein Kontrollieren, ein Disziplinieren der vorherigen Vielfalt, die dann zu einer Konfiguration fixierter oder nahezu endgültiger Art führt. Sie ist eine echte Konstruktion, eine echte Integration aufeinanderfolgender Muster. Um nochmals Neisser (ebd. 187) zu zitieren: »Unsere visuelle Empfindung ist nie das Objekt selbst. Sie ist immer eine Konstruktion, die nur teilweise auf gerade eintreffender Information basiert.«

Wird visuelles Interpretieren als visuelle Konzentration oder fokales Aufmerken dergestalt aufgefaßt, daß man sich also auf einen bestimmten Gegenstand konzentriert, so ist sie eine gesteuerte, eine gerichtete Aktivität. (Diese Richtung oder Ausrichtung kann z. T. unbewußt ablaufen, und das wird auch normalerweise so sein, wenn es sich etwa um Fixierung der entsprechenden Sichtrichtung handelt.) Neurophysiologische und neurobiologische Untersuchungen des visuellen Wahrnehmens haben ergeben, daß in der Tat bestimmte Aktivitätszentren wichtig sind und z. B. in

Zusammenhang mit der Ausrichtung etwa der Sehgrube und der Reizung dieser, also der zentralen Sehapparatur des Auges in der sog. Fovea, aktiviert werden. Besonders scheint hier das frontale Augenfeld ursächlich zu sein, das sich im Neocortex befindet, aber auch die hintere Scheitelrinde, die motorisch-neuronisch efferent, sozusagen okulomotorisch, die Augenbewegung zu steuern scheint. Wir hatten gesehen, daß das Sehen und das Interpretieren in dem Sinne aktivitätsorientiert sind, daß die vom Gehirn ausgehenden, »efferenten« Nervenbahnen mindestens ebenso wichtig – und für den Steuerungsvorgang sogar noch wichtiger – sind, als die »afferenten«, also die Signalbahnen, die zum Gehirn hinführen. Die visuelle Aufmerksamkeit wird weitgehend nicht etwa durch die primäre Sehrinde gesteuert, die für die Aufnahme, Signalrezeption und -verarbeitung hinsichtlich von Formen, insbesondere von Ausrichtungen von Balken z. B. oder Winkeln oder auch von Farben wichtig ist, sondern die visuelle Aufmerksamkeit wird anscheinend im wesentlichen von einem Zusammenwirken des frontalen Augenfeldes und der hinteren Scheitelrinde gesteuert. Man kann also insgesamt sagen, daß das Gehirn, nicht aber das Auge, entscheidend dafür ist, was wir bewußt sehen, was in das Zentrum der Aufmerksamkeit gerät. Das Sehen ist also eine aktive Tätigkeit. Der visuell aktive Organismus ist offenbar in diesem Sinne appetenzaktiv; die Augen sind nicht ruhig, sondern bewegen sich dauernd. Man extrahiert, selektiert und rekonstruiert Reizkombinationen, wobei das Aktive des Rekonstruierens oder das Konstruktive offenbar wichtig ist, um die Invarianzen aus der optischen Umgebung herauszudestillieren. Auch wenn eine primitive Ähnlichkeit besteht, ist es nicht einfach so, wie Gibson sich das vorgestellt hat, daß man offenbar aus der optischen Umgebung, dem »ambient optical array« durch Energiedifferenzen und -unterschiede in einer relativ konstanten Formenvielfalt die in der Umgebung gegebenen Invarianzen sucht und aufnimmt, sondern es wäre hier herauszuheben, daß man diese *konstruiert,* konstituiert; es handelt sich um einen aktiven Prozeß, um eine konstruktive Tätigkeit. Auch das Fixieren, das fokale Aufmerken ist ein solcher Prozeß, der sich allerdings teilweise im Unbewußten abspielt. Man weiß ja, daß die Augen, etwa wenn man einen Text liest oder etwas fixieren will, immer in Bewegung sind, hin und her schwanken und zwar sehr schnell; diese kleinen unbewußten Augenbewegungen werden Sakkaden genannt. Sie dauern bisweilen nur 50-200 Milisekunden und verlaufen sehr schnell und in einem geregelten Prozeß zielorientiert fixiert und interagieren auch mit anderen Augenbewegungen, z. B. mit Konvergenzbewegungen, die langsamer erfolgen, z. B. auch mit den Anpassungen des Auges, etwa an die Gleichgewichtsorientierung des Körpers. Alles spielt hier ineinander, aber es ist insgesamt deutlich – und darauf kommt es hier an –, daß es hier um einen aktiven Prozeß der Gegenstandswahrnehmung, der Gegenstandstypenbildung geht. Die Umgebung spielt zwar wesentlich bei der Wahrnehmung mit, aber sie wird nicht bloß passiv abgebildet, wie es etwa die Kameratheorie der Wahrnehmung behauptete. Sie wird eher rekonstruiert, und zwar unter gewissen leitenden Gesichtspunkten, etwa solchen der Aufmerksamkeitszentrierung, die ihrerseits u. U. von gewissen Bewertungen abhängig ist, welche z. T. schon biologisch-physiologisch vorgegeben oder fundiert sind. Es wird gleichsam durch die Aktivität der Steuerungszentren die Umgebungswahrnehmung zurechtgesetzt, modifiziert. Der Gesamtvorgang ist nicht bloß ein passiver Spiegelungs- oder Rezeptionsprozeß, sondern aktive Konstruktion. Das gilt übrigens auch für die Bildung von Gegenstandstypen, die basic-object-Wahrnehmung und die prototypischen Vergleiche zwischen den typischen Objekten (vgl. Rosch 1977), die anhand von erinnerten paradigmatischen Objekten oder Objekttypen dargestellt werden, ebenso gilt das auch für den Vergleich mit aktuell wahrgenommenen Signalen. Die fokale Aufmerksamkeit ist ein Selektions- und Interpretationsprozeß, z. T. selbst unbewußt, aber man kann natürlich auch bewußt etwas in das Blickzentrum nehmen. Wir brauchen offenbar Muster und Formen zur Einordnung, zur Strukturierung. Die Schemataaktivierung ist also allgegenwärtig, wir benutzen Schemata, Konstruktionstypen, Rekonstruktionen, also Interpretationskonstrukte auf verschiedenen Ebenen (vgl. Lenk 1993, 254, 259). Zum Beispiel sind die Schemata der Wahrnehmung, die etwa dem fokalen Aufmerken zugrunde liegen, soweit es sich um unbewußte Leitorientierungen oder Reizsituationen, etwa bei der Präsentation von Lichtflecken, handelt, sicherlich primäre Interpretationskonstrukte, d. h. durch Erbanlagen schon vorgegebene, oder Aktivierungen dieser. Man kann diese Zusammenhänge z. B. in Primatenversuchen kontrollieren. Doch es gibt sicherlich auch – besonders beim Menschen, je bewußter, desto stärker – *erlernte* Schemata der Wahrnehmung, welche von bestimmten sozialbedingten, kulturell übernommenen Gepflogenheiten oder Konventionen abhängen. Alles das gilt sehr allgemein. Die erblichen Dispositionen sind zwar durchaus auch beim Menschen vorhanden: Es läßt sich nachweisen, daß z. B. die Augensakkaden durchaus unbewußt ablaufen und nicht durch Lernen verändert werden. Aber es gibt, wie erwähnt, auch eine Reihe von *erlernten* Mustern und Zusammenhängen, die dann von sekundären, höhergelagerten erlernten, konventionellen Interpretationen des Organismus bestimmt werden.

Parallelverarbeitung statt Homunkulus

Neisser meint weiter (1974, 97 f., 134 f., 114 f., 372 f.), daß hier die Metapher des Parallelverarbeitens von künftigen Computerprogrammen am Platze wäre, daß schon auf den ersten Stufen im Primärprozeß der Wahrnehmung, und dann auch bei der Kognition auf höheren Ebenen generell, parallel verarbeitet wird. Viele Neuronen feuern, werden angeregt, aber wie kommt es dann zu einem einheitlichen Bild? Da schließt er (ebd. 100 f.) sich an ein älteres Modell von Oliver Selfridge an, welches das Pandämonion-Modell genannt wird. Selfridge stellt sich im Rahmen eines Lernparadigmas vor, daß Erkenntnisprozesse auf der Primärebene darin bestehen, daß viele verschiedene kleine »Dämonen« alle schreien: »Hier bin ich!« oder: »Ich hab' was!«, und daß derjenige unter diesen Berechnungsdämonen, der am lautesten schreit, nun sozusagen vor den Entscheidungsdämon gelangt, der ihn dann anhört, akzeptiert und seine Botschaft weitergibt. Wer am lautesten schreit, setzt sich also durch – das ist ja wohl nicht nur bei der Wahrnehmung so. Dieses Bild, das Selfridge benutzt hat, ist heutzutage äußerst aktuell geworden in der neuronalen Netzverarbeitung und Netzwerktheorie des »parallel distributed processing« (D. E. Rumelhart/J. L. McClelland 1988) im Rahmen neuerer Theorien der sog. Kognitionswissenschaft, die davon ausgehen, daß Parallelverarbeitungen im Rahmen von sog. neuronalen Netzen dazu führen, daß bestimmte unter mehreren Lösungen zur Optimierung von Aufgaben ausgezeichnet werden. Man ist schon in der Lage, dafür einfache Modelle zu bilden und auch manche Aufgaben, z. B. das Handlungsreisendenproblem in der Ökonomie, besonders effizient und schnell zu lösen. Die Idee ist, daß der

»lauteste Schrei des Dämons« nun durch eine Potentialdifferenz ersetzt wird; die einzelnen Neuronen werden alle angefeuert und, wenn in der Aufsummierung eine bestimmte Schwelle überschritten wird, so ist ein entscheidender Schritt getan, dann wird der Impuls weitergegeben. Solche Potentialtheorien des neuronalen Feuerns ersetzen heutzutage manche alten deterministisch-seriellen Modelle, die eine reihenweise Abarbeitung nach der traditionellen Computermetapher des Denkens darstellten und insinuierten, das Denken des Menschen geschähe nach dem Muster des linearen Optimierens und eines Computermodells in Serienschaltung. Auf diese neue Weise kann man sich jedoch plastischer verdeutlichen, daß das Denken und das Erkennen des Menschen so sehr viel leistungsfähiger als jeder seriell arbeitende Computer sind, was allgemeine Strukturbedingungen, Ideen, Gestalterkennung, Kreatives usw. angeht. Man sieht sozusagen in einem Augenblick u. U. eine Lösung oder eine Minimalkonstruktion, die der Computer erst nach Hunderten von Stunden mühsam herausfinden kann. Das heißt, der menschliche Geist bzw. die Verarbeitungsapparatur hat diese Fähigkeit der Parallelverarbeitung und auch der nahezu momentanen Entscheidungen, was man sich bisher überhaupt nicht erklären, nicht einmal der Möglichkeit nach plausibel machen konnte. Man hat jetzt aber eine Möglichkeit, durch das Konzept der Parallelverarbeitungsprozesse der neuronalen Netzwerke unter Heranziehung des Modells der Schwellenwertüberschreitungen nach Potentialdifferenzen bzw. des alten Bildes von Selfridge, des Pandämoniums, dies alles wenigstens in die Nähe einer spekulativen Verständnismöglichkeit zu bringen. Freilich ergibt diese Modellillustration noch keine wirkliche handfeste Erklärung. Die Dämonen sind Neuronenfunktionseinheiten oder funktionale Knoten, in denen eine Reihe von Neuronen zusammengeschaltet sind und entsprechend dann zusammen eine bestimmte Potentialdifferenzüberschreitung bewirken. Man nennt gemeinsam spezifisch aktionierte, netzwerkartig verknüpfte Neuronengefüge Neuronen-»Assemblies« oder neuronale Ensembles.

Höhere Kognitionen

Wie schon zu Beginn gesagt wurde, meint Neisser allgemein, daß verschiedene andere Vorstellungsformen mit dem visuellen Wahrnehmungsprozeß nahe verwandt sind, das heißt, in entsprechender Weise Signale verarbeiten. (Hier wurde alles nur anhand des visuellen Sinnes geschildert. Neisser (1974, 221 f.) analysiert das Erarbeitete auch bei der Hörwahrnehmung.) Er behauptet aber, viel allgemeiner, daß *alle* Kognitionen, nicht nur die wahrnehmenden, sondern auch die internen Produktionen kognitiver Elemente eine entsprechende Zweiereinteilung in Primär- und Sekundärphasen und -prozesse gestatten. Also nicht nur die Wahrnehmung, sondern *jegliche Kognition ist konstruktiv!* Alle Kognition ist interpretationsimprägniert oder schemageleitet, so wurde zuvor mehrfach betont. Neisser spricht statt von »Schemata«, einem Ausdruck von F. C. Bartlett, den heute z. B. Rumelhart (1978) auch benutzt, von kognitiven Strukturen. Es gibt viele Ausdrücke, die etwa gleichbedeutend benutzt werden: Beispielsweise spricht der Psychologe Jerome S. Bruner von systematischen oder kognitiven Kodierungen (coding systems); andere sprechen von »Rahmen« (»frameworks«), z. B. Erving Goffman (1977); »Scripts« heißt es bei Roger Schank und Robert Abelson (1977); »Strategien« werden diese gelegentlich genannt oder »Begriffsschemata« (obwohl unter dem letzteren Begriff häufig auch etwas ganz anderes als sonst verstanden wird, etwa bei Donald Davidson) usw. Das sind terminologische Fragen, die inhaltlich nicht besonders interessant sind und uns hier nicht weiterführen. Kognition also ist schemageleitet oder von kognitiven Strukturen abhängig, sie ist, wie ich etwas umständlich, aber informativ sage, interpretationskonstruktimprägniert oder geprägt von Interpretationskonstrukten, durch Konstruktinterpretationen, Konstruktbildungen und Auswahlen, Schematisierungen mit Hilfe von Konstruktionen zustande gekommen, die man sich durchaus ähnlich wie das Bilden, Auswählen und Testen von Hypothesen vorstellen kann. Die Konstrukte, die Schemata, die wir benutzen, sind in gewisser Weise den Hypothesen in der Wissenschaft ähnlich. Das wurde bei der Diskussion über Schemata schon betont. Es ist dabei natürlich zu berücksichtigen, daß die Schemabildungen methodologisch gesehen selbst Konstrukte darstellen und Konstruktbildungen sind. Schemata sind konstruiert, teilweise erlernt, teilweise bewußt konstruiert, großenteils aber auch unbewußt vorhanden oder ausgebildet, entwickelt, differenziert, z. T. auch angeboren. Es gibt unterschiedliche Arten von Schemata und Interpretationen und eine differenzierte Schichtung der Interpretationsarten und -typen (vgl. Lenk 1993, 254, 259). Solche Konstruktbildungen können natürlich, wie wir bei den optischen Täuschungen gesehen haben, recht verzerrend sein. Sie können die Wahrnehmung fehlerhaft präformieren, sie können falsche Erwartungen vorspiegeln, weil sie auch in ihrer Instantiierung und Aktivierung von bestimmten Motiven, Erwartungen, Emotionen abhängig sind. Der Mensch ist ja ein sehr emotionsbewegtes Wesen (s. u.). Wie die Erwartungen Wahrnehmungen täuschend präformieren, das kann man sich durch das folgende Beispiel verdeutlichen: Wenn man sich beispielsweise auf einer Gletscherhochtour in den Alpen befindet und bei etwas diffusem Licht im Nebel herumstapft und plötzlich in relativ weiter Entfernung, soweit der Nebel das zuläßt, einen großen quaderhaften Felsblock als die Hütte glaubt identifizieren zu können, die man zu erreichen sucht, oder wenn man eine bestimmte senkrecht im Blickfeld auftauchende Schneespalte oder eine Felssäule als einen Menschen zu erkennen glaubt, – in solchen Situationen kann man sich dem Eindruck kaum entziehen, daß hier etwas Bewohntes wie eine Hütte oder daß ein Mensch in einer völlig fremden, feindlichen Umgebung zu erkennen sei. Man strukturiert nach seinen Erwartungen, Gewohnheiten, vertrauten Bezugsrahmen.

Solche oder verwandte Beziehungsrahmen sind auch z. B. bei Hintergrundsschemata, bei generellen Einordnungsrahmen oder bei generalisierten abstrakteren Wirklichkeitsstrukturierungen wirksam. Beispiele hierfür sind bekannt: Wenn man etwa Beschreibungen darüber liest, wie jemand zu seinem Bewußtsein wiederfindet, wenn er aufwacht und sich zunächst noch gar nicht als Ich empfindet, aber trotzdem schon irgendwie Bewußtseinsfetzen verarbeitet und sich dann gleichsam beim Aufwachprozeß selbst wiederentdeckt oder gleichsam rekonstituiert oder als Person reinterpretiert. Beziehungsrahmen dieser Art, in die er eingebettet wird, sind natürlich zeitliche Rahmen. Sie umfassen Repräsentationen von Schemata, die zeitliche Strukturen angeben oder Ereignisse bzw. Phänomene in zeitliche Konfigurationen von Abläufen einbetten. Das ist eine Idee, die in der Philosophie seit langem bekannt ist. Bei Kant schon spielt ja die Zeit als Form

der sog. »inneren Anschauung« für den sog. inneren Sinn eine
entscheidende strukturierende, ja, für die Erkenntnisgewinnung
die grundlegende Rolle und ist, das haben nicht erst die Psychologen entdeckt, dem räumlichen Einordnungsrahmen sogar noch
vorausgeordnet. Alles Wahrnehmen und alles Handeln geschieht
unter zeitlichen Gesichtspunkten, während z. B. das innere Ablaufen von Ereignissen mentaler Art zunächst, so jedenfalls bei
Kant, nicht unter räumlichen Gesichtspunkten stattfindet. Das
räumliche Muster ist die Form der »äußeren Anschauung«, des
»äußeren Sinnes«. Alles repräsentierte Geschehen bzw. auch das
konstante Überdauern ist zwar zeitlich, aber nicht alles ist räum-
lich zu strukturieren bzw. zu interpretieren.

Die Vielfältigkeit der Kognitionen und des Denkens führen Neisser dazu, daß er von einer »multiplen Verarbeitung« (1963), von
»multiplen Prozessen« redet (1974, 373, 379 f. u. a.), die ganz entsprechend der Primärphase bei der visuellen Wahrnehmung zunächst dazu führen, daß eine parallele Erzeugung von vielen
verschiedenen u. U. scheinbar chaotisch nebeneinander stehenden, eventuell zeitlich einander folgenden, aber nicht zeitlich
voneinander abhängigen, also funktional voneinander unabhängigen, Produktionen stattfindet, die einander assoziiert werden. Es
gibt also eine Assoziationsphase der Schemataaktivierung, während der ein fließendes variierendes, tentatives Strömen von Schemata im Sinne eines – man könnte fast sagen – »brain storming«
stattfindet: Das wäre die erste Phase der freien Variation, der tentativen Anwendung von Interpretationskonstrukten, die den präattentiven Prozessen entspricht und schon Vorformen einer
weiteren figuralen Synthese angibt, aber eben noch durchaus so
etwas wie ein schweifendes Denken darstellt, wie ich das gerne
nennen würde: ein schweifendes Denken eben von der Art des
»brain storming«. Das ist in Analogie zur erörterten visuellen
Wahrnehmung zu sehen. Diese Analogie kommt in der ersten
Phase deutlich zum Tragen, aber auch in der zweiten Phase, wo
nach Neisser (1974, 124) die ebenfalls konstruktive zentrale Auf-
merksamkeitskontrolle, die Zuwendung bzw. »fokale Aufmerksamkeit« als »synthetisierende Aktivität« einsetzt und seriell
arbeitet, also analog zu einem Computerprogramm sukzessive bestimmte Programmpunkte abarbeitet: Hier nun wird die figurale
Synthese – eine »echte Konstruktion« (ebd. 186) – geleistet; es
kann nur noch *ein* Objekt fokal im Zentrum der Aufmerksamkeit

stehen. Es wird nun konzentrierend, kontrollierend gedacht im Gegensatz zum schweifenden Denken vorher. Die Verarbeitung ist zwar durch die Stimulusinformation von außen oder auch von innen aus dem Gedächtnis abgerufen und dadurch mitbestimmt, aber in höchstem Maß auch abhängig von Erwartungen, Erfahrungen, Bevorzugungen, Motiven, Emotionen sowie vielen anderen Bestimmtheiten und Wahrnehmungs- oder Kognitionselementen, die sich nicht unmittelbar nur auf die Reiz-Reaktions-Basis zurückführen lassen. So ist die exekutive Prozessuierung des Denkens ein aktives Vorgehen, ein Auswählen, ein Konstruieren mentaler Objekte und die im Gehirn stattfindende Gestaltung/Formierung der Reaktionen, indem nun das, was in der ersten kreativen Phase vorgegeben ist, in relativ komplexer Weise weiterverarbeitet wird, auch umkodiert wird bzw. werden kann. Z. B. kann man eine figurale Synthese eines komplexen Objektes, das man durch diese zweite Phase der zentralen Aufmerksamkeitskonzentration gewonnen hat, in der Folge sprachlich beschreiben, also eine Umkodierung in diesem Sinne vornehmen, wobei der Ausdruck vielleicht etwas mißverständlich ist, denn in der sprachlichen Darstellung einer bestimmten Kognition geht natürlich sehr viel verloren – mehr als bei einer Umkodierung etwa eines Musikstückes auf eine CD-Magnetisierung. Die Sprache ist ein Disziplinierungs- und Einsparungsinstrument erster Güte, aber es geht in ihr sehr viel an Informationen und Nuancen verloren, ähnlich wie eine drastische Einschränkung der Vielfalt der Erregungen und Wahrnehmungssignale geschieht, wenn etwas ins Bewußtsein gelangt. Wir wissen, daß etwa in der Wahrnehmung von Bildern aus Filmen oder dem Fernsehen nur ein Minimalbruchteil der sensorischen Reize ins Bewußtsein gelangen kann. Es handelt sich um millionenfache Verkürzungen: Man streicht alles als Signal Rezipierte auf etwa 16 bit pro Sekunde zusammen und hat nur die Möglichkeit, die ungeheure Vielfalt der multiplen Prozesse vielleicht noch assoziativ zu erhalten, indem man bestimmte Superzeichen bildet; Superzeichenstrukturierung ist ein Muster und ein Verfahren, durch das versucht wird, die Vielfalt des ursprünglich Gegebenen auch noch in der selektiven Zurechtstutzung im Bewußtsein oder bei sprachlichen Formulierungen nun durch symbolische Zeichenbildung über ganze Mengen von Daten und Dispositionen beizubehalten.

Multiple Kognitionsprozesse und deren Zwischenkodierungen,

Zwischenergebnisse werden also zurechtgestutzt, selektiert, bearbeitet, verarbeitet. Strukturierte Synthese ersetzt die ursprüngliche erste figurale Synthese. Das gerichtete Denken, geistige Konstruktion, mentale Konstruktionen und Repräsentationen setzen freilich diese multiplen Prozesse, das schweifende Denken, das »brain storming« voraus. Ohne das frei schweifende Denken gibt es kein gerichtetes, insbesondere kein Neues erzeugendes, kreatives Denken komplexerer Art. Das Denken hat die Möglichkeit, neue Beziehungen in relativ komplexer Weise zu konstruieren, aber es ist auf diese vorher frei schweifende, geradezu chaotisch-kreative Phase angewiesen. Neisser faßt zusammen: »Mir scheint, daß *alles* gerichtete Denken eine Weiterverarbeitung dieser Art ist, genauso wie *alle* visuelle und auditorische Wahrnehmung von der vorgängigen ganzheitlichen Konstruktion irgendeiner Einheit abhängt« (ebd. 379). Man erkennt, daß dies in gewissem Sinne durchaus eine erkenntnistheoretisch-philosophische Aussage des Kognitions*psychologen* ist, denn man kann sie im Grunde geradezu kantisch als erkenntnistheoretische oder transzendentalphilosophische Einsicht deuten. Dabei müssen wir natürlich nicht in dem Sinne bei Kant verbleiben, daß nun die reinen Formen des Verstandes für jedes vernünftige und der Sensorik fähige Wesen ein und für allemal die Wahrnehmungsmöglichkeiten determinieren und vorschreiben würden. Der Mensch ist hinsichtlich seiner Strukturierungs- und Konfigurierungsmöglichkeiten wesentlich flexibler, als Kant vermeinte. Der Verstand ist nicht von vornherein nach Euklidischer Geometrie und Newtonscher Physik strukturiert, wie Kant das wohl noch glaubte. Die Entwicklung auch gerade der Physik und der Wissenschaft allgemein hat gezeigt, daß hier weit größere Flexibilitäten vorhanden sind, daß auch grundlegende – zumal theoretisch-abstrakte – Ordnungsstrukturen viel stärker variiert werden können und die Theorie freier ist, als es ursprünglich in dem Kantischen Programm einer exakten Begründung der Naturwissenschaft auf apriorischer Basis, also der Instantiierung der Kategorien durch den Schematismus (s. o. S. 80 f.) und der Herleitung der Verstandesstrukturen aus den logischen Urteilsformen, entworfen war. Kant hatte ja vor, die Kategorien, also die reinen Verstandesformen, aus den logischen Formen der Aussagen(urteile) herzuleiten, weil alle Objektbildung nach dem Muster der logischen Urteilsformen: ein Subjekt ist ein Etwas, das durch ein Prädikat beschrieben wird: »S ist p«, vonstatten gehe. Kant meinte, daß alle Verstandesformen sich letztlich aus solchen Urteilsformen herleiten, die eben nur durch Konditionalisierungen (Wenn-so-Zusammenhänge), durch Verneinungen, Disjunktionen (»entweder-oder«) usw. entsprechend variiert werden müssen. Die eigentliche Objektkonstitution geschieht nach diesem Ansatz dadurch, daß diese Formen mit Material erfüllt werden; insbesondere muß zeitlich interpretiert werden, das war ja die Aufgabe des »Schematismus«, wobei Kant das durchaus transzendental meinte: Es gibt eine erfahrungsunabhängige, logisch schon vor aller Erfahrung liegende Anwendung von zeitlichen Interpretationen auf Objekte überhaupt. Doch Kant war durchaus auch in der Lage zu sehen, daß auch die empirische Verarbeitung von Wahrnehmungssignalen entsprechend in einem zeitlichen Muster abläuft; wir haben gesehen, daß die Schemata in dem Sinne, wie sie die Psychologen heute postulieren und benutzen, auch von Kant schon gesehen worden sind. Insofern kann man sagen, daß die Entwicklung der Kognitions- und Wahrnehmungspsychologie noch gar nicht so viel weiter vorangekommen ist seit Kants geradezu genialer Vorahnung vor zweihundert Jahren. Weitgehend spekulativ sind die Strukturhypothesen über die kognitiven Verarbeitungsformen und -schritte auf den höheren Kognitionsstufen auch heute noch.

Ähnlich aber wie bei Kant stellt sich auch bei der modernen Wahrnehmungs- und Kognitionspsychologie noch ein Problem, das man vielleicht anhand eines Zitats von Neisser skizzieren kann. Von Neisser stammt auch der Name dieses Problems, er nennt es das »Problem der Exekutive« (1974, 366 ff.), besser wäre vielleicht vom Problem der ausführenden Instanz, des letzten Subjekts der entsprechenden Strukturierungstätigkeit, zu sprechen: »Die fokale Aufmerksamkeit baut [...] nacheinander komplex strukturierte Objekte oder Bewegungen auf« (ebd. 359). Die »fokale Aufmerksamkeit baut etwas auf« – das ist ja eine Anwendung eines Tätigkeitsausdrucks auf eine Funktionsfähigkeit bzw. auf etwas, was nicht selbst ein Akteur ist; die fokale Aufmerksamkeit ist ja nicht der Handelnde. Die Frage, die Neisser sich stellt – und die eine wohlbekannte Frage in der Philosophie des Geistes und in der Psychologie generell ist, ist nun: Gibt es beim Denken, wenn die diesbezüglichen Kognitionen in bestimmter Weise zentral verarbeitet werden, so etwas wie einen kleinen Akteur im Gehirn, gleichsam einen »kleinen Menschen« (Quasihomunculus) im Gehirn, der die Tätigkeiten ausführt, die man dem Kognizieren und auch dem Wahrnehmen, dem Verarbeiten, dem Bewußtsein zuschreibt? Ist es so, daß bestimmte beabsichtigte Handlungen innerhalb des Gehirns einen kleinen Akteur – oder technischer: eine Prozessoreinheit – voraussetzen, der – bzw. die – die Willensentscheidung trifft, die dann schließlich zur Handlung führt, aber manchmal auch nicht führen muß. Gibt es einen von dem eigentlichen, äußerlich wahrnehmbaren Verhalten unabhängigen inneren Akteur, der im sensomotorischen Übergangsbereich oder im bewußtseinsverarbeitenden Zentrum des Gehirns zu finden ist? Offensichtlich, und da sind sich viele philosophische und psychologische Theoretiker einig, gibt es diesen Quasihomunculus nicht. Der innere Akteur war ein bloßes Postulat, eine irreführende Projektion. Interessanterweise ist selbst die Übersetzung des Buches von Neisser einer häufigen, auch in der Handlungstheorie häufigen, diesbezüglichen Fehlerhaftigkeit anheimgefallen, indem nämlich »agent« mit »Agent« übersetzt wurde (z. B. 367): Haben wir gar einen kleinen »Agenten« im Gehirn – statt eines Handelnden oder Akteurs oder eines Handlungssubjektes? Aber vielleicht ist das gar nicht so eine uninteressante Fehlübersetzung, wenn wir daran denken, daß Agenten oft Spione sind, die im Auftrage einer bestimmten Zielsetzung arbeiten. Wenn wir z. B. daran denken, daß wir stets auf Gedächtnisspuren oder -schemata oder auf im Gedächtnis gespeicherte Schemata zurückkommen oder zurückgreifen müssen und können – *wie* können wir das? Das ist das Retrieval-Problem, das in der Gedächtnispsychologie viel behandelt wird. Dann können wir in der Tat auch fragen, ob wir unterstellen müssen, daß es so etwas gibt wie einen Akteur, der dieses Rückgreifen ausführt oder »anweist«. Wer ist der »Agent«/Akteur des Zurückgreifens auf Gedächtnisspuren? Offensichtlich gibt es jedoch keinen solchen Homunculus. Aber es gibt doch anscheinend eine »*verarbeitende Instanz*«, eine oberste Zentraleinheit oder Verarbeitungs- bzw. Anweisungs- oder Bahnungsagentur, eine »central processing unit«, einen zentralen Prozessor, eine zentrale Prozessoreinheit als Agens? Auch das wird häufig von Gestaltpsychologen, aber auch von anderen Theoretikern, darunter etwa Rock, der eine Spurentheorie des Gedächtnisses aufgestellt hat, abgelehnt. Neisser meint, man könne hier eine Unterscheidung einführen, die ähnlich wie jene in der Computerwissenschaft übliche, zwischen Hauptprogramm und Unterprogrammen trennt. Neisser hält das Betriebssystem oder die zentrale Prozessoreinheit in dieser konstruktiven hierarchischen Zueinanderordnung für allein ausreichend, um diesen scheinbar auftretenden Akteur oder »kleinen Mann« im Gehirn zu vermeiden. Die Konstruktionsaktivität ist hierarchisch gestuft, in Organismen relativ offen, wenn auch inhaltlich in sich verbleibend, darauf ist später noch zurückzukommen. Wir kommen aus unseren prozessualen Verarbeitungsprozessen nicht heraus. Wir können nicht aus unseren Interpretationskonstrukten aussteigen, deren Horizont nicht überschreiten. Wir sind prinzipiell an das Universum unserer Konstruktbildungen gebunden, obwohl wir relativ frei und offen, ja, sogar entlastet von den Problemen der Überlebenssicherung Bilder, Wahrnehmungsergebnisse, Konstrukte, Schemata verarbeiten können. Das ist ein Charakteristikum der Kognition, insbesondere der menschlichen, daß in ihr auf bestimmte Weise eine relative Freistellung vom Überlebensdruck entsteht. Wir können relativ frei variieren, assoziieren und müssen nicht jederzeit unter dem Zwang eines deterministischen Korsetts der Überlebensaufgabe denken und handeln. Interpretationskonstrukte der Kognition sind also gefügeartig gebildet, aber relativ frei variierbar. Das kommt dann natürlich auch in einer hierarchischen Anordnung von Schichten und unterschiedlichen Programmen und Unterprogrammen zum Ausdruck. Neisser sagt (ebd. 369) dazu: »Was einfache assoziative Wiederbelebung früherer Reaktionen zu sein scheint, könnte in Wirklichkeit ein komplexer Such- und Konstruktionsprozeß sein«, der eben durch ein »*ausführendes Unterprogramm*« (ebd. 370) im Gegensatz zum übergreifenden, übergeordneten, delegierenden Hauptprogramm abgespult wird. Es gibt also weder einen Homunkulus noch einen »Programmulus (ebd. 371) im Gehirn, der die Tätigkeit des Subjektes in einer inneren Instanz vertretungsweise ausführen würde. Dennoch neigen wir bei allen unseren traditionellen sprachlichen Beschreibungsweisen dazu, so etwas zu unterstellen, zu projizieren, u. U. sogar unvermeidlich. Auch die Idee des freien Willens des Wesens, das aufgrund eigener Entschlüsse frei handeln kann, das eine Handlung beschließen, aber etwa auch nicht ausführen kann, führt letztlich auf die Projektion oder Unterstellung eines solchen inneren Entscheidungssubjektes zurück, obwohl die eigentliche Entscheidung von der gesamten Person getroffen und ausgeführt wird. Die *Person* ist aktiv. Die Person handelt. Die Person spricht. Die Person entscheidet. Es ist nicht der kleine »Agent« oder »Akteur« im Gehirn, der uns antreibt, sondern wir verfügen (wenigstens sprachlich in der Verwendung unserer Handlungs- und Entscheidungsverben) über eine Gesamtkonstruktbildung der Person, und diese wird eigentlich unseren sprachlichen Beschreibungen von Erkenntnis und Entscheidungsprozessen zugrunde gelegt. Diese eben angerissene Fragestellung ist philosophisch höchst relevant und nicht neu, obwohl sie sich auch wieder aus den Problemstellungen der kognitiven Psychologie ergibt. Man hat in der Tat den Eindruck, daß Psychologie und Philosophie so fern voneinander doch noch nicht – oder nicht mehr? – sind, wie es der lange Zeit vorherrschende Behaviorismus vorgespiegelt hatte. Es scheint ein Profilierungsproblem der Psychologen (gewesen?) zu sein, daß sie in erster Linie ihre methodische strikte Selbstbeschränkung deswegen forciert, geradezu überforsch verfolgten, weil sie ihre Disziplin eben als eine möglichst »harte« empirische Wissenschaft profilieren und stilisieren wollten oder zu müssen glaubten. Ich erinnere mich noch an eine Tagung über Philosophie des Psychischen, bei der ein bekannter deutscher Psychologe – der übrigens keineswegs ein harter Behaviorist war, Dietrich Dörner, Experte für Problemlösungsprozesse und komplexes Denken (vgl. 1989), sagte: »Die Psychologie ist die Wissenschaft von den informationsverarbeitenden Prozessen in Organismen – und sonst nichts!«

5. Was sind Emotionen?

Emotionalität und Konflikthaftigkeit

Der Mensch als interpretierendes Wesen ist durchaus viel komplexer, als ein rein biologisch-organismischer Standpunkt es wahrhaben will. Man interpretiert eine Situation wohl immer auch in Abhängigkeit von kulturellen Mustern, Werten, Normen wie auch von bestimmten relativen Deprivationen, also Mangelzuständen. Diese müssen nicht unbedingt, können aber durchaus z. T. auch triebgebunden sein; insofern ist also auch hier eine gewisse Abhängigkeit von einer Grundgestimmtheit gegeben, soweit es sich um Erregungszustände des Organismus handelt, die nicht allein von kulturellen oder sozialen Sekundärinterpretationen abhängig sind. Der Organismus nimmt erst im Lichte seiner Interpretationen, z. T. aufgrund einer biologischen Gerichtet- und Bestimmtheit, also unter biologisch primären Interpretationsschemata, Situationen wahr; dabei ist eine Art von Basiserregung bzw. von einer reiz- oder zustandsspezifischen Reaktion oder Disposition dazu oder eben generell von Emotion und Emotionalität im Spiel. Darauf möchte ich im folgenden ausführlicher eingehen.

Es gibt auch beim Menschen eine bestimmte Triebgrundlage, eine instinktive Grundlage, obwohl der Mensch ein trieb- und instinktreduziertes Wesen ist. Das wurde schon im Altertum (etwa von Poseidonios) festgestellt, aber in neuerer Zeit besonders von Arnold Gehlen hervorgehoben. Die Auslösung von Verhaltensweisen hängt oft von einer bestimmten Mangelsituation ab, z. B. von Hunger oder sexuellen Gefühlen. Ein Unbefriedigtsein über eine gewisse Zeit führt, ganz ähnlich wie beim Appetenzverhalten, zu einer Auslösungshandlung oder gar zu einer Übersprunghandlung, einer Ersatzhandlung auf anderem Gebiete. Die Verhältnisse zwischen relativer Deprivation und relativer Sättigung sind also in Betracht zu ziehen, aber auch die Grundaktivität des Organismus bzw. des Menschen generell. Man hat z. B. bei Katzen festgestellt, so etwa schon vor Dekaden der bekannte Psychologe D. O. Hebb, daß sie auch dann noch mit einer Maus spielerisch ›herumjagen‹, wenn sie satt sind. Natürlich nicht mehr in der Intensität, wie wenn sie ausgesprochen hungrig sind, aber das Appetenzverhalten ist nicht nur an die Deprivation, die Frustration des Mangelempfindens, gebunden. Es gibt vielmehr dieses Aktivitätsgrundmuster und Grundverhalten, das die Organismen auszeichnet, das einer Disposition zur Reaktion auf Basiserregungen entspricht und mit der Emotionalität zusammenhängt und das dann auch spielerisch zum Zuge kommt.

Die Vitalsphäre, der ganze Organismus wird entsprechend über das Aktivierungszentrum des mittleren Hirns aktiviert. Es ist also so, daß es nicht nur ganz alte, aber auch nicht bloß ganz neue Hirnteile sind, die bei der Emotionalität angeregt werden, sondern eben das mittlere Gehirn – weder das alte Stammhirn noch primär der Neocortex. Es gibt ja eine bekannte Theorie der Gehirnstrukturen, die bis heute diskutiert wird: Die Drei-Schichten-Theorie des Gehirnphysiologen Paul D. McLean (1973) unterscheidet die alten Formationen des Gehirns oder den Gehirnstamm, das Stammhirn, als »*das reptilische Gehirn*« (in dem autonome Regulationen wie Herzschlag und biologische Rhythmen gesteuert werden) vom »*Säugetierhirn*« (das z. B. im wesentlichen im Zusammenhang mit dem Thalamus, dem Hypothalamus und der Hypophysenhormonausschüttung zu sehen ist und die Emotionen steuert; er nennt es auch gelegentlich das »affektive Gehirn«) und vom Neuhirn, der Großhirnrinde, also dem Neocortex, dem »*Menschengehirn*« oder Großhirn. Es gibt eine umfassende Theorie darüber, wie diese drei Gehirnschichten miteinander agieren und funktionell einander überlagern. Die drei Gehirne können nach McLean Konflikte und ein Hin-und-her-Reißen des Organismus bewirken, weil das Reptilienhirn (das Stammhirn) oft der Funktion nach mit dem Althirn, also der Säugetiermitgift, dem Paläosäugetierhirn und dem jüngsten, dem humanen Großhirn im Konflikt steht. Man muß also Woody Allen, den berühmten Philosophen der Slapstickintellektualität, fragen, was er mit seinem herrlichen Satz meint: »Mein Gehirn, das ist mir das zweitliebste Organ!« Meint er das Reptilien-, das Säugetier- oder das Menschenhirn? Wie dem auch sei: »Wenn nun ein Psychiater seinen Patienten auffordert, sich auf die Couch zu legen«, so sagt McLean (1962, zit. n. Koestler 1978, 18 f.), »dann verlangt er von ihm, sich neben einem Pferd und einem Krokodil auszustrecken«. Vielleicht ist die Metapher mit dem Pferd etwas zu hoch gegriffen, eher wäre ein Eichhörnchen das passende niedere Säugetier. Doch hat die Pferdemetapher eine alte Tradition. Schon bei Platon wird das Gespann der Seele von zwei Rössern, dem mutvollen und dem begierdegetriebenen, hin und her gerissen; im *Phaidros* (253c-254e) wird das in mythologischer Weise eindrucksvoll ausgemalt. Platon ordnet allerdings die Seelenteile nicht dem Gehirn, sondern das Begehren dem Unterleib, das Mutvolle der Brustregion und das Vernünftige dem Kopf zu. Das vernünftige Hirn galt ihm als das »Logistikon«, das die beiden anderen streitbaren, vitalen Rösser zu zügeln hat; das Seelengespann kann also – und nur – von dem Wagenlenker der rationalen Vernunft gezügelt werden. In seinem *Staat* (588) nimmt Platon sogar die McLeansche Dreiteilung des Gehirns schon vorweg: Die Seele besteht aus einem »bunten vielköpfigen Tier«, sagt er, das die »Köpfe von wilden und zahmen Tieren ringsum trägt, die sich verwandeln, und alle diese Tiere aus sich heraus erschaffen kann«. Das vielköpfige Tier entspricht offenbar dem Reptiliengehirn. Weiter spricht Platon dann von einem Löwen, sozusagen dem Säugetiergehirn, und einem Menschen, dem Großhirn. Insofern kann man fast behaupten, die Gehirntheorie McLeans habe schon in der Antike einen spekulativen Vorgänger in der genialen Intuition Platons über die Seelenteile und die dramatischen Konflikte, wie sie sich zwischen diesen Seelenteilen abspielen, gehabt. Die »Drachen von Eden«, meinte Carl Sagan in seinem Buch gleichen Titels, »sind in Gestalt des Reptiliengehirns immer noch am Werk«. Die Reptilienfonds des Verhaltens sind nicht wie die wirklichen Drachen und Dinosaurier ausgestorben, sondern sie mischen weiterhin kräftig mit, setzen Antriebe und Konflikte, wie bei Platon das Pferd der Begierde. Die Drachen in uns, könnte man sagen, sind noch aktiv. Dies führt zu einer Zerrissenheit des Menschen, zu Konflikten zwischen Großhirn und Stammhirn, zur geradezu endemischen Unangepaßtheit der emotionalen Verhaltensgrundlagen und der gesamten menschlichen Verhaltens- und Gehirnkonstitutionen an die Bedingungen etwa der technologischen Hochzivilisation und ihrer künstlichen Lebenswelt. Wie sollen oder können wir in einer hochtechnischen Zivilisation noch mit dem Reptiliengehirn leben? Als Evolutionsprodukt war das Gehirn eher auf die Verhältnisse einer Jägerkultur in der Savanne ausgelegt.

Das Gehirn, so schreiben etwa Robin Tiger und Lionel Fox (1973, 35 f.) in ihrem Buch mit dem charakteristischen Untertitel *Steinzeitjäger im Spätkapitalismus*, hat die neolithische Revolution der

Seßhaftigkeit und Agrarkultur bzw. der späteren Verstädterung evolutiv so schnell nicht mitmachen können, und insbesondere natürlich nicht die Technisierung, Industrialisierung und die gesamte Entwicklung unserer künstlichen und manipulierten Welt. Wir sind also in gewissem Sinne emotional noch der Grundreaktionsweise und den biologischen Anlagen des Paläosäugetiergehirns und des Reptilienhirns verhaftet: Insofern sind wir noch Steinzeitjäger im Spätkapitalismus – und dementsprechend fehlangepaßt. Das führt dazu, daß die Verhaltensweisen einer komplexen, von Institutionen geprägten Welt immer wieder von bestimmten, geradezu atavistisch anmutenden Emotionen oder Ausbrüchen überrollt werden, die wir alle kennen, die man im einzelnen nicht zu beschreiben braucht. Arthur Koestler (1978) meinte deshalb, daß der Mensch wegen dieses eingebauten Hirnkonfliktes geradezu ein »Irrläufer der Evolution« sei, ausgestattet mit einem konstitutionell »paranoiden Zug«, einer »geistigen Störung« (ebd. 115, 119, 125, u. a.), die heute angesichts der technologisch ins Unendliche gewachsenen Machtpotenzen viel eher tödliche Konsequenzen haben kann und haben werde als in der fernen vortechnischen Vergangenheit. Seiner Meinung nach sind es gerade nicht die individualistisch auf Selbstbehauptung und individuelles Überleben ausgerichteten Verhaltenstendenzen und Triebe, die für die Übersteigerung und die Zerrissenheit verantwortlich sind, sondern die von ihm etwas mißverständlich »integrativ« genannten Strebungen, also die Identifikationsneigungen des Menschen, besonders die »infantilen Arten der Identifikation« – im Gegensatz zu den »reifen Formen der *Integration*« (ebd. 112) in eine soziale hierarchische Ganzheit. Die »leichtsinnigen Kapriolen der integrativen Tendenzen« (ebd.) macht Koestler für alle gefährlichen Eskapaden des Gruppenmenschen verantwortlich, für die tief eingewurzelten Bestrebungen, sich total mit dem Gruppengeist, Volksgeist, Stammesgeist, mit sogenannten höheren Zielen der Gemeinschaft zu identifizieren – bis hin zur Selbstaufopferung im Dienste bestimmter Ideologien: Das infantile Sichidentifizieren sei also die Hauptursache für das Dilemma des modernen Menschen. Die integrative Tendenz ist zwar notwendig, aber sie ist offensichtlich in der technologischen Moderne nicht mehr maß- und sinnvoll zu zügeln: Die Zerrissenheits- und Konflikttendenzen laufen gleichsam aus dem Ruder. Wir sind nach Koestler in mehrfacher Weise »hirnrissig« veranlagt.

Es ist demgegenüber dringend notwendig, eine Art von Gleichgewicht im sozialen und psychischen, insbesondere im psychosozialen Gefüge zu erreichen. Es scheint aber angesichts dieser Konflikte zwischen den Gehirnteilen, den evolutionär alten Stammdispositionen und den neueren Anforderungen, z. B. an Beherrschung von Aggressivität u. ä., nicht sehr aussichtsreich, daß ein solches Gleichgewicht herstellbar ist. Das einzige, was Koestler hierzu einfällt, ist, daß man sedierende Substanzen wie etwa hilfreiche Enzyme ins Trinkwasser einleiten müßte, damit die aggressiven Tendenzen ruhiggestellt werden, Neuromedikamente, »die dem Neocortex ein Veto gegen die Torheiten des archaischen Gehirns ermöglichen, den krassen Fehler der Evolution korrigieren, die Emotionen mit der Vernunft in Einklang bringen und den Übergang vom Wahnsinnigen zum Menschen einleiten könnten« (ebd. 31, ä. 119). Wie man den Alpenländlern Jod ins Salz mischt, um die Kropfbildung zu verhindern, so sollte ein entsprechendes friedlichmachendes Enzym dazu führen, daß der Mensch nicht aufgrund seiner übermäßigen Aggression, infantilen Gruppenidentifikation und der Konflikte zwischen den Gehirnteilen sich selbst vernichtet. Er nennt sogar gewisse Substanzen, die entsprechende sedierende Wirkungen haben, wie z. B. Tricyano-Aminopropen. Er fordert also die Totalbehandlung der Menschen mit einer Beruhigungsdroge, eine Valiumverabreichung für die Gesamtbevölkerung. Koestler hat dabei nicht bedacht, daß die gesamte emotionale und motivierende Kraft auch der kreativen Tätigkeit des Menschen ebenso mit dieser Zerrissenheitsdisposition, dieser emotionalen Antriebsgestimmtheit und den Konflikten zwischen diesen Tendenzen verbunden oder gar diesen zu verdanken ist. Ein total sediertes Wesen wäre eben auch passiv und nicht mehr kreativ; es wäre in gewissem Sinne und vielleicht im Maße seiner Ruhigstellung wahrscheinlich auch kupiert, reduziert. Man kann, glaube ich, generell nicht die Lösung der politischen, sozialen und psychosozialen Menschheitsprobleme von der Anwendung einer entsprechenden beruhigenden Substanz im Trinkwasser erhoffen.

Gefühls- und Emotionstheorien

Die Erkenntnistheorie berücksichtigte bisher Emotionen und deren Rolle beim Erkennen noch nicht genügend. Man ist zwar neuerdings in der Psychologie grundsätzlich der Meinung, daß Emotionen das Denken mitbestimmen – und auch umgekehrt, insbesondere in der kognitiven Psychologie –, aber auch hier gibt es gewisse Lücken beim Studium dieser Wechselbeziehungen, die in der Theorie bisher nicht bewältigt worden sind. Das gilt zumal für die Erkenntnistheorie und die Handlungsphilosophie. Im folgenden möchte ich einige dieser Ansätze vorstellen, um dann zu prüfen, ob es sich bei Emotionen auch um Interpretationskonstrukte handelt oder ob wenigstens der Wissenschaftler sie als solche rekonstruieren kann.

Gefühle werden meistens als Augenblickszustände aufgefaßt. Wilhelm Wundt, der sog. Vater der modernen empirischen und allgemeinen Psychologie, sprach von Gefühlen als von einer Art von »Zustandsbewußtsein«, das nicht unmittelbar auf Objekte gerichtet ist. Das Zustandsbewußtsein ist in diesem Sinn objektfrei, es ist aber entscheidend und wichtig für die allgemeine Grundgestimmtheit und die Reaktionsdispositionen des Organismus, sowie um Alltagsproblemen zu begegnen und bestimmte Erregungen und Reize abzuarbeiten. Demgegenüber wird als *Emotion* meist der gesamte Prozeß oder die Ablaufkette von bestimmten Reaktionen im Zusammenhang mit gebotenen Reizen verstanden.

Manche kognitiven oder auch evolutionär-biologischen Psychologen schließen, daß der Zusammenhang von Reizereignissen zu einer erschlossenen »Kognition« führt, z. B. daß eine Bedrohung erlebt wird und die erschlossene Kognition als »Gefahr« interpretiert wird, daß ein Gefühl der Furcht oder des Schreckens entsteht und dann ein Verhalten der Flucht auslöst oder eine entsprechende andere Funktionswirkung, z. B. eine Verhaltensweise der Schutzsuche oder eine sonstige Schutzmaßnahme. Eine solche Reaktionskette wird etwa von Robert Plutchik (1980, 16) als das Grundmodell für Deutungen und Denkmodelle der Emotionspsychologie behandelt:

Theorien und Denkmodelle in der Emotionspsychologie
(nach Plutchik 1980)

Reiz-Ereignis	erschlossene Kognition	Gefühl	Verhalten	Wirkung
1. Bedrohung	»Gefahr«	Furcht Schreck	Flucht	Schutz
2. Hindernis	»Feind«	Ärger, Wut	Beißen, Schlagen (Angriff)	Zerstören
3. Möglicher Geschlechtspartner	»Besitz«	Freude	Werbung und Paarung	Reproduktion
4. Verlust einer geschätzten Person	»Isolierung«	Traurigkeit, Kummer	Hilferuf	Reintegration
5. Gruppenmitglied	»Freund«	Aufnahme, Vertrauen	Herausputzen, Teilen	Anschluß
6. Scheußlicher Gegenstand	»Gift«	Ekel	Erbrechen, Wegstoßen	Zurückweisen
7. Neue Umwelt	»Was ist hier los«	Erwartung	Untersuchen	Exploration
8. Plötzlicher neuartiger Gegenstand	»Was ist das«	Überraschung	Anhalten	Orientierung

Diese insbesondere auf evolutionsbiologischer Basis entwickelte Emotionstypologie unterscheidet acht verschiedene Gefühlstypen oder -dimensionen. Sie werden entsprechenden Reizsituationen und Reizkognitionen zugeordnet, die wiederum in Reaktionen und Verhaltensweisen resultieren, welche eine bestimmte Wirkung zur Beantwortung der mit der Reizkognition und dem Reiz verbundenen Herausforderung oder Frage erzielen. Diese psychologisch-evolutionär-biologische Theorie der Emotionen Plutchiks und Kellermanns, die im wesentlichen darauf beruht, daß die Lebenserhaltung des Individuums und auch die Arterhaltung, das Überleben als Individuum und als Gattung als oberstes Funktionsziel der Emotionen gewertet wird, hat ihre Schwierigkeiten und Einseitigkeiten. Die Emotionen haben wir zwar mit den höheren Tieren gemeinsam; es gibt zweifellos prototypische Verhaltensreaktionen und Verhaltensketten dieser Art, die Verbindungen zwischen den verschiedenen Spalten des obigen Diagramms realisieren und den Ansatzsituationen, Auslösesituationen und funktionalen Reaktionsweisen auf emotional geladene Situationen entsprechen. Die Gefühle und die entsprechende Reaktionskette werden in der Theorie aber durchgängig einfach linear einander zugeordnet; doch ist diese Zuordnung keineswegs so eindeutig oder gar eineindeutig, wie es von den Ketten vorgetäuscht wird.

Diese biologistische Theorie läßt darüber hinaus die Möglichkeit kulturell bedingter alternativer Abläufe gänzlich außer acht. Sie geht im wesentlichen auf angeborene Anlagen der Emotionen im Organismus ein und klassifiziert dementsprechend auch relativ grob, so daß kulturell verschieden interpretierte Situationen nicht differenziert werden können. Sie verträgt sich allerdings sehr gut mit jenen Deutungen der Neurophysiologen und Neurobiologen, die die Emotionen vorwiegend einfach als Erregungserlebnisse des limbischen Systems (des im Mittelhirn liegenden Teiles des Hypothalamus und des darüber gelagerten Thalamus) interpretieren oder definieren. Es werden bestimmte Hormone ausgeschüttet, z. B. von der Hirnanhangdrüse das adrenocorticotrope Hormon ACTH, und dies führt zu einer ganz allgemeinen Erregung des Organismus. Man war und ist häufig noch der Meinung, daß man spezifische Emotionen neurophysiologisch gar nicht voneinander unterscheiden kann. Z. B. ließ sich elektrophysiologisch kein Unterschied, jedenfalls nicht am EEG, zwischen äußerster Erregung im Sinne von Wut, Zorn, Ärger einerseits und höchster Freude oder Leidenschaft bzw. orgasmischer Emotionalität andererseits ermitteln. Aber dennoch gibt es hier, wie jeder weiß, erhebliche Unterschiede, die sich dann etwa in äußeren expressiven Reaktionen, aber auch in unterschiedlichen physiologischen Anzeichen ausdrücken. Z. B. ist der Unterschied zwischen Angst, Furcht usw. auf der einen Seite und Ärger, Zorn, Wut auf der anderen Seite durchaus auch äußerlich feststellbar; so ist etwa bei Erregungsmustern, die mit Ärger oder Wut zusammenhängen, eher eine Blutdruckerhöhung festzustellen als bei Angst. Auch ist beim Ärger die Anzahl elektrophysiologischer Hautreaktionen, wenn auch nicht die Hautleitfähigkeit erhöht; bei der Angst hingegen ist es umgekehrt; hier wird die Hautleitfähigkeit durch die Feuchtigkeit (»Angstschweiß« etwa in der Hand) typischerweise erhöht, was beim Ärger nicht so typisch auftritt. Die Muskelspannung ist bei Wut und Ärger größer als bei Angst.

Man hat also durchaus Möglichkeiten, entsprechende Reaktionswerte und -verfahren zu unterscheiden. So hat z. B. der Psychologe und Physiologe A. Ax (1953) festgestellt, daß nur die Hälfte unter 14 Reaktionswerten von Ärger und Angst übereinstimmte. Man kann in gewisser Weise also die physiologischen Reaktionen differenzieren und dementsprechend auch experimentell-physiologisch die Dimensionen der Gefühlsorientierung unterscheiden. Das ist ein wichtiger Gesichtspunkt. Man kann die Gefühle experimentell unterscheiden, auch wenn dies anhand eines einzigen Maßes (EEG) nicht gelingt. Selbst wenn man also elektroenzephalographisch nicht diskriminieren kann, so mag man durch andere evtl. kombinierte Merkmale und Dimensionen doch einen Unterschied feststellen.

Der klinische Psychologe N. Birbaumer (1983, 50 f.) faßte die psychophysiologischen Ansätze zur Deutung von Emotionen in folgender Weise zusammen:

»1. Emotionale Prozesse sind an die Funktionstüchtigkeit zentralnervöser (limbischer und hypothalamischer) und vegetativautonomer Strukturen gebunden.

2. Unterschiedliche Gefühle gehen mit differenzierbaren Mustern zentral-nervös-vegetativ-muskulärer Prozesse einher, die mit psychophysiologischen Maßen identifizierbar sind.

3. Bewußte, kognitive Bewertungsprozesse können Intensität und Quantität von Gefühlen beeinflussen, sind aber keine notwendige Voraussetzung für das Zustandekommen von Gefühlen.

4. Die Rückmeldung vegetativer und somatisch-muskulärer Änderungen in zentralnervösen Strukturen ist eine wesentliche Voraussetzung für das Entstehen differenzierbarer Gefühle.

5. ›Basisgefühle‹ sind angeboren und nicht von Lernprozessen abhängig, sondern werden in genetisch festgelegte physiologische Muster als Reaktion auf einige wenige spezifische Reize ausgelöst (prepared emotions).

6. Aktivierung-Desaktivierung, Lust-Unlust und Dominanz-Submission sind Grunddimensionen von Gefühlen. Über die grundlegende Gleichrangigkeit der Dominanz-Submissionsdimension konnte allerdings bisher keine Einigkeit erzielt werden.

7. Beim Menschen mit abgeschlossener Sprachentwicklung laufen Gefühle stets als Reaktion auf äußere und körper-interne

Reize auf drei Ebenen ab: der physiologischen, der motorischen und der subjektiv-verbalen. Die lineare Korrelation zwischen diesen drei Ebenen bei einem gegebenen Gefühl ist in der Regel gering. Da sich die drei Ebenen aber wechselseitig beeinflussen, ist die simultane Erfassung aller drei Ebenen beim Studium von Gefühlen notwendig.«

Nur im letzten Punkt wird in diesem Modell die kognitiv-interpretative Bearbeitung berücksichtigt, und zwar in dem einen Faktor der »subjektiv-verbalen Ebene«. Der emotionskonstitutiven Funktion interpretatorischer Prozesse bei der Genese und Entwicklung der Gefühle wird diese psychophysiologische Rekonstruktion auch insofern nicht gerecht, als nicht genügend auf die kulturelle, die konventionelle und die sozialisationsrelevante Spezifität der Gefühle und insbesondere auch der Reaktionen auf Basisgefühlsregungen eingegangen wird. Zwar wird die traditionelle Unterscheidung zwischen Emotion und Kognition hier in gewissem Sinne überwunden, aber dennoch wird die kognitive Seite zu wenig in ihrer konstitutiven Funktion betont. Man muß den Ansatz also diesbezüglich ergänzen.

Die Psychologen haben darüber hinausgehend nun eine Reihe von Theorieansätzen aufgestellt, wie man die Gefühle und Emotionen interpretieren kann. Besonders einflußreich und wichtig ist die kognitive Theorie der Psychologen Stanley Schachter und Jerome E. Singer (1962), eine Theorie, nach der die Gefühle und Emotionen als kognitive Interpretationen, kognitive Verarbeitungen unserer Erregungszustände aufgefaßt werden, also sekundär konstruiert sind. Erst die kognitive Interpretation der entsprechenden, zunächst unspezifischen, unbestimmten Allgemeinaktivierung konstituiert spezifisch die Gefühle bzw. die Emotionen. Erst die kognitive Interpretation einer physiologischen Erregung ergibt den spezifischen Gefühls- oder Emotionszustand. Man kann das etwa mit Dieter Zimmer (1981, 42), dessen Buch über die Vernunft der Gefühle allerdings stark im Banne des biologistischen Emotionsmodells steht, schlagwortartig auch so wiedergeben: »Emotion gleich Aktivierung plus Kognition«, vielleicht wäre es besser zu sagen: *Emotion ist Kognitivierung der Aktivierung*. Die Grunderregung wird interpretiert, kognitiv gedeutet und erst auf diese Weise zu einer spezifischen Gefühlsgestimmtheit, zu einem »Zustandsbewußtsein« im Sinne von Wundt oder zu einer entsprechenden »Emotion« konstituiert. Schachter und

Singer fassen also Emotionen eher als Zustandsvariablen über Erregungsprozessen auf und weniger als einen Ablaufprozeß im Sinne einer Wirkungskette wie in Plutchiks Ansatz.

Es gibt eine Reihe von weiteren Emotionstheorien. Hier sei nur noch die von James R. Averill (1980) erwähnt: Es handelt sich um eine soziale Theorie der Emotionen (vgl. dazu neuerdings auch Rom Harré 1986), nach der die sozialen Ausrichtungen und Bestimmtheiten der Rollen, in denen Personen leben und handeln, Emotionen konstituieren. Mit anderen Worten: Emotionen und Gefühle sind soziale Konstrukte; sie sind relativ flüchtige Aktivierungen bestimmter sozialer Funktionen und Konstrukte, die in gewissem Sinne als hypothetische Konstrukte von Zustandsbeschreibungen oder idealisierten Zuständen aufgefaßt werden. Es charakterisiert ja eigentlich alle kognitiven Emotionstheorien, daß die Emotionen und Gefühle als hypothetische Konstrukte oder idealisierte, zurechtgestutzte, konstituierte Zustände aufgefaßt werden. Z. T. werden sogar, wie bei Robert C. Solomon (1977, 1981) Emotionen als Konstrukte bzw. »Interpretationen«, in individueller Verarbeitung und zur Selbstbeurteilung aufgefaßt. Solomon spricht von Emotionen als selbstgerechten Beurteilungen; insbesondere bei negativen Emotionen wie Zorn über sich selbst redet er von einer »selbstgerechten Verdammung«. Das ist eine etwas provokative Formulierung. Emotionen sind für Solomon (1977, 185, 194) »konstitutive Urteile«, die unsere sog. reale Welt und deren intentionale Gegenstände konstituieren und unser Verhältnis zu dieser »unserer Welt« im Lichte »unserer Werte und Ideale, Strukturen und Mythen« deuten (»projizieren«). Emotionen sind für Solomon »nicht Reaktionen, sondern Interpretationen« (1977, 186), und zwar persongebundene, personspezifische.

Wichtig ist, daß Emotionen vom Wissenschaftler als hypothetische Konstrukte rekonstruiert werden, als Begriffe, die geeignet sind, interne Zustände und Zustandsverbindungen, Verknüpfungen zwischen bestimmten Zuständen und auch zeitlichen Abläufen bei Gestimmtheiten und entsprechenden zugeordneten Verhaltensweisen, Reaktionsweisen zu beschreiben bzw. gar zu prognostizieren. Man hat also eine Konstrukttheorie der Emotionen und des Gefühls, die der Tatsache gerecht zu werden sucht, daß der Mensch keineswegs nur ein kognitiv-rationales Wesen ist, sondern auch zutiefst ein emotionales, gefühlsgeleitetes, gefühlsbeeinflußtes, vielleicht sogar gefühlsgesteuertes Wesen. Das wurde selbst in der Psychologie generell, insbesondere aber in den letzten Jahrzehnten, nicht genügend berücksichtigt: Weder die funktionalistische oder die behavioristische noch die neuere moderne kognitive Psychologie haben diese emotionale Verwiesenheit und Gestimmtheit des Menschen genügend berücksichtigt. Der reine Kognitivismus vernachlässigt gewisse Gesichtspunkte, weil er z.B. den Umweltbezug und insbesondere die Rolle der Emotionen als unabhängiger situationskonstituierender Faktoren unterschätzt. Zudem verfehlt der bloße Funktionalismus wie auch der biologistisch evolutionäre Ansatz die Differenziertheit der Emotionen und der emotionalen Reaktionen in bezug auf kulturell geprägte Situationen und eben auch die geschichtliche Entwicklung. Dieter Ulich (1985, 153 f.) bringt hierzu ein schönes Beispiel. Er geht in Neapel über die Straße und sieht, daß ein älterer Mann, der keineswegs einen grausamen oder seltsamen Eindruck macht, einen ihm nicht gehorchenden Hund fürchterlich schlägt und tritt. Er findet das »entsetzlich«, aber kein Mensch unter den Umherstehenden regt sich auf, während am nächsten Tag die Bemühung einer Mutter, ihr weinendes Kind zu trösten, ungeheure Aufmerksamkeit bei den Umstehenden erregt. Es ist nun nach Ulich keineswegs das Urteil zu fällen, daß die Südländer, die Italiener, die Neapolitaner etwa, besonders wenig sensitiv seien, weil sie z.B. bei der Behandlung von Tieren nun nicht so einfühlsam und rücksichtsvoll reagieren wie bei der Behandlung von kleinen Kindern. Hier liegen offenbar kulturelle Unterschiede und kulturelle Besonderheiten, die in verschiedenen Gesellschaften durchaus unterschiedlich ausgeprägt sein können. In der Philosophiegeschichte ist etwas Ähnliches bekannt; man denke an das berühmte Beispiel des Zusammenbruchs von Friedrich Nietzsche in Turin, wo er einem Kutscher, der sein Pferd stark geschlagen hat, dazwischengeht, dem Pferd in die Zügel fällt, es umarmt und schließlich weinend auf der Straße zusammenbricht. Manche meinen, das sei der Anfang des endgültigen Zusammenbruchs Nietzsches gewesen. Offensichtlich war hier eine persönlich-idiosynkratische Hypererregbarkeit und eine sehr hohe Sensitivität hinsichtlich der Behandlung und der Mitleidsemotionen gegenüber dem Leiden von Tieren im Spiele. Aus solchen Beispielen läßt sich folgern: Es gibt offenbar gewisse Schwierigkeiten mit einer bloß ungeschichtlichen, nicht kulturell geprägten Theorie der Emotionen.

Es gab noch weitere Versuche, Modelltheorien zu entwickeln; ich möchte noch zwei nennen: Im Stör-Reiz-Modell nach G. Mandler (1980) wird die Funktion der Emotionen darin gesehen, daß der Verhaltensablauf, der zu erwarten ist oder vom Organismus getätigt wird, unterbrochen wird und eine Neuorganisation psychischer Prozesse erzeugt bzw. geradezu erzwungen wird. Emotionen erzwingen demnach eine Neuorganisation psychischer Prozesse. Dieses Stör-Reiz-Modell stößt allerdings auf viele Schwierigkeiten und ist immer wieder angegriffen worden, z. B. von dem deutschen Psychologen K. Scherer, der demgegenüber ein regulatives Modell entwickelte, das die kanalisierende Funktion der Emotionen hervorhebt. Danach dienen Emotionen dazu, in einer Art Regelungsprozeß eine Bewertung und Handlungsleistung durchzuführen, also eine Handlungsvorbereitung, wobei dann nach der Durchführung oder schon beim Beginn der Handlung eine Wiederbewertung erfolgt; ein kontinuierlicher, permanenter Bewertungsprozeß wird durch die Emotionen geleistet. Das ist natürlich mit gewissen Einschränkungen auch eine kognitive Theorie.

Die These von der kulturellen Relativität der Emotionen ist allerdings auch angegriffen worden, insbesondere von dem Sprachpsychologen und Semantiker Charles Osgood, der über das semantische Differential, d. h. über die verschiedenen Konnotationen bei bestimmten Worten und Wortfeldern im *interkulturellen* Vergleich gearbeitet hat. Er meint, daß bei den Emotionen im wesentlichen drei Dimensionen zu unterscheiden seien, nämlich einmal eine Dimension der *Evaluation,* der Bewertung – ob etwas gut oder schlecht ist –, dann eine Dimension hinsichtlich der *Potenz,* also der Stärke oder Schwäche, und schließlich eine der entsprechenden *Aktivation,* also ob der Organismus sich in der Situation als passiv oder als aktiv empfindet. Dieses Evaluations-Potenz-Aktivitäts-Modell (EPA) von Osgood (1975) wurde schon von Joel R. Davitz (1969) kritisiert, der versucht hat, in einer interkulturellen Vergleichsstudie Wortbezeichnungen für Emotionen zu vergleichen und herausgefunden hat, daß es im Englischen über 400 – zuletzt ergaben sich sogar 550 – verschiedene Ausdrücke für die Benennung von Gefühlen gibt, wobei 137 allgemein gebrauchte Gefühlsbezeichnungen waren, die häufigsten darunter: Furcht, Hoffnung, Liebe, Überraschung, Freude, Haß, Leidenschaft, Mitleid und Stolz. Davitz versuchte insbesondere auch bei

Untersuchungen in Uganda, bei einem Stamm der Buganda, dessen Stammesmitglieder teils Englisch, teils Luganda sprachen, herauszufinden, ob diese Gefühlsausdrücke in entsprechender Weise verwendeten – und in der Tat war dies unerwarteterweise der Fall. Sie hatten dem Englischen entsprechend ebenfalls eine beachtliche Anzahl von generellen Gefühlsbezeichnungen zur Verfügung, wobei auch ungefähr um die 140 verschiedene Ausdrücke verwendet wurden. Wie im Englischen ließen sich diese auf ein Dutzend bzw. zehn Dimensionen oder Gefühlsmuster zusammenstreichen, die wiederum ihrerseits geordnet werden konnten nach vier – statt wie bei Osgood nach drei – verschiedenen Dimensionen. Diese vier Dimensionen sind bei Davitz: *Aktivation:* aktiv oder passiv; *Beziehung:* hingezogen zu jemandem bzw. abgestoßen, abgewiesen von jemandem; dann eine hedonische oder *hedonistische Tönung*: angenehm oder unangenehm; und schließlich eine Dimension, die er m. E. irreführend *Kompetenz* nennt, eine Dimension der gehobenen Stimmung bzw. des Ungenügens oder der Unzufriedenheit. Diese verschiedenen Dimensionen fanden sich also in den verschiedenen Kulturen in gleicher Weise; so scheint der Kern der Erlebnisse von Emotionen (soweit dies aus deren sprachlicher Darstellung erschließbar ist) über die Kulturen hinweg der gleiche zu sein. Man könnte in diesem Sinne von einer interkulturellen emotionalen Konstruktion oder einer Interpretation der Gefühle und der Emotionen auf bestimmten Dimensionen sprechen – jedenfalls was die Darstellung der emotionalen Erlebnisweise in den entsprechenden, sehr unterschiedlichen und auch von ganz unterschiedlichen Sprachtraditionen herrührenden Sprachen wie Englisch und Luganda angeht. Zwischen ihnen gibt es keine Übereinstimmung in der Grundgrammatik: Das Luganda ist keine indoeuropäische Sprache, sondern völlig anders aufgebaut. Trotzdem gab es entsprechende inhaltliche Übereinstimmungen in den Grunddarstellungen und -dimensionen der Gefühlsbeschreibungen.
Natürlich müßte diese Untersuchung ausgedehnt werden; man kann nicht davon ausgehen, daß schon der Vergleich zwischen zwei Kulturen und zwei Sprachen hinreichende empirische Grundlagen für eine ganz allgemeine These der interkulturellen Gleichheit der Gefühlsinterpretationskonstrukte liefert, aber es scheint plausibel, daß über die kulturellen und sprachlichen Grenzen hinweg zumindest Parallelitäten und Ähnlichkeiten bestehen,

die dann auch beschrieben und experimentell erfaßt werden können. Sicherlich überlagern die Beschreibungsformen die Erregungsgrundmuster, stocken sich gleichsam auf der biologisch-organismischen Grundlage, also auf den Erregungszuständen des limbischen Systems auf, die zunächst nur die biologisch-materialen Substratgrundlage der Gefühle und nicht schon in differenzierterem Sinne die Gefühle selber sind.

Gegenüber diesen noch dem biologisch-psycho-evolutionären Denken verpflichteten Theorien der Emotionen versucht nun Ulich (1985, 32 ff.) eine Theorie auch der *kulturellen Differenzierung der Gefühle* zu entwickeln. Er führt gegenüber der psycho-evolutionären Theorie, die Emotionen eben nur als bestimmte Erlebnisweisen von Erregungszuständen des limbischen Systems auffaßt, Merkmale an, die zur Charakterisierung der Emotionen und Gefühle eine Reihe weiterer, sich auch auf den umweltlichen Kontext beziehender Faktoren berücksichtigen und gleichzeitig so etwas wie eine Minimaltheorie der Gefühle darstellen.

Das *erste* Merkmal ist, daß beim Erleben eines Gefühls bzw. einer Emotion die *leib-seelische Zuständlichkeit* im Zentrum des Bewußtseins steht (wobei Bewußtsein im weitesten Sinne des Wortes gemeint ist, nicht im Sinne des philosophischen Selbstbewußtseins, sondern allgemein auch im Sinne eines Inne- oder Gewahr-Werdens einer generellen Gestimmtheit, soweit sie sich auch dann ins Bewußtsein oder auf die Bewußtheit oder auf das bewußte Leben und die gesamte Gestimmtheit des Lebens auswirkt). Dieses Merkmal hatte Wundt sicherlich auch im Auge, wenn er von »Zustandsbewußtsein« sprach.

Das *zweite* Merkmal ist das der *Selbstbetroffenheit*. Dieses ist vielleicht das wichtigste oder wenigstens ein notwendiges Bestimmungsmerkmal von Emotionen. Gefühle sind nicht gleichgültig, sondern wir sind in Gefühlen immer selbst betroffen, engagiert; sie entstehen immer und nur dann, wenn eigene Interessen, Ziele, Wünsche, Bedürfnisse, Triebe betroffen sind: Die Person erlebt sich in bezug auf ihre Gefühle als total engagiert, als durch die Gefühle, die sie sozusagen geradezu »*ist*«, durch und durch bestimmt. Zimmer sagt einmal, wir haben nicht die Gefühle, sondern »wir sind sie« (1981, 253). Das ist natürlich sehr mißverständlich ausgedrückt, aber es ist wohl etwas Treffendes damit gemeint. Die »emotionale Beteiligung« (Mandler) ist eben im Sinne einer Aktivierung der Ichgefühle, des Ichbezuges, des Engagements, des »commitment« (Lazarus) immer involviert. Der Begriff der »*Selbstbetroffenheit*« umfaßt nach Ulich all dies.

Das *dritte* Merkmal ist *Spontaneität* des Auftretens. Sie besteht darin, daß Emotionen häufig, »>wie von selbst‹, spontan«, unwillkürlich auftreten. Sie sind keine Willkürhandlungen; sie sind etwas, das »über uns kommt«, u. U. ohne Eigentätigkeit, ohne eigenes Bemühen und ohne den eigenen Willen. Sie treten (meist) ungeplant auf, obwohl sie auch aktiviert werden können, wie man in Tierexperimenten nachweisen konnte, sogar physiologisch oder elektrophysiologisch. José M. R. Delgado, ein berühmter Neurobiologe, hat es sogar soweit gebracht (er stammt ja aus Spanien, deshalb wohl dieser Test), daß er einmal einem spanischen Kampfstier Elektroden in das motorisch-sensorische Gehirnfeld für die Auslösung der Angriffsemotionen bzw. -triebe einführte; er hat dann den Stier in der Arena auf sich zustürmen lassen und nur, kurz bevor der Stier ihn erreichte, auf den Knopf gedrückt – und der Stier bog friedlich ab. Er konnte also zeigen, daß die Aggression durch elektrophysiologische Reizungen des Gehirns manipuliert werden kann. Es gibt auch das Experiment, daß sogar hungernde, mit Elektroden bestückte Ratten nach einer Konditionierung auf das Hebeldrücken offenbar so intensive Glücksgefühle erlebten, daß sie nur noch den entsprechenden Hebel drückten und ihren Hunger völlig vergaßen, überhaupt keine Nahrung mehr zu sich nahmen, sondern nur noch ihre Lustgefühle stimulierten. Es gibt wahrscheinlich ein bestimmtes Lustzentrum, das als Belohnungssystem der Emotionen fungiert. Dieses ist beim Menschen und bei den Primaten das sog. basale Vorderhirnbündel, das zwischen Riechzentrum und dem Hypothalamus bis hin zum Hirnstamm reicht, also ein Verbindungsstück, das nur entsprechend aktiviert werden muß, um den entscheidenden Grundanstoß oder die Auslösungsenergie zur Lustempfindung zu liefern.

Das *vierte* Merkmal ist die Passivität des emotionalen Erfahrens und Erlebens der Person; im Erleben von Gefühlen, so meint Ulich, erfährt sich die Person eher als passiv. Die Person fühlt sich sozusagen als »erleidende«: den negativen Emotionen ausgeliefert oder »hingerissen« von positiven Emotionen wie etwa Glück oder Freude. Man ist sozusagen nicht selbst für seine Emotionen verantwortlich. Sie überkommen uns. Das ist ein recht typisches Merkmal für Emotionen.

Das *fünfte* ist ein besonders wichtiges Merkmal, nämlich daß das Erleben der Emotionszustände oder Gefühlserregungen eben mit einer »wahrnehmbaren Erregung oder Aufregung«, einer Aktivierung etwa des limbischen Systems, so verbunden ist, wie die evolutionär-psychologische Theorie sich das vorgestellt hat.

Das *sechste* Merkmal ist, daß die Gefühlsbewegungen oder -erregungen einer Person immer in einer bestimmten gegebenen Situation eingebettet sowie, mit einer Art Auslösesituation gekoppelt sind, und daß die entsprechenden Wiederholungen oder Reproduktionen dann meistens nur typische Wiederholungen einer einzigartigen ersten, im negativen Fall traumatischen, Situation sind. Jede Emotion wird als »einzigartige Qualität des Bewußtseins« (Carroll E. Izard/S. Büechler 1980, zit. nach Ulich 1982, 35) bezeichnet, obwohl es soziokulturell vereinheitlichte Regeln der Darstellung und der Reaktionsweisen gibt, aber die Färbung und die erlebnis- wie reaktionsmäßige Ausprägung sind stark individualisiert, gar idiosynkratisch, also auf das Individuum allein und direkt bezogen.

Das *siebente* Merkmal ist, daß die Emotionen auf die Wirklichkeit bezogen sind und mehr als andere psychische Erscheinungen, z. B. Kognitionen, dem Bewußtsein im Sinne der Selbsterfahrung Kontinuität verleihen. Das individuelle Bewußtsein wird durch Emotionen, durch Gefühlslagen, Gestimmtheiten »organisiert« oder zumindest sehr stark beeinflußt. Prozesse des Empfindens, Wahrnehmens, Erkennens sind gefärbt durch Emotionen, sind emotionsgeladen, sind überhaupt nicht emotionsunabhängig zu verstehen. Der Mensch ist zutiefst ein emotionales Wesen, und Bewußtheit ist wesentlich mehr als bloßes kognitives Erkennen oder Kognition.

Die Reduzierung der gesamten Auffassung der Wirklichkeit auf Kognitionen allein ist eine Vereinseitigung, die in der Tat der kognitiven Psychologie auch in den letzten Jahrzehnten anzulasten ist. Wenn weiter oben beispielsweise Dietrich Dörners bei einer Tagung geäußerter Satz zitiert wurde: »Die Psychologie ist die Wissenschaft von der Verarbeitung der Information in lebenden Organismen – und sonst nichts!«, dann zeigt das ein extremes, auf das Kognitive zusammengestrichenes Bild von der Psychologie. Diesem entspricht wohl auch ein verzerrtes philosophisches Bild des Psychischen, das vielleicht deswegen charakteristisch wurde, weil die neuere Psychologie seit Jahrzehnten immer wieder darum gekämpft hat, den respektablen Status einer anerkannten Wissenschaft zu erringen, indem sie versuchte, sich an der Physik zu orientieren: Die Psychophysik sollte die Beschreibungen der Wahrnehmungspsychologie ersetzen und exakte Erklärungen ermöglichen; generell sollten physikalische Modelle das Funktionieren der psychischen Vorgänge plausibel machen oder beschreiben. Diese Ansätze wurden abgelöst von den behavioristischen, die nur vom äußeren Verhalten ausgehen und zu bloßen Blackbox- und äußerlich beschreibenden Funktionsmodellen Zuflucht nehmen. Alle diese Entwicklungen sind später durch die sog. kognitive Wende überholt worden, aber der Kognitivismus in der Psychologie hat eine ähnliche reduktive Einschränkung zur Folge, insbesondere wenn er sich heute mit der Leitmetapher der Computerauffassung des menschlichen Denkens und der Kognitionen verkoppelt: Das menschliche Gehirn sei sozusagen ein Computer, der entsprechende Programme abspult – eine Informationen verarbeitende »Naturmaschine« gleichsam. Das Zusammenstreichen etwa der psychischen Funktionen und Reaktionen auf Computeranalogien und Informationsverarbeitungen, also auf die bloße Verarbeitung von Kognitionen, ist eine ähnliche Reduktion, wie sie etwa dem Behaviorismus vorgehalten werden muß, nur steht sie eben unter anderen Zeichen, anderer Zuspitzung. Aber man darf nicht vergessen, daß der Mensch nicht nur ein kognitives Wesen ist, sondern wesentlich auch ein emotives, emotionales.

Ein *achtes* Merkmal von Emotionen besteht darin, *daß sie erlebt werden*, wie Ulich in Anlehnung an G. Mandler schreibt. Eine Emotion hat sozusagen ihre Existenz »in sich selbst« (Ulich ebd. 36 nach R. B. Zajonc), sie tritt auf, sie ist »selbstgenügsam«. Sicherlich ist es falsch, wenn Mandler sagt, daß die Funktion von Emotionen im wesentlichen nur darin bestehe, daß sie eben erlebt werden; denn diese Tatsache ist ja keine Funktion für eine Zielverwirklichung, Erleben an sich ist noch nicht das Ziel, das einen Organismus im Sinne eines funktionalistischen Modells erhält oder stabilisiert.

Ulich führt noch zwei weitere Merkmale an, die aber keine Merkmale im engeren Sinne sind, sondern Funktionen von Emotionen beschreiben; deswegen seien sie hier nur kurz genannt. So ist die Bevorzugung der nichtverbalen Kommunikationskanäle beim Ausdrücken und Verstehen von Emotionen nicht ein Charakterisierungsmerkmal, sondern eher eine Begleiterscheinung. Auch das letzte sog. Merkmal, nämlich die Verwobenheit in zwischenmenschliche Beziehungen, die bei Emotionen besonders stark ist, bietet keine Charakterisierung, sondern es ist eine Erkenntnis über Emotives und Emotionen und deren Äußerungen bzw. über das Auftreten von Emotionen.

Ulich (ebd. 38) faßt abschließend nochmals die »Bestimmungsmerkmale« zu einer Art von Definition zusammen: »*Gefühlsregungen sind* einzigartige, auf der Grundlage von Selbstbetroffenheit und meist unwillkürlich entstehende, innerhalb zwischenmenschlicher Beziehungen erworbene und bevorzugt über nicht-verbale Kanäle vermittelte, *seelische Zustände* (Inhalte eines zuständlichen, auf den eigenen Zustand bezogenen Bewußtseins), die meist mit einem erhöhten Grad von Erregung erlebt werden, in denen die Person sich eher als passiv erfährt, die dem Bewußtsein Kontinuität und ›Identität‹ verleihen, die keine primäre Funktion außerhalb ihrer selbst haben.«

Die uns hier hauptsächlich interessierende Frage ist: Sind Emotionen über das rein Biologische hinausgreifende kulturell konzipierte Konzepte oder Interpretationskonstrukte? Sind Emotionen etwas »Konstruiertes«, gar etwas »Gemachtes«? Oder sind Emotionen doch bloß biologische Reaktionsweisen? Können sie erlernt werden? Sind sie großenteils angeboren? Ich denke, daß sie alles das sind. Sie sind sicherlich großenteils erst aufgrund einer allgemein biologischen Grundlage zu verstehen. Die Erregung etwa des limbischen Systems gehört, wie geschildert, zweifellos als notwendige Bedingung zu den Emotionen; sie ist auch als Merkmal von Ulich genannt. Die spontane, von selbst auftretende unwillkürliche Erlebnisweise, die an die Erregung gekoppelt ist und das sog. »Zustandsbewußtsein« betrifft, diese Selbstbetroffenheit, die gleichsam »über uns kommt«, scheint dafür zu sprechen, daß es sich hier jedenfalls nicht um beliebig zu aktivierende oder zu manipulierende Interpretationskonstrukte einer willkürlichen Art handelt. Offensichtlich sind emotionale Gestimmtheiten, wenn sie denn als Interpretationskonstrukte oder -rekonstrukte aufgefaßt werden, wenn sie also aktivierte Schemata darstellen, in der biologischen Anlage vorgeprägt, wenigstens vorbereitet. Sie haben ein biologisches und physiologisch realisiertes Fundament. Sie können u. U. auch gar nicht bewußt, gewollt verändert werden; der Ablauf ist aufgrund einer gegebenen Grunderregung und aufgrund einer Auslösesituation vorgegeben, »determiniert«, wird abgespult. Die Emotion läuft demnach autonom ab, und die entsprechende Reaktion darauf ist dann auch, wenigstens was die physiologischen Meßdaten angeht, vorprogrammiert. Hier ist also, wenn überhaupt, von primären Interpretationen bzw. biologischen Verhaltensdispositionen, also von praktisch nicht zu verändernden »Urinterpretationen« zu sprechen. Anders zeigen sich die Phänomene der Abläufe und emotiven Reaktionen, wenn es sich in der Tat lediglich um kulturell bedingte Emotionen und Differenzierungen von Emotionen handelt. Man denke an das Beispiel über die unterschiedlichen Reaktionen von Umstehenden auf die grausame Behandlung von Tieren und die Haltung gegenüber Kleinkindern in Neapel. Es müssen offenbar bestimmte Zuordnungen hinsichtlich von Auslösesituationen und Deutungen, die ja immer interpretativ auch zur Wahrnehmung und zur Strukturierung einer Situation gehören, gelernt werden, um »angemessen« emotional zu erleben und zu reagieren. Ob man deswegen generell sagen kann, daß Emotionen gelernt werden, wie Ulich (ebd. 160) sagt, scheint mir doch etwas zweifelhaft zu sein, weil zu pauschal, zu allgemein formuliert. Ulich bringt wieder ein interessantes – und zwar selbsterlebtes Beispiel, das zeigt, daß offensichtlich in Emotionen, wenn auch nicht in der biologischen Grundgestimmtheit und physiologischen Erregung, so doch in der Reaktionsweise und in entsprechenden deutenden Zuordnungen, etwas Kulturelles zum Tragen kommt, etwas, das z. B. für Kinder keineswegs selbstverständlich ist, sondern erst gelernt werden muß (ebd.):

»Vor einigen Wochen war ich auf einer längeren Bahnfahrt zufällig mit einem etwa zweijährigen Mädchen und dessen Mutter zusammen im Abteil. Während dieser Zugfahrt unternahm und äußerte das Kind einige recht merkwürdige Dinge, von denen ich zwei Ereignisse kurz berichten will: Das Kind hatte einen kleinen Teddy, den es mit rührender Fürsorge »fütterte« und liebkoste. Als das Mädchen jedoch einige Male aus dem hoch gelegenen Gepäcknetz etwas zu holen versuchte, verwendete es den Teddy als praktische Fußbank und trampelte ungeniert auf ihm herum. – Gegen Ende der Zugfahrt zog die Mutter das etwas ungeduldig werdende Kind mit Mantel, Mütze und Handschuhen an (es war Winterzeit). Als es richtig warm eingepackt war, sagte das Kind zur Mutter unablässig: »Kalt, kalt!« Fangen wir mit dem letzten Beispiel an: Was hat es mit der Entwicklung von Emotionen zu tun? Das Kind sagt »kalt«, obwohl es diese Empfindung in diesem Moment gar nicht hat. Warum sagt es also »kalt«? Weil es den Begriff »kalt« mindestens ebensosehr mit einer bestimmten

Situation – dem Warm-Angezogen-Sein – verknüpft wie mit einer Empfindung. Das kleine Mädchen kann die Verbindung »Situation – Empfindung – Begriff« noch nicht flexibel handhaben. Um so mehr Flexibilität zeigt es im Umgang mit seinem Teddy. In der Sprache der Erwachsenen würden wir sagen: Das Kind hat noch keine stabile emotionale Beziehung zu seinem Teddy entwickelt; obwohl es sich hier um fiktive Als-Ob-Spiele handelt, würden ältere Kinder ihren Teddy nicht erst liebkosen und einige Sekunden später als Fußbank benutzen. Aus dem Verhalten des kleinen Mädchen können wir schließen, daß hier – zumindest in emotionaler Hinsicht – noch keine »Objekt-Konstanz« entwickelt wurde. Konkret: Der Teddy ist für das Kind nicht mit sich selbst identisch, er existiert nur in der Form von mehreren Teil-Objekten, unterschieden nach Funktionen: Teddy-zum Schmusen, Teddy-zum Draufsteigen usw.«.

Was also wird bei solchen Emotionen bzw. Emotionsäußerungen und den ihnen entsprechenden Verhaltensreaktionen gelernt? Offensichtlich doch die Schemata der Anwendung – also die Weisen, wie Situationen im Lichte bestimmter Zielorientierungen und Erregungszustände sowie Situationsauslösungsmerkmale strukturiert werden. Die Schemata »interpretieren« die Differenziertheit der Emotionsreaktionsweisen. Obwohl die biologisch-dynamische Grundlage der Emotionen vorgegeben ist, werden diese immer erst aufgrund von bestimmten Deutungsmustern entsprechend der Situation spezifisch ausgelöst. Das heißt, die Reaktionsweisen auf bestimmte Auslöseparameter sind dann konventionell, kulturell, normenentsprechend, individuell oder habituell differenziert. Hier ist offensichtlich in starkem Maße die interpretative Anwendung von Schemataorientierungen beteiligt. Die Ausbildung und Anwendung, ja, insbesondere die kontinuierliche stabile Verwendungsweise von solchen Schemata hinsichtlich der emotionalen Reaktionsweisen muß in der Tat erlernt, »sozialisiert«, »verinnerlicht« und differenziert werden. Das geschieht natürlich großenteils entsprechend den Reaktionsmustern und Verhaltensweisen, wie sie in einer bestimmten Kultur ausgeprägt, paradigmatisch vorausgesetzt und einem Kinde nahegebracht werden, so daß das Kind diese Muster »verinnerlicht«, – »internalisiert«, wie der Neojargon der psychologischen und soziologischen Wissenschaft sagt. Mit anderen Worten: Auf biologischdynamischer und erregungsphysiologischer Grundlage werden Reaktionsweisen und Schemata erst entsprechend den gängigen Mustern der emotionalen Handlungen und Verhaltensweisen bzw. Empfindungen und Erlebnisse differenzierend strukturiert. In diesem Sinne sind auch differenzierte Emotionen, wenigstens was die dazu gehörigen Reaktionsweisen angeht, Interpretationskonstrukte, sind abhängig von interpretativen Gepflogenheiten, abhängig von bestimmten kulturellen Bedingungen, sozialen Bedingtheiten, Normierungen, Wertungen, Urteilen usw. Man kann also das alles, was wir zuvor hinsichtlich der Interpretationsgeprägtheit der Kognitionen und deren Erfassungen erarbeitet haben, auf die (Erfassung, Ausgestaltung und Beantwortung) emotionale(r) Gestimmtheiten übertragen. Dabei soll natürlich nicht alles in bloß willkürliche Interpretationskonstrukte aufgelöst werden, sondern im Vordergrund stehen die Differenzierungsmöglichkeiten, zumal soweit sie kulturell, konventionell, habituell oder individuell spezifisch sind.

6. Emotionen
als reflexive Interpretationskonstrukte

Eine Theorie der Emotionen muß offensichtlich viel stärker als die meisten der bisher vorgelegten auf die Selbstbearbeitung, auf das reflexive Moment, auf die interpretativen und subjektiven Faktoren eingehen, insbesondere wenn es sich um die Erfassung und Deutung der Gefühle handelt. Das ist allerdings in gewisser Weise in der kognitiven Psychologie schon seit Mitte der fünfziger Jahre in der Schule der Personal-Construct-Theorie geschehen. Diese faßt im Gefolge von George Kelly die Psychologie im wesentlichen als eine Wissenschaft von persönlichen Imagebildungen und Konstrukten auf, die aber nicht nur Bilder und Widerspiegelungen, Wiedergaben darstellen, sondern auch handlungsleitend sind. Eine Schülerin Kellys, Mildred McCoy, versuchte im Rahmen dieser Theorie der persönlichen Konstrukte eine Emotionentheorie zu entwickeln. Zunächst sei zu dieser Theorie der persönlichen Konstrukte festgestellt, daß diese den Menschen gleichsam als einen Forscher versteht. Dieser erforscht, exploriert die Umwelt unter den Gesichtspunkten, die ihm von seinen kognitiven Konstrukten gegeben werden, sozusagen unter der Ägide von mehr oder minder persönlich gestalteten Minimaltheorien. Der Mensch wendet theoretische, hypothetische Konstrukte auch in der Alltagswelt an, die dann in durchaus erheblich variierbaren, also persönlichkeits- und auch kulturabhängigen Hypothesensystemen als kleine persönliche »Theorien« darstellbar sind.[1] McCoy geht nun davon aus, daß Emotionen immer mit Aufmerksamkeit und einem Bemerken von vergangenen oder bevorstehenden Veränderungen des persönlichen Konstruktsystems zusammenhängen, und versucht, die Emotionen bzw. das Aufmerksamwerden auf Veränderungen des persönlichen Konstruktsystems und der entsprechenden Reaktionen als solche persönlichen Kon-

---

1 Das Buch von Bannister/Fransella, das auch in Deutsch erschienen ist: *Der Mensch als Forscher (Inquiring Man)*, gibt eine recht gute Einführung in diese Personal-Construct-Theorie und referiert auch über die Regeln und Folgerungen, wie die persönlichen Konstrukte und subjektiven Theorien verändert werden.

strukte der emotionalen und natürlich der kognitiven Reaktionen zu interpretieren. Sie gibt eine Überblickstabelle über grundsätzliche Bedeutungspostulate und Regeln der Identifizierbarkeit von verschiedenen Gefühlen, Emotionen, die (nach McCoy, 1977, und Scheele, 1990, S. 49 ff.) auf die Unterscheidung zwischen zwölf verschiedenen Grund-Emotionen hinauslaufen, nämlich:

A *Ärger/Zorn* – diese hängen von der Feststellung von kontrollierbaren Ereignissen, die den moralischen Anforderungen, insbesondere Gerechtigkeitsvorstellungen des Subjekts widersprechen, ab,

A *Angst* – hier gibt es »keine Vermeidungsmöglichkeit für bestimmte, voraussehbare, dem Organismus oder dem Selbstkonzept gefährliche Ereignisse«,

A *Ekel* – entsteht aufgrund der Diagnose, daß Objekte oder Personen persönlichkeitszentrale ästhetische Normen derart intensiv verletzen, daß eine Motivation zur Kontaktvermeidung, -abwendung oder Fluchtverhalten o. ä. entsteht;

I *Freude* – eine »Prognose oder Diagnose von Ereignissen, die den persönlichkeitszentralen Leistungs-, Interaktions- und moralischen Bedürfnissen bzw. Bewertungen des Subjekts entspricht«;

I *Furcht* – das ist auch eine vorgestellte Vorausnahme von Ereignissen, die das Ich, das Subjekt verletzen könnten, wobei das Subjekt zumindest noch die Möglichkeit von Vermeidungsstrategien nicht ausschließt;

I *Liebe* – »das Bemerken, daß die persönlichen Konstrukte, die subjektiven Theorien eines anderen Subjekts mit den eigenen übereinstimmen, so daß vor allem diese Übereinstimmung die Existenz von Gemeinsamkeit anstrebenswert macht, und daß die Motivation zu einem weiteren Austausch und immer umfassenderen Konsens mit dem anderen über sich und die Welt entsteht«.

I *Scham* – widerspricht einem positiven Selbstkonzept und den entsprechenden normativen Postulaten.

I *Schuld* – hier stehen die moralischen Forderungen im Vordergrund, denen beispielsweise durch eine Handlung widersprochen wird, die man ausgeführt hat, die aber hätte vermieden werden sollen und können bzw. die kontrollierbar gewesen ist.

I *Traurigkeit* – »Bemerken der der bedürfniskonträren Veränderung von Zuständen, Situationen bei gleichzeitiger Unterstellung der Unkontrollierbarkeit der Änderung durch das Subjekt«.

A *Überraschung* – »Feststellen von nicht prognostizierten Ereignissen, die für das Subjekt bedürfnismäßig neutral oder positiv getönt sind« (hier ist schon bei der Definition ein Fragezeichen anzuhängen; denn man kann sicher auch negative Überraschungen erleben); letztere wurden von McCoy und Scheele (1990, S. 50) eingeordnet unter

A *Schreck* – als »negativ getönte, nicht voraussehbare Ereignisse«; auf diese hin treten dann die Schreckreaktion und -emotion ein;

I *Verachtung* – »Diagnose, daß Personen persönlichkeitszentrale moralische Normen derart intensiv verletzen, daß eine Motivation zur Kontaktvermeidung als Konfliktlösung entsteht« (sicherlich ist Verachtung mehr als das);

I *Zufriedenheit* – »Diagnose von Ereignissen, die den persönlichkeitsmarginalen Leistungs-, Interaktions- oder moralischen Bedürfnissen und Bewertungen des Subjekts entsprechen«.

Diese zwölf verschiedenen zugrundegelegten Muster können nun als ein repräsentatives inhaltliches Beispielbündel von Definitionen (genauer: Explikationen) und Beschreibungen sowie für die Arten von Gefühlen bzw. Gefühlskonstrukten geben. Es sind zum Teil etwas komplizierte und akademische Formulierungen; man kann sagen, daß die Fassungen dieser emotionalen Konstrukttheorien sehr abgehoben sind und sich vielfach im wesentlichen auf Umschreibungen der Gefühle beschränken.

Es ist deutlich, daß die Emotionen in dieser Weise 1) unterschiedliche Reaktionen zur Folge haben und 2) besondere Funktionsstrukturen in bezug auf das Selbst- und das Welterkennen sowie auch des Umgehens mit sich selbst und der Welt und anderen Personen und Lebewesen umfassen. Es kommen also hier schon der reflexive (selbstbezügliche), auf das Subjekt rückbezügliche Charakter der Emotionen und also die interpretative Verfassung der Emotion(srückwirkungen) ganz deutlich zum Ausdruck. Das war ja auch schon ein Ausgangspunkt der bereits diskutierten kognitiven Theorien, die zumal im Anschluß an Schachter und Singer (1962) die sinnvolle Interpretation als kognitive Bewertung, als eine notwendige Bedingung für das Verstehen von emotionalem Erleben darstellen. Der Mensch interpretiert die wahrgenommene physische, physiologische, körperliche Veränderung, Zustandsveränderung, falls eine Notwendigkeit für eine Deutung in dieser Weise besteht, und er deutet diese auch darüber hinaus fast immer im Kontext eines bestimmten Welt- und Selbstbezugs mit spezifischen Ausrichtungen, sozusagen einem Emotionswissen. Erst die Kognition ergibt die spezifisch identifizierbare Emotion. Der Höhepunkt der kognitiven Auffassung der Emotionen ist sicherlich in der Theorie von Lazarus (1977/1980) zu finden, der viel stärker noch als Schachter und Singer die kognitiv-konstruierende Fähigkeit des Subjekts in Anspruch nimmt und meint, daß menschliche Emotionen erst durch diese Fähigkeiten überhaupt zustande kommen, indem man ein Emotionsobjekt konstituiert, Gefühle gleichsam konstruiert oder durch eine Projektion oder eine Bewertung überhaupt erst erzeugt. Der wesentliche Begriff bei Lazarus ist der Begriff des »cognitive appraisal«, also der des kognitiven Bewertens. Der entscheidende Ansatzpunkt für die Genese sowie die Entwicklung von Emotionen und auch die Voraussetzung sowie für die Einordnung, Integration und schon die systematische Erfassung der Emotionskonstrukte in ein einheitliches Geflecht der Beschreibungen oder ein Gefüge der Gefühle und deren Abgrenzungen voneinander ist allein durch diese kognitive Bewertung zu geben; es handelt sich also nicht primär um eine Interpretation bloßer physiologisch oder physisch gegebener bzw. zu erklärender Zustände oder Veränderungen, wie in dem zuvor erwähnten Zwei-Komponenten-Modell von Schachter und Singer, demzufolge das Physiologische bereits abgeschlossen vorliegt und die Interpretation nur wiedergebend und (erkenntnis-)differenzierend hinzukommt. Nein, hier führt erst das kognitive Bewerten selbst dazu, daß die Emotionen entstehen. Das kognitive Bewerten von Selbst- oder Weltbeziehungen in bezug auf für das Subjekt relevante Ziele und Werte und in bezug auf die Möglichkeiten, sich mit Konflikten oder mit Situationen auseinanderzusetzen, Probleme zu bewältigen (die Psychologen reden neudeutsch von Coping-Möglichkeiten) – das ist, was das Emotionserleben qualifiziert und das natürlich dann auch in Messungen erfaßt werden kann. Die überragende Bedeutung des Bewertens bewirkt, daß die somatischen Reaktionen, die zwar eine notwendige Komponente der Emotionen sind, erst auf diese festgelegt, in dieser ausgelegt, als diese geformt werden. So werden also Emotionen zu subjektiv einheitlich oder ganzheitlich erlebten komplexen Zuständen, die aus kognitiven Bewertungen bestehen, aus Handlungsimpulsen und aus anderen emotional noch nicht oder wenig strukturierten somatischen Reaktionen heraus zu Emotionskonstrukten integriert und in verschiedenen, schematisch darzustellenden, Typen, Inhaltstypen und Reaktions-Funktions-Typen differenziert werden. Manche dieser Emotionskonstrukte oder dieser Gefühle sind insofern »von außen« zu deuten, als sie unmittelbar von äußeren Anreizen oder Gelegenheiten ausgelöst werden und anscheinend für das Subjekt gar nicht »innerlich« kontrollierbar sind. Brigitte Scheele (1990, S. 87) unterscheidet also zwischen sogenannten »Innenemotionen«, bei denen die eigenen Kognitionen, die eigenen Erlebnisse, die eigenen interpretativen Widerspiegelungen oder Konstrukte bei der Emotion als beherrschend erlebt werden (das ist z. B. bei dem Konzept »Liebe« der Fall), von »Außenemotionen«, bei denen wie bei Ärger und Zorn sehr viel stärker die Außenbestimmtheit gegeben ist.[2]

Wenn man solch eine Unterscheidung vornimmt, kann man mit den im obigen Diagramm dargestellten Emotionsbegriffen auch schon typologisierend arbeiten, und das ist wichtig für den Ansatz empirischer Arbeiten und Erfassungen. Brigitte Scheele (1990, S. 90 f.) meint, daß »Außenemotionen« im Unterschied zu »Innenemotionen« eher dadurch gekennzeichnet sind, daß man von dem Gefühl »überwältigt« wird; bei Zorn, Wut, Ärger kann man sich vorstellen, daß »schnell bis blitzartig und nahezu unbemerkt das Gefühl entsteht und alles andere Erleben in den Hintergrund drängt«. Dabei sind es im Prinzip einander sehr ähnliche Ereignisse bzw. Situationen, die fast wie Reflexauslöser das Gefühl quasi-automatisch hervorrufen, aber es handelt sich keineswegs um bloße Reflexreaktionen, auch wenn es einander sehr ähnliche Reaktionen sind, die dabei ablaufen, wenn man sozusagen »ein und dasselbe« Gefühl hat. Wie identifiziert man Gefühle und Emotionen als *dieselben*? Doch offenbar in deutender Rückbesinnung; diese wird als Interpretationsergebnis entworfen, rückprojiziert: Sie ist ein Interpretationskonstrukt. Wenn man meint bzw. »fühlt«, daß man bei der Rückerinnerung oder der Neuaktivie-

2 S. die Kennzeichnungen bei der Auflistung der Gefühle, wobei das A »Außenemotionen« bedeutet und das I »Innenemotionen«. (s. o., 143 f.).

rung eines Gefühls im Grunde dasselbe Gefühl erlebt, wie man es schon früher gehabt hat, dann beruht diese Beurteilung und Identifizierung auf Interpretationen.

Man kann also auf diese Weise eine Struktur, eine typologische Einteilung und die entsprechenden Zuordnungen für Innen- und Außenemotionen herstellen und dann der empirischen Erfassung zugänglich machen. Alles das ist natürlich zu verstehen wie das oben behandelte Erarbeiten, Entwerfen, Konzipieren, Einüben und Auslösen, Abrufen bzw. Anwenden der Schemata im kognitiven Bereich. Auch das Emotionserleben ist in einem entsprechenden Sinne »schematisch«, schemageprägt und schemageleitet; man hat bestimmte selbstrelevante Schemata, die nun ähnlich (wenn auch im einzelnen anders als etwa Erkenntnisschemata, wie wir sie bisher etwa anhand der Arbeiten von Rumelhart diskutiert haben) das Gefühlsleben bzw. die zugehörigen Reaktionen und psychischen Funktionen regulieren. Ernst Lantermann (1983) sprach explizit von »Emotionsschemata«.

Diese Emotionskonstrukte können freilich auch kulturspezifisch sein. So ist beispielsweise aus der Sozialpsychologie bekannt, daß für Amerikaner »loneliness«, Einsamkeit, etwas recht Abschreckendes bedeutet und als sehr bedrückend und verschwistert mit Traurigkeit oder Ablehnung, Abwertung usw. erlebt wird, während noch Mitte der sechziger Jahre Einsamkeit für den Bundesdeutschen eher positiv bewertet wurde, weil damit Alleinseinkönnen, Privatsphäre, Eigenständigkeit, Ungebundenheit usw. assoziiert wurden. Man sieht, daß Emotionskonstrukte kulturspezifisch voneinander abweichen können und daß es kulturell präformierte Emotionsschemata gibt (Averill 1980). Das bedeutet natürlich, daß offensichtlich die Erfassungsweisen und insbesondere auch die Sprachkonnotationen, davon hatten wir ja auch schon gesprochen, für die Erfassung von Emotionen und insbesondere auch für die Erfassung von Emotionsschemata wichtig sind. Emotionsschemata werden durch die Sprachformen (mit)erfaßt und sind in Konnotationsclustern angeordnet und eher lose bzw. undeutlich voneinander abgegrenzt; sie sind z. T. von sprachlichen Äußerungen präformiert, sind sozialisations- und kulturabhängig. Das alles läßt sich empirisch nachweisen. Es gibt dann aber auch Variationen, die auf mehr oder minder individuelle Weise die entsprechenden Emotionen auslösen.

Interessanterweise gelangt der Ansatz von Brigitte Scheele (1990), der zweifellos zu den differenzierteren Behandlungen der Emotionstheorien zählt, im Grunde zu genau der gleichen konstitutions-kognitivistischen These wie ich, daß nämlich Emotionen einerseits nur als Konstrukte (er)faßbar werden und andererseits von bestimmten Situationsdeutungen, interpretatorisch erfaßten Auslösern und Einstellungen zu einer bestimmten Situation abhängen. (Die Erkenntnis, daß Emotionen »Interpretationen« sind, wird auf doppelte Weise gestützt – von der Interpretationsphilosophie wie von der Psychologie subjektiver und personaler Konstrukte aus.) Scheele versucht nun, die Theorie von Lazarus weiter auszubauen und spezifischer auch auf Bewertungsaspekte auszurichten, wobei der epistemologische Ansatz der sogenannten Subjektiven Theorien von Norbert Groeben zugrunde gelegt wird, mit dem Scheele seit Jahrzehnten zusammenarbeitet. Der Ansatz besagt, daß subjektive Konstrukte, sozusagen persönliche Theorien, eine entscheidende Rolle bei der Strukturierung der Selbst- und Weltbezüge spielen. Man kann das Konzept als eine Art Fortsetzung – und zwar sehr viel differenziertere und wissenschaftstheoretisch viel feiner gestrickte Variante – der Personal-Construct-Theorie von Kelly auffassen. Hier ist im einzelnen nicht auf diese Subjektiven Theorien einzugehen (vgl. z. B. Groeben/Scheele), sondern nur die Anwendung auf die Emotionskonstrukte etwas näher zu beleuchten. Die Hauptthese Scheeles ist, daß die bewertende Reflexivität des menschlichen Subjekts die für die qualitative Art und Differenziertheit des Emotionserlebens entscheidende Instanz darstellt, also Selbstbezug und Bewertung für Emotionen zentral sind – sowohl für das Erleben und die Verarbeitung als auch für die Reaktion. Man erkennt das »cognitive appraisal« von Lazarus wieder. »Reflexivität«, »Selbstbezug« in diesem Sinne, heißt, daß man sich selber wahrnimmt und beurteilt und daß man auch selber um die eigene Befindlichkeit und das Selbstbezügliche weiß. Das Wissen um das eigene »Kognizieren«, um die eigenen Interpretationen und die Deutungen von Zeichen (Anzeichen und konventionellen Symbolen) zeigt, daß der Ansatz letztlich in gewissem Sinne ein wissenstheoretischer und interpretatorischer Ansatz oder, wie die Autorin und Groeben sagen, ein epistemologischer Ansatz ist. »Aus epistemologischer Sicht«, sagt Scheele (S. 30), »besteht das Problem des kognitiven Ansatzes vielmehr darin, keine positionsinhärenten präskriptiven Kriterien zu besitzen, mit deren Hilfe sich in bezug auf emotionales Erleben die Relationen zwischen ›bewußten‹ und ›unbewußten‹ Kognitionen sowie gegenüber Nicht-Kognitivem kohärent diskutieren und bestimmen lassen«. Das heißt, letztlich muß man in gewisser Weise interne bewertende Konstrukte, die normativ wirken und diese wie die beschreibenden Interpretationen prägen und steuern, mit den entsprechenden kognitiv deskriptiven Konstrukten verbinden. Das ist ein wichtiger Gesichtspunkt. Die Psychologen werden offensichtlich dazu geführt, daß sie so etwas wie unbewußte oder nicht bewußtgewordene Kognitionen annehmen, aber eigentümlicherweise scheinen sie unbewußte Emotionen abzulehnen. »Die epistemologische Emotionstheorie kann keine ›unbewußten Emotionen‹ im eigentlichen (psychoanalytischen) Sinne modellieren«, sagt Scheele (S. 31). Das kann man nun so deuten, daß man entweder sagt, die Emotionskonstrukte, soweit man sie anhand dieser Theorie erfaßt, sind also nur Teile des Gefühlslebens, sozusagen die konstruktiv bewußten, erfaßbaren oder reproduzierbaren, theoretisch gleichsam auf Modelle abziehbaren Emotionen oder Gefühle, oder man kann es eben auch so deuten – ich glaube, das letztere ist wohl die weniger wahrscheinliche Deutung –, daß es überhaupt keine unbewußten Gefühlsregungen und ähnliches gibt. (Es scheint ungewußte Gefühle und Stimmungen zu geben, Scheele sagt jedenfalls, daß man Bewertungsprozesse und Inhalte vorliegen haben muß, damit man von Emotionen im expliziten Sinne sprechen könne. Das ist ein terminologischer Vorschlag, und wenn das so ist, dann ist es auch aus dieser Sicht nicht zulässig, lediglich aufgrund von Verhaltensaspekten, Ausdrucksphänomenen, die nicht für die Zuschreibung des Emotionsaspektes notwendig und hinreichend sind, dem Subjekt entsprechende Emotionen unbewußter Art zuzuschreiben.) Es wird dabei deutlich unterschieden zwischen einem physiologischen Erregungszustand einerseits, der auch gemessen werden kann, und andererseits einem bewußtwerdenden, erst durch Bewertungszustände bzw. Bewertungskategorien zustande gekommenen Gefühl oder einer »Emotion« in diesem Sinne. Reflexive Bewußtheit, Bewertungsaspekte spielen offensichtlich die Rolle ganz zentraler Merkmale für die Benutzung des Ausdrucks »Emotion«. Das Emotive entsteht unter Bezug auf bedürfnisrelevante Wertmaßstäbe des Selbstkonzepts: also Bewertung und Bedürfnisrelevanz und der Bezug auf eigene Ziele und Werte sind dabei das Entscheidende. Bedürfnisrelevante Wertmaßstäbe – damit ist gemeint, daß es subjektive Orientierungen sind, die aus subjektiven Theorien des Selbstkonzepts, aus der Selbstauffassung hergeleitet werden, und zu den motivationalen Istlagen und Sollkonzepten des Individuums führen bzw. diese bestimmen. Das ist nicht im Sinne etwa einer traditionellen bedürfnisphysiologischen oder -organismischen Erklärung zu verstehen, sondern als eine Zusammenfassung oder Verdeutlichung, eine Manifestation von überdauernden Werthaltungen; die interpretative Selbstspiegelung als Wiedergabe steht nach diesem kognitivistisch-epistemologischen Ansatz im Zentrum des Konstruktbegriffs »Emotion«. Deswegen definiert Scheele (S. 41) Emotion nun als »Zustand der Bewertung von Selbst-Welt-Relationen unter Bezug auf bedürfnisrelevante Wertmaßstäbe«. Man kann das auch so ausdrücken: »Emotionales Erleben findet nicht statt ohne Bewertung und ohne reflexiven Einbezug person-/ selbstrelevanter Werte« (ebd.). Das heißt also, Emotionen sind offensichtlich stets wertgeladen, sind gefärbt von Wertungen, sie sind werteimprägniert, sie determinieren nicht mechanisch, notwendig oder automatisch das Verhältnis zur Welt, aber sie spielen im Sinne einer Färbung eine entscheidende Rolle: Der Mensch als kognitiver Konstruktivist, als bedürfnis-, hypothesen- und normengeleiteter Alltagsforscher interpretiert eben auch die Umgebung und die Welt und die Reaktionen von anderen am Beispiel der eigenen emotionalen Gefühle bzw. Reaktionsweisen. Scheele hebt hervor (ebd.): »Der Mensch als kognitiver Konstruktivist braucht die Folter nicht erst am eigenen Leib zu verspüren, um darüber Zorn und Verzweiflung zu fühlen, ... ist im Prinzip nicht darauf angewiesen, Radioaktivität zu ›riechen‹, um sich zu entsetzen, ... braucht nicht dauernd gestreichelt zu werden, um sich geliebt zu fühlen usf. Gerade in dieser reflexiven Möglichkeit des Menschen, Gefühle haben zu können, ohne sensorisch empfinden zu müssen, liegt seine Chance für ein sinnvolles, lebenswertes Überleben in einer Welt, die er sich sensorisch peu à peu ›entsorgt‹ hat.« Sie spielt dabei auf die Debatte etwa um die Entsinnlichung unserer Welt an: Unter Umständen sind gewisse Gefahren für uns gar nicht (mehr) wahrnehmbar; es scheint zunehmend charakteristisch für unsere hochtechnologische Welt, daß Risiken entstehen, für welche die Menschen überhaupt keine Sinneswahrnehmungsmöglichkeiten mehr haben. Wenn also die Welt unter komplex-technologischen Bedingungen sozusagen eine »entsinnlichte«

Welt wird, dann müssen wir notwendig daraufhin doch adäquate emotionale Reaktionsweisen entwickeln, um uns in dieser Welt weiterhin einrichten und orientieren zu können. Diese Art von emotionaler Orientierung ist sekundär, indirekt und viel schwieriger, wobei natürlich besonders das konstruktive Moment und die Fähigkeit des Menschen, konstruktiv auch indirekt Modelle zu entwickeln und anzuwenden, gefordert wird. Das wäre auch ein interessanter Gesichtspunkt einer philosophischen Anthropologie und der Kultur- und Sozialphilosophie in der technologischen Welt. Scheele spricht davon, daß das Motivsystem auch von der Emotionalität geprägt ist; man kann Emotionen als handlungsleitende Orientierungsmuster, teils bewertender, aber bedürfnisrelevanter Art auffassen, die für Handlungsrechtfertigungen, -bewertungen, -beurteilungen usw. verwendet werden (können), selbst wenn sie oft nicht explizit gemacht werden, sondern dies weitgehend implizit leisten. Es gibt sozusagen idealtypische Ausprägungen von bestimmten positiv besetzten Bedürfnissen, die sich auf das Selbstverständnis, auf das Selbstkonzept beziehen, die aber auch zur Bildung und Beurteilung der Beziehungen des Selbst zur Welt und unter Bezug auf bedürfnisrelevante Wertmaßstäbe verwendet werden. Die Wertmaßstäbe werden herangezogen, um Situationen, Selbst und Beziehungen zwischen Selbst und Welt zu beurteilen, und entsprechend dann auch zur Informations- und Wertselektion und -verarbeitung. Das alles kann man sich durchaus so vorstellen, wie es bei den Kognitionen auch der Fall ist und bei der Auswahl bestimmter Schemata, z. B. beim Wahrnehmen, erörtert wurde. In gewissem Sinne überlagern diese Emotionsschemata differenzierend und spezifisch zuordnend, identifizierend und konstituierend die physiologischen Erregungszustände, treten aber auch mit diesen in Wechselwirkung. Durch Schemaaktivierung kann ein physiologischer Erregungszustand unter Umständen erst entstehen. Man kann, so etwa läßt sich der Ansatz zusammenfassen, Emotionen nicht allein auf biologisch-physiologischer Basis definieren, erklären und erfassen, sondern sie gehen darüber hinaus, sie überformen, differenzieren und prägen das biologisch-physiologische Grundgeschehen mit; sie sind als spezifische differenzierte Emotionen erst zu erfassen, wenn dieses kognitive Konstruktmoment herausgehoben oder wenigstens implizit aktiviert wird. Terminologisch beschränkt Scheele ihren Ansatz hinsichtlich der Verwendung des Ausdrucks

»Emotion« in differenzierter Form auf diese spezifische Erfassungsweise oder Erlebnisweise. Undifferenzierte Befindlichkeiten, Stimmungen, Erregungszustände, die nicht sprachlich erfaßt, konkretisiert, nicht zugeordnet bzw. identifiziert werden (können), würden gar nicht als »Emotionen« verstanden werden. Ich glaube, daß das ein eher psychologisch-technischer Gebrauch des Ausdrucks ist, den man natürlich nicht unbedingt übernehmen muß; er hat seine technischen Gründe im wesentlichen im Ansatz der Subjektiven Theorien der kognitiven Psychologie.

Die Zusammenhänge zwischen den physiologischen Erregungszuständen einerseits und den jetzt erfaßten, deutlicher als Interpretationskonstrukten auffaßbaren »Emotionen« andererseits müßten natürlich noch deutlicher herausgearbeitet werden; doch das ist ein interdisziplinäres Programm, das die Psychologie nicht alleine leisten kann.

Derzeit erscheint mir diese These von den Emotionen als Interpretationskonstrukten – sowohl die von Scheele als auch meine eigene, wenigstens was die Beispiele und die Erfaßbarkeit angeht – überwiegend noch erfassungsorientiert zu sein. Stimmungen o. ä. werden erst zu »Emotionen«, wenn sie durch Konstruktion, durch sprachliche Beschreibung, durch Zeichendarstellung repräsentiert werden, wenn sie *erfaßt,* wenn sie als »Emotionen« beschrieben werden (können). Was nicht beschrieben wird, was nicht erfaßt wird, was nicht rekonstruiert worden ist, das scheint gleichsam als »Emotion« noch nicht zu existieren – jedenfalls nicht als erfaßbare greifbar zu sein. Die eigentliche biologisch-physiologische Basis wird hierbei von Scheele (ebd., 34) als »randintensional« bezeichnet, also als eher marginal gesehen: sie wird nicht geleugnet, das ist wohl festzuhalten, aber sie wird nicht als besonders relevant angesehen – nicht als so zentral, wie es etwa bei den physiologisch-biologistischen Theorien der Fall war, etwa bei Plutchik (s. o., 127). Die Artikulation erst macht die »Emotion«. Nur artikulierte oder in Artikulationen erfaßte oder artikulierbare Befindlichkeiten werden als Emotionen gesehen, d. h. Emotionen sind in diesem Sinne also deutlich von Erregungszuständen undefinierter, unartikulierter, unerfaßter Art zu unterscheiden. Es gibt zwar einige methodische bzw. methodologische Probleme mit diesem Begriff des Emotionskonstruktes, aber dennoch erscheint er für die Zwecke der Operationalisierung der empirischen Arbeit recht fruchtbar.

Scheele beruft sich im Anschluß an Groeben, generell und besonders z. B. hinsichtlich dieses Konstrukts der Emotionen, auch auf meinen früheren interpretationstheoretischen Ansatz, wie ich ihn einmal für das Handeln unter dem Titel *Handlung als Interpretationskonstrukt* (1978) entwickelt hatte. Handeln, so sagte ich damals, kann nur als solches erfaßt und wirklich präsentiert, repräsentiert werden, wenn es bedeutungsgeladen: »semantisch geladen«, ist. Handlungen können nur durch Interpretationen, durch Deutungen als solche herausgehoben, erfaßt und konstituiert werden. Nicht das bloße Verhalten oder bloße Bewegungen, z. B. im Rahmen von Reflexbewegungen, können schon als »Handlungen« aufgefaßt werden, sondern Handlungen entstehen erst dadurch, daß sie unter bestimmten Gesichtspunkten als interpretative gedeutet werden. Handlungen sind Interpretationskonstrukte, und dementsprechend, so Scheele, ist Emotion auch ein Interpretationskonstrukt, das nicht anders als eben interpretationsgebunden, interpretationsgeprägt oder -imprägniert, also »semiotisch« repräsentiert ist und repräsentiert werden kann. Es gibt also das Problem der Artikulation, der Manifestation, der emotionsspezifischen Interpretation; Scheele (ebd., S. 67 ff.) nennt dieses das »Repräsentationsproblem« und spricht von dem »Problem der Zugänglichkeit der Emotionen« und der notwendigen sprachlichen Differenzierung oder der erst durch Zeichen gegebenen Möglichkeit der Erfassung und Auszeichnung von Emotionen. Sie nennt das die »Semiotizität«. Gefühle werden sozusagen erst durch Zeichenverwendungen, insbesondere durch Sprache, verfeinert und zu »Emotionen«, bzw. zu differenziert erfaßbaren Emotionen. Die Sprache hat einerseits die Eigenschaft, daß sie den umfassendsten Weg und das Mittel darstellt, um Emotionen zu differenzieren und zu erfassen, sie ist in gewissem Sinne gleichsam das »bildende Organ« im Humboldtschen Sinne des Gedankens, oder in diesem Falle des Gefühls, des Fühlens: Das Empfinden und das diesbezügliche Handeln werden im Zusammenhang der emotionalen Konstrukte erst mittels der Sprache konstruiert, struktriert, differenziert. Andererseits ist natürlich die Sprache – sicherlich nicht das einzige – doch das präziseste Mittel, um auch Gefühle mitzuteilen, andere an diesen teilhaben zu lassen bzw. diese zu übertragen oder auf sie in der Erinnerung zurückzukommen oder in vielerlei Weise darauf Bezug nehmen zu können. Diese grundlegende »Semiotizität« ist natürlich eine konstruktivistische, eine interpretationsgeprägte Eigenschaft, die den Emotionskonstrukten ebenso zukommt wie den Handlungskonstrukten. Das heißt, im Grunde ist es die Sprache, welche unsere innere »emotionale« Welt konstruiert, prägt, präformiert, bildet, ausbildet und eventuell umformt. Änderungen oder plötzlich eintretende entsprechende emotionale Reaktionen werden eben durch sprachliche Darstellung erst genauer erfaßt oder erfaßbar, werden in gewisser Weise anders dargestellt und verändern durch die oben erwähnte Rückwirkung ihrerseits auch die entsprechenden, unter Umständen gar die physiologischen, Grundprozesse. Man kann durch Sprache Emotionen und Gefühle, ja, hochgradige Erregungszustände auslösen, das wissen wir alle. Insofern entsteht eine wirkliche Wechselwirkung, ein Interaktionsverhältnis, das auch philosophisch noch genauer zu untersuchen wäre. Es spricht jedenfalls in der Tat dafür, daß offenbar Konstruktinterpretationen oder sprachlich zu bildende Informationen und entsprechende Übertragungen oder Bedeutungen bestimmte Wirkungen auch auf physiologisch zu erfassende Zustände, Mechanismen oder Reaktionsweisen haben, die in kennzeichnender Weise mit Emotionen verbunden sind. Die kognitivistische Theorie der Emotionsinterpretationskonstrukte und Scheeles epistemologische Theorie der Emotionskonstrukte als bedürfnisrelevanter Bewertungen werden durch solche Möglichkeiten der von sprachlichen Artikulationen ausgehenden rückwirkenden Einflüsse auf physiologische Zustände nachdrücklich gestützt. Natürlich ist die sprachliche Repräsentation dann auch gleichsam die höchste oder differenzierteste, der Artikulation am besten und feinsten zugängliche, Möglichkeit, um typisch menschliche Emotionen darzustellen: Man kann sich auch dem emotionalen Erleben oder den Gefühlen auf diese Weise, also durch sprachliche Manifestationen oder Beschreibungen am besten nähern.

Scheele und ihre Arbeitsgruppe führten eine Reihe von empirischen Untersuchungen durch, um diese Grundthematik auch experimentell zu verfolgen und insbesondere die Reflexivität der Bezugnahme in der Emotionalität, die Bewertungskomponente und auch die Innen-/Außen-Unterscheidung und andere Fragestellungen differenzierter durch empirische Erhebungen zu kontrollieren und zu erfassen. Die reflexive Konstruktivität des menschlichen Subjekts wird so nun durch bestimmte Arbeitshypothesen erst »operational« gemacht; man muß versuchen, die traditionelle Trennung von Kognition und Emotion in solchen eher ganzheitlichen Konstrukten für Emotionen zu überwinden. Scheele versucht das zu leisten, indem sie eine Reihe von Arbeitshypothesen im Anschluß an die generelle Hypothese, daß Emotionserleben und folglich auch dessen sprachliche Repräsentation nicht ohne Bewertungsprozesse abläuft, entwirft und der empirischen Überprüfung konfrontiert. Die Bewertungsperspektive ist für das jeweilige Emotionserleben konstruktiv, d. h., daß Bewertungsprozesse nicht nur unverzichtbar sind, sondern daß sie auch empirisch nachweislich eine Differenzierung und Gestaltung der Emotionen leisten, insbesondere hinsichtlich der Innenorientierung, also der Innenpole der Erlebensperspektive, was man Produktion oder Selbstproduktion der Emotionen nennt, und auch bezüglich der Inhalte dieser »Innenemotionen«, und andererseits auch bezüglich der Emotionsauslösung, des »Triggerns«, durch »äußere« Reize. Die Erwartung wird ausgesprochen, daß insbesondere bei Innenemotionen die kennzeichnenden Kognitionsaspekte zentral sind, die charakteristischen Deutungsaspekte oder die »kernintensionalen« Aspekte (ebd.), d. h. diejenigen, die nach, in den Bedeutungspostulaten zur Anwendung bzw. zum Auftreten des entsprechenden Interpretationskonstrukts notwendig und hinreichend sind. Sie sind beispielsweise dafür entscheidend, daß in einer Situation Freude im Gegensatz etwa zu Ärger und Zorn entsteht. Scheele hält die eher randständigen, oder wie sie sagt: »randintensionalen« Verhaltensaspekte, also insbesondere auch die traditionell als zentral geltenden physiologischen Parameter unter Umständen für weniger dominant. Es wird also erwartet, vermutet – und empirisch recht gut bestätigt – daß insbesondere die »Innenemotionen« wie Liebe, Scham, Verachtung usw. stärker durch Kognitionen gestaltet, geprägt, geformt und verwandelt werden als die Außenemotionen wie z. B. Ärger, Zorn, Schreck usw. Die letzteren werden zwar stärker von außen erregt, sind aber auch – insbesondere hinsichtlich ihrer »Verarbeitung« – stark von Innenkognitionen abhängig, wenn auch nicht so zentral. Scheele verwendet (ebd.) das Bild vom Rosinenkuchen: Die Rosinen stehen für die »kernintensionalen« Inhalte, also für kognitiv bewertende Gehalte und Tönungen, für Wert- und Bedürfnisrelevanz – das ist ja im Zentrum der Explikation dieses Ausdrucks »Emotion« im epistemologischen Sinne enthalten –, und der Kuchenteig steht für die Verhaltensaspekte, die physiologischen Zustände und Prozesse, die biologischen Funktionen und genetischen Anlagen dabei, die in experimentell kontrollierbarer Weise eine weniger wichtige Rolle spielen sollen. Bei den »Außenemotionen« handelt es sich also um viel Teig mit wenig Rosinen, aber immer noch um einen Rosinenkuchen; bei den Innenemotionen ist der Kuchen viel stärker mit Rosinen versetzt – die Rosinen sind es, die imponieren und vorwiegend den Geschmack bestimmen. Das Bild führt zu bestimmten Hypothesen, nicht nur hinsichtlich der Reaktionsweisen, die man dann in Experimenten mit Versuchspersonen erfassen kann, sondern es führt auch zu Hypothesen über Persönlichkeitsstrukturen unterschiedlicher Reaktionstypen. Versuchspersonen selber können vorwiegend »innenemotiv« oder überhaupt mehr oder weniger emotional reagieren. Dagegen gibt es andere, die weniger »innenemotional« reagieren – etwa vorwiegend »außenemotiv« oder eben nicht besonders emotiv eingestellt sind. Auch zu solchen Unterschieden hinsichtlich der persönlichen Emotivität kann ein solches Untersuchungsprogramm dann Anlaß und psychologisch fruchtbare Arbeitshypothesen geben. Die entsprechenden Arbeitshypothesen wurden dann in ausführlichen Experimenten, die hier im einzelnen nicht zu schildern sind, getestet, wobei verschiedene Stärken und Varianten unterschieden wurden, einmal hinsichtlich der Unerläßlichkeit der Bewertungsprozesse innerhalb der emotionalen Reaktionen und Beurteilungen, und andererseits in bezug auf die Frage, ob beispielsweise Bewertungsprozesse mindestens so gewichtig sind wie Verhaltensaspekte. Das erste nennt Scheele (S. 235) eine »schwache« Variante der These: Bewertungsprozesse sind immer notwendig, unerläßlich. Die zweite These, die »starke Variante«: sie spielen eine noch größere Rolle als die Verhaltensaspekte. Entsprechend sind dann die Arbeitshypothesen und Versuchsanordnungen gestaltet. Man erwartet z. B., daß für »Innenemotionen« wie Freude, Liebe, Verachtung sich ein größerer Teil von Kognitionskomplexen – die Psychologen reden neudeutsch von »items« – in Relation zu den Verhaltensitems ergibt, daß es sich aber bei den Außenemotionen, z. B. Ärger, Angst, Ekel, umgekehrt verhält: für die letzteren sollen die physiologischen Verhaltensfaktoren eine relativ stärkere Rolle spielen, und gar eine gewichtigere als die Kognitionen, die Kognitionsitems. »Emotive« Versuchspersonen sollten bei »Innenemotionen« eine besonders starke Ausprägung der Kognitionsitems oder -aspekte, und nur bei »Außenemotionen« dafür eine relativ stärkere Ausprägung auch der Verhaltensaspekte aufweisen; eher nicht emotiv eingestellte Personen »kognitivieren« hier dagegen stärker, beobachten, »rationalisieren« sich selbst distanzierter, was sich dann wegen des unterschiedlichen Kognitionsangebots in den Emotionskategorien typischerweise in einer Reduktion der Kognitionsaspekte bei Innenemotionen manifestieren sollte. Bei »Emotiven« ist nach den Arbeitshypothesen grundsätzlich ein relativ höherer Anteil von Innenkognitionen und von Kognitionsitems gegenüber den Verhaltensitems festzustellen, obwohl auch bei Non-Emotiven diese Kognitionsaspekte unverzichtbar sind, aber eben nicht eine so starke Rolle spielen.

Im einzelnen sollen diese Arbeitshypothesen und die Belege hier nicht referiert werden (vgl. z. B. Scheele ebd., 174 ff.). Es ist hier nur das Ergebnis und die Zusammenfassung sowie die entsprechende Interpretation wenigstens kurz vorzustellen. Von dem allgemeinen Bedeutungspostulat für das Konstrukt »Emotion« stellte sich heraus, daß vor allem die Hypothesen über die Erlebenskonstitutivität der kognitiven Prozesse, der Auffassungsweisen und der Bewertungsprozesse, über die zentrale Rolle der Kognitionen für das gesamte emotionale Erleben, insbesondere natürlich besonders stark für die »Innenemotionen«, vollauf bestätigt werden konnten. Das ergab sich hochsignifikant. »Die empirischen Ergebnisse erlauben es ... ganz eindeutig«, schreibt Scheele (S. 235 f.), »von einer gelungenen (deskriptiven) Konstruktvalidierung und damit der Brauchbarkeit des epistemologischen Bedeutungspostulats zu sprechen. Die Hypothesen konnten praktisch auf allen (relevanten) Analyseebenen bewährt werden: Alle Szenarios enthalten kognitive und vor allem auch Bewertungssegmente, die auch bei der Heraushebung der konstitutiven Teile unterstrichen werden, und zwar auch in einem quantitativen Übergewicht gegenüber den ›Verhaltens-Items‹«.

Bei der Relativierung auf die jeweiligen Segmente machte sich ein Regressionseffekt störend bemerkbar, aber das Übergewicht der Kognitionssegmente ist gegenüber den Verhaltenssegmenten sehr stark. Zusammenfassend sagt Scheele (S. 236): »Im Rahmen der empirischen Überprüfungen anhand des Szenario-Ansatzes (es wurden also Szenariogeschichten entwickelt und bewertet und verschiedene andere Tests, die hier unerwähnt bleiben sollen, H. L.) hat sich also die These von der Erlebenskonstitutivität der

Bewertungs-Aspekte für das Emotionserleben überzeugend bewähren lassen«. Dasselbe gilt für die Erlebensperspektive, wenn man die Produktion von Emotionen gegenüber der Rezeption, also Innenpol und Außenpol, einander gegenüberstellte, wenn auch nicht so deutlich. Es kann also hier nur relativ vorsichtig erschlossen werden, daß der Faktor der Erlebensperspektive insgesamt empirisch nicht irrelevant ist, und daß die Innenperspektive des Erlebens sich vor allem in einer nochmaligen Steigerung des Gewichts der Kognitionsaspekte im Vergleich zu der außenorientierten Kommunikationsperspektive auswirkt. Bei den »Innenemotionen« spielt der Kognitionsaspekt eine noch größere Rolle als bei der »Außenemotion«; dieser Faktor der Unterscheidung von außen und innen hat sich also als wichtig erwiesen, wenn auch das kognitive Moment selbst bei den Außenemotionen eine unverzichtbare und wichtige gestaltende Rolle innehat, aber hier nicht so prägend, nicht so stark ist, nicht so übergewichtig, nicht so dominant wird, wie bei den Innenemotionen. Es existiert also über alle »Emotionen« hinweg nach Scheeles Ergebnissen ein Übergewicht der kognitiven im Verhältnis zu den Verhaltenselementen, welches jedoch bei den »Innenemotionen« noch stärker vorherrscht als bei den »Außenemotionen«. Bei der Innenemotion Liebe spielt das kognitive Moment der Innenverarbeitung, der Deutung, der sprachlichen Erfassung und Prägung, der Differenzierung eine viel größere Rolle als etwa bei der Reaktion Ärger/Zorn. Die Unterscheidung in »Innen-« und »Außenemotionen« hält Scheele für eine wichtige, konstant wirksame Dimension des Emotionserlebens, und zwar derart, daß bei »Innenemotionen« die kognitiven Bewertungsaspekte relativ zu den Verhaltensaspekten deutlich erkennbar und durchgängig noch gewichtiger sind als bei »Außenemotionen«. Der Persönlichkeitsfaktor im Sinne der Ausgestaltung »emotiver« gegenüber »nichtemotiven« Versuchspersonen war zwar festzustellen und zeigte, daß auch ein Einfluß auf das Emotionserleben vorhanden ist, auch, wie geschildert, ein Einfluß auf die Beziehung zwischen Kognitions- und Verhaltensaspekten, daß aber hier nicht so sichere und deutliche Zusammenhänge existierten wie etwa in der Gegenüberstellung von »Innen-« und »Außenemotionen« bzw. der Bewertungs- und Kognitionsabhängigkeit der Emotionen generell.

So weit sollte hier die These entwickelt sein, daß Emotionen Interpretationskonstrukte sind, bzw. die Theorie skizziert werden, daß in gewisser methodologisch eingeschränkter Weise Emotionen kognitionspsychologisch als Interpretationskonstrukte konstruiert, gedeutet, differenziert, konturiert und erfaßt sowie erlebt werden. Die Grundthese, daß Emotionen (nur) in Konstruktbildungen zu erfassen sind, ist durch Scheeles Ansatz und Untersuchung an diesem Konstrukt zu einer empirisch-wissenschaftlichen Bestätigung des Interpretationskonstruktansatzes generell konkretisiert und erhärtet worden. Mit Interesse nehme ich zum wiederholten Male zur Kenntnis, daß sowohl Norbert Groeben als auch Brigitte Scheele ihre theoretischen Analysen und empirischen Untersuchungen auch an meinem Modell der Auffassung von Handlungen als Interpretationskonstrukten ausrichteten und entsprechend diesem Muster die Handlungen beschrieben und diesen Interpretationsansatz erweiterten bzw. in Beziehung setzten zu ihrem epistemologischen Paradigma der subjektiven Theorien in der Psychologie allgemein – beides hier speziell eben auch auf die Emotionskonstrukte anwendeten.[3]

Für den vorliegenden Zusammenhang ist es besonders interessant, daß sich an den Beispielen der »Handlungen« und der »Emotionen« herausstellte, daß anscheinend sehr abstrakte philosophische Überlegungen doch für die psychologische Forschungspraxis wieder relevant werden können. Dazu war es freilich notwendig, die lange Zeit vorherrschenden allzu strengen Einschränkungen der Psychologie auf einen radikalen Behaviorismus oder gar Physiologismus, auf das Reiz-Reaktions-Paradigma – wie dann wohl (künftig!) auch das der Informationsverarbeitung – i. e. S. zu überwinden. Für den letzteren, sich in den letzten Jahren abzeichnen-

---

3 Zur subjekt-psychologischen Ausarbeitung etwa der Handlungskonstrukte in Gegensatz zu den Aspekten des bloßen Verhaltens bzw. auch des Tuns vgl. Groeben *Handeln – Tun – Verhalten* (1986). Tun (im Sinne von »denn sie wissen nicht, was sie tun«) ist, wie Groeben feststellt, kein zweckorientiertes oder zweckrationales, kein intentionales bzw. direkt beabsichtigtes, kein bewußt zielorientiertes Handeln, sondern man kann auch etwas tun, ohne dezidiert zu »handeln« – eben, ohne zu wissen, was man tut. Rituelles Tun, Routineverhalten und eingeschliffene Reaktionsweisen, die u. U. kulturell geprägt und sozusagen »in Fleisch und Blut« übergegangen sind, werden dabei untersucht, auch andere Verhaltensweisen, die nicht lediglich Reflexreaktionen sind usw. Diese Unterscheidungen sind sehr interessant und selbst auch unter dem Gesichtspunkt der Interpretationskonstrukte zu analysieren.

den Wandel – Dörner (1984) sprach bereits von einer »emotionalen Wende«! – ist wichtig zu erkennen, daß neben kognitiven auch emotive Komponenten und emotionale Faktoren eine wichtige Rolle spielen. Dabei erwies sich die kognitive Prägung zwar als wichtig, aber sie ist strenggenommen nicht geeignet, alle Phänomene – etwa i. S. der kognitiven Informationsverarbeitung allein – zu erfassen. Auch das kognitivistische bzw. das enge Informationsverarbeitungsparadigma hat seine Grenzen, wie man sich gerade auch an den »Emotionen« klar machen kann. Der Interpretationskonstruktcharakter ist nicht auf Informations- noch auf das Kognitionsparadigma beschränkt. Als kognitiver Psychologe sollte man auch nicht ins andere Extrem fallen und vor lauter Kognition etwa die physiologischen und Verhaltensaspekte gar nicht mehr zu thematisieren versuchen. Der Ansatz der Subjektiven Theorien zeichnet sich dadurch aus, daß er toleranter, liberaler ist als viele methodisch eingeengte traditionelle Theorien und sehr viel stärker wieder die kognitiven und subjektiv-hypothetischen Elemente einbezieht. Das erscheint mir daran fruchtbar. Erfreulich auch, daß in diesem Theorieansatz Psychologie und Philosophie wieder eng zueinander geführt werden.

Was nun die inhaltliche These angeht, daß Emotionskonstrukte bedürfnisrelevante Wertaspekte umfassen oder sogar sind, so führt uns das natürlich auf die Untersuchungen von Wertungen selbst. Werte sind ja ebenso wie Kognitionen und »Emotionen« etwas Mentales. Werte sind in noch stärkerem Maße als Emotionen interpretationsgebunden, müssen repräsentiert werden und können erst indirekt, durch symbolische Prozesse, auf Entscheidungen, Handlungen Einfluß nehmen und dann sozusagen »steuernd« wirken.

7. Werte als Interpretationskonstrukte

Wenn nach Brigitte Scheele, wie erörtert, Emotionen »bedürfnis-relevante Bewertungszustände« sind, dann sind diese Zustände an Wertungen geknüpft. Der Mensch ist nicht nur das fühlende oder einfühlende Wesen, sondern auch das bewertende, das beurteilende Wesen, das Wesen der Werte. Wenn der Samariter dem Verunglückten aus Nächstenliebe hilft, wenn ich aus Sparsamkeit Buch führe, oder wenn gesagt wird, der Film »Rififi« ist ein faszinierender Film über einen Einbruch, und die Einbrecher bzw. Schauspieler sind nicht nur »gute«, sondern sogar hervorragende Einbrecher bzw. Schauspieler, wenn gesagt wird, »dies Bildnis ist bezaubernd schön« oder »dieses Mädchen ist bezaubernd schön«, oder, »ein guter Ökologe kümmert sich um die Umwelt und ist gut zu den Bäumen« – dann sind das alles Werturteile; weitere Beispiele: »Er ist ein guter Mensch«; Albert Schweitzer wurde von Albert Einstein »der bedeutendste Mensch des 20. Jahrhunderts« genannt. Dieser erkannte jenem »schlichte Größe« zu. Bei keinem anderen Menschen seien »Güte und Sehnsucht nach Schönheit so ideal vereinigt ... wie bei Albert Schweitzer«. Die in diesen Beispielen zuerkannten Prädikate sind natürlich Wertprädikate. Der Mensch ist das Wesen, das fähig ist – und nicht nur fähig ist, sondern auch darauf angewiesen ist –, Bewertungen vorzunehmen, mit Wertbegriffen, Wertprädikaten zu urteilen.

Der Mensch ist jedoch auch fähig, reflektiert, reflektierend und reflexiv zu urteilen, d. h., auch seine Bewertungen und Handlungen ihrerseits und auch sich selbst in einer bestimmten Hinsicht oder Rolle oder Tätigkeit einer wertenden Beurteilung zu unterziehen. Er reflektiert also auch auf einer metatheoretisch höheren Stufe und beurteilt z. B. auch Werte, Bewertungen oder Wertsysteme. Werte sind also in gewissem Sinne Prädikate oder Beurteilungsgepflogenheiten, Standards, anhand derer Bewertungen, Abschätzungen, Einschätzungen, Gütebeurteilungen, Wertevergleiche, Vorzugsauswahlen usw. vorgenommen werden. Oft könnte man sogar sagen: »Wenn ich seine Werte kenne, dann weiß ich, was für ein Mensch er ist«. Werte und Bewertungen sind fundamental und offenbar unverzichtbar für Personen und Gesellschaften, zumal für Kultur und Erziehung sowie Ausbildung.

Aber was meinen wir mit diesen Begriffen »Werten« und »Bewertungen«? Im folgenden sollen Werte abstrakter und allgemeiner in bezug auf die involvierten bzw. die sie konstituierenden Wertungen diskutiert werden. Die Hauptthese wird sein, daß Werte interpretiert werden können, ja: müssen, und gedeutet werden können als Interpretationskonstrukte von bestimmter Art und auch in bestimmten Typen. Der Zusammenhang von Werten mit Handlungen und auch ihre Bindung und Zuschreibung an Personen sind interpretativ, werden durch Interpretation geleistet. Handelt es sich nun um eine Art von Zuschreibung im Sinne der oben untersuchten Schemataaktivierungen, die wir allerdings bislang wesentlich in ihrer deskriptiven Verwendung, als beschreibende Zuordnungen und Eingruppierungen sowie Instantiierungen, diskutiert haben? Hier also geht es auch und vorwiegend um eine normative Verwendung von Konstrukten; und es ist sehr wichtig, die normative Verwendung von Interpretationskonstrukten von der beschreibenden oder erklärend-analytischen Verwendung von Interpretationskonstrukten klar zu unterscheiden. Natürlich kann man auch Werte deskriptiv-analytisch erklärend benutzen; darauf werde ich noch eingehen. Es gibt etwa die Möglichkeit von Handlungserklärungen durch Bezugnahme auf Werte und Wertungen, aber es gibt demgegenüber auch eine bewertende, evaluative, normative Rechtfertigung oder Legitimation von Handlungen durch Rückgriff auf Werte. Werte können auch verwendet werden, um bestimmte normative, sog. »praktische«, Schlüsse zu vollziehen; das ist schon seit dem Altertum bekannt. Aristoteles hat als einer der ersten die praktischen Syllogismen, die normativen Schlüsse, aufgrund derer man sich entschließt, etwas zu tun, untersucht. Werte können dementsprechend direkt zur Handlungsleitung und -anleitung benutzt werden, und schließlich und endlich auch zur Normenbegründung. (Der Zusammenhang zwischen Normen und Werten wird noch eingehender untersucht werden (vgl. 204 ff.); insbesondere ist dort auch der Übergang zu spezifischeren praxisnahen Interpretationskonstrukten in der normativen Deutung, beispielsweise zu dem Verantwortungskonzept, zu suchen.)

Wertexistenz als Geltung und Deutung

Werte – jeder redet davon, selbst unsere Verfassung hat Grundwerte, und es gibt Menschenrechte, in denen sich solche Grundwerte ausdrücken. Debatten über Grundrechte und Diskussionen über Grundwerte kommen in der demokratischen Gesellschaft immer wieder auf oder werden regelmäßig angefacht. Diese Grundwerte und Werte sind generell offensichtlich weithin bekannt, aber niemand weiß doch genau, als was man sie auffassen soll. Das spiegelt sich auch in den unterschiedlichsten Auffassungen der Sozialwissenschaft und der Philosophie. Traditionell dachte man, daß Werte etwas ganz Besonderes sind, ideale Gegenstände, die man bekanntlich nicht sehen, nicht anfassen kann. Deswegen müßten sie, so wurde schon von Platon unterstellt, in einem gesonderten Reich der idealen Gegenstände, im Wertereich oder Wertehimmel, existieren, und man brauche eine besondere Fähigkeit, das Auge des Geistes, metaphorisch gesprochen, oder eine eigentümliche Wertintuition, um diese Werte gleichsam »wahrzunehmen« oder zu »erkennen«. Werterkenntnis galt als eigene philosophische, phänomenologische oder hermeneutische Teildisziplin. Bei Platon stand ja bekanntlich das Gute an oberster Stelle und wurde als oberster Wert angesehen: Platon brachte aber die Idee des Guten ihrerseits in enge Verbindung, ja, zur Identität mit dem Schönen und dem Wahren. Die große Vision Platons in Hinsicht auf die praktische Philosophie war die Einheit der Wertehierarchie in bzw. unter dem obersten Wert, der Idee des Guten, die ihm zufolge praktisch auch die Idee des Schönen und Wahren repräsentiert und dann dementsprechend auch in einem Menschenbild und einer Erziehungsidee zum Ausdruck kam. Es ist das klassische antike Menschenbild des Tugendhaften und Tüchtigen, der diese Werte verwirklicht; das Vorbild würde repräsentiert durch jemanden, der eben kalos k'agathos, also schön und gut, ist. Alles das klingt heute natürlich etwas pathetisch und – wohl übertrieben – insbesondere auch das Reden von Tugendwerten –, aber dennoch haben die Werte und die Orientierungen an ihnen und mittels ihrer auch heute noch einen guten Sinn.

Die antike Metapher des »Sehens« mit den »Augen des Geistes« hat zwar ihre Schwierigkeiten; sie ist viel kritisiert worden, und man mußte sie schließlich aufgeben. Es gibt kein besonderes Organ zur Erkenntnis des Guten. »Das Gute« ist offensichtlich gar kein zu erkennender »Gegenstand«, der irgendwie durch eine bestimmte methodische Verfahrensweise erkannt, gesichert oder auch nur irgendwie dingfest gemacht werden oder womit man in dem gleichen Sinne experimentieren könnte wie mit bestimmten anderen Gegenständen, Prozessen, Kräften. Dennoch sind das Gute, das Schöne, das Wahre – sind solche und andere Werte (z. B. das Nützliche, das Heilige usw.) relevant und handlungsbestimmend. Sie haben eine Art von »Realität«, aber nicht in dem Sinne, wie Gegenstände real existieren, sondern sie haben, wie man sagt, »Geltung«, wie man insbesondere auch in der materialen Wertphilosophie meinte. Sie »gelten« eben; sie haben eine Existenz des Geltens, des Gültigseins. Darunter versteht man offensichtlich, daß sie von einer bestimmten Gruppe von Menschen oder eben von allen Menschen mit einem gewissen Anspruch auf Allgemeingültigkeit und einer bestimmten institutionellen Stützung geglaubt oder befolgt werden, als handlungsverbindlich oder handlungsleitend bzw. als erstrebenswert oder als vorbildlich anerkannt werden. Werte sind also in diesem Sinne offensichtlich künstliche, fiktive Gegenstände, abstrakte Artefakte, die aus Bewertungen entstanden sind. Sie gewinnen erst eine sekundäre, eine gleichsam soziofiktive, durch soziale Konvention und Absicherung, eben etwa durch Institutionalisierung oder ideelle Verpflichtung oder normative Erwartung, Vorschrift oder Wertsetzung zustandegekommene Geltung. Trotzdem kann diese fiktive Geltungsexistenz von höchster Sozial- und Handlungswirksamkeit sowie Folgenträchtigkeit sein.

(Nicht nur die Werte, sondern das Soziale schlechthin ist per se von dieser überindividuellen interpretationskonstruktionistischen Verfassung. Auch der Staat als Institution ist ja nicht etwa ein Gegenstand, der gesehen oder angefaßt werden könnte, auch hier handelt es sich um einen solchen fiktiven Gegenstand, der ein konventionell zustandegekommenes abstraktes oder ideelles Artefakt ist, aber sehr wohl und sehr wirksam abgesichert ist in sozialen Normen, in bestimmten Konventionen, in bestimmten Gründungsdokumenten, in bestimmten Verfahrensweisen geregelter und institutionalisierter Art – das kennen wir alle zur Genüge.)

Die analytische Philosophie hat versucht, Wertadjektive als eine besondere Art von manchmal so genannten »grammatischen« Adjektiven ohne zugeordnete Gegenstände aufzufassen, die eine gewisse Funktion oder eine gewisse Selektionswirkung in bezug auf Handlungen oder auf die Auswahl von bestimmten Gesichtspunkten, Gegenständen usw. ausüben können. Beispielsweise sprach der analytische Philosoph Morris Lazerowitz von Wertprädikaten als »syntaktischen Adjektiven«, die keine Eigenschaft bezeichnen, aber expressiv und allgemeinverbindlich verhaltenssteuernd wirken, die etwa billigende oder mißbilligende Ausrufe und Befehle zu formulieren und auszudrücken gestatten, die insbesondere auch etwas auszuzeichnen und zu bewerten erlauben, die aber wie gewöhnliche Adjektive in Indikativsätzen stehen und substantiviert werden können. Das Substantivierte bzw. die abstrakten, von den so gewonnenen Substantiven bezeichneten Entitäten sind dann die Werte, die aber als eine »grammatische« Konvention oder Fiktion zu denken seien, freilich zustande gekommen und gestützt durch entsprechende institutionelle Verhaltensweisen, Regeln usw. Es ist klar, daß diese eher sprachanalytischen Deutungen der Wertausdrücke zunächst im Zusammenhang zu stehen scheinen mit einem Relativismus der Werte. Man kann grundsätzlich beliebige Vereinbarungen treffen, konventionelle Fiktionen entwerfen.

Die Frage ist, wie kann man dann überhaupt von einer Allgemeingültigkeit der Werte, etwa der moralischen, sprechen? Das ist ein Punkt, der in der Diskussion eine große Rolle spielt. Offensichtlich sind die Werte auch kulturspezifisch und kulturrelativ. Aber manche von ihnen haben doch auch gewisse Funktionen abstrakterer Art, die sie gleichermaßen in allen Kulturen erfüllen; insofern sind sie überkulturell gleichartig, stimmen in verschiedenen oder gar allen Kulturen funktional oder gar formal überein. Sehr viele Werte, insbesondere Grundwerte, stehen offensichtlich im Zusammenhang mit der Aufgabe oder einer Funktion zur Sicherung der Kultur und der Gesellschaft bzw. der Sippe, des Stammes, des Volkes oder einer Gruppe. Sie werden sozusagen als »Bedingungswerte« in den meisten Kulturen moralisch ähnlich oder gleich eingestuft, obwohl es natürlich auch kennzeichnende Unterschiede gibt – z. B. bei den Adressaten der Werte und der ihnen zugeordneten Vorschriften. Auch gerade hinsichtlich der Grundwerte finden sich Aspekt- und Akzentuierungsvarianten. Manche Grundwerte – selbst jener des individuellen Lebens – werden beispielsweise in Überflußgesellschaften und in Mangelgesellschaften u. U. ganz anders gewichtet. Das gilt etwa in bezug auf Angehörige, die nicht mehr im »produktiven« Alter sind: So war es in der Eskimogesellschaft »üblich«, wurde erwartet, daß die Alten, um dem Clan nicht zur Last zu fallen, in den Schneesturm gingen; bei den Tungusen mußte man als älterer Mensch relativ »fit« sterben, um im Jenseits, in den Ewigen Jagdgründen, noch gute Jagdgelegenheiten wahrnehmen zu können; man durfte also im Interesse des guten Nach-Lebens nicht zu hinfällig sterben. Bei den Maoris wurden Alte und Gebrechliche angeblich die Wasserfälle hinuntergeworfen. Es gibt also z. B. offensichtlich sehr unterschiedliche Einstufungen des Grundwertes des Einzellebens in verschiedenen Gesellschaften, besonders in solchen mit besonders harten oder extremen Lebens- bzw. Überlebensbedingungen. Dennoch kann man sagen, daß diese unterschiedlichen Sonderbewertungen sich vielleicht deuten oder erklären lassen durch die Funktion nicht nur der Ordnung, sondern gerade auch des Überlebens, der Sicherung der jeweiligen Gesellschaft bzw. ihrer Grundeinheit, etwa des Stammes. In einer Gesellschaft extremen Mangels dürfen eben nicht viele der Allgemeinheit zur Last fallen. Bei den Buschmännern war es üblich, daß, wenn eine Frau Zwillinge geboren hatte, nur ein Kind davon weiterleben durfte und das andere – begraben wurde. Und zwar wurde bei den Buschmännern – was ja auch funktional und aus Überlebensgründen für die kleine Familiengruppe wichtig und sehr sinnvoll ist, der männliche Nachkomme beerdigt, wenn zweieiige Zwillinge verschiedenen Geschlechts geboren worden waren. Die Frauen waren wichtiger zur Sicherung des Überlebens und der Kontinuität des Clans; sie hatten deshalb den Vorrang. Vielleicht ist das hier etwas übertrieben dargestellt worden, aber diese Relativbewertung hat offensichtlich mit der Sicherung der Gesellschaft, in diesem Falle der Kleingesellschaft, der kleinen Sippe und deren Überlebenschancen zu tun. Insofern ist trotz der Relativität vieler Werte und auch mancher Grundwerte doch so etwas wie eine übergreifende Funktionalität der Werte im Systemzusammenhang festzustellen. Das ist m. E. wichtig und interessant. Man kann darüber hinaus auch zu gewissen Allgemeinüberlegungen, Allgemeinverbindlichkeiten kommen – heutzutage etwa hinsichtlich der Überlebensbedingungen der Gesamtmenschheit auf einer enger gewordenen und durch globale Wirkungs- und Handlungsvernetzungen gekennzeichneten Erde. Auf dem Wege zur Weltgesellschaft scheint sich unter dem Signum der technologischerfolgreichen abendländisch-westlichen Zivilisation – trotz aller Regionalismen, Ethnozentrismen und Fundamentalismen! – eine Art von Vereinheitlichung funktionaler Werte und Wertsysteme gleichsam empirisch auszubilden (vgl. z. B. Lenk 1967). Freilich muß man berücksichtigen, daß insbesondere die kulturspezifischen Werte häufig auch in ideologischer Funktion[1] benutzt werden. (Die erwähnten Erscheinungen wie z. B. die Fundamentalismen zeugen davon.) Für Werte gibt es eine reflexive ideologische Verwendung; sie dienen – wie man sagt und wie viele Autoren es auch als Grundlage der Definition von Werten heranziehen, etwa Nicholas Rescher (1969, 9) – der Rationalisierung von Handlungen und der Erzeugung einer positiven Einstellung zum Gegenstand der Wertung bzw. zu einem »vermutlich wohltuenden

---

[1] Im Sinne der Handlungsrechtfertigung nehmen Werte oft auch eine Art von ideologischer Funktion an. Diese ideologische Funktion der Wertdiskussionen ist charakteristisch auch für viele philosophische Diskussionen in der Tradition – insofern, als man den Rückgriff auf Werte im Sinne der Legitimierung oder der Rechtfertigung häufig als eine Art von *Erkenntnisbegründung* versteht und die normative Aspekte sozusagen durch eine Art von scheinbarer Erklärungsperspektive herauseskamotiert oder überdeckt hatte. Das normative Moment wird durch dieses scheinbar kognitive Moment der Werterklärung oder Wertrechtfertigung gleichsam minimiert oder ganz weggenommen. Es ergibt sich im Grunde so etwas wie eine quasi-ideologische Begründungsform. »Ideologisch« nennt man ja Sätze oder Theorien, die »engagiert« sind, also entweder normativ oder emotional gebunden oder geprägt sind, aber dennoch als *theoretische,* allgemeingültige und *deskriptive Erkenntnisse* dargestellt werden, sich sozusagen als Erkenntnisse geben oder drapieren, obwohl sie an bestimmte vorweggenommene Entscheidungen, Wertungen, Normen usw. gebunden sind. Eine solche Auffassung des »Ideologischen« ist in gewisser Weise eine Fortsetzung der traditionellen positivistischen Ideologietheorie nach Theodor Geiger, die dann allerdings auch auf Handlungsfunktionen bezogen werden kann. Der Soziologe Talcott Parsons z. B. bezeichnete Ideologien als handlungssteuernde Erkenntnisse, die unter Rückgriff auf Wertorientierungen dieses Moment des Kognitiven in den Vordergrund stellen, aber in Wirklichkeit stärker zur Rechtfertigung dienen; sie scheinen Erklärungen zu sein, sind aber in Wirklichkeit im normativen Sinne rechtfertigungsorientiert, wobei das oft versteckt ist oder nicht gesehen wird. Insofern hat man zu beachten, daß gerade bei Wertkonstrukten eine ideologische Funktion durchaus üblich und oft zu finden ist. Das müßte man bei den Diskussionen über Werte stets auch im Auge behalten.

Zustand«. Wobei »Rationalisierung« ein mehrdeutiges Wort ist. Einmal kann damit gemeint sein »zum Erkennen dienlich«, also zur Erklärung des Handelns: Wenn ich weiß, aus welchem Grunde jemand etwas getan hat, dann verstehe ich eher, warum er so gehandelt hat: »Ich führe Buch aus Sparsamkeit«, oder: »Der Samariter half dem Verunglückten aus Nächstenliebe« – solche Sätze sind für das Verständnis und zur Erklärung von Handlungen geeignet. Darüber hinaus sind rationalisierende Reflexionen geeignet, eine Ordnung oder Hierarchie einzubringen. Häufig findet man auch Wertprojektionen, wo bestimmte Wertungen, die zur Beurteilung von Handlungen dienen, zunächst etwa in göttliche Mächte oder Autoritäten projiziert werden, von diesen wiederum verordnet werden und dadurch an Autorisierung gewinnen – ein ideologischer Selbstverstärkungsprozeß, der gelegentlich auch in der Philosophie untersucht wurde und meist im Zusammenhang mit religiösen Normenbildungen, Wertungen und Vorschriften steht. Ernst Topitsch (1958) hat diese ideologischen Projektions- und Rückübertragungsprozesse in verschiedenen Formen untersucht. Er hat nicht nur derartige kosmische, kosmologische und theologische Projektionen, sondern auch soziomorphe oder technomorphe, biomorphe Pro- und Retrojektionen analysiert. Wenn man in seiner Begründung des Handelns mit dem größeren Ganzen, sei es der Gesellschaft, sei es des Kosmos, sei es Gottes, übereinzustimmen glaubte, dann hat man scheinbar ein umso größeres und gesichertes Recht, eine um so stärkere Legitimation bei der Berufung auf Werte, die das Handeln leiten. Die ideologische oder bewußt normative Legitimation des Handelns durch Werte ist natürlich im Zusammenhang mit solchen Ordnungs-, Einordnungs- und Unterordnungsversuchen wichtig und i. d. R. auch funktional.

Dasselbe gilt natürlich für die Rechtfertigung des Einzelhandelns in bezug auf persönliche und individuelle Werte; auch darauf ist noch einzugehen. Wo keine überkulturelle oder überpersönliche Autoritätsinstanz gegeben ist oder angenommen wird, welche die entsprechende Rechtfertigung stützt, da kann man u. U. doch auch auf Legitimations-, Ordnungs- und Einordnungsfunktionen durch Werte zurückgreifen. Auf einzelne Werte brauchen wir dabei nicht einzugehen; es gibt genügend Beispiele, die jeder kennt – und einige habe ich zu Anfang des Kapitels genannt.

Werterkenntnis und -erfassung

Die wichtige Frage ist eher: Wie sind Werte zu erkennen, zu beurteilen, zu begründen? Kann man überhaupt von Wer*terkenntnis* in demselben Sinne sprechen, wie man etwa von der Erkenntnis von Naturtatsachen oder von theoretischen Erkenntnissen sprechen kann? Viele meinten das; und es gab Schulen, die behaupt(et)en, man verfüge über eine eigene Art von Wertsinn, gar über einen »moralischen Sinn« (der zur Erkenntnis des Guten, des sittlich Guten führen soll) oder über einen Schönheitssinn (der die ästhetischen Bewertungen leistet bzw. begründet). Diese Richtung, die ein ethischer oder Wert-Intuitionismus genannt wird, weil sie dem Menschen eine nichtnatürliche intuitive Fähigkeit der Werterkenntnis zuspricht, ist allerdings in große Schwierigkeiten geraten – nicht nur des Relativismus wegen, besonders auch weil widersprechende Bewertungen des gleichen Gegenstandes, insbesondere auch kulturrelativ, vorkommen, man müßte also diesen Sinn kulturrelativ auffassen; auch wäre der Wandel bei Werturteilen, der ja vorkommt oder auch gegenwärtig in der Debatte über den »Wertewandel« zwischen Generationen viel diskutiert wird, gar nicht erklärbar.

Andere, die so genannten Naturalisten in der Ethik und Wertlehre, haben wiederum versucht, Wertprädikate durch natürliche Eigenschaften zu definieren, z. B. bestimmt der Utilitarismus, bei dem das Nützlichkeitsdenken vorherrscht: Das Gute ist das, was den meisten nützt. Gut ist das, was zum größten Glück der größten Zahl und zur geringsten Schmerzsumme aller führt. Man überlegt dann, ob man eine idealisierte Bilanz zwischen Glück und Schmerz, zwischen Freude und Leid als eine Grundlage der Bewertung des Guten annehmen kann; die Verbesserung dieser Bilanz gilt dann als »gut« oder als »natürlich gut«, und die Behinderung oder Verringerung dieser Bilanz ist dann natürlich moralisch »falsch«, »böse« oder »schlecht«. (Man kann die Gesamtbilanz aller oder den Durchschnittsnutzen oder die in jeder dieser Hinsichten nützlichste generelle Regel als Standard zugrunde legen: je nachdem erhält man den Gesamtnutzenutilitarismus, den Durchschnittsnutzenutilitarismus oder den Regelutilitarismus – letzteren im Gegensatz zum Handlungs- oder Aktutilitarismus, der statt genereller sozialer oder moralischer Regeln bei der Nutzenbewertung stets die Folgen der tatsächlichen Einzelaktionen, der Handlungen als grundlegend nimmt.) Das Nutzenbilanzieren ist jedoch nicht geeignet, das spezifisch sittlich Gute oder das Gerechte zweifelsfrei auszuzeichnen, denn auch diese Gesamtbilanzen oder Durchschnittsnutzenüberlegungen können doch mit sehr unfairen Einzelverteilungen einhergehen. (Der Regelutilitarismus steht hier besser da.) Die strikt naturalistischen Begründungen würden aber darauf hinauslaufen, daß man alle Werturteile, auch etwa im Sittlichen, dann nur als theoretische Beschreibungen auffaßt oder als kurzgefaßte Zusammenstellungen von deskriptiven Prädikaten: Was man als Sachverhalt etwas komplizierterer Art beschreiben kann, wird eben zu einer Bewertung; man geht direkt von einer Beschreibungsprädikation, einer beschreibenden Darstellung, über zu einer bewertenden, sei es einer Vorschriften machenden oder einer im Sinne eines Standards bewertenden, jedenfalls zu einer normativen Aussage. Normative Aussagen sind ja charakteristisch für die Anwendung von Werten: Wenn ich etwas als wertvoll ansehe und bezeichne, dieses einem Wert zuordne, dann urteile ich normativ, d. h., ich schreibe etwas vor oder ich bewerte etwas als hochwertig oder niedrigwertig. Werte kommen häufig in polaren Gegensätzen zwischen einem positiven und einem negativen Wert(epol) vor.

Es gibt aber auch noch andere normative Varianten, wie z. B. Befehlen. Jedenfalls ist das Normative – und das ist eine Einsicht, die sich schon seit David Hume verbreitet hat und in der analytischen Philosophie nach wie vor vorherrscht – nicht einfach auf Beschreibendes zurückzuführen. Die Ableitung von normativen Aussagen aus beschreibenden Aussagen wäre, wie George Edward Moore es genannt hat, ein sog. »naturalistischer Fehlschluß«. (Dies ist zwar ein etwas unglücklicher Ausdruck für ein Argument, das nicht an naturalistische Ethik-, Norm- oder Wertbegründungen gebunden sein muß, doch bejahen naturalistische Ethik-, Norm- oder Wertbegründungen einen solchen Fehlschluß, wenn sie die Existenz echt normativen Wertens überhaupt zugestehen – was sie eigentlich nicht können, ohne in einen Widerspruch zu geraten.) Soll-Aussagen, so soll das Verbot der naturalistischen Fehlschlüsse nun verstanden werden, sind grundsätzlich etwas anderes als Ist-Aussagen. Insbesondere kann und darf man Sollsätze nicht aus reinen Istsätzen logisch herleiten. Wertaussagen sind etwas anderes als Sachverhaltsbeschreibungen. Bewerten oder das Adoptieren, das Unterschreiben, das Verbindlicherklären von Werten – all das ist nicht nur Beschreiben. Werturteile enthalten eben auch Vorschriften oder Wertungen. Sollaussagen, Werturteile sind nicht bloße Berichte über äußere oder innere subjektive Zustände.

Es gab auch eine Schule, die glaubte, Wertaussagen seien nichts anderes als Emotionsäußerungen oder emotive Äußerungen im Sinne etwa von Ausrufen billigender oder mißbilligender Art; auch diese Auffassung ist zweifellos zu kurz gegriffen. Subjektive Zustände, etwa wie »ich empfinde ein Billigungsgefühl dafür, daß Töten vermieden wird« wären ja wohl eine etwas schwache und unplausible Formulierung für das Fünfte Gebot. In dem Nebeneinander von subjektiven Berichten könnte auch gar kein wirklicher Anspruch auf Allgemeingültigkeit zu erheben sein und kein Wertdisput anhand von generellen Kriterien entstehen. Allgemeine ethische Vorschriften wären unmöglich, und schließlich ist es auch zu einseitig, Werturteile nur als Ausdruck eines Gefühls einer Billigung zu verstehen, wie es dieser sog. Emotivismus (von Charles L. Stevenson und Alfred J. Ayer) behauptet hatte.

Nicht alle Werturteile sind allgemeine Vorschriften und Empfehlungen, wie der Präskriptivismus meint, der etwa von dem bekannten englischen Moralphilosophen Richard Hare vertreten wird. Auch daß Werte im Grunde nur Vorschriften oder kurz gefaßte Befehle, Verhaltensanweisungen seien, ist zu einfach gesehen. Zwar haben viele Werte einen Zusammenhang mit Imperativischem und den entsprechenden zugeordneten Normen. Die kontrollierten und institutionalisierten Handlungserwartungen sind oft als Vorschriften für bestimmte Fälle und Situationen aufzufassen, aber Wertungen sind oft nicht bloß Vorschriften. Beispielsweise stellen ästhetische Urteile wie »Dies Bildnis ist bezaubernd schön« offensichtlich keine Vorschrift dar, sondern sie können allenfalls als Ausdruck einer Hochschätzung gelten, die aber nichts mit einem bestimmten Verwertungs- oder Funktionsinteresse oder auch mit bestimmten urteilskonform auszuübenden Handlungen zu tun hat. Viele ästhetische Urteile sind gerade von der Art, daß sie nicht unmittelbar handlungsrelevant sind; sie fordern nicht zum Handeln auf, stehen oft gar nicht mit Handlungserwartungen oder -vorschriften im Zusammenhang. Also hat auch der Präskriptivismus wie der Emotivismus seine Begründungs- und Adäquatheitsschwierigkeiten.

Es gibt noch ökonomische Theorien der Werte, wie etwa jene, die von Kenneth Boulding vertreten wurde. Er behauptete, Werte seien nichts als Äquivalenzklassen von Präferenzfunktionen. Gegenstände oder Güter, die gleiche Funktionspräferenz haben, werden in die gleiche Wertklasse eingeordnet. Werte sind also im Grunde nach dieser Auffassung nichts anderes als Ausdrücke von Indifferenzkurven von Präferenzfunktionen, also Nutzenwerte auf Indifferenzkurven, eben Äquivalenzklassen gleichwertiger Objekte hinsichtlich von Bewertungs- oder Nutzenfunktionen oder gleichwertiger Ergebnisse von Produktionsfunktionen oder Entscheidungsverfahren. Das ist zwar ein Gesichtspunkt, den man vielfach gerade bei Güter- und Funktionswerten, wie sie in der Ökonomie häufig vorkommen, und auch bei Bedarfswerten, bei knappen Gütern etwa, finden und auch messen kann, insofern ist der Ansatz ökonomisch sinnvoll und macht auch diese Arten der Bewertungen der Wertdiskussion analytisch zugänglich, aber diese Auffassung der Werte allgemein, schlechthin und überhaupt als Präferenzfunktionen bzw. entsprechender Äquivalenzklassen ist doch auch zu einseitig, gerade angesichts etwa der erwähnten nicht handlungs- und nutzenrelevanten ästhetischen Werte usw.

Wertkonflikte

Wertbegriffe haben also offensichtlich verschiedene, ja, vielfältige Funktionen, sie sind nicht alle einfach auf eine einzige Funktion zusammenzustreichen. Deswegen scheint ein Multifunktionalismus (P. H. Nowell-Smith) der Wertadjektive, der Werteigenschaften, der Wertprädikate, der Bewertungen vertretbar zu sein. Werte weisen eine Vielfunktionalität auf. Sie werden in bestimmten Konstellationen und Konfigurationen relevant, die Konflikte zwischen Werten darstellen. Verschiedene Werte, auch verschiedene Grundwerte, können u. U. miteinander in Konflikt und Kollision geraten; das ist häufig gerade auch im Ethischen zu finden. Man denke an das berühmte Beispiel von Kant, der die Gerechtigkeit so absolut in den Vordergrund gestellt hat, daß er sagte, auf einer Insel müßte ein zum Tode Verurteilter noch hingerichtet werden, bevor diese Insel von ihren Bewohnern ganz verlassen wird, obwohl er keinerlei Schaden für irgend jemand mehr anrichten kann. Man kann da durchaus sehr kritisch einwenden: Wie steht es denn bei Kant mit dem Wert des humanen Umgehens mit einem anderen Menschen, selbst wenn dieser anscheinend alle Ansprüche auf die Privilegien der Humanität selbst verloren haben mag, weil er sich etwa durch ein Verbrechen selbst außerhalb der menschlichen und sittlichen Gemeinschaft gestellt hat? Die Diskussion berührt natürlich jene über den Sinn der Strafe. Hat die Strafe Sühnefunktion oder soll sie im Rahmen einer Resozialisierungsaufgabe stehen? Die möglichen Antworten auf diese Fragen hängen natürlich von ethischen Grundüberzeugungen und auch von der Lösung bestimmter Konflikte zwischen Grundwerten und einzelnen bestimmten Werten ab.

Derartige Konflikte kann man auch häufig im Alltag feststellen, so hat etwa der Ethiker C. D. Broad (1949, 553) einen kontroversen Fall erörtert: Ein Mann, der bei einem höchst unmoralischen Verhalten ums Leben kommt, wird dabei nur von einem einzigen Zeugen beobachtet. Soll dieser Zeuge nun der Mutter des Umgekommenen auf ihre Frage nach dem Hergang des Unglücks und des davorliegenden Handelns ganz aufrichtig antworten? Er würde mit einer aufrichtigen Antwort die Mutter für ihr ganzes Leben unglücklich machen, ohne daß diese strikte Wahrheitstreue irgendwie förderlich oder nützlich wäre. Eine Lüge aber würde der Mutter einiges ersparen und niemandem sonst schaden. An solchen Fällen und Konflikten scheiden sich die Geister der Prinzipienethiker, der sog. deontologischen Ethiker, einerseits, die glauben, sie müßten auf alle Fälle die Wahrheit sagen, selbst wenn sie damit jemandem Leid antun, und zum anderen der vorherrschend humanitär gesonnenen Verantwortungsethiker, die vielleicht eher Folgenethiker genannt werden sollten, weil sie auf die Folgen der entsprechenden Äußerungen und z.T. auch der Beurteilung der Handlungen, zumal der eigenen Handlungen, achten. Ich selber würde eher zu dem letzteren neigen, aber Prima-facie-Normen einer Prinzipienethik wie etwa das Tötungsverbot (außer Notwehr- und begründeter Selbsttötung) einfügen: M. E. kann nur eine pragmatische Mischung von Prinzipien- und folgenethischen Ansätzen eine relativ realistische und sozial akzeptable Moral ergeben.

Ich selbst habe übrigens auch einmal so einen Fall erlebt, wie es der von Broad erörterte ist: Es handelte sich zwar nicht um eine Mutter und einen Umgekommenen, sondern um ein diskriminierendes Zeugnis eines verstorbenen Ehemannes, in Gestalt eines an seine Frau gerichteten nicht abgeschickten sehr negativen Briefes, den ich in dessen mir anvertrautem Nachlaß fand, und ich stand vor der Frage: Sollte ich diesen Brief nun seiner Witwe übergeben oder nicht? Für deren Handlungen war er nicht relevant. Wichtig war aber genau dieser Punkt, daß die Hochachtung der Witwe für ihren verstorbenen Mann dadurch unwiderruflich geschädigt, gemindert worden wäre, und eben insbesondere die gefühlsmäßige Bindung, die beide zueinander entwickelt hatten, post mortem unterminiert worden wäre, wenn sie das, was er schriftlich niedergelegt hatte, zur Kenntnis bekäme. *De mortuis nil nisi bene*? Oder strikte Wahrheitsfindung? Ein schwieriger Fall, nicht besonders folgenreich zwar, was die äußeren Folgen angeht, es sei denn, ich hätte mich anders entschieden und hätte das Dokument der Witwe gegeben, dann hätte sie zumindest lebenslang ein schlechtes Erinnerungsbild oder ein gewisses gemindertes Erinnerungsbild gehabt. Ich habe mich also im Sinne dieser humanitären Entscheidung zur Rücksichtnahme auf das Empfinden der Witwe entschieden und ließ den Brief verschwinden: zwar habe ich nicht gelogen oder ein Versprechen gebrochen, ich wurde ja nicht gefragt oder verpflichtet, doch habe ich ähnlich einer sog. »white lie«, einer Nichtäußerung (statt einer direkten Ableugnung), eine Information unterdrückt, auf die jemand eine Art Anspruch hätte erheben können. (Eine bloße Beschreibung des Briefinhalts wäre aus einsichtigen Gründen nicht in Frage gekommen: entweder hätte die neutrale Umschreibung das Interesse und den Anspruch geweckt, oder die negative Wiedergabe hätte bereits das Postulat der humanitären Rücksichtnahme beiseite geschoben.) Ich frage mich natürlich, nach welchen Wertkriterien und Theorien sollte man so einen Konflikt beurteilen und entscheiden. War meine eigene Handlung nun richtig oder gar gut? War sie falsch oder unrichtig? War sie schlecht oder gar böse? Was soll man da sagen? Zumindest war sie rücksichtsvoll.

Zur phänomenologischen Wertethik

Es soll hier nicht auf die traditionellen philosophischen Wertethiken eingegangen werden, insbesondere nicht auf die materialen Wertethiken von Max Scheler oder Nicolai Hartmann, die im ersten Drittel dieses Jahrhunderts viel Aufsehen erregt haben. Auch diese Autoren meinten, daß die Werte in einem eigenen Reich existieren, das der Mensch etwa im Sinne der intuitionistischen Ansätze aber teilweise erkennen kann. Die Vertreter der traditionellen Wertethik wollten aber auch dem geschichtlichen Wandel der Werte gerecht werden, indem sie meinten, daß das Wertbewußtsein wie eine Art Leuchtkegel im Laufe der Geschichte von einer Wertkonstellation zu einer etwas anderen fortstreichen und stets andere Ausschnitte aus dem Wertereiche ins

Leuchtzentrum rücken kann; es gibt also auch Wertveränderungen, Wertwandlungen nach der materialen Wertethik, aber man glaubte, daß die Werte an sich in einem speziellen Reich der Geltung existieren und daß man diese und deren Beziehungen durch phänomenologische Wesensschau eben auch erkennen könne.

Mit der Werttheorie eines letzten, gerade verstorbenen Vertreters dieser Wertethik, nämlich Hans Reiner, möchte ich mich im folgenden kurz befassen. Reiner meint, daß Werte in der Tat objektivierbar sind, daß sie auch bestimmten Seinsdingen anhängen würden. Er definiert (1965, 11) einen Wert als »das an einem Seienden, was uns dieses als unserer Hochschätzung würdig und deshalb als erfreulich erscheinen läßt«. Ein Wert ist also an einem Seienden verkörpert, aber die meisten Werte sind auch relationale Werte: Sie haben einen bestimmten Bezug auf uns, die Wertenden bzw. Handelnden, sie sind oft eben Güter oder Mittel, die ein Bedürfnis erfüllen oder befriedigen. Reiner spricht (ebd. 14) von »*bedürfnisbedingten*« oder »*bedürfniserfüllende(n) Werte(n)*« und unterscheidet dann »eigenbedürfniserfüllende« von »fremdbedürfniserfüllenden« Werten, kurz: »eigenrelative« von »fremdrelativen Werten«, denen entsprechend der Benennung natürlich eine leicht verständliche Hochschätzung zukommt. Wenn ich irgendwie ein Gut anstrebe oder hochschätze, dann ist dieses eben für mich ein »eigenbedürfniserfüllender Wert«. Aber nach Reiner stehen nicht alle Werte in einer solchen realen Beziehung zu Interessenten; es gibt auch Werte, die unabhängig von dieser realen Beziehung und somit nicht bedürfnisrelativ, weil nicht bedürfnisrelevant, nicht bedürfniserfüllend sind. Werte erzeugen bzw. beanspruchen eine Hochschätzung, ohne daß sie ein Bedürfnis erfüllen. Man denke beispielsweise an den Wert der Schönheit und etwa die Kantische Theorie, die ja die ästhetisch beurteilte Schönheit durch das »interesselose Wohlgefallen« gekennzeichnet sieht: gerade dann, wenn ich kein persönliches Interesse oder Besitzstreben u. ä. in bezug auf den Wertträger habe, handelt es sich um einen ästhetischen Wert. Nach Kant sind analog dazu auch ethische Werte nur dann gegeben, wenn sie nicht meinem persönlich interessierten Streben, meinem Wollen, meinen Neigungen entsprechen; sondern das Ethische ist bei Kant, fast zu rigoros, darin zu sehen, daß man sich hart diszipliniert, sich selbst und seine Neigungen überwindet und bezwingt. Askese ist Pflicht, und erst diese ist ethisch. Etwas ist moralisch gut und moralisch wertvoll nur insofern, als ich es mir gegen meine Neigung abzwinge, abverlange. Das ist die kantische Ansicht, die einen geradezu preußischen Rigorismus in der Ethik zeigt. Friedrich von Schiller hat ihm denn auch vorgehalten, daß er eben leider seine Freunde aus Neigung hochschätze und nicht aus bloßem Pflichtgefühl – und auch das müßte doch eigentlich etwas Gutes sein. Kant freilich würde antworten, daran sei zwar nichts Verächtliches, aber die Wertschätzungen und die Handlungen seien moralisch neutral, sozusagen amoralisch, ohne unmoralisch sein zu müssen. Das Unmoralische ist nach Kant also sorgsam von Amoralischen zu unterscheiden.

Zurück zur Wertethik Reiners, die trotz ihrer materialen (statt der Kantischen formalen) Ausrichtung der Kantischen Ethik in Kernbereichen verpflichtet bleibt. Werte, die nicht in bezug auf die Bedürfnisse von Personen stehen, bei denen etwa die »Hochschätzung« und die Erfreulichkeit darauf beruhen, daß die Werte »in ihrem Sosein«, wie Reiner (ebd. 15 f.) sagt, vorhanden sind, »einfach da sind«, realisiert sind – diese Werte nennt er »*absolute Werte*«. Diese sind also solche Werte, die sich nicht auf eine Bedürfnisbeziehung gründen. Diese Terminologie hat nichts zu tun mit einem Absolutismus der Einzigkeit von obersten Werten und der endgültigen Begründung, sondern drückt nur die Nichtrelativität der Werte aus. Statt von absoluten könnte man etwas weniger hochgestochen von nichtrelativen Werten sprechen. Nach Reiner entsteht jedoch sekundär ein bestimmtes Verhältnis auch zu diesen absoluten oder nichtrelativen Werten insofern, als wir sie hochschätzen und über ihre Realisierung interesselos erfreut sind. Wenn wir uns über den eigeninteressierten Standpunkt erheben, dann nehmen wir einen »objektiven«, einen übersubjektiven Standpunkt ein. So gibt es also offensichtlich in diesem Sinne übersubjektiv oder »*objektiv bedeutsame Werte*« (ebd. 18). Das können einerseits die absoluten Werte sein, die überhaupt nicht bedürfnisrelativ sind, das können andererseits aber auch Werte sein, die fremdbedürfniserfüllend sind, die also anderen zugute kommen, die wir aus bestimmten Gründen, sei es moralischer Einsicht, sei es Mitleid, anderen als für sie bedürfniserfüllend zuerkennen. Diese »objektiv bedeutsamen Werte« sind also den bloß »subjektiv bedeutsamen«, den eigenbedürfniserfüllenden oder eigenrelativen Werten gegenüberzustellen. Reiner kommt (ebd. 19) dann zu einer Werttypen-Tafel:

Werte

| bedürfnisbedingte (= relative) | { eigenrelative fremdrelative } | nur subjektive bedeutsame |
| absolute | } | objektive bedeutsame |

Diese einfache Tafel ist für ihn dann auch schon die hinreichende Grundlage, seine Werttheorie des Guten zu entwickeln. Die absoluten Werte erzeugen durch ihre unabhängig von unserem Bedürfnis entstehende Hochschätzung, aufgrund der »Erfreulichkeit« ihres »Soseins« einen »*Appell*«, zu ihrer Verwirklichung und Existenz beizutragen. Aber sie begegnen uns i. a. nicht als Gegenstand eines Wunsches oder eines lockenden Verlangens, sondern als »*Forderung*«, als »*Aufforderung*«, zu ihrer Verwirklichung oder Erhaltung beizutragen. So ähnlich ist es natürlich auch hinsichtlich der fremdbedürfniserfüllenden Werte. Daß man anderen hilft, ist häufiger weniger der eigene Wunsch (obwohl es natürlich das Mitleid u. ä. gibt, das zur Formierung eines bestimmten entsprechenden Hilfswunsches auch führt), sondern oft eine an uns herangetragene oder von uns empfundene Forderung oder Aufforderung zur Verwirklichung des entsprechenden fremdrelativen Wertes. Das gilt auch für die absoluten Werte, die sich ihrer allgemeinen Wertform nach geradezu als die »Auffassungsformen«, »*Wertkategorien*« im Sinne dieses Appellerhebens darstellen. »Sittlich gut« nennt nun Reiner (ebd. 22) Handlungen (oder Unterlassungen), durch die wir dem Appell zur Verwirklichung, Vermehrung oder Erhaltung eines objektiv bedeutsamen Wertes folgen. Also objektiv bedeutsame, d. h. an anderen zu verwirklichende oder absolute Werte sind die Grundlage des Appells und der Aufforderung, deren Befolgung im Handeln (bzw. im Unterlassen) sittlich gut genannt wird. Das moralisch Gute ist also gleichsam in dem Imperativ zu sehen: Erhalte und verwirkliche möglichst viele objektiv bedeutsame Werte! Umgekehrt ist natürlich »das *Böse*« darin zu sehen, daß man einer »Forderung zur Erhaltung oder Verwirklichung eines objektiv bedeutsamen Wertes *nicht*« entspricht bzw. es ablehnt (ebd.). Das Nichtentsprechen wird freilich analytisch nicht näher hinterfragt, offensichtlich kann man ja als endlicher Mensch nicht alle Forderungen nach allen möglichen Handlungen zur Verbesserung der Situation bei der Verwirklichung oder Erhaltung von objektiv bedeutsamen

Werten auch nur zu erfüllen streben; jeder von uns könnte natürlich sehr viel mehr leisten, als er es etwa angesichts der Not von hungernden und leidenden Menschen in vielen Ländern der Dritten Welt tut. Dieses Nichtentsprechen wäre nach Reiner in diesem Sinne schon »böse«. D. h., alle wären wir, handelten wir (durch Unterlassen) dann schon böse, wenn wir nicht bzw. nicht genug zur Linderung des Elends beitragen. Vielleicht hat Reiner mit der Rigorosität seiner Forderung, ähnlich wie auch Albert Schweitzer mit seiner Appellethik der Ehrfurcht vor dem Leben, jegliche Selbstberuhigung des Gewissens (Schweitzer: »Das gute Gewissen ist eine Erfindung des Teufels« (1923, 1960, 340)) bekämpfen wollen. Um utopische Überforderung zu umgehen, um nicht alle zu »Bösen« zu stempeln, müßte er die Ethik auf den Appell bzw. Imperativ beschränken und die sittliche Zusprechung von Wertprädikaten zu Personen vermeiden. Bei Handlungen und Unterlassungen müßte man zudem differenzierter trennen: i. a. ist die unmittelbare Nichtbefolgung eines aktualisierten Appells zur Verwirklichung oder Erhaltung eines objektiv bedeutsamen Wertes als gewichtiger einzuschätzen als das bloße Nichthandeln oder Sich-Nichteinschränken angesichts einer fernen Not. Doch hier gibt es viele theoretische Klippen für Reiners Definition des sittlich Guten oder Bösen ... Überhaupt scheint Reiners Wertethik, entgegen seinen Beteuerungen, den situativen Umständen und geschichtlichen sowie gesellschaftlichen Entwicklungen und Verwicklungen, in die sich das Handeln eingewoben findet, nicht genügend Beachtung zu schenken – so kritisierte neuerdings René Görtzen (1991, 138 f.).

Reiner meint, daß Werte in gewisser Weise zwar Entsprechungen intentionaler Gefühle sind, insofern schließt er sich an Edmund Husserl an. Insoweit handelt es sich um eine Theorie der Wertphänomenologie. Aber er hält diese Werte für Gegebenheiten der Lebenswelt, bzw. glaubt, daß sie an Gegenständen, Gütern, Mitteln, Verfahren usw. in dieser haften, daß die Werte eben in diesem Sinne keineswegs nur ideale Vorstellungen sind, sondern daß sie auch – gerade die positiven Werte – als in der Wirklichkeit vorkommend erfahren werden, z. B. als Werte von Gütern, die wir besitzen, oder als Tugendwerte, die uns im Vorbild anderer begegnen usw. Werte sind also an einem Seienden etwas, das verwirklicht werden kann. Die Werte sind zwar abhängig von Wertungen und entsprechenden Einordnungen, aber offensichtlich werden sie als Eigenschaften an Dingen oder an Personen, an Handlungen usw. gesehen. Sie werden gewissermaßen in einem oszillierenden Status belassen: sie sind teilweise wie Eigenschaften, teilweise wie konstruktive Zuschreibungen oder fiktive Artefakte von Bewertungen; es bleibt letztlich im unklaren, was Werte eigentlich sind, in welcher Hinsicht ihre Existenz behauptet werden kann. Daß sie Gegenstände der Lebenswelt seien oder solchen anhaften könnten, besagt noch nicht sehr viel – das bleibt offen für manche Deutungen. Ähnlich schwierige Fragen stellen sich, wenn man die Beziehung zwischen der Verwirklichung und der »Existenz« eines Wertes *an* oder *in* einem Seienden zum Subjekt des Wertungsvorganges zu analysieren sucht. Handelt es sich nun um Eigenschaften des Seienden oder um Zuschreibungen bzw. Projektionen oder Konstruktionen des Wertenden? Bei Reiner bleibt dies Problem ungelöst; er behandelt zu oberflächlich die »Erfreulichkeit« etwa eines absoluten Wertes oder des »Verwirklichtsein« eines relativen Wertes (also den Genuß oder Besitz des Wertobjekts) als bloße Eigenschaft des Wertträgers, ohne die projektiven Wertzuschreibungen durch das wertende Subjekt näher zu untersuchen.

Soziale Werte

Ich hatte schon anzudeuten versucht, daß die soziale Geltung von Werten zu einer sekundären sozialen Wirklichkeit, Wirksamkeit – zu einer Wirksamkeit als sozialer Wirklichkeit – führt, und daß auf diese Weise die Verwirklichung oder die Verkörperung der Werte in der Lebenswelt verstanden werden kann. Die soziale Wirklichkeit von Werten in diesem Sinne hängt natürlich mit dem Anspruch der Werte auf eine überpersönliche, übersubjektive Gültigkeit zusammen. Werte gewinnen also sozusagen »Realität« in der sozialen Welt, in der Lebenswelt dadurch, daß sie gestützt, institutionalisiert, kontrolliert, u. U. sanktioniert, konventionell übereinstimmend von vielen geglaubt, für wahr, für verbindlich angesehen werden, und daß man sie in gewisser Weise gemeinsam übernimmt bzw. gutheißt. Werte sind also in gewissem Sinne abhängig von den Normen, in denen sie auftreten oder mit denen sie verbunden werden. Das ist ja auch die vorherrschende sozialwissenschaftliche oder auch in der Rechtsphilosophie vorfindliche Deutung, die etwa von dem berühmten Rechtspositivisten Hans

Kelsen so ausgedrückt wurde, daß Werte »die Geltung einer Norm« seien, daß Werte also analytisch-logisch an ihre Normierungen gebunden sind. Wieweit das auch für subjektive, rein persönliche Werte gilt, ist eine interessante philosophische Frage.

Aber wenden wir uns zunächst einmal sozialwissenschaftlichen Disziplinen zu, die Wertsysteme untersuchen und sich auf Wertdefinitionen stützen. Bei Sozialwissenschaftlern wurde eine Wertdefinition sehr berühmt, nämlich die von Clyde Kluckhohn (1951), die im wesentlichen darin besteht, daß ein Wert eine »Konzeption von Wünschenswertem (darstellt), welche explizit oder implizit für ein Individuum oder eine Gruppe kennzeichnend ist und die Auswahl erreichter Handlungsmittel und -ziele beeinflußt«. Das ist natürlich eine recht vage und pauschale Definition, die zwar viel zitiert worden ist, aber keineswegs ausreicht. Einerseits kann man fragen: Wieso soll die Konzeption von etwas spezifisch Wünschenswertem kennzeichnend für eine Gruppe sein, und wieso soll umgekehrt nur dann ein Wert vorliegen, wenn etwas spezifisch Wünschenswertes charakteristisch für eine Gruppe ist? Das ist sicherlich viel zu unpräzise definiert. Darüber hinaus – und das ist viel wichtiger – wird nicht genügend die soziale Normierung berücksichtigt, die institutionelle und die soziale Einbettung, die Verbindung von Werten und Normen ist hier stillschweigend unterstellt, wird nicht erwähnt – das sollte bei Sozialwissenschaftlern besonders überraschen. Deshalb haben bald auch Anthropologen wie etwa der Sozialwissenschaftler und Ethnologe Wolfgang Rudolph (1959) in seinem Werk über die Kulturanthropologie der Werte berücksichtigt, daß Werte durch soziale und kulturelle Normierung, Typisierung gekennzeichnet werden, – also durch etwas genuin Soziales, das zu dem psychisch Verinnerlichten, der Konzeption von Wünschenswertem, hinzukommt. Rudolph (1959, 164) versteht einen »kulturellen Wert« als »sozial sanktionierten, kulturell typisierten und psychisch internalisierten Standard selektiver Orientierung für Richtung, Intensität, Ziel und Mittel des Verhaltens«. Hierin sind also die kulturelle und die soziale Normierung durchaus enthalten, und es wird auch darauf aufmerksam gemacht, daß Standards verwendet werden, daß eine psychische Verinnerlichung von Wertmaßstäben stattfindet und daß die Handlungsleitung insbesondere in Auswahltätigkeiten bei der Orientierung in einer Richtung, auf Ziele hin, sowie in bezug auf Einsatz, Engagement bzw. Intensität usw. des Verhaltens besteht. Diese Definition ist auch von einigen Sozialpsychologen als Grundlage der zeitgenössischen deutschen Wertdiskussion genommen worden; beispielsweise hat Peter Kmieciak (1976, 150), der die Wertwandlungsdebatte in der Bundesrepublik als Mitarbeiter von Helmut Klages mitinitiiert hat, einen Wert als ein »kulturell und sozialdeterminiertes (und geltendes), dynamisches, ichzentrales, selbstkonstitutives Ordnungskonzept als Orientierungsleitlinie« verstanden, »die den Systeminput einer Person (Wahrnehmung) selektiv organisiert und akzentuiert sowie ihren Output (Verhalten) reguliert, mithin eine ichdirigierte Planung und Ausrichtung des Verhaltens über verschiedene Situationen hinweg ermöglicht«.

Diese Definition ist zwar in ein etwas barockes Fremdwörterchinesisch gepreßt, das freilich Sozialwissenschaftler wie auch die Philosophen besonders zu lieben scheinen, aber sie weist doch auf etwas hin, was auch die Grundthese meiner Überlegungen sein wird: daß es sich nämlich bei den Werten und Wertungsergebnissen um bestimmte hypothetische Interpretationskonstrukte sowohl normativer als auch interpretativ-deskriptiver Verwendung handelt. Kmieciak versteht tatsächlich den Wertbegriff als ein »hypothetisches Konstrukt«, d. h. als einen theoretischen Begriff, der nicht vollständig auf die Beobachtungssprache reduzierbar ist, sondern sozusagen eine Art von Mehrbedeutung (»surplus meaning«) hat, aber doch »aus den Antezedentien und Konsequenzen des Verhaltens und des Erlebens erschließbar ist . . ., das wir deskriptiv und explanativ auf Handlung beziehen« (ebd. 150 f.). Das ist sicherlich eine akzeptable Formulierung, aber sie stellt doch nur die »eine Seite der Medaille dar«.

Es ist zweifellos eine zu eingeschränkte Sicht, die Werte als hypothetische Konstrukte lediglich deskriptiv-erklärender, quasi wissenschaftlicher Art, aufzufassen. Werte sind – und viel kennzeichnender – allgemein eben auch *normative* Interpretationskonstrukte, die keineswegs nur auf die Handlungserklärung und Handlungsbeschreibung zurückzuführen sind, sondern auch zur Handlungsrechtfertigung durch den Akteur selbst dienen. Deswegen schlage ich vor, man soll besser sagen: Werte sind Ergebnisse normativer und deskriptiver Interpretationen von Handlungs- und Beurteilungsregulierung(skonzept)en. Sie sind projektierte Konstruktentitäten zur Präferenzbildung. Wertbegriffe sind in erster Linie normative Zuschreibungsbegriffe und zugleich aber auch theoretische Erklärungsbegriffe sowie akteursgebundene, an den Handelnden gebundene Rechtfertigungsbegriffe zu Legitimierungszwecken – und alles dieses sind sie gleichermaßen. Sie sind in diesem Sinne geradezu typische Interpretationskonstrukte auf den genannten Ebenen der Handlungsbeschreibung, -erklärung, der Handlungsleitung und -anleitung (Motivation), der Handlungsrechtfertigung und der Normenbegründung sowie genereller auch der Begründung von Handlungsregeln usw. Es handelt sich bei Wertkonstrukten oder Wertbegriffen in der Tat um Interpretationskonstrukte, weil sie eben auch typischerweise Artefakte von Zuschreibungsprozessen sind. Daß ich etwas bewerte oder etwa einem Gegenstand einen Wert zuspreche – das ist eben eine typische Zuschreibungshandlung oder geht auf eine vorherige, als geschehen unterstellte Zuschreibungshandlung zurück, die in der betreffenden Wertung implizit steckt oder reaktiviert wird. Werte werden durch zuschreibende Wertungen zugeordnet. Ein Wert gilt als verwirklicht oder »realisiert«, wenn die Zuschreibung eines Sollzustandes oder wenn die zugeordnete Normforderung zum Wertträger durch eine Istaussage als erfüllt ausgewiesen wird. Werturteile enthalten explizit oder implizit normative Vorschriften, sie sind in vielerlei Weise an Normatives gebunden, sie sind also in gewisser Weise als methodologisch multifunktionale Interpretationskonstrukte aufzufassen, die dem vorher genannten Multifunktionalismus entsprechende Funktionen der Begründung, der Beschreibung, der Erklärung, des Ratens, Billigens, Beschwörens, Befehlens, Lobens, Anpreisens, Motivierens, Demotivierens, Abschreckens, Rechtfertigens und des Alsallgemeingültig-Behauptens usw. ausüben. Das heißt also, es gibt auch eine multifunktionale Verwendung von Bewertungen und Wertzuschreibungen – übrigens nicht nur bei der Zuschreibung von Werten zu anderen Personen, sondern auch bei der Selbstzuschreibung. Zuschreibungsbegriffe aber sind Interpretationskonstrukte.

Das läßt sich schon am Handlungsbegriff besonders deutlich machen, wie wiederholt gezeigt wurde (vgl. z. B. Verf. 1978, 279 ff.). Das Alltagshandeln geht von impliziten Interpretationen, den zuvorgenannten Schemata, aus, die oft nicht im eigentlichen Sinne Konstruktionen genannt werden können, weil sie vielfach von der sozialen Tradition, der Kultur vorgebildet, vorgegeben werden, aber sie haben doch die Struktureigenschaften eines bestimmten zugeschriebenen Gefügekonstrukts.

Werte kommen in Hierarchien, in Wertsystemen vor und sie funktionieren viel zur Steuerung, Kontrolle, Erklärung, Rechtfertigung, Beurteilung, Begründung von Handlungen und Normen. Wenn sie sozial institutionalisiert sind, haben sie die besondere Eigenschaft, daß sie zwischen individuellen und sozialen Perspektiven vermitteln, indem sie Konstrukte auf beiden Ebenen, auf der subjektiven wie auf der überpersönlichen, in unterschiedlicher Weise darstellen und übertragen, adaptieren, in gewisser Weise auch kontrollieren, sanktionieren, vorschreiben, durch Normen stützen. Die überindividuelle, sozial entstandene und aufrechterhaltene oder abgesicherte Funktion dieser Interpretationskonstrukte, also das, was man deren institutionalisierten Teil nennen könnte, ist im Grunde das Charakteristikum *sozialer Werte*, die über die persönliche Wertbindung hinaus gehen.

Wertklassifikationen

Werte weisen in gewissem Sinne eine methodologische Mehrdeutigkeit auf. Nicholas Rescher hat in seinem Buch *Introduction to Value Theory* (1969) von einer »Janusköpfigkeit« der Wertaussagen geredet, die darin besteht, daß Werte sich einerseits auf Handlungen beziehen, indem sie diese, deren Intentionen und Ziele begründen oder rechtfertigen können, oder indem sie sich andererseits auf Rechtfertigungsdiskussionen, auf Argumentationen beziehen; sozusagen eine Metastufe höher, über der Handlungsleitungsebene anzusiedeln sind, also Maßstäbe für Bewertungsdiskussionen oder Wertungsdiskurse abgeben. Werte nehmen also auf verschiedenen Ebenen Einfluß. Sie leiten oder legitimieren, rechtfertigen unmittelbar Handlungen: Man kann aus einer Wertorientierung oder aufgrund einer Übernahme, Annahme, aus einem Engagement für oder einer Identifikation mit einem Wert heraus handeln. Werte können aber auch sekundär, auf der semantischen Metastufe, in Bewertungsargumenten und Diskursen als Maßstäbe für die Beurteilungen auftreten. Werte sind also auf verschiedenen Ebenen wirksam. Diese Unterschiedlichkeit wird natürlich von Sozialwissenschaftlern auch gesehen, aber häufig nicht genügend betont.

Man kann als *These* wohl festhalten, daß das Modell der Interpretationskonstrukte sich durchgängig auf die Werte anwenden läßt und daß sich viele der philosophischen Mehrdeutigkeiten, der Schwierigkeiten beim Nachweis der Existenz, bei der grundsätzlichen Erfassung von Werten, insbesondere sozialen Werten, vermeiden lassen, wenn man einen solchen interpretatorischen Standpunkt einnimmt, wie er hier erarbeitet wurde.

Natürlich ist das Sprechen von Werten oder »den Werten« damit in keiner Weise an die ontische Existenz von spezifischen realen Gegenständen gebunden, sondern deren Wirkweise ist fiktiv, an Konventionen gebunden, sozial; sie sind abstrakte Artefakte. Diese – ihre Existenzweise – hat allenfalls die Existenz der Geltung, der Beachtung von verbreiteten oder allgemeingültigen oder auf Allgemeingültigkeit Anspruch erhebenden Normen. Natürlich kann man als Façon de parler, als bloße Sprechweise, auch weiterhin von der Existenz, der Verkörperung oder Realisierung von Werten sprechen, aber man kann nicht – wie es Reiners phänomenologisch-ontologische Werttheorie noch versucht – die Werte prinzipiell von Wertungen und Bewertungen loslösen. Man muß sie also stets im Zusammenhang mit ihrer Funktion, ihrer sozialen oder auch personbezogenen Funktion der Integration, der Sicherung, der Ordnung von bestimmten Lebensorientierungen sehen. Die sprachliche Grammatik sollte und braucht uns nicht zur Hypostasierung der Werte als eigener Entitäten, eigener Gegenstände zu verführen. Aber die Auffassung von Werten als Interpretationskonstrukten hat den Vorteil, auf das Konstruktive, das Gemachte, das Modellartige, das Entworfene bei Wertkonzeptionen aufmerksam zu machen, trotz aller u. U. wirklich auch äußerlich und »real« wirksamer sozialer oder sanktionsgestützter Durchsetzungskraft bei manchen institutionell gestützten Wertorientierungen. Die Modellabhängigkeit, die Theorieabhängigkeit, die Konstitutionsleistung wird durch den Ausdruck »Interpretationskonstrukt« besonders hervorgehoben. Alles das läßt sich natürlich auch mit den sozialen Konstitutionen bei den sozialen Werten leicht verbinden.

Der Ansatz der Interpretationskonstrukte ist also in gewissem Sinne geeignet, sowohl die Rolle der Werturteile und der Wertorientierungen des Alltagshandelns zu beschreiben und zu erklären als auch die normativen Wertzuschreibungen sowie die Selbstrechtfertigungen und die Eigenbegründungen zu erfassen, sowie schließlich die normengebundene soziale Einbettung einzuschließen.

Soziale Werte sind dann in diesem Sinne sozial entstandene, institutionell normierte und sanktionierte Interpretationskonstrukte zur Präferenzenbildung, die über die institutionalisierten Handlungs- und Verhaltenserwartungen – das sind ja Normen – das Handeln sozial regeln (können) und die primär, aufgrund von einsichtiger Übernahme, oder sekundär, sanktionsgestützt, also aufgrund von Kontrolle oder Dressur, verinnerlicht werden (können). Das individualistische Rezeptionsmißverständnis ist damit ebenso abzuwenden wie das wissenschaftszentrierte epistemologische, das Wertbegriffe nur als Beschreibungs- und Erklärungsinstrumente des Wissenschaftlers deutet. Kmieciak z. B. (s. o., 181) berücksichtigt in seiner Definition des Wertbegriffs zu wenig die funktionale Rolle der Wertungen und der Normen im Alltagshandeln; er hat zu sehr den beschreibenden und deutenden Wissenschaftler, der Handlungserklärungen mit Rückgriff auf Werte vornimmt, im Auge.

Das beobachtete und in sozialen Formen routinisierte oder wenigstens kanalisierte Handeln kann auch dann von Werten geleitet oder gar gesteuert sein, wenn dies dem Handelnden nicht bewußt wird. Die Verinnerlichung kann so weit gehen, daß der Akteur in einer gewissen ritualisiert-routinisierten Form wertgebunden, wertentsprechend handelt, ohne die Handlung als solche wertbewußt in Gang zu setzen. Es kann sein, daß man sozusagen wertgeleitet handelt oder wertadaptiv handelt, ohne sich speziell jeweils für bestimmte Wertungen zu erklären oder sich bewußt an Wertbindungen zu orientieren oder gar im Sinne von spezifischen Wertentscheidungen in einer Situation einen neuen Weg einzuschlagen. Hier gibt es sehr viele begriffliche und methodische Fragen der Wertezuschreibung in der Alltagspraxis, die man im einzelnen genauer diskutieren müßte, was hier nicht in Angriff genommen werden kann.

Grundsätzlich ist nur zu sagen, daß der Beobachtende, der, sei es im Alltag oder in der Wissenschaft, ein Handeln beschreibt oder zu erklären versucht, die Werte als Interpretationskonstrukte auch für diese deskriptive Aufgabe heranziehen kann. Er vermag Handlungen also als bewußt oder auch als unbewußt wertgesteuert zu interpretieren, ohne in der jeweiligen spezifischen Situation auf die individualistische Wertkonzeption oder -rezeption der

Werte zurückfallen zu müssen. Man kann also u. U. wertentsprechend handeln, ohne daß einem der entsprechende Wert in der spezifischen Handlungssituation bewußt wird. Der erklärende Sozialwissenschaftler kann diese Wertorientierung dann natürlich auch für seine Handlungsbeschreibung in Anspruch nehmen. Alles das ist natürlich nicht ein Fall bloßer äußerlicher Beschreibungen, sondern stets eine Angelegenheit von hypothetischen Interpretationen, von möglichst konsistenten Deutungen, die vorzunehmen sind.

Auch die Verfahren der bewußten Handlungsselektion und -steuerung werden ebenfalls durch das Modell der Werte als Interpretationskonstrukte abgedeckt, sowohl von der Beobachterseite aus gesehen als auch aus der Selbstdeutungsperspektive. Man kann auch die normativen Zuschreibungsprozesse sowie die alltäglichen Selbstdeutungsvorgänge viel besser und konziser erfassen, wenn man Wertgesichtspunkte bei den deskriptiv-explanativen Beschreibungen im Alltag herannimmt, z. B. aus der Beobachterperspektive schildert: Der Samariter handelte eben aus Nächstenliebe oder aus Mitleid; der Sparsame führt Buch aus bestimmten Sparsamkeitsüberlegungen heraus oder aufgrund von bestimmten Charakterzügen, z. B. aus »Geiz«. Das sind Erklärungen beschreibender Art, die zwar wertgebundene Konstrukte in Anspruch nehmen, aber eben in deskriptiver Weise; diese Erläuterungen involvieren nicht auf seiten des Erklärenden selbst unmittelbar diesbezügliche normative Zuordnungen und Bewertungen.

Die Auffassung von Werten als Interpretationskonstrukten mit der angedeuteten Unterscheidung verschiedener Ebenen und Anwendungsweisen, insbesondere auch der Unterscheidung zwischen normativen und deskriptiven Verwendungen, kann nun eine ganze Reihe von traditionellen Problemen der Existenz, der Wirksamkeit, der individuellen Verkörperung oder der sozialen Verortung von Werten sowie der normativen Zuschreibung und der alltäglichen Verwendung lösen oder vermeiden, ohne in erhebliche neue methodologische Schwierigkeiten und Widersprüche zu geraten. Für die Philosophie und die Sozialwissenschaft sind damit m. E. erhebliche methodologische Vorteile verbunden. Das gilt übrigens besonders auch für die aktuelle Wertwandlungsdebatte über die Rolle sog. »Akzeptanz-« (besser: Pflichtwerte) gegenüber personalen »Selbstentfaltungswerten«, welche die Gemüter mancher Sozialwissenschaftler in den letzten Jahren erheblich beschäftigt hat (vgl. Ronald Inglehart 1988).

Was über die analytische Wertdiskussion, Wertklassifikation oder auch die Handlungsrechtfertigung durch Werte, die Handlungserklärung durch Werte zu sagen ist, das würde natürlich auch gerade unter der Anwendung des Interpretationskonstruktansatzes ein sehr weites Feld umfassen. Hier müssen wenige Ausführungen genügen. Man kann natürlich die Werte als Interpretationskonstrukte auch wie üblich klassifizieren. In dem erwähnten Buch hat Rescher (1969, 14 ff.) das getan, indem er sechs verschiedene Dimensionen der Wertklassifikation eingeführt hat, die ich auf zwölf erweitern möchte. Man kann Werte also mindestens nach den folgenden Dimensionen bzw. Gesichtspunkten klassifizieren:

1) *Wertanhängerschaft:* Wer »adoptiert« oder »übernimmt« den Wert verbindlich: Sind es individuelle Personen oder sind es soziale Einheiten, also Gesellschaften oder Gruppen, z. B. Korporationen oder gar Nationen?

2) Der *Wertgegenstand,* das Objekt, kann natürlich ein Klassifizierungsmerkmal abgeben: Handelt es sich dabei um Ding- oder Güterwerte, wie z. B. die Schnelligkeit eines Autos, oder um Funktionswerte? Hierbei müßte man vielleicht noch genauer unterscheiden in Umweltwerte, Individualwerte (also Personwerte bzw. Charakterwerte), Gruppenwerte (beispielsweise wechselseitige Achtung innerhalb einer Kultur oder Gruppe), gesellschaftliche Werte (wie beispielsweise die ökonomische Verteilungsgerechtigkeit von Gütern in einer Gesellschaft). Auch könnte man Selbstachtungswerte als spezifische Person- oder Individualwerte von entsprechenden Fremdpersonwerten unterscheiden. (Dies stellt evtl. einen dreizehnten Klassifikationsgesichtspunkt dar.)

3) *Art des Vorteils oder Nutzens:* materiale oder physische Werte (Temperatur z. B.), ökonomische Werte, moralische Werte, kulturelle Werte, soziale Werte, politische Werte, ästhetische Werte, religiöse Werte, intellektuelle Werte, berufliche Werte, Gefühlswerte – alles das sind oft einander überlappende Wertdimensionen, die uns mehr oder minder vertraut sind, so daß man da keine weiteren Beispiele bringen muß. Hier könnte immer auch nach qualitativer Natur oder nach Höhe und Größe des Werts (vgl. u. 8) unterschieden werden, es können auch bestimmte Ordnungsrelationen eingeführt werden, daß z. B. Gerechtigkeit *mehr zählt als* Höflichkeit u. ä. (vgl. Rescher ebd. 16).

4) *Zwecke oder Funktionen* der Wertverwirklichung: Dient die Wertverwirklichung bzw. die Orientierung daran beispielsweise beruflichen Zwecken? Handelt es sich um bestimmte Realisierungsmechanismen der Werte? Man kann z. B. Begriffe wie Gesundheitswert, Überlebenswert, Nährwert, Tauschwert, Überzeugungswert, Abschreckungswert als Beispiele anführen.

5) *Beziehung zum Wertanhänger und dem Nutznießer:* da wären selbstorientierte (egozentrische) Werte – z. B. die eigenbedürfniserfüllenden nach Reiner – oder altruistische (fremdorientierte) Werte – entsprechend den fremdbedürfniserfüllenden – zu nennen oder: Ingroup-Werte gegenüber Outgroup-Werten. Familien-, Berufsgruppen-, nationale, Sozialgruppenwerte können sowohl das eine als auch das andere sein. Davon wären menschheitsorientierte Werte analytisch abzutrennen: sie sind niemals Outgroup-Werte.

6) *Beziehungen zwischen* verschiedenen *Werten und* entsprechenden *Folgen und Mitteln:* Hier kann man natürlich zwischen Mittel- (oder instrumentellen) Werten und in sich selbst gegründeten (oder intrinsischen) Werten unterscheiden, beispielsweise darunter auch den absoluten Werten nach Reiner, also auf so genannten »Eigenwerten«, »Letztwerten«, den »Endwerten«.

7) *Realisierungszeit* oder *Realisierungsmöglichkeit:* Hier könnte man eben Werte, die zeitlich bald realisiert werden können, von »Letztwerten« oder endgültigen Werten oder nur spät und sehr schwer zu erfüllenden oder gar von utopischen Werten unterscheiden. Diese verschiedenen Typen der Werte sind zu beachten, um Konfusionen zu vermeiden.

Es gibt darüber hinaus eine Reihe von formalen, eher logischen Unterschieden, die zu machen sind, die auch zur Werteinteilung benutzt werden können; beispielsweise kann man Werte formal nach folgenden Gesichtspunkten klassifizieren:

8) *Qualität und Vergleich: Qualitative klassifikatorische* Wertbegriffe wie »wertvoll« oder »gut« werden unterschieden von *komparativen, vergleichenden* Wertbegriffen wie »wertvoller«, »besser« bzw. *quantitativen* oder *metrischen* Wertbegriffen, bei denen man die Wertentsprechung oder -erfüllung beispielsweise durch bestimmte Zahlenwerte in Skalen messen kann, also eine Metrik vorgegeben ist, z. B. bei Nutzenwerten usw. (Gradeinstufungen wie die in Größen- oder Qualitätsklassen sind wohl als Unterform der komparativen Wertbegriffe aufzufassen.)

9) Es gibt natürlich *allgemeine Werte*, die, wie beispielsweise die allgemeine Wohlfahrt in einer Gesellschaft, Zielgrößen für alle darstellen. Ihnen gegenüber stehen *spezielle Werte*, die eine besondere persönliche oder ganz spezifische Ausrichtung haben; z. B. wäre »*meine* finanzielle Sicherheit im Ruhestand« eine ganz spezielle Wertorientierung, die in einem Zielzustand antizipatorisch zum Ausdruck kommt.

10) *Stufung:* Werte der ersten Stufe, die man »*first order values*« nennen könnte, also Bewertungen von Gegenständen, Handlungen, Ereignissen, stehen höherstufigen (*second order values)* gegenüber, nach denen Bewertungen oder Werte selbst oder Personen, Charaktere einschließlich ihrer Wertstrukturen bewertet oder beurteilt werden, wo also Werte der ersten Stufe zugrunde gelegt werden, um Wertungen der zweiten Stufe, d. h. Wertungen über Wertungen, vorzunehmen.

11) *Polarität.* Die gängige und traditionelle Unterscheidung zwischen *Wert* und *Unwert* oder *positiven Werten* und *negativen Werten* (oder Unwerten), die zu Polaritätsuntersuchungen Anlaß gibt, wie sie auch gerade in der traditionellen Moralphilosophie und Wertphilosophie, wie etwa am Beispiel von Hans Reiners Theorie geschildert, vorkommen, etwa »gut« gegenüber »böse« oder »richtig« gegen »falsch« u. ä.

12) *Über- und Unterbewertung von Gesichtspunkten*, die eine Rolle spielen, die *Relativierung von Werten* auf ein mittleres Normalmaß – auch solche Gesichtspunkte können zur Unterscheidung bei der Analyse von Wertungen eine große Rolle spielen.

Insgesamt ist jedoch durch die kurze Aufzählung der Klassifikationsweisen von Werten deutlich geworden, daß mit ihren Strukturen, Beziehungen und Einteilungsgesichtspunkten auch die Erfassungsweisen der Werte selbst von Konstruktionen und Interpretationen abhängen. Als erfaßte, erfaßbare sind Werte Interpretationskonstrukte.

Zusammenfassend läßt sich sagen: Werte sind als Interpretationskonstrukte Zuschreibungskonzepte, welche mehr oder weniger verbindlich für jemanden gelten bzw. von ihm als verbindlich anerkannt werden. Mit Werten kann man sich identifizieren, man engagiert sich für Werte. Werte werden aber, entweder in einer Selbstzuschreibung oder in einer Fremdzuschreibung, zugeschrieben. Sie dienen zur Erziehung oder Erhaltung einer positiv (oder negativ) gefärbten Einstellung in bezug auf Zustände und

Handlungen. Sie werden entweder qualitativ oder vergleichend nach »besser« oder »schlechter«, oder nach bestimmten Graden oder Größen zuerkannt. Das alles dient zum Zwecke der Auszeichnung, Auswahl, Selektion von Handlungen und Plänen, Entscheidungen usw. Sie lassen sich auf mindestens ein Dutzend Weisen klassifizieren – nach Klassifikationskonstrukten. Der Interpretationskonstruktcharakter der Wertungen wird an den Dimensionierungen, insbesondere an den 12 Klassifizierungen, die ich in Ausweitung von Reschers Versuch, Dimensionen der Wertklassifikation vorzugeben, entwickelt habe, ganz deutlich. Das zeigt natürlich, daß hypothetische Konstrukte, Einordnungs-, Klassifikationsgesichtspunkte eine wichtige Rolle spielen. Die Wertdefinition selbst, die ich anzugeben versucht habe, verweist ja auch auf solche Gesichtspunkte der konstruktiven Einordnung der Bezüge, auf verschiedene Kontexte, auf verschiedene Relata der Bewertungen und dessen, was bewertet wird: auf Handlungen, Handlungsergebnisse, Wertungen selber oder auch Zustände usw.

8. Werte und Handlungen

Werte sind in bestimmtem Sinne mehrfunktionale Interpretations-konstrukte. Aber sie sind *auch mehrschichtige* Interpretations-konstrukte, insofern als Metawertungen möglich sind: Ich kann auch eine Bewertung ihrerseits wieder bewerten. Eine Bewertung ist selbst ja auch eine Handlung: Man kann z. B. eine bestimmte Wertung als eine *ökonomische* Reaktion beurteilen oder das Befolgen oder das Berücksichtigen eines Wertes selbst wiederum, im Sinne eines ästhetischen oder eines bestimmten moralischen Menschenbildes bewerten usw. Eine Mehrschichtigkeit der Wertungen ist also offensichtlich. Hinzu kommt, daß Werte sich auf Handlungen und Handlungsergebnisse in rechtfertigender und begründender Weise beziehen: Man muß also auch zwischen der deskriptiven – beschreibenden – Beobachterhaltung einerseits und der normativen aktiven Bezugnahme auf oder Benutzung von Wertungen andererseits unterscheiden. Wenn man jemandem aus der Beobachterperspektive eine Wertung oder die Adoption eines Wertes zuschreibt oder zuerkennt oder hypothetisch unterstellt, dann ist das i. d. R. etwas anderes, als wenn man normativ selbst den Wert für sich als verbindlich erklärt und zur Rechtfertigung einer Handlung heranzieht. Es sind also normative und deskriptive Verwendungen von Werten und Wertungen in systematisierenden Argumenten möglich. Man kann daher sagen, Werte werden einerseits zur deskriptiven Einordnung, zur Erklärung, zur Beschreibung oder Ordnung von Handlungen benutzt, andererseits aber auch zur Orientierung im Sinne der Präferenzherstellung, der Auszeichnung, Auswahl, Rechtfertigung von Handlungen. Beides muß sorgfältig unterschieden werden. Die normativen Rechtfertigungen können Handlungen im engeren Sinne, Einzelhandlungen, aber natürlich aber auch generalisierte Handlungen und Handlungsdispositionen betreffen. Auch durch Handlungen erzeugte oder beeinflußte Zustände lassen sich rechtfertigen.

Werte, Handlungen, praktische Folgerungen

Es wurde bereits festgestellt, daß die Wertungen eine Art von Doppelcharakter haben, der vielleicht in folgender Weise deutlicher herausgestellt werden kann: Einerseits ordnen und systematisieren Werte und Wertungen Handlungen und Handlungssysteme, andererseits beziehen sich Werte aber auch auf Argumente, auf Verbalisierungen, auf Diskurse, also auf rhetorische oder verbale Widerspiegelungen von Handlungen oder Erfassungen von Handlungen. Man könnte hier natürlich die Diskurse und Argumente als eigentliche verbale Handlungen oder als symbolische Handlungen den realen Handlungen gegenüberstellen oder als spezifische Handlungen unterordnen. Doch es ist, glaube ich, sinnvoll, hier zu unterscheiden, weil die Diskurswerte oder die Argumentationswerte, die Rechtfertigungswerte, die Beurteilungswerte eine besondere Rolle bei Begründungen und Rechtfertigungen, bei allen Arten von Legitimationen und Rückgriffen auf Werte spielen. Den generellen Handlungswerten, die man vielleicht Leit- oder Steuerungswerte nennen könnte, stehen also die Argumentationswerte oder Diskurs- bzw. argumentative Rechtfertigungs- und Beurteilungswerte gegenüber. Es handelt sich dabei um »Rechtfertigung« in dem engeren Sinne, daß man in einem Metadiskurs eine bestimmte Argumentation eines Grunddiskurses rechtfertigt. Natürlich kann man auch Handlungen durch Diskurse rechtfertigen: In gewisser Weise werden ja tatsächliche Handlungen, wenn sie bewußt und dezidiert einer Wertperspektive unterstellt werden, wenn sie auf ihre Wertbindung hin analysiert werden, nur in Diskursen, also sprachlich, erfaßt. Erst in Diskurs und Interpretation sind Handlungen erfaßbar.

Die Handlungssteuerung und Handlungsleitung durch Werte ist nun freilich abzuheben von der Handlungsbeschreibung und -erklärung unter Rückgriff auf Wertbegriffe. Diese Unterscheidung hängt eng zusammen mit jener erwähnten zwischen *deskriptiven* Systematisierungen, Einordnungen, Strukturierungen und *normativen* Systematisierungen, Steuerungen, Rechtfertigungen. Handlungssteuerung und Handlungsleitung durch Werte ist im wesentlichen dann involviert, wenn es sich z. B. darum handelt, eine Entscheidung zu begründen, zu präzisieren, oder wenn aus mehreren Alternativen im Sinne einer Präferenzierung eine bestimmte Alternative selektiert oder begründet wird. Solche Handlungssteuerungen, Handlungsleitungen durch Rückgriffe auf Werte sind in gewissem Sinne normativ. Durch sie präferieren, selektieren, legitimieren, bewerten wir oder schreiben etwas vor. Wir benutzen verschiedenartige Raster der Bewertung und der Einordnung zur Auswahl.

Ein Beispiel soll das verdeutlichen: Die rhetorisch-verbale Wiedergabe einer Handlungsrechtfertigung spiegelt diese zunächst in einem Diskurs. Es geht aber nicht um die Rechtfertigung der Argumentation, sondern um die Begründung bzw. Rechtfertigung der Handlung selber, also um eine Rechtfertigung der Handlung durch Rückgriff auf Werte oder eine Steuerung oder Anleitung der Handlung durch Werte. Das Beispiel ist übrigens ein selbsterlebtes: Da der Mensch eine bestimmte Körpertemperatur zum Leben braucht, eine Temperaturspanne (bei der Bluttemperatur), die er nicht unter- oder überschreiten darf, so ist es nötig oder unerläßlich oder zumindest empfehlenswert, eine Umgebung mit einer gewissen Wärme aufzusuchen oder entsprechende Maßnahmen der Bekleidung oder der Bewegung – man kann sich auch durch Bewegung warm machen oder halten – zu ergreifen, die der Aufrechterhaltung und Regelung dieser Körpertemperatur dienen, diese also über dem Minimum und unter dem Maximum halten, d. h., die Einhaltung der genannten Spanne gewährleisten. Das wäre also eine allgemeine Vorstrukturierung der Einsicht, daß Werte bzw. Bewertungen beim Handeln zur Aufrechterhaltung gewisser Ziel- oder Sollzustände eine wichtige Rolle spielen.

Ich mußte auf einer Gletschertour biwakieren, was nicht vorhergesehen war. Um also warm zu bleiben ... usw., um diese ganze Bedingung des allgemeinen Satzes vorher zu erfüllen, zog ich alle meine verfügbaren Kleider übereinander, kroch in den mitgebrachten, leider zu dünnen Jugendherbergsschlafsack aus Leinen, kauerte mich zusammen und fing an, ständig Zehen, Finger usw. zu bewegen, um die äußere Temperatur von $-10°$ erfolgreich bekämpfen und die Körpertemperatur auf dem bestimmten notwendigen Wert halten zu können. Wir haben hier also Handlungsleitung oder Handlungssteuerung, Handlungsentscheidung bzw. -veranlassung durch Rückgriff auf physiologisch-biologische Werte. Umgekehrt wäre es natürlich möglich, in einem anderen Temperaturbereich unter demselben Grundwert, der positiven Schätzung der Konstanterhaltung der Körpertemperatur, ganz andere Maßnahmen zu ergreifen, wie ich es beispielsweise bei einer Gastprofessur in Südindien erlebt habe, bei der ich tatsächlich, um noch einigermaßen klar denken zu können, alle zwanzig Minuten versuchen mußte, mich mit der Dusche abzukühlen und durch die Verdunstungskälte mir irgendwie eine gewisse Kühlung zuzuführen.

Die beste generelle Strategie des Handelns im Zusammenhang mit oder unter Benutzung von Werten, also durch die Bewertung von Zuständen oder Zielen, ist durch relative Präferenzbildung, durch begründete Präferenzentscheidungen zu erbringen. Diese Präferenzen prägen sich dann in der Rechtfertigung oder in der Entscheidung und Durchführung aus. Die Rechtfertigungen lassen sich präzisieren, verbal darstellen, also in Argumentationen bringen. Im übrigen kann man auch die Präferenzentscheidungen selber und die Bewertungen ihrerseits wiederum einer Metabewertung unterziehen, z. B. einer moralischen Beurteilung darüber, ob eine ökonomische Bewertung in einem gegebenen Zusammenhang zulässig ist oder warm usw.

Allgemein muß man sicherlich sagen, daß es bei Bewertungen um (die Einbettung in) einen Systemzusammenhang geht: Die allgemeinen Werte sind mit spezifischen Werten in einem System verbunden, welches natürlich von Wünschen, Zielen, Bedürfnissen, Gewohnheiten usw. abhängt, die der entsprechende Handelnde oder Bewertende hat. Die Entscheidung, jedenfalls in dieser Art von Rekonstruktion der Handlungssteuerung oder -rechtfertigung, ist dann sehr oft in gewissem Sinne – oft nur in gewissem Sinne! – folgerichtig und kann in einem Argument widergespiegelt werden. Sie ist dann in einem gewissem Sinne »rational«, bezogen auf gegebene oder angenommene Präferenzen und Präferierbarkeit. Diese hängen natürlich ihrerseits wieder von vorausgesetzten Grundwerten oder Grundbewertungen ab, die in dem zu diskutierenden Zusammenhang selber nicht begründet oder erörtert werden, aber grundsätzlich auch ihrerseits begründet werden könnten.

Man sieht, daß diese Handlungsrechtfertigung doch in einen Rechtfertigungsdiskurs einmündet, insofern als die obige sprachliche Darstellung zur Wiedergabe der Handlungssteuerung durch den Bezug etwa auf den Wert »Körperwärme« usw., durch den Bezug auf das Ziel »Überleben« oder »Wohlbefinden« im Grunde schon so etwas wie ein Rechtfertigungsargument darstellt. Es handelt sich um einen sogenannten *praktischen Schluß* oder um eine *praktische Folgerung.* Eine »praktische Folgerung« besteht darin, daß man etwas als »praktisch«, empfehlenswert oder sogar unerläßlich erkennt oder aus dem Argument herausarbeitet und eine Entscheidung vorbereitet bzw. eine Empfehlung gewinnt. Bei unserem Beispiel geschieht das etwa in folgender Weise:

Für alle Menschen ist es unerläßlich und empfehlenswert, eine bestimmte Körpertemperatur konstant zu halten.

Ich befand mich in einer zu kalten Umgebung.

Also war es empfehlenswert, wärmende Maßnahmen zu ergreifen, und so ergriff ich diese Maßnahmen (ich zog alle Kleider an, ich kroch in meinen Schlafsack, ich kauerte mich zusammen, ich versuchte, alle Gelenke und Glieder, soweit in einem Schlafsack möglich, ständig zu bewegen, um Wärme zu erzeugen usw.).

Das heißt also, ich kam in dem Beispiel und komme i. a. zu einem praktischen Schluß, der darin besteht, daß ich eine der Alternativen ergreife oder mehrere Alternativen, wenn diese sich nicht ausschließen und einander unterstützen und eine Alternative nicht ausreicht – dann ist es natürlich sinnvoll, verschiedene Alternativen zu initiieren.

Es handelt sich also insgesamt um einen praktischen Diskurs der argumentativen Rechtfertigung, welche die Handlungssteuerung und -rechtfertigung, die der ursprünglichen Entscheidung zugrunde lag, darstellt, diese präzisiert, konkretisiert. Die Präzisierung wird erst eigentlich als präzise Argumentation oder durch ein Argument möglich gemacht.

Handlungsrechtfertigungen

Solche Entscheidungen, Präferenzargumente und praktischen Diskurse können natürlich auch antizipatorisch sein; sie können eine Entscheidung oder einen Entschluß begründen unter dem Gesichtspunkt »Was soll ich tun?« bzw. »Weshalb soll oder will ich etwas tun?« – unter Verweis auf bestimmte Bewertungen, positiv bewertete Zielzustände oder andere negativ bewertete, zu vermeidende Zustände. Andererseits können aber solche Bewertungen auch retrospektiv-rechtfertigend verstanden werden: »Warum habe ich das getan?« – diese Formulierung führt zu einem typischen Legitimationsargument. »Weshalb habe ich das getan?« – die Antwort auf diese Frage kann ich als Legitimation gegenüber meinen eigenen Ansprüchen oder gegenüber solchen anderer ausführen. Bei sozialen Werten sind natürlich insbesondere die Ansprüche anderer relevant und zu berücksichtigen, insbesondere auch solche Ansprüche, die Institutionen mir gegenüber stellen. Man sieht also, daß derartige Rechtfertigungsdiskurse entweder antizipatorisch oder retrospektiv rechtfertigend sein können. In der retrospektiven Sicht kann dann auch eine Art von Erklärung des Handelns vorliegen. Dann greife ich nicht unmittelbar verbindlich auf den Wert zurück, ich verwende ihn nicht wirklich aktiv, um eine Entscheidung zu treffen oder zu rechtfertigen, wie meistens beim antizipatorischen Systematisieren, sondern es ist dann eher so, daß ich mich nachträglich selbst überzeuge, daß es vielleicht eine Entscheidung unter diesem Wertaspekt war usw. Ich bleibe in der Distanz des beschreibenden Beobachters. Ich kann also gleichsam Handlungserklärungen durch Rückgriff auf Werte auch aus der Eigenperspektive vornehmen. Normalerweise wird dies aber aus der Fremdperspektive geschehen. Der prototypische Fall ist, daß man die Handlung eines anderen durch Rückgriff auf bestimmte Werte, die dieser andere übernommen hat, die er akzeptiert, mit denen er sich identifiziert, die er quasi unterschreibt usw., erklärt oder zu erklären sucht. Das schon mehrfach erwähnte Beispiel: Der Samariter hilft dem Verunglückten aus Nächstenliebe, ist natürlich die Kurzform einer solchen Erklärung. Der Samariter hat den Wert der Nächstenliebe für sich als Gebot adoptiert, als handlungsverbindlich, handlungsleitend oder -auslösend anerkannt, etwa die Norm: »Hilf jedem Hilfsbedürftigen, der in deinen Handlungsbereich kommt, soweit du in der Lage und fähig bist dazu, soweit du die Mittel hast, die Umstände es erlauben usw.!« Der Samariter hat also den Wert der Nächstenliebe adoptiert. Er stößt auf einen Verunglückten. Aufgrund seiner Bindung an den Wert der Nächstenliebe bzw. an das Gebot der Nächstenliebe, an die als verbindlich anerkannte Norm, an die Handlungsregel der Nächstenliebe hilft er ihm, nachdem er die Einschlägigkeit der Norm im vorliegenden Fall erkannt hatte.

Das wäre also eine einfache Handlungserklärung durch Rückgriff auf Werte. Dabei verbleibt charakteristischerweise der Erklärende in der Beobachterperspektive und nimmt selbst keinerlei Bewertung vor, sondern der Rückgriff auf Werte erfolgt hierbei stets erklärend-beschreibend. Es kann natürlich auch die Frage gestellt werden: »Warum hat der Samariter den Wert der praktischen Nächstenhilfe überhaupt übernommen?« »Warum hat er ihn adoptiert?« »Warum erkennt er ihn für sich als verbindlich an?« Man kann dann eventuell auf religiöse Motivationen oder auf Gott verweisen, der das Hilfegebot erlassen hat, oder auf Mitleid, das im realen Einzelfall durch das Erleben des Unglücks eines anderen aktualisiert wird, also auf eine Gefühlskomponente, oder auf rechtliche Beziehungen, denen zufolge etwa in der Bundesrepublik – aber das war sicherlich nicht im alten Israel so! – eine Rechtspflicht zur Hilfeleistung in bestimmten Fällen besteht. Bei uns kann man wegen Unterlassung einer Hilfeleistung in einem entsprechenden Notfall verklagt werden, ganz anders als z. B. in den USA, wo das nicht der Fall ist. Oder man kann auf moralische Regeln hinweisen, z. B. auf die Goldene Regel: Hier allerdings käme nicht die übliche negative Fassung »Was du nicht willst, daß man dir tu', das füg' auch keinem anderen zu!«, sondern die positive Formel in Betracht: »Was du möchtest, daß man dir in vergleichbarem Falle auch leisten würde, das übe auch einem anderen Bedürftigen gegenüber aus!« Man mag auch auf das Prinzip der Austauschbarkeit von Handelndem und Betroffenen verweisen. Moralische Bewertungen sollen nicht egozentrisch in dem Sinne sein, daß sie immer jemanden privilegieren, grundsätzlich sollte der Handelnde sich auch in der Betroffensituation verstehen können und danach seine Entscheidungen moralischer Art treffen. Oder man kann in vielen Fällen nach dem allgemeinen Sittengesetz Kants urteilen: »Handle repräsentativ!« Man soll so handeln, daß jeder auch so handeln wollen könn(t)e; jeder Handlungsvorsatz sollte allgemeinverträglich und allgemeinvertretbar sein, also durchführbar sein, ohne daß die Menschheit sich selber aufhöbe und ohne daß sich ein Widerspruch ergäbe.

Viele solcher Gesichtspunkte können natürlich bei der Begründung der Antwort auf die Frage »Warum hat er den Wert der praktischen Nächstenhilfe übernommen?« eine Rolle spielen. Das können durchaus auch praktisch-pragmatische Überlegungen sein; es müssen nicht moralische Überlegungen sein: Eine Wertübernahme kann durchaus auch als eine generelle ökonomische Kalkulation von Chancen und Risiken oder als Klugheitsregel zur Minimierung potentieller Risiken verstanden werden. Worauf es hier ankommt, ist, daß die Übernahme des Wertes selber als eine Handlung verstanden und als solche erklärt werden kann: Man kann also auch Handlungen der Wertübernahme, der Wertakzeptierung selbst erklären. Das geschieht dann natürlich auf einer recht allgemeinen Ebene. Letztlich setzt der Satz »Der Samariter half dem Hilfsbedürftigen aus Nächstenliebe« die Möglichkeit einer solchen Erklärung voraus. Wer Handlungserklärungen durch Werte vornimmt, setzt voraus, daß auch eine Erklärung der Wertübernahme selbst möglich ist. In dem praktischen Zusammenhang spielt freilich eine solche Wertadoptionserklärung im einzelnen keine Rolle, sondern es wird nur davon ausgegangen, daß die Wertadoption oder die Identifizierung mit dem Wert – etwa bei dem Samariter – vorhanden ist.

Handlungserklärung durch Rückgriff auf Werte

Wichtig ist, daß, wenn ein Wert zugeschrieben wird, dieser einer Person, Gruppe oder einem Handlungsträger hypothetisch unterstellt wird und daß, wenn man diese Wertadoption generell zuschreibt, man auch in bezug auf Einzelentscheidungen oder Bewertungen von Einzelhandlungen eine systematisierende Begründung erarbeiten kann.

Man kann solche Erklärungsargumente verwenden, ohne daß man als der Erklärende selbst dem entsprechenden Wert anhängen muß. Es handelt sich um eine deskriptiv durchzuführende, eine kognitiv-neutrale Angelegenheit. So kann man auch generelle Handlungsmuster, ganz allgemeine Handlungsdispositionen hinsichtlich ihrer Entstehung oder Funktion erklären. Beispielsweise kann man die Gewohnheit eines Menschen, über alle Ausgaben genau Buch zu führen, damit erklären, daß dieser Mensch Sparsamkeit als einen hohen Wert schätzt. Ferner kann man die Handlung der Adoption, der Wertübernahme, der Wertbefolgung selbst auf eine solche Weise erklären, etwa die Adoption der Sparsamkeit aus der Ordnungsliebe erklären. Und schließlich wäre der interessantere Fall, daß man Einzelhandlungen, etwa im Samariterbeispiel, aus hypothetisch zugeschriebenen Wertadoptionen erklärt oder aus den Identifikationen des Handelnden mit einer gewissen Wertstruktur oder einem gewissen Gebot oder einer andersartigen Norm.

All das Erwähnte zeigt, daß Werterklärungen Spezialfälle dispositioneller Erklärungen sind: Die allgemeine Handlungsdisposition, einem bestimmten Wert zu folgen, den Wert der Nächstenliebe bzw. die Norm der Nächstenhilfe für sich als verbindlich anzuerkennen, ist natürlich eine Disposition, die ihrerseits ausgebildet, übernommen und dem Träger zugeschrieben wird.

1) Solche dispositionellen Handlungserklärungen durch Werte geben im allgemeinen Fall zunächst relativ allgemeine und unspezifische Begründungen an:

2) Sie verknüpfen einzelne Handlungen mit den individuellen oder kollektiven Handlungsmustern, die beim Handelnden in der Zuschreibung durch den Wertenden schon in der Vergangenheit vorhanden oder wirksam gewesen sind, die dieser also schon angenommen hatte. Insofern handelt es sich um nicht zirkuläre, sondern um gehaltvolle Erklärungen; sie betreffen nämlich Einzelhandlungen und beziehen diese Einzelhandlungen oder deren Beschreibungen wiederum auf generelle oder auf allgemeine Handlungsmuster und Handlungsdispositionen. Die Wertkonstrukte gehören sozusagen zu den strukturierenden Dispositionen für Handlungsmuster und deren Selektion.

3) Handlungserklärungen durch Rückgriffe auf Werte sind oft informativer als bloße Angaben über wünschenswerte Zielzustände, da naheliegende Ziele sehr häufig aus angenommenen Werten ableitbar sind, was umgekehrt nicht gilt.

4) Wertzuschreibungserklärungen sind idealtypische Einteilungen von Wertorientierungsmustern und -typen, also typische Konstruktbildungen, Interpretationskonstrukte, die Hypothesen über eine Kontinuität der Wertorientierung voraussetzen und die letztlich eine bestimmte Verhaltensstabilität garantieren oder ermöglichen, Hypothesen, die gleichsam das Handeln erst typisieren oder zu typisieren, in Mustersituationen zu strukturieren und zu ordnen erlauben. Das alles ist erst möglich, wenn man auf allgemeinere Zusammenhänge zurückgeht und nicht nur immer am einzelnen Fall individuell erklärt (man kann beim Erklären eigentlich überhaupt nie ganz individuell vorgehen; Erklären umfaßt ja immer so etwas wie Rückgriff auf gewisse allgemeinere Zusammenhänge, auf Gesetze, Regeln, Trends usw.).

Handlungserklärungen durch Wertbezüge stellen also solche Verbindungen zwischen Allgemeinheiten einerseits und spezifischeren untergeordneten Einzelheiten, etwa der bestimmten Entscheidung oder Wertung, her. Natürlich kann man die Handlungserklärungen ihrerseits noch untergliedern und verschiedene Typen voneinander absetzen, was hier zu weit führen würde.

Handeln ist interpretationsimprägniert

Generell ist zu sagen, daß die Orientierung des Handelns an Werten in verschiedener Weise von Interpretationskonstrukten abhängig ist, auch insofern man das Handeln selbst stets als interpretationsimprägniert verstehen muß. Auch Handlungen sind, wie erwähnt, Interpretationskonstrukte. Handeln ist im Grunde nichts naturgesetzlich Gegebenes, sondern geht über das durch Naturgesetze bestimmte Verhalten, etwa reflektorische Reaktionen, über das »law-governed behaviour«, hinaus. Handeln heißt, daß man auch hätte anders handeln können, daß also keine naturgesetzliche Möglichkeit zwingt, genau so zu handeln. Einem Patellarsehnenreflex kann ich, wenn der Reiz gesetzt ist, nicht ausweichen; ich kann die Reaktion nicht abstellen; ein Reflex läuft gleichsam automatisch ab. Das gilt für eine Handlung nicht: Eine begonnene Handlung kann ich abbrechen, ich kann von der Regel des Handlungsablaufs abweichen, Handlungs»gesetze« und Handlungsvorschriften kann ich brechen. Deswegen kann man hier nicht von Naturgesetzen reden, sondern nur von Handlungs-*regeln*. Auch die Situation kann ich anders auffassen, etwa umdeuten. Ich kann aus einem Handlungszusammenhang aussteigen, etwa aus einem bestimmten Spiel: ich spiele nicht mehr mit, bin der oder spiele den Spielverderber u. ä. Kurz: ich kann als Handelnder meine Handlungen, wenigstens im Prinzip, kontrollieren und gestalten. Handeln ist, soweit man seinen Ablauf über die physiologische Mikroebene hinausgehend analysiert, kein ausschließlich von strikten Naturgesetzen und Ablaufgesetzen beherrschtes Verhalten, sondern ein Verhalten, das an Regeln orientiert ist, wobei der Handelnde selbst sich an Regeln in dem Sinne orientiert, daß er Regeln befolgt, die er nicht unbedingt befolgen müßte. Das »rule-conforming behaviour« wird von den Angelsachsen als charakteristisch für das Handeln dem »law-governed behaviour« gegenübergestellt. Regeln kann ich brechen, Regeln muß ich nicht unbedingt beachten. Handeln ist regelgeleitet – und auch insofern interpretationsimprägniert. Handeln, bewußtes Handeln, intentionales Handeln ist dadurch ausgezeichnet, daß man auch hätte anders handeln können. Die Orientierung des Handelns an Regeln ist jedenfalls nicht eine strikte Gesetzesdetermination. Die Orientierung umfaßt das Befolgen von Regeln wie auch das absichtliche Abweichen von Regeln, die man ex definitione brechen kann. Man hält sich an Standardverhaltensweisen und Vorschriften, an Normen, aber es muß nicht naturgesetzlich so sein, daß ich diesen Normen so folge. All das gilt natürlich erst recht für *soziale* Normen, Konventionen, Regeln, die institutionalisierte Regeln sind, in soziale Zusammenhänge, Lebensformen eingebettet sind. Das im allgemeinen normenorientierte, regelfolgende oder auch regelbrechende Handeln ist also anders zu verstehen als naturgesetzliches Reagieren und Ablaufen. Es ist meistens in Institutionen eingebettetes, auf institutionelle Erwartungen und Standardabläufe bezogenes Verhalten. Ich kann mich freilich auch an Gepflogenheiten oder Quasi-Normen halten, die nur für mich individuell gelten, die ich mir vorgenommen habe. Arnold Gehlen hat einmal die Persönlichkeit definiert als »eine Institution in einem Fall«: Die Persönlichkeit setzt sich selber die Regeln. Doch das ist ein Sonderfall. Man könnte aber von einem gewissen gradweisen Übergang zwischen individuellen Normen und institutionell verallgemeinerten, in einer größeren Gesellschaft oder Gruppe geltenden Normen sprechen. Auf die Normen ist noch zurückzukommen. Hier ging es zunächst nur um die Rolle von Bewertungen in Handlungen und darum, daß Handlungen Interpretationskonstrukte sind, weil sie nur im Rahmen von zu befolgenden Regeln als Handlungen aufgefaßt werden können. Eine Handlung ist nicht in erster Linie eine in der Außenwelt vorhandene Entität, kein sozusagen ontisches Wesen, keine ontologische Entität, sondern Handlungen als solche sind immer gedeutet, sie kommen nur als interpretatorische Konstrukte zustande, Handlungen sind interpretationsgeladen, interpretationsimprägniert. Zum bloßen Verhalten, zu einer bloßen Körperbewegung kommt beim Handeln nichts real oder eigenständig Existierendes, nichts Materielles hinzu, sondern der Handlungscharakter ergibt sich wesentlich durch die Interpretation. Eine Bewegung bzw. ein Verhalten wird *als* Handlung interpretiert, wird erst durch die Deutung zur Handlung. Eine Deutung ist per se abhängig von Konstrukten, von Modellen, von Normen. Handlungen basieren zwar meistens auf einem Trägerprozeß, der sich beobachten und u. U. biologisch bzw. biomechanisch erfassen läßt: Wenn ich den Arm hebe, dann ist das physiologisch analysierbar und unterliegt auch physikalischen und biomechanischen Gesetzmäßigkeiten, aber die Institutionalisierung dieser Bewegung als Handlung – derart, daß sie z. B. ein

»Winken« bedeutet oder den im Dritten Reich sog. Deutschen Gruß – das hängt sehr stark von Deutungen ab. Im letzteren Fall ist es natürlich sehr einsichtig, daß das nicht aus der Biomechanik abgeleitet werden kann.

Handlungen sind Interpretationskonstrukte, sie sind auch mehrstufig als solche zu verstehen, sie werden als Interpretationskonstrukte über einen Trägerprozeß konstituiert.

Deutlicher wird der Konstruktcharakter von Handlungen jedoch bei Unterlassungshandlungen, weil ja hier ein äußerlich wahrnehmbarer Bewegungsprozeß fehlt. Eine Unterlassung ist auch eine Handlung, entspricht einer, die man in einer bestimmten Situation vom Handelnden bzw. vom Nichthandelnden hätte erwarten können, die aber nicht ausgeführt wurde. Eine bewußte Unterlassung ist eine Handlung, die deutlich nur durch eine Interpretation aufgrund der entsprechenden normativen Erwartung zustande kommt, erfaßt, erkannt, verstanden werden kann. Natürlich muß man zwischen Vernachlässigungen oder Unterlassungen im Vergessenssinne und *bewußten* Unterlassungen unterscheiden, bei letzteren wird absichtlich die Handlung nicht durchgeführt, auf die der Beobachtende oder derjenige, der das zu verantworten hat, vielleicht der Handelnde selbst, sich hätte kaprizieren können oder sollen. Gerade durch die interpretative Rekonstruktion und Einbettung in ein Erwartungsschema, also letztlich in eine normativ regulierte und strukturierte Situation, wird eine beabsichtigte Unterlassung erst konstituiert, erst als eine besondere Art von Handlung aufgefaßt.

In der Deutung einer Handlung werden u. a. überindividuelle, soziokulturell geprägte Interpretationsmuster angewandt. Diese haben einen über Einzelindividuen hinausreichenden Geltungsanspruch und besitzen vielfach überindividuelle Geltung, sie existieren in und durch die Geltung. Das gilt nicht nur für die Konstitution und Rekonstruktion der entsprechenden Muster, sondern es gilt auch für die Normen oder die zugrundeliegenden Werte, denn jede solche Interpretation erfolgt unter Bezugnahme auf kulturelle Prägungen, auf Werte, auf Normen usw. Wir haben oben von sozialen Werten gesprochen, die in gewisser Weise institutionell gebunden, von der Kulturgemeinschaft, der Sozialgemeinschaft in bestimmter Weise vorgeprägt, vorgegeben oder/und rechtlich oder anderweitig durch Kontrollen und Erwartungen institutionalisiert, also positiv oder negativ sanktioniert sind. Solche sozialen Werte sind eng mit Normen, mit Verhaltens- und Handlungserwartungen, verschwistert.

Eine Verfestigung solcher Deutungsmuster geschieht in der Erziehung oder sogenannten »Sozialisation« und durch die intersubjektive Verbreitung der entsprechenden institutionalisierten Handlungsmuster bzw. erwarteten Handlungsweisen, die eben sozial »normiert« sind, z. T. bewußt durch Sanktionen geregelt und kontrolliert werden.

Der Handelnde selbst kann sein Handeln auch als Handlung nur interpretativ verstehen, er deutet sein eigenes Handeln und konstituiert es sozusagen in Abhängigkeit von Deutungen. Ohne Interpretationsleistungen kann es überhaupt nicht verstanden werden, kann Handeln sich nicht über Verhalten oder bloßes reflektorisches oder Reaktionsverhalten hinaus erheben. Die Muster, die Weisen dieser Handlungsrekonstruktionen und -interpretationen und der entsprechenden Darstellungen und der Repräsentationen zu analysieren – das ist natürlich ein eigenes Thema, ein weites Feld. Auch hier muß der Handelnde sich auf bestimmte Strukturen und Imagebildungen, auf Bilder, Vorstellungen generalisierter Art kaprizieren, die er benutzt, um seine Handlung selbst einerseits zu verstehen, in ein generelleres Muster einzubetten, und andererseits auch unter gewissen sozialen und Wertzusammenhängen deuten und anpassen, als normengeregelt verstehen und u. U. motivieren zu können. Entsprechend sind auch im Alltag wie in den Handlungswissenschaften, besonders der Psychologie, Konstruktbildungen üblich, die man Motive und Motivationen nennt. Auch das ist ein weites Feld. Hier soll nicht näher darauf eingegangen werden, daß man Motive und Motivationen als solche Konstruktbildungen, als Interpretationskonstrukte verstehen muß, und zwar sowohl aus der Beobachterperspektive als auch aus der Perspektive des Handelnden selbst, der bewußt sozusagen einem Motiv folgt, insofern als bei Handlungen immer Motive – und Motivationen, das heißt aktualisierte Motive – eine Rolle spielen – auch hier ist ein weites Problemfeld für eine interpretatorische Analyse gegeben. Motivationen und Motive sind auch Interpretationskonstrukte (vgl. Verf. 1987, 183 ff.). Handeln läßt sich also zusammenfassend kennzeichnen als ziel- und normenorientiertes Verhalten in sozial eingebetteten Handlungs- und Verhaltensstrukturen, ausgerichtet an Strukturimages, an Erwartungen.

9. Normen als Interpretationskonstrukte

Handlungen als Interpretationskonstrukte werden nur durch Einbettung und in Abhängigkeit von Handlungsgefügen und -strukturen sowie durch Rückgriff auf Verallgemeinerungen wie Motive und Normen verständlich. Handlungen gehen meist auf Motive zurück und sind auch im Zusammenhang mit Bewertungen und Normen zu sehen. Handeln geschieht immer in einer normativ orientierten Situation. Der amerikanische Soziologe Talcott Parsons (1951, 14 ff., 105 ff.), der selbst eine Theorie der Normen im sozialwissenschaftlichen Sinne aufgestellt hat, hat ausdrücklich gesagt: »There is no such thing as action except as effort to conform to norms just as there is no thing as motion except as change of location in space.«: Alles Handeln ist also in Abhängigkeit von Normen zu sehen, wie entsprechend jegliche Bewegung in Abhängigkeit von räumlichen Veränderungen. Hiermit sind wir wie wiederholt schon auf den Begriff der Normen gestoßen bzw. der Normierung von Handlungen und Erwartungen. Unter Normen versteht man in der Sozialwissenschaft geregelte, positiv oder negativ sanktionierte, mehr oder minder sanktionierte oder gar institutionalisierte Verhaltens- oder Handlungserwartungen oder -verbindlichkeiten. Die Normen sollen im folgenden im Zusammenhang und im Anschluß an die Wertungen näher erörtert werden. Auch Normen sind wie Werte im Grunde interpretatorische Konstrukte. Man redet in der Philosophie von Normen meist im Zusammenhang mit normativen, also vorschreibenden oder bewertenden Sätzen. Sätze sind normativ, wenn sie die Vorschriften oder Bewertungen oder Befehle oder Empfehlungen oder etwas ähnliches Handlungsveranlassendes ausdrücken; darin steckt ja das Normative: Genauer gesprochen sind nicht die Sätze normativ, sondern Vorkommnisse von Sätzen in bestimmten Situationen und Kontexten. Nicht ein Satz an sich als sprachliches Zeichen ist schon eine Norm oder ein normativer Satz, sondern ein und derselbe Satz kann u. U. in verschiedenen Situationen entweder normative oder deskriptive Funktionen ausüben. Das Normative ist sozusagen gebunden an das Vorkommnis. Satzvorkommnisse wirken u. U. normativ. Das berühmte Beispiel etwa am Anfang der *Philosophischen Untersuchungen* (§ 2) ist von Ludwig Wittgenstein. Der Ausruf von Bauarbeitern, wo »Platte« geäußert wird, kann normativ gedeutet werden, als Aufforderung oder Befehl »Bringe die Platte!«; und er kann natürlich auch deskriptiv als Feststellung verstanden werden: »Das ist eine Platte.« Man sieht also, daß der Ausdruck, der Kurzsatz »Platte« als rein sprachliches Zeichen an sich noch keine Entscheidung darüber festlegt, ob eines seiner Vorkommnisse nun normativ oder deskriptiv gemeint ist. Es geht also um das Vorkommnis oder die Einbindung eines Satzes in einen Zusammenhang und eine Situation. Der indikativische, scheinbar beschreibende oder feststellende Satz »Du beschlabberst deine Krawatte« kann je nach Situation und Kontext normativ, etwa als Tadel, gemeint sein. Auch können üblicherweise normative Sätze u. U. deskriptiv gemeint sein: »Der Riesling ist eine Spätlese, also ein guter Wein.« Allerdings wäre das in gewissem Sinne nicht notwendig nur klassifizierend, sondern es könnte auch nach Güteklassen gradierend gemeint sein wie etwa die Feststellung, daß das Frühstücksei eines der Güteklasse A ist. Solche Größen- und Güteklassenzuweisungen stellen in gewisser Weise sogar Mittelfälle zwischen dem Normativen und dem Deskriptiven in dem Sinne dar, daß man etwas in einen bestimmten Standardbereich normativ einordnet, diesem zuweist oder als zu diesem zugehörig erklärt oder deskriptiv als diesem Bereich zugehörend feststellt (vgl. auch die Ranking-Problematik: Sind Aussagen wie »... ist besser als ...« deskriptive oder normative Aussagen?).

Was generell für Erklärungen und Rechtfertigungen von Handlungen oder entsprechenden Argumenten, Diskursen durch Werte gilt, das gilt natürlich auch für die entsprechenden Möglichkeiten der Erklärung und Rechtfertigung von Handlungen und Diskursen durch Normen. Der Zusammenhang zwischen Werten und Normen ist ziemlich eng. Hans Kelsen, der berühmte positivistische Rechtsphilosoph, hat wie erwähnt ausdrücklich gesagt: »Die Geltung eines Wertes ist die Geltung einer Norm.« Er meinte, daß die Gültigkeit eines Wertes überhaupt nur durch Normen ausgedrückt und gewährleistet werden kann, insbesondere durch bestimmte Institutionalisierungen und Verfahren der Sanktionierung. Für ihn war eine Norm, so definiert er Norm geradezu, ein nicht aus dem »Sein« – also nicht aus Deskriptivem, würden wir heute sagen – logisch ableitbarer »Rechtssatz«, als »Sollensurteil über die Rechtsfolge eines Tatbestandes«. Das ist natürlich eine sehr eingeschränkte Definition, denn sie bezieht sich nur auf Rechtsnormen, auf die Gültigkeit von Rechtsnormen und auf die Rechtsfolgen. Diese Definition ist natürlich für die Rechtsphilosophie und die Rechtswissenschaft sowie die Rechtsprechung vielleicht brauchbar, aber sicherlich nicht generell. Es gibt Normen, die keineswegs rechtlichen Charakter haben, die sich nicht auf »Rechtsfolgen von Tatbeständen« beziehen, sondern im allgemeinen sind Normen in gewisser Weise viel variabler und flexibler als Rechtssätze. Das haben Sozialwissenschaftler, zumal die Soziologen und insbesondere auch die Anthropologen und Ethnologen schon lange eingesehen. Sie definieren die Normen als mehr oder minder institutionalisierte Verhaltenserwartungen, die dann u. U. auch mehr oder minder strikt sanktioniert werden können. Sie unterscheiden charakteristischerweise »Muß-Normen« – und Rechtsnormen wären solche Muß-Normen, Normen denen man folgen *muß* – von »Soll-Normen«, Normen denen man in der Regel folgen soll (obwohl dieses Sollen ja auch im wirklich verbindlichen sittlichen Sinne gemeint sein kann; das »Sollen« ist also nicht ganz eindeutig), und schließlich »Kann-Normen«, Sitten, Gebräuche, Konventionen, wo es sozusagen mehr oder minder beliebig bleibt, ob man dieser Norm des vorwiegenden, des sog. modalen, Verhaltens auch wirklich folgt. Das Spektrum der abgestuften Verbindlichkeiten läßt also durchaus eine Möglichkeit für verschiedene Deutungen und Differenzierungen offen, deren Untersuchung die Sozialwissenschaftler vornehmen müßten, indem sie feststellen, wie die Normen, die faktisch in einer Gesellschaft etabliert sind und gelten, nun in dieser Hinsicht einzuordnen sind. Aber die logische Struktur oder die begrifflichen Formen und Bedingungszusammenhänge, denen Normen genügen, zu analysieren, das wäre natürlich eine philosophische Untersuchung, und hierbei kann man zum Teil durchaus an die rechtsphilosophische Diskussion anschließen.

Es muß für Normen sicherlich so etwas wie eine Art von Etablierung gegeben sein, eine Setzung der Norm, davon sprach auch Kelsen. Die Verhaltenserwartung muß in gewisser Weise gestützt oder nachdrücklich bzw. verbindlich gemacht werden. Sie kann nicht allein als bloße, überhaupt nicht in irgendeiner Weise hinsichtlich der Erwartung verstärkte, Kann-Beliebigkeit verstanden werden, sondern sie muß irgendwie gestützt, unterstützt, kontrolliert, sanktioniert werden, sei es im positiven, sei es im negativen Sinne, also durch Belohnung oder Bestrafung. Die Sanktion einer Norm oder ihre Institutionalisierung in einer bestimmten Vorschrift oder in Institutionen, wie beispielsweise dem Recht oder der Sitte, ist natürlich eine solche Möglichkeit der Nachdrücklichkeitsverstärkung. Als milde Sanktion fungiert letztlich auch das moralische Urteil, ob bzw. daß etwas tadelnswert ist. Die Normenkontrolle muß in irgendeiner Weise stattfinden: Je stärker Normen institutionalisiert sind und sanktioniert werden, desto mehr muß natürlich auch eine Kontrollmöglichkeit gegeben sein; es müssen Kontrolleure da sein, eine Exekutive sozusagen, welche die Einhaltung einer Norm begutachten oder auch faktisch kontrollieren kann. Im Grunde orientiert sich alles das natürlich analogerweise sehr stark an der Normenorientierung im Rechtssystem, wo es ja eine Dreiteilung gibt: Die Normensetzung in der Legislative wird abgetrennt von der Rechtssprechung, der Beurteilung, ob die Norm erfüllt oder verletzt ist, und der Exekutive, die entsprechend eben Sanktionen ausführt oder auf andere Weise für die Einhaltung der Normen sorgt oder zu sorgen versucht.

Was ist nun eine Norm generell, philosophisch gesprochen und auch sozialwissenschaftlich? Ganz kurz ein kleiner historischer Exkurs: Ursprünglich ist der Begriff der Norm oder des Normierens im Zusammenhang mit Werkzeugen benutzt worden, insbesondere von den Architekten, beispielsweise hat auch der antike Theoretiker der Architektur, Vitruv, bauliche Konstruktionen unter Normgesichtspunkten, nämlich in Abhängigkeit von bestimmten Winkelmaßen gesehen; die erste deutsche Vitruv-Übersetzung sprach sogar von der »Gerechtigkeit des Winkelhakens« (1548). Man machte sich die Vorstellung einer Richtschnur, z. B. eines Senkbleis, anhand derer Standardorientierungen vorgenommen wurden. Doch auch schon in der Antike wurde der Ausdruck »Norm«, das Wort »norma« neben »regula« in der Rechtsphilosophie übernommen, z. B. von Cicero, und bereits figurativ, also im übertragenen Sinne, verwendet. Gleichbedeutend mit »regula« erscheint vor allen Dingen in einem Gesetzeskodex, dem Codex Theodosianus, der Begriff »norma iustitiae«, also die Norm der Gerechtigkeit. Im Mittelalter hat der berühmte Bologneser Rechtslehrer Ugutio aus Pisa die Norm in folgender Weise definiert: »Die Regel, das ist die Norm, weil sie den richtigen Lebensweg zeigt oder weil sie zum richtigen Leben leitet, und nicht erlaubt abzuirren oder weil sie korrigiert, was verkehrt und verdreht ist, oder weil sie zum richtigen Leben führt«. Jede »vorgeschriebene Regel« oder jedes »Gesetz«, »welche man genau zu beobachten und nicht dawider zu handeln hat«, ist dann auch in dem *Lexikon des Rechts und der Rechtsphilosophie* von Zedler, 1740, als eine Norm-Definition im Sinne dieser Richtschnur des Handelns und der Rechtsentsprechung gegeben worden. Bei den Philosophen im Neukantianismus, etwa bei Wilhelm Windelband, sind die Normen als Regeln zur Beurteilung der Kulturwerte und als Möglichkeiten der Handlungsorientierung im Reiche der Naturnotwendigkeit verstanden worden, die trotz des Kausalitätszusammenhangs in der Natur Freiheit ermöglichen. Der »Inbegriff der Normen« ist für Windelband die Vernunft, und charakteristisch ist für die Normenentsprechung, oder, wie Windelband noch sagte »für die Normalität«, die »Allgemeingültigkeit«, d. h. der »Wert, von allen anerkannt werden zu sollen«. Entsprechend hat auch der Psychologe und Philosoph Wilhelm Wundt die Ethik geradezu als Wissenschaft von den Normen, als »Normwissenschaft« verstanden, in der bestimmte Grundnormen und abgeleitete Normen in Zusammenhang gesetzt sind und die primäre Natur der Norm sich im Vergleich mit der Pflicht- und Tugendethik zeigt. Es gibt Normen, die aus dem Normengrundgerüst erst hergeleitet werden, also sekundär sind. Werte sind, ähnlich wie für Lotze, der diesen Ausdruck eigentlich erst in die Philosophie eingeführt hat, bei Windelband auch Ausdruck und Ergebnis einer kulturellen Entwicklung, einer historischen Entwicklung. Die Norm wird als Ausdruck eines Sollens verstanden und zu dem Begriff des Wertes in Beziehung gesetzt. Der Wert bestimmt sozusagen den Inhalt der Norm, während die Norm im Grunde den Sollcharakter ausdrückt, als eine Bewertungsvorschrift, Sollregelung, als Imperativ usw. Bei manchen Ethikern, etwa bei Max Scheler und auch bei Nicolai Hartmann, ist umgekehrt die Rangordnung der Werte vorrangig; sie behaupten, die Normen seien erst aus der Rangordnung der Werte abzuleiten, aber, wie gesagt, bei Wundt und Windelband ist das umgekehrt. Immerhin ist man sich darüber einig, daß etwas Imperativisches, etwas Vorschriftenartiges, etwas den Sollcharakter Ausdrückendes in einer Norm ausgedrückt bzw. enthalten ist, das etwa das Positiv-Wertvolle eines Wertes darstellt, ganz gleich, ob nun der Wert oder ob die Norm, die Sollvorschrift das Grundlegendere ist. Man braucht sich, wie wir gesehen haben, nicht auf ontologische Gesichtspunkte einer besonderen Existenz der Werte zurückzuziehen, um von Werten als Interpretationskonstrukten aus Bewertungsprozessen, aus Bewertungshandlungen sprechen zu können. Entsprechendes gilt auch für den Normbegriff, der freilich in der Philosophie heutzutage auch keineswegs unmißverständlich und eindeutig benutzt wird.

Unterschiedliche Autoren verstehen etwas ganz Verschiedenes unter »Norm«: Gebote, Verbote, Erlaubnisse, Handlungsanweisungen, Maximen, Handlungsmaximen oder gar Werturteile werden als Normen verstanden oder gar die mehr oder weniger allgemein anerkannte Bewertung durch die Gesellschaft bzw. durch den Komment, etwa in der Form praktisch-regulativer Ideen, die allgemein Anspruch auf Anerkennung erheben. Eine ganze Reihe ähnlicher Formulierungen lassen sich leicht finden.

Zur Normenlogik: Normen und Normsätze

Die Analyse des Normbegriffes bzw. von Normen selber ist freilich nun auch angesichts solcher Mehrdeutigkeiten durchzuführen, selbst wenn man sich darauf beschränkt, Normen als bestimmte Sollvorschriften oder Bewertungsvorgänge aufzufassen, die sich in Werturteilen oder in entsprechenden Befehlen oder Imperativen ausdrücken. Manche Autoren unterscheiden zwar zwischen Imperativen und Normsätzen, indem sie die Normsätze als Sollsätze verstehen. Andere verstehen wiederum Normsätze als solche Sätze, die darüber berichten, welche Regeln in einer bestimmten Gesellschaft gelten, das ist natürlich selber dann ein deskriptives Unternehmen. Heute wird in diesem Zusammenhang meistens von deontischen Sätzen gesprochen, von Sätzen, die ein Müssen enthalten. Vielleicht sollten wir hier der Einfachheit halber terminologisch vereinbaren, daß deontische Sätze als beschreibende Sätze über Normen zu verstehen sind. Normsätze selbst sind Sätze, die Bewertungen oder Vorschriften oder Präferenzen in dieser Weise vornehmen bzw. ausdrücken, (re)statuieren, die also normativ im engeren Sinne sind. Vielleicht kann man mit einer solchen terminologischen Vereinbarung unmißverständlich arbeiten. Also, deskriptive deontische Sätze unterscheiden sich von sollstatuierenden Normsätzen – genauer: Von Normsatzvorkommnissen (s. u.). Die Norm wird durch einen Normsatz ausgedrückt, also etwa durch einen Gebotssatz, durch einen Muß- oder Sollsatz repräsentiert (obwohl es natürlich auch andere normative Funktionen von Sätzen bzw. Satzvorkommnissen gibt). Man kann das Sollmoment natürlich auch durch ein Symbol darstellen und Sollsätze durch Formeln symbolisieren und so abkürzen. Die Logik der Normen tut das auch, indem sie beispielsweise solche Operatoren einführt: Op (O steht für »soll«, »ought« im Englischen, aber zugleich auch für »obligatorisch« – auf der Operatorebene unterscheidet man nicht zwischen Muß- und Soll-Normen). Man kann also die O-Aussagen im Sinne einer nicht notwendig absolut zu erfüllenden Sollforderung auffassen oder im Sinne einer Muß-Norm. Soll-Normen und Muß-Normen werden gleichzeitig behandelt und kurz als »Gebote« (Soll- oder Mußgebote) bezeichnet. Demgegenüber kann man auch einen negativen Soll- oder Mußoperator V definieren, wenn es verboten bzw. nicht gesollt ist, p zu verwirklichen. Ferner gibt es den Erlaubtheitsoperator E, der etwas als erlaubt ausdrückt, wenn es nicht geboten ist, daß etwas nicht der Fall sei: Ep = ¬O¬p. Hierbei kann man allerdings noch zwischen zwei Varianten unterscheiden, nämlich zwischen einer starken oder expliziten Erlaubnis (in welcher die Erlaubnis direkt ausdrücklich statuiert ist z. B. in der Verordnung: »Rasen betreten ist erlaubt«) und einer normalen, schwachen, nicht näher differenzierten Erlaubnis, die dann besteht, wenn das Gegenteil nicht verboten ist. Diese Unterscheidung führte natürlich auch zu rechtsphilosophischen Diskussionen – zu der Frage etwa, wie manche Regeln und Sätze in der Juristerei aufzufassen sind, im starken oder im schwachen Sinne; das soll uns aber hier nicht weiter beschäftigen.

Es handelt sich also auch hier um Norm- und Formkonstrukte für Normen, die letztlich darauf beruhen, daß so etwas wie ein Normativismus angenommen wird, nämlich die Ansicht, daß man Normen nicht auf Tatsachenfeststellungen reduzieren oder durch bloß Deskriptives, durch bloße Beschreibungen nicht definieren kann. Normen oder Normsätze sind rein deskriptiv nicht zu definieren, sie sind also etwas anderes, sie haben einen anderen Charakter, nämlich das charakteristische Sollmoment über diesen Operator des Sollens oder des Gebotenseins usw., der bei deskriptiven Sätzen nicht vorhanden ist. Nun kann man die Untersuchung von Normsätzen und den Zusammenhängen von Normsätzen natürlich philosophisch-logisch vornehmen und das geschieht auch in der sogenannten Normenlogik. (Die deontische Logik wird oft mit dieser identifiziert, aber häufig wird auch gesagt, die deontische Logik behandelt nur die Sätze, die über die Feststellung von der Gültigkeit von Normen in bestimmten Bereichen oder Gesellschaften handeln, d. h. die wahrheits- oder falschheitsgemäße Feststellung, ob eine Kombination von Normen existiert oder nicht, während Normsätze im engeren Sinne nicht der Wahrheit oder Falschheit unterliegen, sondern Sollforderungen sind, die ja nicht wahr oder falsch sein können.) Normsätze können Anspruch auf Gültigkeit oder auf Allgemeinbeachtung erheben, aber sie sind nicht wahr oder falsch im deskriptiven Sinne. Insofern braucht man also eine andere Untersuchung. Die Untersuchung der entsprechenden Logiken kann sich natürlich auf die Begriffserklärung und Begriffsdefinition, auf die Vermeidung von Widersprüchen beschränken, sie kann aber auch auf Funktionen und pragmatische Zusammenhänge von Normen, Normsätzen, auf die Sicherungen und ähnliche Handlungsleitungsregeln eingehen, – das wäre die Aufgabe einer erweiterten Normenphilosophie. Diese könnte natürlich inbesondere auf die Beziehung zu deskriptiven Erkenntnissen eingehen oder bestimmte deskriptiv zu ermittelnde Normeninhalte analysieren, das kann schon die Begriffsklassifikation oder -analyse leisten. Der Mensch als erkennendes, handelndes und als sozial handelndes, als kooperierendes Wesen ist in der Tat auch das sich an Normen und Werten orientierende Wesen, das Wesen der Werte und Normen; und deswegen ist es für ihn unerläßlich und wichtig, sich mit Normen, Normensätzen, Normensystemen auch ausführlich zu befassen, und insbesondere für Rechtsphilosophen ist das unbedingt nötig. Ota Weinberger, ein Rechtsphilosoph aus Graz, hat sich sein Leben lang mit Normen, Normensystemen, mit den Regeln der Normenlogik befaßt; er definiert Normen und Normensysteme als »Regelungs- und Lenkungsinstrumente für Subjekte, die handeln können« und müssen (das »Müssen« füge ich hinzu). Meines Erachtens ist das noch eine etwas zu kurz gegriffene Explikation, denn sie läßt natürlich die Rechtfertigungsfunktion der Normen und Werte in Diskursen außer acht, wie wir sie oben bei der Diskursrechtfertigung von Handlungen aufgrund von Werten diskutiert haben. Aber immerhin, Normen haben offensichtlich mit Handlungsorientierung und u. U. auch mit Argumentlenkung und -regelung zu tun. Sie sind Systematisierungen von Handlungen und Argumenten oder Diskursen, und sie hängen in Systemen zusammen. Normen sind nicht isoliert zu verstehen, sondern sie gelten in bestimmten Normensystemen und natürlich auch in gesellschaftlichen oder kulturellen Kontexten. Sie werden benutzt oder »erwähnt«, in dem analytischen Sinne, in dem Quine beides unterscheidet, und zwar bei Handlungsrechtfertigungen bzw. bei Erklärungen. Erwähnen kann man eine Norm auch, wenn man sie nicht benutzt, für die die Ableitung eines Satzes, indem man z. B. ideologisch auf sie verweist.

Die Erfüllung einer Soll-Norm ist nun von Weinberger als das Bestehen der im Argumentbereich des Operators Op beschriebenen Tatsache definiert, also, wenn das p existiert bzw. verwirklicht ist, dann ist die Norm Op erfüllt. »Op« bedeutet also, daß p sein (bestehen, wahr sein bzw. getan werden) soll. Eine Soll-Norm ist auf diese Weise dadurch erfüllt, daß die Tatsache, die im Norminhalt bezeichnet wird, gegeben ist. Auch das ist m. E. etwas zu kurzschlüssig, denn es ist ja wichtig, daß die Normerfüllung an das *Handeln gebunden* ist, und die Tatsache *durch* die entsprechende *Handlung* zustande kommt. Das müßte noch in die Definition hineingenommen werden. Nun kann man natürlich allgemeine Normen von speziellen bzw. den adressatenspezifischen Normen unterscheiden, die sich nur in bezug auf einzelne und deren Handeln stellen bzw. durch die einzelnen Handlungen einzelner Personen erfüllt werden. Es kann sein, daß eine allgemeine Norm durch die Spezifizierung zu einer individuellen Norm eine neue Wirksamkeit oder eine neue Herausforderung für das Indivium darstellt, daß sozusagen dadurch etwas Neues in die Welt kommt, und daß der Zusammenhang – das hatten wir ja schon bei der Handlungserklärung oder -rechtfertigung zwischen Werten und Einzelhandlungen gesehen – zwischen der allgemeinen Norm und der individuellen Norm auch interessant sein kann für die analytische Aufbereitung, für die Systematisierung, sei es in rechtfertigender oder sei es in erklärender Hinsicht.

Weinberger unterscheidet nun acht metanormenlogische Prinzipien, welche den Aufbau von Normen und Normensystemen bestimmen. Diese sollen hier wenigstens erwähnt und durch weitere vier ergänzt werden: 1) *Erfaßbarkeit*: Was Weinberger (1977, 183 ff.) etwas ungeschickt die *»normenlogische Positivitätsthese«* nennt, könnte man besser die These der sprachlichen Erfaßbarkeit nennen: Normen müssen in einer normativen, in einer präskriptiven, einer vorschreibenden oder dem Normativen angemessenen und dieses ausdrückenden Sprache darstellbar sein. Normsätze müssen also in einer spezifischen Sprache ausdrückbar sein.

2) *»Grundsatz der Systemrelativität«*: Normsätze sind in Normensysteme eingebunden und an Normensysteme gebunden; sie sind relativ auf ganze Normenzusammenhänge, und entsprechend besagt der Satz, daß das Betrachten und das Studium der Normsätze notwendig an Normensysteme gebunden sind. Man kann einen Normsatz nicht näher analysieren, wenn man ihn nicht auf das entsprechende Normensystem rückbeziehen kann. Weinberger nennt 2a) das *»Postulat der Ausschließlichkeit eines Normensystems«*. Ich finde auch das eine etwas ungeschickte Formulierung. Das Postulat ist hier unter 2a) eingeordnet, weil es mit der Systemrelativität zusammenhängt.

3) *»Grundsatz der möglichen Systempluralität«* – diese These besagt, daß verschiedene Normensysteme zugleich existieren können, u. U. auch kollidieren oder miteinander in Konflikt stehen können. Auch Normen aus verschiedenen Normensystemen können miteinander in Konflikt geraten, was gelegentlich auch bei den Normenlogikern nicht genügend beachtet wird.

4) Besonders wichtig ist das *»Postulat der Widerspruchsfreiheit«* des Normensystems. Ein Normensystem ist nicht von sich aus widerspruchsfrei. Das ist so ähnlich wie in einem System, das den logischen Regeln in der deskriptiven Logik genügt. Sondern ein Normensystem *soll* widerspruchsfrei sein, sonst kann es die Funktion der Handlungspräzisierung und Handlungsregelung nicht unmißverständlich und unzweideutig übernehmen. Ein widerspruchsvolles Normensystem funktioniert nicht. Faktisch wird es oft sogar in der Tat so sein, daß Normensysteme widerspruchsvoll sind und daß sich das u. U. erst durch mühsame Untersuchungen herausstellt, aber der Idealforderung nach – und man sieht daran klar, wo und wie hier überall der Interpretationskonstruktcharakter schon hineinkommt – ist Widerspruchsfreiheit zu fordern und zwar in zweierlei Hinsicht: Normenlogisch gibt es nämlich nicht nur den üblichen logischen Widerspruch, wie man ihn in der Logik kennt, daß eben ein Satz a und ein Satz ¬a gleichzeitig behauptet werden; dieser Widerspruch kann z. B. dargestellt werden als »Op und ¬Op«; er bestünde also, wenn etwas zugleich geboten und nicht geboten wäre. Aber es gibt auch

einen typischen normenlogischen Widerspruch, der in der allgemeinen Logik nicht zu finden ist. Dieser ergibt sich, wenn etwas geboten ist, z. B. der Sachverhalt p geboten ist oder besteht, und wenn gleichzeitig nicht-p bestehen soll: »Op und O¬p«: Insofern hat man also zweierlei Möglichkeiten der Widersprüchlichkeit in der Normenlogik, nämlich einmal die übliche und zum anderen diese Art von spezieller konträrer Widerspruchsbildung der Normenlogik.

5) *»Postulat der Deskriptivität des Normeninhalts«*: Diese Forderung besagt, daß der Inhalt der Norm, also der Satz p, der im Argumentbereich des Operators O steht, inhaltlich deskriptiv sein muß. Es darf nicht selbst eine Norm Inhalt des Normoperators sein, es muß sich um einen Sachverhalt handeln. Das kann natürlich diskutiert werden, und ist auch zum Teil kontrovers, aber es ist wichtig zu unterscheiden, daß die inhaltliche Gestaltung, die deskriptive Ausrichtung oder, was der Moralphilosoph R. M. Hare die »Phrastik« nennt, also das Beschreibende an einem Gebot, unterschieden wird von der »Neustik«, (das vom griechischen »Nicken«, »Zustimmen« kommt), wobei dieses den normativen Funktionsgehalt ausmacht. Die Phrastik umfaßt die Beschreibung des Sachverhalts, und die Neustik, das Normative, bedeutet, daß dieser Sachverhalt bestehen soll oder muß, gefordert wird. Das ist zu unterscheiden, freilich ist es auch durchaus möglich, daß es z. B. geboten ist, eine Norm einzuführen oder zu setzen. Es gibt also Metanormen, aber das Setzen der Norm wäre wieder ein deskriptiver zu beschreibender Sachverhalt; die Metanorm würde sich auf das deskriptiv zu beschreibende Setzen beziehen.

6) *»Zäsur zwischen Sein und Sollen«*: Normsätze sind, und das ist ein ganz wichtiger alter Punkt, der schon bei David Hume eine Rolle spielte, nicht in rein deskriptive Sätze übersetzbar und umgekehrt. Man kann das Neustische nicht auf das Phrastische reduzieren und umgekehrt. Man kann auch das Normative nicht aus rein deskriptiven Sätzen beweisen, herleiten, begründen. Sodann fordert Weinberger neben dieser Nichtdefinierbarkeit und Nichtreduzierbarkeit des Normativen in bezug auf das Deskriptive auch noch, daß ein Sollsatz die logische Möglichkeit offen lassen sollte, daß er nicht erfüllt sein kann: Ein Sollen habe nur dann Sinn, wenn dieses Sollen sich auf einen Sachverhalt beziehen kann, der nicht bestehen muß. Es ist also sinnlos, Tautologien

oder logische Wahrheiten vorzuschreiben. Auch darüber kann man natürlich diskutieren, und manche Autoren weichen von dieser Regelung ab, daß keine Tautologien geboten, keine Kontradiktionen verboten werden können.

7) *»Postulat normativer Konsequenz«*: Im Normensystem gelten auch alle logischen Folgen einer Norm, d. h., wenn ein bestimmter Normsatz einen Sachverhalt p fordert, dann sind auch die logischen Folgen von p mitgefordert. Das ist übrigens ein Punkt, der zu einer berühmten Antinomie führt, nämlich der Antinomie von Alf Ross: Wenn ich p fordere, also p sein soll, dann ist auch immer p v q gefordert. $Op \rightarrow O(pvq)$. Das q braucht natürlich mit dem p in keinerlei inhaltlichem Zusammenhang zu stehen: Geboten ist es einem Hilfsbedürftigen zu helfen, daraus folgt, daß die Oder-Verknüpfung dieses Sachverhalts mit einem beliebigen anderen ebenfalls gesollt ist. Es folgt: Man soll einem Hilfsbedürftigen helfen oder ins Kino gehen. Eine Oder-Aussage wird ja immer schon dann erfüllt, wenn ein Teilsatz erfüllt oder wahr ist, d. h., die deskriptive Komponente des Norminhalts auf der rechten Seite dieser Formel wird natürlich schon dadurch erfüllt, daß ich ins Kino gehe, und das ist natürlich ein Paradoxon, denn gerade das ist ja mit dem Gebot der Hilfe nicht gemeint.

Charakteristisch ist für Normenaussagen noch, daß der Solloperator, so Weinberger, grundlegend ist, da sich Erlaubnisnormen nicht verletzen lassen. Man kann eine Erlaubnis nicht übertreten oder verletzen, man braucht aber, um Handlungen regulieren, normativ regulieren oder sanktionieren zu können, eine Auszeichnungsmöglichkeit, eine Möglichkeit eindeutiger Auswahl, die aber nur durch den Solloperator, den O-Operator, gegeben ist. Man kann den Erlaubnisoperator durch den Solloperator definieren, aber nicht umgekehrt.

Man kann diese Weinbergerschen Regeln erweitern, indem man z. B. hinzufügt:

8) Normsätze und Normsysteme sind auf die Setzungen zurückzubeziehen: Normen müssen gesetzt werden; auch muß ein Normautor, ein Normsetzer, unterschieden werden von 9), dem Normadressaten von Normsätzen und Normsystemen. Man kann Normen allgemein fordern, sie gelten dann für jeden, wie z. B. moralische Normen, oder man kann sie spezifisch fordern wie bestimmte Normen, die beispielsweise an Berufsrollen geknüpft sind usw. 10) Normen stehen immer im Zusammenhang

mit entsprechenden Kontroll- und Stützungsvorgängen. Sie müssen institutionalisiert werden. Wenn sie kontrolliert werden und, soweit sie kontrolliert werden, muß es wenigstens eine Möglichkeit einer minimalen Kontrolle und entsprechend auch eine Exekutive geben. 11) Normen sind mit Werten verschwistert, sie sind sozusagen die verfahrensmäßigen Entsprechungen oder operationalisierten Wertinterpretationskonstrukte zu sozialen Werten. Normen als institutionalisierte Verhaltenserwartungen operationalisieren soziale Werte. Sie sind also gleichsam operationalisierte Werte oder die Operationalisierungen von Werten.

Für die Erfassung von Normsätzen und Normensystemen muß eine normenangemessene bzw. präskriptive – jedenfalls normative – Sprache für Normensätze vorhanden sein. Im folgenden soll als ein analytisches Beispiel für die Behandlung gewisser Aspekte der normativen Interpretationskonstrukte die Normsatzproblematik behandelt werden. Insbesondere möchte ich darstellen, daß verschiedene Vorschläge zur Erfassung von Normensätzen – des sog. bedingten Normsatzes – in Schwierigkeiten führen und möchte dazu dann einen Vorschlag machen im Sinne der Aktualisierungsauffassung solcher Normsätze, also dazu, wie man versuchen kann, diese Problematik unter Rückgriff auf den Ansatz der Interpretationskonstrukte aufzulösen. Es geht also praktisch um die Erstellung von normativen Interpretationskonstrukten und um deren Beschreibung und um die Angabe von spezifischen Bedingungen, denen solche bedingten Normsätze genügen müssen.

Man muß zunächst zwischen verschiedenen Normen unterscheiden: zwischen generellen Normen einerseits und den entsprechenden individuellen (individualisierten) oder spezialisierten Normen andererseits: Der Satz: »Für alle x gilt, x soll p«: $\wedge x Op(x)$, drückt eine generelle Norm aus; diese gilt für alle Normadressaten (z. B. Menschen oder Personen), es können aber z. B. auch juristische Personen gemeint sein. Die individuelle Norm, die dieser generellen Norm bzw. deren Normsatz zugeordnet ist, würde für einen Normadressaten x_1 durch $Op(x_1)$ dargestellt: »x_1 soll p tun bzw. den Sachverhalt p herstellen«. Natürlich folgt aus der generellen Norm dann für eine bestimmte Situation, in der sich das Individuum befindet, die individuelle Norm, genauer: der generelle Normsatz impliziert den entsprechenden spezialisierten, individualisierten.

Widersprüchliche Normensysteme

Dabei und generell sind beim Folgern mit Normen und Normsätzen Widersprüche der beiden oben genannten Arten zu vermeiden. Das gelingt in realen Normensystemen nicht immer, wie das folgende Beispiel zeigt: Vor einiger Zeit wurde der ganze Marktplatz von Karlsruhe umgebaut; die Baustelle wurde für die Durchfahrt gesperrt und der Marktplatz als Fußgängerzone (mit Straßenbahnverkehr) ausgewiesen. Neben einer Bank und der Stadtkirche befindet sich eine kleine Straße – früher eine Durchgangsstraße, während des Umbaus und heute eine Stichstraße. Wenn man damals, als gebaut wurde, daran vorbeiging, da fand man am Beginn dieser kleinen Straße zwei Schilder nebeneinander:

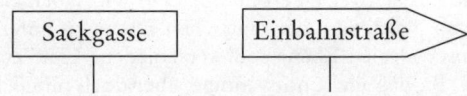

Was sollte man als Verkehrsteilnehmer also tun? Dem Autofahrer – an die Autofahrer richtet sich ja diese normative Vorschrift u. a. – war es zwar erlaubt in die Sackgasse einzufahren, aber aus dieser Sackgasse kommt man natürlich nicht wieder heraus, weil das Einbahnstraßenschild bzw. -gebot nicht gestattet, wieder herauszufahren. Auch rückwärts darf man ja seinen Wagen nicht aus einer Einbahnstraße heraussetzen. Ich habe mich daher gewundert, daß ich nicht viele Autos »auf einem Haufen« sah; denn mathematisch gesprochen handelte es sich um eine »Senke«, irgendwo müßten die Autos also in der Unterwelt verschwunden sein oder ihre Fahrer hatten sich einer Normverletzung schuldig machen müssen.

Das Beispiel zeigt also, daß Normensysteme faktisch widerspruchsvoll sein können, Widersprüche zulassen, in diesem Falle einen normenlogischen Widerspruch i. e. S. Im vorliegenden Falle widersprechen sich nämlich die Gebote der beiden Schilder, die als Normen interpretiert werden können. Einerseits bedeutet »Sackgasse«: »es ist erlaubt hineinzufahren, aber es gibt keine Möglichkeit des Durchfahrens«, was einem Durchfahrverbot gleichkommt. Entsprechend ließ etwa auch die obligatorische Vorschrift »Einbahnstraße« die Möglichkeit offen hineinzufahren, aber sie verbot das Ausfahren an der Einfahrseite. War es nun ein Beitrag der Stadt Karlsruhe zur Verkehrsberuhigung in der Innenstadt, zur Erzeugung einer möglichst autofreien Innenstadt? Ein Schildbürgerstreich der Verkehrsbehörde (vielleicht war es die Faschingszeit)? Oder schlicht ein Versehen?

Faktisch können Normensysteme also widerspruchsvoll sein. Sie können somit dem zuvor genannten Postulat, dem Postulat der normenlogischen Widerspruchsfreiheit[1], widersprechen. Wir müssen daher hinsichtlich von Normensystemen und Normensätzen verschiedene Ebenen unterscheiden – und das wird oft nicht deutlich genug getan. Einerseits haben wir die *faktische Ebene*: Da kann ein Normensystem in der Tat widerspruchsvoll sein und das kommt gelegentlich auch vor. Typischerweise sind die Widersprüche nicht so offensichtlich wie im Beispiel – manchmal sind sie nur schwer zu ermitteln. Und wir haben eine *ideale Ebene*, die sorgfältig von der faktischen Ebene zu unterscheiden ist. Auf dieser idealen Ebene sind verschiedene Fälle zu berücksichtigen, z. B., daß nicht notwendige, aber doch mögliche Idealverhältnisse u. U. kontrafaktisch beschrieben werden, also für die logische Untersuchung ein Normsystem unterstellt wird, das z. B. nicht widerspruchsvoll ist – im Idealen sind natürlich Widersprüche nicht zugelassen – oder daß sogar eine sog. »deontisch perfekte« (deontisch vollkommene) Welt gegeben ist, die dadurch definiert ist, daß alle Pflichtgebote, alle Normen also, in ihr erfüllt sind. Auch das setzt natürlich voraus, daß es kein widerspruchsvolles Normensystem ist. Nun wird normalerweise in der Normenlogik und in der deontischen Logik das Satzsystem so aufgefaßt, daß die Sollensvoraussetzungen einer deontisch perfekten Welt skizziert werden und definiert wird: Eine generelle Norm gilt absolut, wenn sie in einer deontisch perfekten Welt erfüllt ist. Entsprechend sind dann auch die Folgerungsbeziehungen zwischen Normen(sätzen) zu definieren; wenn in einer deontisch perfekten Welt eine Norm immer genau zusammen mit einer bestimmten anderen gilt, dann ist der »Wenn-so«-Satz, der beide Normen verbindet, gültig, allgemeingültig.

Wir unterscheiden, wie ausgeführt, zwischen Normen, Normsät-

---

1 Unter Umständen können (wie im Deskriptiven) in Normensystemen »latente Widersprüche« auftreten: Zwischen Oq und p → O ¬q besteht ein solcher, der solange nicht aktualisiert wird, als p nicht wahr gemacht wird (vgl. Weinberger 1975, 29).

zen, Normensystemen; und es wird oft ja diskutiert – das wurde schon erwähnt –, ob Normensätze bzw. Sätze, die Normen darstellen, wahrheitsfähig sind oder nicht, ob sie also deskriptiv sind oder ob sie normativ aufgefaßt werden müssen, aber dann nicht wahr oder falsch sein können. Meistens werden die Sätze *über* Normen, die wahr oder falsch sein können, als Tatsachenaussagen über das Gelten oder das Bestehen von Normen aufgefaßt. Das bezieht sich dann natürlich normalerweise auf die faktische Ebene. In einem Normensystem gilt eine bestimmte Norm, das ist eine Tatsache, die beschrieben werden kann, und die Beziehungen zwischen solchen faktischen Normsätzen sind dann eben Gegenstand der deontischen Logik. Das ist natürlich eine terminologische Konvention, die von manchen auch nicht akzeptiert wird, z. B. nicht von dem Erfinder der deontischen Logik und der Normlogik, Georg Henrik von Wright: Er ist der Meinung, daß deontische Sätze systematisch mehrdeutig sind, und zwar können sie einerseits deskriptiv gedeutet werden, eben Feststellungen über das Vorliegen oder Bestehen von Normen sein, andererseits können sie aber auch als normativ-bewertend oder präskriptiv gedeutet werden, wobei von Wright sich auf das Präskriptive, das Vorschreiben, beschränkt. Präskriptiv sind diejenigen Ausdrücke, die durch Sollaussagen bezeichnet werden; sie stellen also generelle oder individuelle Normen, »Normformulierungen« dar, die etwas festsetzen, fordern, postulieren, statuieren, befehlen, anordnen usw. Deskriptiv sind diejenigen formalisierten Sätze, die Normaussagen, welche deskriptive Aussagen über das Gelten darstellen, in Ausdrücken wiedergeben. Man könnte nun natürlich sagen, eigentlich müßte man zwei verschiedene Logiken einführen, einmal eine deskriptive mit deskriptiven Operatoren und einmal eine normativ-präskriptive mit normativ-präskriptiven Sätzen und Operatoren, das wird gelegentlich auch so gehandhabt. Aber, wir hatten ja schon festgestellt, daß »deskriptiv« und »normativ« – und hier unterscheide ich mich von von Wright – keineswegs eine Eigenschaft von Sätzen an sich ist, sondern Sätze können in bestimmten Situationen deskriptiv gemeint sein oder als deskriptive vorkommen. Sie können aber auch normativ funktionieren oder als normative fungieren. Ob ein Satz als Beschreibung aufgefaßt wird bzw. fungiert oder als normativ, als Vorschrift, ist Sache einer Interpretation im Zusammenhang, im Situations- und Deutungskontext, im Handlungsgeflecht, im Gefüge von Erwartungen, Handlungen, Reaktionen usw., und natürlich abhängig von dem vorgegebenen entsprechenden Normensystem oder den vorliegenden Normierungen von Normen, den Metanormen. Bei Normen müssen die Momente der Inhaltsbeschreibung der Norm, die nach dem Moralphilosophen Hare »Phrastik« genannt werden, und das, was dieser »Neustik« nennt, die also das Normative, den normativen Impuls darstellt, unterschieden werden. Durch die Bildung von solchen Unterscheidungen, durch die Bildung von deontischen Operatoren wie O: »es ist geboten«, wird gleichsam das neustische Element in die objektsprachliche Ebene hineinprojiziert. Dadurch, daß dieses O vor eine Sachverhaltsaussage (Phrastik) gesetzt wird, ergibt sich so etwas wie eine Projektion der Normkomponente in die Objektsprache der Zeichen, d. h., es wird eigentlich eine metasprachliche Bewertung einer Aussage – diese Aussage, diese Phrastik *soll* gelten, *soll* verwirklicht werden – vorgenommen. Den Normsatz kann man also auffassen als einen Satz über einen Satz und dessen Inhalt. Der Satz, der den Norminhalt beschreibt, soll wahr gemacht bzw. der Norminhalt verwirklicht werden. Wenn man das so auffassen würde, wäre das sozusagen eine Formulierung in zwei Metasprachschichten, und diese beiden werden in der deontischen Logik und auch in der Normenlogik nun in eine Ebene projiziert. Grundsätzlich läßt sich das durchaus durchführen, und die Normenlogiker arbeiten ja auch damit, aber es ist klar, daß es hier um sprachsemantische Projektionen und Interpretationen geht, die konstruktartig sind, es sind Festsetzungen und Deutungen dessen, wie man Sätze der unterschiedlichen Ebenen verstehen und kombinieren kann. Kurz: wir können bei den Darstellungen von Normen in bestimmten Normsätzen die (Re-)Konstatierungen, das sind die Feststellungen, daß eine Norm gilt, von den (Re-)Statuierungen unterscheiden. (Re-)Konstatierungen sind deskriptiv und wahrheitsfähig. Die (Re-)Statuierungen sind normativ, sind normative Interpretationen in einem bestimmten Handlungs- und Situationszusammenhang. Die Statuierungen können nochmals unterschieden werden in Normsetzung und -erhärtung. Normsetzungen sind Normatives schaffende Akte, die selbst metanormativen Vorschriftscharakter haben: z. B. die Gesetzgebung bewirkt normativ, d. h., statuiert das Inkrafttreten eines Gesetzes. Andererseits kann man Normen erneut auch bekräftigen und hätte dann so etwas wie eine Restatuierung. Eine solche Bekräftigung kann durch Richtersprüche, Gerichtsurteile (besonders etwa im angelsächsischen Recht, das durch Urteile fortentwickelt wird) oder ähnliches geschehen. Im letzteren Fall wäre es vielleicht sinnvoller, von (Re-)Aktualisierungen einer Norm zu sprechen. In der Tat scheint mir eine normenlogische oder methodologische Deutung von funktionalen Aktualisierungen der Normen zu fehlen. Eine Aktualisierungstheorie statt einer bloßen Setzungs- oder Bestehenstheorie von Normen zu entwickeln, ist eine der Hauptaufgaben von logisch-methodologischen Untersuchungen der Normen und Normensätze. Das soll noch ein wenig deutlicher werden, wenn wir uns mit einigen Problemen der Normenbildung im spezifischen Sinne befassen.

Bedingungsnormsätze

Die Einbahnstraßenregelung, die ich oben erwähnte, bezieht sich ja nicht auf jeden Beliebigen. Es ist zwar eine generelle Norm, aber sie bezieht sich auf Autofahrer, auch auf Motorradfahrer, aber nicht auf Fußgänger. Offenbar hat die Einbahnstraßensollvorschrift bestimmte Bedingungen, unter denen sie gilt, insofern als sie sich an bestimmte Adressaten richtet: an Kraftfahrer – und auch an Fahrradfahrer. Es ist dabei eine selbstverständliche, unausgedrückte Bedingung, daß an Kraftfahrer gedacht wird bzw. an Verkehrsteilnehmer mit einem »Vehikel«. Dann aber stellt sich z. B. die Frage, ob auch eine Schubkarre oder ein Leiterwagen ein solches ist; wohl ja! Aber eine verzwickte Frage wäre, ob z. B. ein Rollstuhl ein Vehikel ist. Ein Rollstuhlfahrer darf offenbar durch eine Sackgasse, die in einem Fußweg endet, hindurchfahren oder sich aus einer Einbahnstraße rückwärts herausbewegen. (Wie ist es mit einem von einem kleinen Elektromotor betriebenen Rollstuhl?) Hier kommt es nur darauf an zu erkennen, daß Normen Adressatenspezifizierungen benötigen, um die Handlungspraxis möglichst eindeutig regeln zu können. Das heißt also, jede Norm ist relativ auf Adressaten formuliert, sie richtet sich u. U. an alle Menschen (»Du sollst nicht töten!« ist eine generelle Norm, sie ist aber an Menschen gerichtet) oder an bestimmte Gruppen oder u. U. einzelne Amtsträger usw. Auch generelle Normen haben also Bedingungen zu genügen, insofern als sie sich nicht etwa an alle lebendigen Wesen richten, sondern an bestimmte Gruppen,

Individuen oder eingegrenzte Kategorien. Hinzu kommt, daß natürlich solch eine Norm, die durch ein Schild wie »Einbahnstraße« instantiiert ist, in einer bestimmten Situation, an einer bestimmten Stelle vorkommt, durch dieses Zeichen *hier* als *hier* einschlägig individuiert (»spezialisiert«) ist: Die Norm ist an dieser Stelle instantiiert; sie richtet sich an die Verkehrsteilnehmer, die an *dieser* Stelle weiterfahren wollen und eben nicht zurückkehren dürfen. Das Hic-et-nunc, das jeweilige Hier-und-Jetzt, ist also auch bei der Anwendung einer generellen Norm in einer bestimmten Instantiierung zu berücksichtigen. Man muß, um eine generelle Norm überhaupt anwenden zu können, diese durch die Instantiierung, durch den einzelnen Satz, die individuelle Norm (bzw. den spezialisierten Normsatz) ersetzen oder die individuelle Norm (bzw. den spezialisierten Normsatz) aus der generellen Norm (bzw. aus dem generellen Normsatz) herleiten, und die entsprechende individuelle Norm dann beachten. Wenn man diese verletzt, ist die generelle Norm in einem Fall entsprechend auch verletzt. Man könnte also m. E. die These entwickeln, daß in einem gewissen – vielleicht trivialen – Sinne jede Norm beschränkt, durch Anwendungs- oder Adressatenangaben eingeschränkt oder eben bedingt ist, obwohl diese Bedingungen meistens nicht ausgesprochen werden. Z. B. die generellste Bedingung wäre, daß Normen nur an normativ empfindsame oder relevant handelnde Wesen gerichtet werden, die eben für ihre Handlungen normativ verantwortlich sind. Das sind in erster Linie Menschen oder Personen, die verantwortlich sind oder gemacht werden können (es können natürlich auch juristische Personen, oder es könnten evtl. andere verantwortliche Wesen sein). Man sieht schon, daß auch hier Schemainterpretationen, Konstruktionen oder Deutungen eine große Rolle spielen. Von Wright hat das auch deutlich (1963 = 1979, 178) in eine These gefaßt, in seinen früheren Arbeiten schon: »Wenn etwas unbedingt gesollt oder obligatorisch wird, dann ist es auch obligatorisch unter einer jeden speziellen Bedingung«. (Die entsprechende andere These gilt auch: Wenn etwas unbedingt erlaubt ist, dann ist es auch unter einer jeden speziellen Bedingung erlaubt.) Das heißt also, das Obligatorische pflanzt sich von dem Unbedingten auf die Bedingungen, insbesondere auf die Spezialisierungen der Normen, fort. Bevor wir zu dem interessanten Problem des Bedingungsnormsatzes kommen, möchte ich zur Übersicht kurz in Diagrammform darstellen, wie sich die entsprechenden Zusammenhänge zwischen den Normsätzen bzw. den deontische Operatoren darstellen. Traditionell sprach man immer von einem deontologischen Viereck, das darin bestand, daß die Operatoren in Unter- und Gegenordnungsverhältnissen stehen:

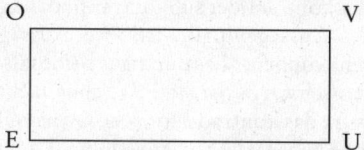

Man nannte diese Struktur das »deontologische Quadrat«. Ich habe das Diagramm bereits vor Jahren (1974, 201) zu einem deontologischen Sechseck zu erweitern versucht, in dem die entsprechenden Relationen zwischen den Operatoren auch vorhanden sind, aber das Quadrat erweitert wird durch zwei weitere Operatoren, die auch normenlogisch und deontisch wichtig sind, nämlich »R« (»gebots-*r*elevant« und »N« (»neutral«):

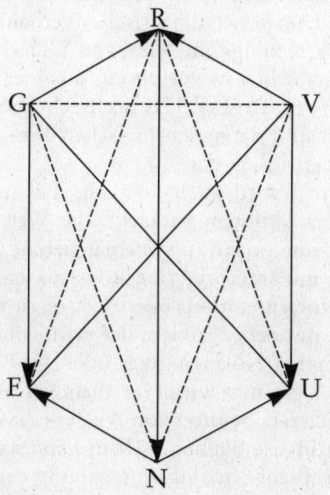

Das Verhältnis zwischen den auf der gleichen Stufe des deontischen Quadrats in Opposition stehenden Operatoren ist ähnlich wie in dem klassischen Fall der aussagenlogischen Verbindungen zwischen den Operatoren ∧ x: »für alle gilt« oder ∨ x: »für mindestens einen gilt«, die in dem bekannten logischen Quadrat angeordnet werden. Man findet nun auch hier im Normenlogischen die entsprechenden Verhältnisse (s. Schema), daß Aussagen (bzw. Operatoren) zueinander konträr oder subkonträr sind. »Konträr« heißt ja in der klassischen Aussagenlogik, daß zwei Aussagen nicht beide zugleich wahr sein können, aber durchaus beide falsch. Konträr zu der Eigenschaft »schwarz« ist »weiß«, aber nicht etwa »nicht-schwarz« (das wäre das kontradiktorische Gegenteil), es kann aber auch Gegenstände geben, die weder weiß noch schwarz sind. Ein und derselbe Gegenstand kann nicht, wenn er einfarbig ist, schwarz und weiß zugleich sein: Konträre Aussagen schließen sich aus. Bei subkonträren Aussagen ist es umgekehrt: hier können beide Aussagen wahr sein, aber nicht falsch.

Analog wie in der Prädikatenlogik ist es nun auch in der Normenlogik und der deontischen Logik: Verbot und Gebot schließen einander konträr aus, das ist das, was wir als einen normenlogischen Widerspruch in spezifischem Sinne ansehen (s. o., 213 f.): Wenn etwas verboten ist, dann kann es nicht zugleich geboten sein, aber dies ist kein kontradiktorisches Verhältnis, sondern eine spezifischere – normenlogische – Art von Widerspruch. Die Analogie kann man natürlich weiterführen, was hier nicht geschehen soll (vgl. Lenk, 1974, 201 ff.): Das Sechseck-Diagramm stellt die normenlogischen und deontisch-logischen Ein- und Ausschlußbeziehungen übersichtlich dar.

An diesem Beispiel wird auch deutlich, daß man hier mit bestimmten Rekonstruktionen versucht, die Welt der normativen Operatoren zu deuten oder zu systematisieren; insofern hat man es hier also auch mit Interpretationskonstrukten normativer Art, mit normativen Interpretationskonstrukten, zu tun.

Ich beginne nun mit dem Problem der normenlogischen Formulierung des bedingten Normensatzes oder des Bedingungsnormsatzes, wie er auch genannt wird (vor allem von Weinberger). Den folgenden Beispielssatz benutzt von Wright (1984): »Wenn es regnet, sollst du zu Hause bleiben!« (Man kann natürlich beliebige andere Beispiele solcher bedingter Normsätze anführen: »Wenn es über 30° im Schatten ist, soll man/frau nicht in eine Vorlesung gehen!«, was ja eine offenbar von vielen Student(inn)en befolgte individuelle oder halbgenerelle Norm zu sein scheint.) Bei solchen

Sätzen ist die normative Komponente in gewissem Sinne abhängig – ich würde sagen: »wird aktualisiert« – von dem Eintreten einer bestimmten Tatsache als der hinreichenden Bedingung: »Wenn es regnet ...« Es »gilt« sozusagen (aber *nur* sozusagen) die Forderung bloß für den Fall, daß es regnet. Daß die Norm nur für den jeweiligen speziellen Fall gelte, ist die gängige Deutung. Bedingungssätze sind schon deshalb interessant, weil die meisten Normen bedingt sind; sie sind irgendwie daran geknüpft, daß eine bestimmte Situation vorliegt; erst dann wird die Norm einschlägig aktualisiert.

Man unterscheidet kategorische oder unbedingte, absolute Normen, die keine solchen Bedingungen haben – »Du sollst nicht töten!« – von den oft etwas mißverständlich »hypothetisch« genannten Normen, die besser vielleicht konditionale Normen bzw. Normsätze genannt werden sollten. Die Frage ist nun: Gibt es einen absoluten Unterschied zwischen bedingten und absoluten Normen? Oder ist eigentlich – wie ich behaupten möchte – letztlich jede Norm bedingt oder in einer bedingten Darstellung zu reformulieren? Dann stellt sich natürlich gleich die nächste Frage: Wenn wenigstens vordergründig absolute oder unbedingte Normen von den bedingten unterschieden werden, wie ist das formal zu verstehen und wiederzugeben? Wie bedingte Normen zu formalisieren oder darzustellen sind, das ist ein offenes Problem der Forschung, das bis heute stark umstritten und immer noch nicht gelöst ist. Die Autoren, die ich schon zitiert habe, insbesondere von Wright, Weinberger, aber auch andere, sind da durchaus verschiedener Meinung – und nicht nur im Verhältnis zueinander, von Wright z. B. hat alle drei Deutungen, die hier als Alternativen erwähnt werden, im Laufe seines Lebens zu verschiedenen Zeiten vertreten, und ist dann schließlich zu einer Art von Skepsis gelangt; er bezweifelt (1984), daß sich überhaupt normenlogische Folgerungen zwischen Normen darstellen lassen. Er meint, nur in der deskriptiven Orientierung einer deontischen Logik in bezug auf Tatsachenfeststellungen, daß überhaupt Normen gelten, läßt sich mit Aussagen über bedingte Normen logisch arbeiten, nicht aber generell.

Nun gibt es für die Formulierung von Bedingungsnormsätzen verschiedene, mindestens drei verschiedene Vorschläge, die sich alle bisher als unpraktisch erwiesen und alle zu erheblichen theoretischen Schwierigkeiten führen. Georg Henrik von Wright, der

– wie erwähnt – inzwischen äußerst skeptisch geworden ist, behauptet, es gebe überhaupt keine Möglichkeiten, zwischen Normen direkt logische Schlüsse vorzunehmen, man müsse dazu immer indirekte Umwege machen usw. Die drei Möglichkeiten, die zur Symbolisierung des Bedingungsnormsatzes vorgeschlagen wurden, sind die folgenden: Wenn eine bestimmte Sachverhaltsaussage vorliegt und die deskriptive Aussage a wahr ist, führt dies dazu, daß eine Sollforderung p obligatorisch ist: a → Op, das ist logisch gleichbedeutend mit ¬a v Op. »Wenn es regnet, bleib zu Hause«, das könnte in diesem Sinne so gedeutet werden: »Wenn der Regen eintritt, dann entsteht, gilt die Sollforderung: ›Bleib zu Hause!‹«. Die Frage ist, ob das auch interpretiert werden kann als: »Es regnet nicht, oder die Sollvorschrift ›bleib zu Hause‹ gilt«. Diese Formulierung hielt Weinberger lange für die bestgeeignete, später ist er aber etwas skeptisch geworden hinsichtlich der Auflösbarkeit dieser Aussage in bezug auf die noch zu erwähnenden Paradoxien.

Die zweite Möglichkeit ist, daß man den Operator ganz voranstellt: O (a → p) und hier sozusagen einen normativen Zusammenhang zwischen der Sachverhaltsaussage und der Norm herstellt. Von Wright hat lange Zeit mit dieser Form geliebäugelt und den Bedingungsnormsatz so aufgefaßt, daß »Wenn es regnet, bleib zu Hause« in diesem Sinne aufgefaßt werde als »Es soll so sein, daß es entweder nicht regnet oder man zu Hause bleibt«. (Hier (von Wright 1984, 451) hat sich natürlich ein Fehler eingeschlichen, den der Übersetzer offenbar nicht gemerkt hat: »entweder – oder« kann hier nicht gemeint sein, sondern nur das einschließende »oder«.) »Es soll so sein, daß es nicht regnet oder man zu Hause bleibt« ist aber eine etwas seltsame Interpretation. Wieso hat der Bedingungsnormsatz als Teilgehalt, daß es sein soll, daß es nicht regnet? Oder warum soll die normative Vorschrift die junktorenlogische Verknüpfung von Aussagen/Sätzen betreffen und nicht Handlungen unter bestimmten Bedingungen? Beides kann man kaum einsehen. Die dritte Möglichkeit ist dann, daß man einen dyadischen Operator O (p | q) einführt, daß die Sollvorschrift p nur in bezug auf eine bestimmte vorgegebene Sachverhaltsstruktur besteht, relativ zum gegebenen Sachverhalt oder zum entsprechenden Satz, und daß diese Aussage logisch nicht weiter aufgelöst und analysiert werden kann. Es soll der Sachverhalt p hergestellt werden in Abhängigkeit oder relativ zu der inneren Bedingung q. Dann folgt, daß man unter unbedingten Normen eigentlich nur solche versteht, in denen der Sachverhalt durch eine Tautologie ausgedrückt wird, als eine bedingte dyadische Sollvorschrift in bezug auf eine Tautologie, die ohnehin gegeben ist, also eine triviale Bedingungseinführung. Auch dieser Vorschlag wurde von von Wright lange Zeit favorisiert, besonders in seinem Buch *Norm and Action* (1963). Von Wright und Weinberger diskutieren das Beispiel: »Wenn Ihr Einkommen einen bestimmten Betrag übersteigt, sollen/müssen Sie Steuern bezahlen«. Nun sagt von Wright, die Formulierung stelle sozusagen den Bedingungsnormsatz im Sinne der zweiten Alternative dar, während Weinberger kritisch hervorhebt, das könne nicht richtig sein, denn in der Norm sei ja nicht enthalten, daß man etwa dafür sorge, daß das Einkommen nicht hoch genug ist, sondern die Norm wird im Grunde nur für diesen Fall gültig, relevant – oder, wie ich sage: aktualisiert. Meine Idee ist in der Tat, daß, insbesondere bei von Wright, die Entstehung oder das Bestehen von Verpflichtungen mit der Aktualisierung von Verpflichtungen verwechselt wird und daß eine Normenlogik eigentlich eine bedingte Aktualisierungstheorie der Norm durch Geltung der Normsätze sein oder enthalten muß.

Vorteile und Nachteile dieser entsprechenden Formulierungen sind kurz gesagt die folgenden: Bei der zweiten Formulierung des komplexen Normsatzes ist ein bestimmter Zusammenhang zwischen einer Tatsachenaussage und einem durch Handlung herzustellenden Tatbestand gesollt: »Wenn es regnet, sollst du zu Hause bleiben!« Das bedeutet, es soll so sein, daß, wenn es regnet, du zu Hause bleibst. Das würde dann bedeuten, daß dieser Satz auch enthält: 1) daß du dafür eventuell sorgen kannst, daß es nicht regnet, um diese Norm zu erfüllen. Entscheidend aber ist 2), daß man hier im Sinne der üblichen Schlußregel oder des Modus ponens

$$a \rightarrow p$$
$$\underline{a}$$
$$p$$

nicht die Konklusion abtrennen kann:

$$\begin{array}{ccc} O\,(a \rightarrow p) & & O\,(a \mid p) \\ \underline{a} & \text{oder} & \underline{a} \\ p & & p \end{array}$$

sind nicht allgemein zu erschließen.

Das gilt besonders auch für den dritten Fall; keine logische Abtrennungsregel ist dort möglich oder gültig. D. h., ich kann nicht schließen, da hier beidesmal eine komplexe Form gegeben ist, die man logisch nicht einfach auflösen kann, weil man nicht nach Modus ponens abtrennen kann. Das ist eine Schwierigkeit, die den Folgerungsbegriff generell betrifft. Man wünscht ja, daß man Schlußfolgerungen mit Abtrennung vornehmen kann; und das wird normalerweise auch als Bedingung der Möglichkeit des Folgerns überhaupt aufgefaßt. Die Abtrennbarkeit ist allerdings bei dem ersten Modell a → Op gegeben.

Zunächst einige Bemerkungen zu dem komplexen Bedingungssollsatz O (a → p). Hiernach würde es vergeblich sein, normative Schlüsse mit normativen Gliedern vornehmen zu wollen; es wäre nur möglich, diese normativen Beziehungen umzudeuten in bezug auf praktische Notwendigkeiten oder beispielsweise in Analogie zu technischen Regelanweisungen, daß man beispielsweise dieses O ersetzt durch »N«: »es ist notwendig« und ›Op‹ durch: ›N (S → p)‹, wobei S die Erfüllungsbedingung der Bedingungsnorm von O (a → p) darstellt (von Wright 1984). Das ist eine These, die auf Alan Anderson (1958) zurückgeht, der versucht hat, die deontischen Operatoren auf die Modaloperatoren »es ist notwendig« und »es ist möglich« logisch-strukturell (wenn auch nicht definitorisch-inhaltlich) zu reduzieren. Die Idee dabei ist, daß man die relativ gut entwickelte Modallogik benutzen kann, um die deontische Logik formal zu fundieren. Der spezifische Leitgedanke bei von Wright (1984) war nun, daß man entsprechend zu den Verhältnissen in einer deontisch perfekten Welt analoge technische Anweisungen zur Erfüllung der Normen angeben will und die Normen als »technische Bedingungsnormen« (ebd.) auffaßt. Es handelt sich also hier im wesentlichen darum, daß Sollvorschriften als praktische Notwendigkeiten in deontisch vollkommenen Welten aufgefaßt werden. Die Erfüllungsbedingung der Norm O (a → p) ist eben dieses »S«, das in der genannten »praktischen Notwendigkeit« vorkommt, quasi-technische Erfüllungsbedingung der Bedingungsnorm ist; Soll-Normen werden also als Anweisungen oder Direktiven – besonders für vernünftige gesetzgeberische Normensetzungen – in deontisch perfekten Welten aufgefaßt. Aber man kann hier eben leider keine Schlußverfahren im Sinne der Abtrennung durchführen. Das beeinträchtigt die Leistungsfähigkeit dieser Explikation des Bedingungsnormsatzes für Schlüsse erheblich.

Dasselbe gilt für die dyadischen Operatoren: Auch dort kann man nicht in geeigneter Weise unbedingte Normen aus bedingten herleiten, es sei denn, man kann den Bedingungsnormsatz in indirekter Weise interpretieren, indem man sagt, eine sonst unbedingt oder absolut geltende Norm sei eben eigentlich eine bedingte Norm, nur eben eine unter einer tautologischen Bedingung, die selbstverständlich erfüllt ist. Dies hat den Vorteil, daß man der Einsicht (s. 225 f.) entspricht, daß alle Normen irgendwie bedingt sind, z. B. auf Adressaten und gewisse einschränkende Bedeutungen bezogen. Dennoch entsteht auch hier keine wirkliche Abtrennbarkeit der nun durch Tautologisches (T) trivial bedingten Sätze O (p | T).

Soweit also dieser kurze Überblick über die drei Vorschläge, die zu dem bedingten Normsatz oder Bedingungsnormsatz gemacht worden sind.

Ich möchte den oben an erster Stelle genannten Vorschlag aufgreifen, also die von Weinberger lange favorisierte Formulierung (außer dem Schluß von 1986) *mit* der Abtrennbarkeit. Hier kann man ja, wenn die Sachverhaltsaussage a wahr ist, durch Abtrennung auf die unbedingte Norm Op schließen. Das ist kein Problem:

$$a \rightarrow Op$$
$$\frac{a}{Op}$$

Wie ist das zu interpretieren? In der Zeit, als von Wright diese Form des Bedingungsnormsatzes auch vertreten hatte, sagte er, die Norm »besteht« oder die Verpflichtung »entsteht« erst dann, wenn die Sachverhaltsaussage a wahr ist bzw. wenn der Sachverhalt besteht. Die Verpflichtung ist sozusagen abhängig gemacht – daher »bedingter Normsatz« – vom Eintreten des Sachverhalts oder von der Wahrheit der Sachverhaltsaussage. Weinberger sagt deswegen gelegentlich, ein Satz der Form ›a → Oa‹ sei eigentlich kein Bedingungsnormsatz im wahren Sinne des Wortes, weil ja der regierende Funktor, d. h. die Verknüpfung, nichts anderes ist als der übliche aussagenlogische Operator »wenn-so« (die materiale Implikation). Ich denke, daß man, um die skizzierten und andere Schwierigkeiten zu vermeiden, nicht behaupten kann oder sollte, daß die entsprechende Sollvorschrift erst dann »entsteht« bzw. dann oder gar nur dann »besteht«, wenn die Sachverhaltsaussage als wahr gilt. Nicht nur für den Tatsachenfall »besteht« oder »entsteht« die Norm, sondern (so würde ich das formulieren, und ich glaube, daß man dadurch die meisten der Schwierigkeiten vermeiden kann) die Norm gilt generell als bedingte Norm, sie sagt für den Sachverhalt etwas aus, aber sie wird erst in dem Fall, in dem der Sachverhalt gegeben ist, *aktualisiert*, führt dann zu einer Aktualisierung der vorher schon und auch im Nichtaktualisierungsfall bestehenden (»geltenden«) Verpflichtung, zu einer aktuellen Sollforderung. Das ist die Forderung der Aktualisierungstheorie[2] der Normlogik, die ich zuvor angedeutet habe. Man könnte sogar eine eigene Aktualisierungsimplikation (statt der Subjunktion) einführen, die freilich dennoch eine Abtrennung nach einem Modus ponens erlaubt.

Man kann auch bei dieser Aktualisierungsinterpretation oder bei diesen Typen von Normsätzen zwei verschiedene Fälle oder zwei Typen von bedingten Normsätzen dieser Art unterscheiden: 1) den Fall, wo die *Sätze* inhaltlich etwas miteinander gemein haben, wo also etwa p in dem Vorderglied des Normsatzes schon vorkommt, $p \lor q \rightarrow Op$. Die Norm ist also sozusagen bedingt vom vorherigen Eintreten oder wenigstens disjunktiv als Möglichkeit im Vorderglied enthalten: Einige Teile der geforderten Anwendungsbedingung sind sozusagen in der Norm enthalten. Von Wright diskutiert auch diese Norm: Wenn der Sachverhalt p gege-

2 Diese Auffassung ließe sich wohl auch mit Weinbergers (1986, 75) Formulierung vereinbaren: »... solange die Bedingung nicht erfüllt ist, besteht kein (aktuelles) Sollen oder Dürfen, aber bei Erfüllung der Bedingung ist unbedingtes Sollen (Dürfen) ableitbar«, wenn man die Klammer um das Wort ›aktuelles‹ streicht. (Außerdem wäre die Einschränkung der »Unbedingtheit« von Normen zu berücksichtigen, was auch Weinberger (ebd.) implizit fordert, wenn er einen »Individualisierungsschluß« (also die Individualisierung für einen Adressaten und Anwendungsfall) als notwendige Konkretion jeder generellen Norm ansieht: Die Erfüllung einer Norm in einem Fall kommt durch deren Instantiierung zustande, indem in einem Anwendungsfall vom Adressaten der Norminhalt zur (wahren) Tatsache gemacht wird: »Das hat zur Folge, daß der einzelne Adressat eine allgemeine Norm (als solche, H. L.) nicht erfüllen kann; er kann nur die individuelle Norm erfüllen, die aufgrund einer normativen Individualisierungsregel aus dem allgemeinen Normsatz folgt« (ebd. 75).

ben ist, dann soll p erhalten bleiben. Der zweite Fall ist, daß die beiden Teilsätze der Implikation logisch voneinander unabhängig sind: p → Oq (wobei q nicht in p vorkommt und umgekehrt oder nicht eingetreten sein darf). Das sind zwei Fälle, die nicht einfach analytisch gleich behandelt werden können. Sie kommen aber gelegentlich gemischt vor, beispielsweise in der einen Formulierung p ∧ ¬q→Oq. Dann interpretiert von Wright, daß ein solcher Fall gegeben sei, wenn z. B. Feuer (p) ausbricht und man die nicht anwesende Feuerwehr (¬q) holen soll (Oq), daß man statt dessen dann vielleicht das beginnende Feuer selbst löschen könne, und dann besteht bei Erfolg (¬p) nicht mehr die Notwendigkeit oder die Sollforderung, die Feuerwehr zu holen. Statt q = »Feuerwehr holen«, kann man gleich beginnen, das Feuer zu löschen und dafür zu sorgen, daß p nicht mehr erfüllt ist. Wenn aber p nicht erfüllt ist, ist trivialerweise die Aufforderung zur Erfüllung des Nachglieds nicht realisierbar, weil eine materiale Implikation mit falschem Vorderglied immer besteht, ganz gleich, was der Wahrheits- oder Erfüllungswert des Nachgliedes ist. Das Außerkraftsetzen der Anwendungsbedingung oder der Entstehungs- oder Aktualisierungsbedingung für die Sollnorm Oq bedeutet, daß diese zusammengesetzte gemischte Norm praktisch nicht mehr für die Verhaltensanleitung relevant ist. Ich würde das auch wiederum so deuten, daß man hier besser von »Aktualisierungen« spricht und nicht vom Entstehen bzw. bloßen »Bestehen« des Normenzusammenhangs.

Zu Paradoxien der Normenlogik

Zu den Schwierigkeiten der Normenlogik und auch der deontischen Logik, z. T. auch bei der Deutung des Bedingungsnormsatzes, kam es großenteils aufgrund der folgenden Paradoxien, die lange Zeit die Logiker des Normativen verwirrt haben, die aber m. E. durch die Auffassung der Normenaktualisierung gelöst werden können. Das ist einmal das Ross-Paradoxon, das bereits erwähnt wurde:

Op → O(p v q). Das Paradoxon besteht einfach darin, daß mit einer Sollforderung auch die abgeschwächte Disjunktionsaussage p v q gefordert ist: Wenn ich p tun oder herbeiführen soll, dann muß ich erst recht fordern, daß p v q herbeigeführt wird. Das berühmte Beispiel von Ross ist: p v q = »Bringe einen Brief zur Post oder verbrenne ihn.« Das Verbrennen des Briefes würde q wahrmachen, damit die Oder-Aussage wahrmachen, und somit damit den Gesamtbefehl O (p v q) erfüllen. Die Paradoxie besteht darin, daß man durch eine beliebige Aussage oder eine beliebige Handlung eine bestimmte Norm erfüllen könnte. Man kann fordern, daß man nicht nur q als Konsequenz einführt, sondern auch die entsprechende Aussage »Du sollst den Brief zur Post bringen oder nicht verbrennen«: $Op \rightarrow O(p \text{ v } \neg q)$ gilt. Diese beiden Aussagen lassen sich gemeinsam nur dann erfüllen, wenn p erfüllt wird, d. h., wenn man fordert, daß die gesamte Folgenklasse oder Konsequenzklasse auch mitgesollt wird, dann läßt sich hier eine Differenzierung vornehmen (vgl. a. Schramm 1984).

Die vieldiskutierten anderen Paradoxien, z. B. die Paradoxie der abgeleiteten Verpflichtung,

$$Vp \rightarrow O(p \rightarrow q)$$

sind m. E. nur Umformulierungen dieses Rosschen Schemas, die man leicht aufgrund aussagenlogischer Regeln daraus gewinnen kann. Die erste dieser Paradoxien besagt folgendes: Wenn etwas verboten ist, d. h., wenn geboten ist, daß nicht-p, dann ist es auch geboten, wenn p gegeben ist, dann q zu realisieren, wobei q beliebig wäre, d. h. also, aus einem Verbot folgt sozusagen ein bedingter Sollsatz (im ersten Sinne der erörterten Varianten), der jedes beliebige Konsequent, also jeden beliebigen Schlußteil enthält, der jedes Beliebige fordert. Das kann man natürlich nach entsprechender Umformulierung als $\neg p \text{ v } q$ auffassen und hätte dann im Grunde schon eine Variante des Rosschen Paradoxons: $O \neg p \rightarrow O(\neg p \text{ v } q)$. Die angebliche Paradoxie des Verbots ist nichts anderes als eine Variante des Rosschen Paradoxons.

Dasselbe gilt für die Paradoxie der impliziten Verpflichtung, die in folgender Weise dargestellt wird:

$$Oq \rightarrow O(p \rightarrow q)$$

das heißt, daß aus einem unbedingten Gebot der komplexe Bedingungsnormsatz (im zweiten Sinne der erörterten Varianten) unter einer beliebigen inneren Konditionalisierung folgt. Wenn man hier jetzt auch wieder ›¬p v q‹ für ›p → q‹ entsprechend einsetzt, dann hätte man bereits wieder das Rossche Paradoxon. Es zeigt sich also, daß diese drei unterschiedlich diskutierten Paradoxien alle letztlich auf dasselbe zurückführbar sind und nichts anderes sind als eben Varianten voneinander.

Das Rossche Paradoxon kann übrigens dargestellt werden als ein Grundsatz, der analog dem klassischen Schluß von Beliebigem aus Falschem – ex falso quodlibet – entspricht. Aus einer Kontradiktion p ∧ ¬p folgt ja bekanntlich jeder beliebige Satz.[3] Jedenfalls entspricht im Normativen diesem analog ein normenlogisches »ex prohibitione quaelibet obligatio«.[4] Dieses »ex falso quaelibet obligatio« würde also dann eigentlich gar nicht entstehen können, weil hier sowieso eine Tautologie entsteht; Weinberger spricht deshalb hier von einer eigentlich sterilen Bedingung – insofern, als durch die Voraussetzung des Widerspruchs die regulierende Funktion des Normsatzes von vornehein ausgeschlossen wird. Die Bedingung ist faktisch oder logisch steril. Weinberger spricht (1975, 27) von logisch oder faktisch sterilen Bedingungsnormsätzen. In diesem Fall wäre es natürlich ein logisch steriler. Aber es kann auch ein faktisch steriler Bedingungsnormsatz entstehen, wenn z. B. eine Forderung p → Oq besteht und faktisch ¬p wahr ist, dann kann der Fall p als Voraussetzung des Bedingungsnormsatzes praktisch nicht eintreten, und man hat einen Fall, in dem eine Norm nicht reguliert, nicht angewendet werden kann und auf diese Weise nicht funktioniert.

Man sieht also, daß hier – wie bei allen Auffassungen der Formen der Bedingungsnormsätze zuvor – bestimmte Bedingungsverhältnisse konstruiert bzw. interpretiert werden. Das Entscheidende scheint mir generell zu sein, daß es hier nicht darum geht, zu behaupten, daß eine Norm nur dann entsteht oder gilt, wenn eine bestimmte Sachverhaltsaussage getroffen ist, sondern daß im Bedingungsnormsatz ein anderer Zusammenhang gegeben ist, nämlich daß die Norm zwar allgemein gelten kann, aber eben nur unter der Bedingung, daß sie jeweils unter dem faktischen Vorlie-

3 Aus p folgt durch adjunktive logische Abschwächung p v q, was zu ¬p → q (klassisch-)logisch gleichwertig ist. Mit ¬p folgt durch die Schlußregel: q.
4 Natürlich gilt auch die klassische Paradoxie des »ex falso quodlibet« in der deontischen und der Normenlogik: auch dort folgt aus einem logischen Widerspruch Beliebiges: ¬p ∧ p → Oq oder: ¬p → (p → Oq). Dieses ließe sich einfacher so formulieren: p v ¬p v Oq; was hier ausgesagt wird ist nichts anderes, als daß eines wahrgemacht werden soll; nun haben wir aber mit p v ¬p schon eine Tautologie, also ist das Ganze eigentlich immer wahr, ganz gleich, ob man nun q soll oder nicht soll.

gen eines Sachverhalts aktualisiert wird und damit erst direkt praxisgestaltend werden kann. Normgeltung generell und Normaktualisierung sind also analytisch zu trennen, zu entzerren. Die Geltung der idealisierten und als solcher durchaus in bedingter Form geforderten Soll-Norm wird durch Instantiierung des Sachverhaltes aktualisiert. In diesem Sinne kann man also sagen, daß die Bedingungsnormsätze der zwei zuerst genannten Arten durchaus beide vorkommen können. Und zwar ist es so, daß sowohl Normsätze der Form O(a → p) als auch solche der Gestalt a → Op vorkommen: Bei den letzteren Fällen ist die Aktualisierung der Sollforderung abhängig vom Eintreten des Sachverhaltes. Im ersteren Fall ist dagegen der Bedingungs*zusammenhang* selbst zwischen dem Vorderglied a und dem Nachglied p gesollt; und das ist ein anderer Fall, der natürlich in gewissem Sinne auch auf bestimmten Voraussetzungen beruht, nämlich, daß hier a nicht ein beliebiger Sachverhalt ist, sondern ein durch eine Handlung zustandegekommener Sachverhalt. Sinnvollerweise sprechen wir dann von Handlungssachverhalten. M. E. ist es ganz wichtig, eine solche Spezifizierung zu erkennen und zu berücksichtigen, wenn Sachverhalte überhaupt, genauer: Aussagen, die Sachverhalte darstellen, im Wirkungsbereich von deontischen Operatoren vorkommen.

Deswegen ist es, glaube ich, richtig und wichtig, daß von Wright seine Normenlogik schon 1963 in Verbindung mit einer Handlungslogik und einer Veränderungslogik entwickelt hat, und zwar in folgender Weise. Die Grundidee ist die, daß Veränderungen durch einen Transformationsoperator T dargestellt werden: ›p T q‹ besagt, daß ein Zustand p in einen Zustand q übergeht, es kann aber auch sein, daß ein Zustand nicht verändert werden soll: p T p. Dieses sind Beschreibungen der logischen Struktur von Veränderungen auf der abstraktesten schematischen Ebene. Dann führt von Wright in seiner Handlungslogik noch zwei Handlungsoperatoren ein: d für »do« (Tun), f für »forebear« (Unterlassen). Diese Handlungs- oder Unterlassungsoperatoren der Handlungslogik werden nun auf solche Veränderungs-Aussagen angewendet: z. B. d(pTq), und mit den deontischen Operatoren zu normenlogischen oder deontischlogischen Aussagen kombiniert, etwa: Od(pTq), Ef(aTb). Man sieht, daß es eine bereichsspezifische »Logik« ist, eine Handlungslogik, die gleichzeitig Zustandsveränderungen umfaßt. Von Wright (1979, 91 f.) kommt dann zu acht elementaren

Gebotsnormen.[5] Solche Unterlassungs- und Handlungsoperatoren stehen natürlich im Zusammenhang mit den anderen jeweiligen gegensätzlichen deontischen Operatoren: z. B. der Gebotsmit dem Erlaubnisoperator. Wenn ich also z. B. von dem O-Operator zur Negation übergehen will, dann würde dies bedeuten, daß ich für den O-Operator den Erlaubnisoperator setzen muß und für den d-Operator den *f-Operator*: Od = ¬Ef bzw. ¬Of = Ed: Wenn zu tun geboten ist, darf nicht unterlassen werden – bzw.: was nicht zu unterlassen geboten ist, ist zu tun erlaubt. Das würde also dann der wechselseitigen Definierbarkeit von Verbots- und Erlaubnisoperator entsprechen. Man kann also Negationsnormsätze auf diese Weise definieren: Etwas ist geboten, wenn die Unterlassung von ihm nicht erlaubt ist: Odp = $_{\text{def}}$ ¬Efp. Man hat hier also eine wechselseitige Definierbarkeit, die sich in dieser Handlungs- und Veränderungslogik dann auch widerspiegelt. Im Grunde zeigt sich, daß ein Zusammenhang zwischen Handlungen, Zustandsveränderungen und Normaussagen besteht, der sich

5 Diese seien mit von Wrights Kommentaren aufgeführt:
»Od(pTp) besagt, daß der durch p beschriebene Sachverhalt aufrechterhalten werden soll, oder, was dasselbe bedeutet, daß man ihn nicht verschwinden lassen darf.
Of(pTp) besagt, daß der durch p beschriebene Sachverhalt nicht am Verschwinden gehindert werden darf, oder, was dasselbe bedeutet, daß man ihn verschwinden lassen soll.
Od(pT¬p) besagt, daß der durch p beschriebene Sachverhalt zerstört werden soll, oder, was dasselbe bedeutet, daß man ihn nicht weiter bestehen lassen darf.
Of(pT¬p) besagt, daß der durch p beschriebene Sachverhalt nicht zerstört werden darf, oder, was dasselbe bedeutet, daß man ihn weiter bestehen lassen soll.
Od(¬pTp) besagt, daß der durch p beschriebene Sachverhalt hervorgebracht werden soll, oder, was dasselbe bedeutet, daß man ihn nicht weiter nicht bestehen lassen darf.
Of(¬pTp) besagt, daß der durch p beschriebene Sachverhalt nicht hervorgebracht werden darf, oder, was dasselbe bedeutet, daß man ihn weiter nicht bestehen lassen soll.
Od(¬pT¬p) besagt, daß der durch p beschriebene Sachverhalt unterdrückt werden soll, oder, was dasselbe bedeutet, daß man ihn nicht eintreten lassen darf.
Of(¬pT¬p) schließlich besagt, daß der durch p beschriebene Sachverhalt nicht unterdrückt werden darf, oder, was dasselbe bedeutet, daß man ihn eintreten lassen soll.«

in einer beschreibenden Weise in deontischen logischen Aussagen über das Bestehen von Sachverhalten bzw. von normativen Sollforderungen darstellen läßt. Das »Bestehen« festzustellen, wäre dann also die deskriptive Interpretation von solchen Forderungen. Aber man kann auch von *normativen* Interpretationen reden, derart, daß eine Norm bzw. ein Normsatz zu erfüllen ist. Daß ein Normsatz erfüllt ist, bedeutet dabei, daß der Norminhalt der Norm als Sachverhalt in einem Instantiierungsfall besteht. Entsprechend läßt sich die Nichterfüllung von Normen dadurch definieren, daß der entsprechende Sachverhalt nicht besteht. Der Zusammenhang zwischen der normativen Interpretation und der deskriptiven ist dabei in der Weise zu sehen, daß die normative Interpretation letztlich auf eine unterstellte deskriptive Interpretation zurückgeht, auf einen Bedingungszusammenhang zwischen den Sachverhalten im dargestellten Norminhalt. So kann auch das Problem der fehlenden Wahrheitswertezuordnung zu Normsätzen (die ja nur »gelten« können, aber nicht »wahr« oder »falsch« sein können) gelöst werden, indem die Geltung von Normsätzen zurückgeführt wird auf die Wahrheit des entsprechenden zugeordneten deontischen Satzes bzw. der deskriptiven inhaltlichen Aussage, die dem Norminhalt entspricht. (Freilich muß man sich dabei wohl auf die oben erwähnten *Handlungssachverhalte* beschränken, wenn man Paradoxien vermeiden will.)

Wenn die Normenlogik in ihrer normativen Interpretation nicht als wahrheitsgebunden oder wahrheitsfunktional aufgefaßt wird, so ist doch ein bestimmter Zusammenhang zwischen dem Gelten der Norm und der entworfenen Struktur der Sachverhalte gegeben, die vom Norminhalt bzw. von der deontischen Beschreibung, die der Norm zugeordnet ist, dargestellt werden. Dieses Entworfensein kann sich dabei durchaus beziehen entweder auf eine deontisch perfekte Welt, in der alle Pflichtnormen erfüllt sind, oder – weniger scharf und strikt – auf entsprechende Widerspruchsfreiheitsbedingungen, d. h., daß das Normensystem eben bloß als widerspruchsfrei vorausgesetzt wird.

Soweit also zunächst zu diesen etwas schwierigen und verwickelten Interpretationskonstrukten der normativen Sätze und insbesondere der bedingten Normsätze: Wenn man von »Aktualisierungen« von Normen spricht, dann lassen sich die Probleme der angeblichen »Entstehung« oder des »Bestehens« von Normen in Fällen der Nichtanwendbarkeit usw. durchaus auflösen, ohne daß die Norm hinsichtlich ihrer Gültigkeit nur auf bestimmte Fälle beschränkt wird. Bedingte Normen »gelten« sozusagen dann auch für alle Fälle, auch wenn die entsprechende, in der Bedingung stehende, Sachverhaltsaussage nicht wahr ist, aber sie werden eben nur dann »aktualisiert«, wenn die in der Bedingung stehende Sachverhaltsaussage zutrifft. Insofern kann man dann sagen: Selbst wenn kein aktuelles Sollen oder Dürfen vom Bedingungsnormsatz ausgedrückt wird, so enthält er doch einen normativen Zusammenhang, der eben nur in Abhängigkeit von bestimmten entsprechenden Sachverhaltsinstantiierungen aktualisiert wird oder würde.

Aber man muß wohl festhalten, daß man Normensätze an sich, wenn sie normativ interpretiert werden, nicht einfach und ohne weiteres der Wahrheitswertesemantik und der Wahrheitsfunktionentafel der üblichen Aussagenlogik unterwerfen kann, sondern nur indirekt aufgrund einer Transformation in die deskriptive Ebene, in der man die Erfüllung des Normeninhalts einer Norm mit dem tatsächlichen Bestehen des im Norminhalt genannten (Handlungs-)Sachverhaltes in einen definitiven Zusammenhang bringt. Man muß also die Normenlogik in diesem Zusammenhang als ein Instrument dafür auffassen, wie man folgern kann, ohne daß man sie gleichzeitig als Mittel der Wahrheitsübertragung auffassen kann wie in der üblichen Aussagen- und der Prädikatenlogik des deskriptiven Schließens. Man muß also eine allgemeinere Normensemantik entwickeln. Doch man kann das auch leisten, weil es ja das Phänomen des Widerspruchs gibt (des allgemeinlogischen Widerspruchs, der z. B. die Aussagenverbindungen deskriptiver Art regiert oder im anderen Fall das Phänomen des spezifischen normenlogischen Widerspruchs zwischen Gebot und Verbot). Beides ist formulierbar (symbolisierbar) und formalisierbar. In beiden Fällen jedoch hat man es mit bestimmten interpretativen Deutungen, mit Konstrukten, Festsetzungen zu tun. Erst Konstruktinterpretationen – das wurde einsichtig – leisten überhaupt die logische Verbindung von den Aussagesätzen im Norminhalt zu normativen Sätzen und den normativen Gesamtsätzen. Weinberger (1975, 23) argumentiert dafür, daß z. B. jeder bedingte Normsatz, der ein normatives Konsequent (einen normativen Nachsatz) hat, als normativ verstanden wird. Entsprechend dem folgenden Diagramm (nach Weinberger 1975, 23) wäre dann eine Reihe von Fällen zu unterscheiden:

Charakter der Teilsätze	Charakter des zusammengesetzten Satzes	
Vordersatz	Nachsatz	
D	D	D
D	N	N
N	D	D
N	N	N

D = deskriptiver Satz
N = normativer Satz

Wichtig ist: Aus rein deskriptiven Aussagen läßt sich keine normative Gesamtaussage kombinieren (und umgekehrt). Aber auch das zeigt, daß es dabei immer um normative Konstrukte, um Festsetzungen des semantischen Charakters normativ-deskriptiver Kombinationssätze geht, also um Interpretationen dieser Konstrukte und um die Ausdeutung der üblichen Auffassung von Normen im Lichte von Intuitionen und logischen Überlegungen. Darüber wäre eigentlich noch länger zu diskutieren.

Generell jedoch sieht man, daß normative Konstrukte, Festsetzungen und Interpretationen eine große Rolle spielen, wenn wir logischerweise versuchen, Normenzusammenhänge in gemischt deskriptiv-normativen (konsistenten) Aussagenkombinationen und Folgerungsbeziehungen widerzuspiegeln. Das ist das charakteristische grundlegende Moment für solche logisch-normativen Deutungen, für normenlogische Interpretationskonstrukte.

Was bisher häufig nicht genügend berücksichtigt worden ist, bleibt, daß das nun mehrfach erwähnte (s. o. 205, 219 ff.) *Funktionieren* von Sätzen oder besser: von Aussagen, also eigentlich lediglich Vorkommnisse von Sätzen in Situationen, normativ oder deskriptiv genannt werden können, daß etwa ein und derselbe Satz in der Tat einmal normativ gedeutet werden kann und ein anderes Mal im Zusammenhang mit der Situation, deskriptiv. Das gilt für andere normative Konstrukte in gleicher Weise und ist besonders wichtig auch bei der Untersuchung von Anwendungen normativer Interpretationskonstrukte: zum Beispiel bei der Analyse und Anwendung der Verantwortungsbegriffe, die einerseits deskriptiv, andererseits normativ verwendet werden können.

10. »Verantwortung« als Beziehungs- und Zuschreibungsbegriff

Wir hatten bereits die mehrfachen und unterschiedlichen Perspektiven des Erkennens, Handelns und Beurteilens betont, begründet und auch durch Belege bestätigt: Der Mensch als sich orientierendes, handelndes oder interpretierendes Wesen ist gebunden an Werte, Normen, Regeln, Standards, Leitbilder, Maßstäbe, Richtlinien oder Rahmenrichtlinien für sein Handeln, die eben als leitend, verbindlich für sein Handeln gelten, die von ihm akzeptiert werden müssen bzw. als verbindlich interpretiert oder vorausgesetzt werden, ja, u. U. sogar fremdkontrolliert und sanktioniert werden. Erst mit solchen Leitbildern, Leitlinien, Richtlinien werden Handlungssituationen und Situationserfassungen generell strukturiert. Wir sind immer handelnde Wesen, die auch im Interesse von bestimmten Beurteilungen handeln müssen; und deswegen sind wir wesentlich angewiesen auf Leitregeln, Normen, normative Konstrukte, normative Interpretationskonstrukte. Handeln, das Situationen verändert, das, etwas großspurig gesprochen: Welt verändert, bedeutet, daß Zustände sich ändern bzw. u. U. entgegen der Erwartung erhalten bleiben; es bedeutet auch, daß damit Folgen für andere eingeschlossen sind. Mit anderen Worten: das Handeln hat moralische Relevanz. Moralisch relevant sind Handlungen, Entscheidungen, Absichten, Zustände, Institutionen usw., soweit sie das Wohl und Wehe anderer Wesen, anderer Lebewesen, insbesondere anderer Menschen betreffen. Das heißt also, die Ergebnisse der Handlungen sind unter dem Gesichtspunkt von Normen des Moralischen zu berücksichtigen, und zwar einerseits vorgreifend in die Zukunft, antizipatorisch, planend: Beim Handeln können wir nicht blind losstolpern, sondern müssen die voraussehbaren Folgen für andere berücksichtigen, die sich in der Zukunft aufgrund unseres Handelns und als Ergebnis unseres Handels ergeben können. Aber, dies gilt andererseits auch »rückwirkend« oder rückblickend bzw. unter Rechtfertigungsaspekten. Man muß also im Grunde zwischen einer antizipatorischen und einer retrospektiven (rückblickenden) Beurteilung von Handlungen unterscheiden. Das heißt, es gibt zwei Arten von Verantwortung oder Verantwortlichkeit, die durchaus unterschiedlich sein können oder wenigstens z. T. auch unterschiedlichen Gesichtspunkten entsprechen müssen. Beide werden allerdings in gewissem Sinne für verbindlich oder normativ verpflichtend gehalten: einerseits etwa, daß man sich an bestimmte Regeln oder Zielsetzungen und deren Beurteilung im moralischen Sinne hält – das gilt für das antizipatorische, planende Vorausschauen –, oder andererseits, daß man sich rechtfertigen, legitimieren muß für das, was man getan hat bzw. sich einer Kritik unterwerfen lassen muß. Beide Verantwortlichkeiten sind natürlich zunächst nicht beschreibend oder deskriptiv, sondern sie hängen mit einer Internalisierung und einer Anwendung dieser Richtlinien und Leitlinien, dieser Normen, die zur Beurteilung des Handelns dienen, zusammen; sie werden aber auch zur Bewertung oder zur Ausrichtung, zur Orientierung, zum Vorschreiben unter Orientierung an solchen Leitlinien und Vorschriften usw. verwendet. Das alles hat erhebliche Konsequenzen für normative Interpretationskonstrukte im Sinne des Verantwortlichseins des Menschen.

Der Mensch ist das verantwortlich handelnde Wesen. Er ist auf Verantwortung verwiesen und angewiesen. Aber was ist Verantwortung? Verantwortung soll hier beschrieben werden als ein Zuschreibungskonzept: Wir schreiben jemandem Verantwortung zu. Und zugleich ist Verantwortung ein Relationsbegriff, das heißt also, eine Beziehung zwischen verschiedenen Dingen und Personen, ein Zuschreibungsrelationsbegriff oder der Begriff einer bestimmten zugeschriebenen Beziehung innerhalb einer selbst schon interpretationsimprägnierten sozialen Beziehung. Nur so kann Verantwortung gleichsam konkret werden, wenn wir Verantwortung im Sinne einer Norm, einer zugeschriebenen und instantiierten Norm auffassen. Das, was durch die Handlungsregel vorgeschrieben wird, ist in Fällen instantiiert, die auf Handlungspartner und Betroffene durch Deutung von Initiativen, Handlungen und deren Wirkungen bezogen werden, wobei Handlungs- und Beurteilungsnormen einschlägig sind; auf diese Weise wird Verantwortung gleichsam operativ. Die Verbindlichkeit muß irgendwie ausgewiesen werden, konkreter gemacht werden, auf Verhalten bzw. Handeln bezogen werden. Verantwortlichkeit oder Verantwortung ist also nicht die Norm, sondern sie konkretisiert sich in der Zuschreibung entsprechend der normativen, Regeln gemäßen und regelmäßig gehegten, mehr oder minder sanktionierten oder institutionalisierten Erwartung. Wir haben von sozialen Normen als institutionalisierten Verhaltens- und Handlungserwartungen gesprochen – natürlich kann die Institutionalisierung auch durch Sanktionen geschehen bzw. gestützt und gestärkt werden oder durch ideelle moralische Beurteilungen im Sinne der Tadelns- oder Lobenswürdigkeit einer Handlung bzw. eines Ergebnisses von Handlungen zum Ausdruck kommen. Hier wird dann gleichsam das Moralische schon als eine Konkretisierung etwa der normativen Verantwortung gesehen.

Man bestimmt »verantwortlich sein« üblicherweise als Eintretensollen oder als Einstehenmüssen für Handlungen bzw. Handlungsergebnisse, allgemein für Handlungsfolgen gegenüber oder vor einer beurteilenden Instanz und gegenüber oder für jemanden, der sozusagen Objekt des Handelns ist oder gewesen ist, also gegenüber einem Adressaten. So wird unmittelbar klar, daß Verantwortungskonzepte an Handlungen gebunden sind und daß sie Handlungsfähigkeit und die Einbindung des Verantwortungsträgers in eine bestimmte Verantwortungsrelation voraussetzen. Der Verantwortungsträger muß nicht unbedingt der Handelnde sein, es gibt ja auch eine Haftung, die für jemanden übernommen wird, etwa haften Eltern für ihre unmündigen Kinder, abgesehen jetzt einmal von der Außerachtlassung der Aufsichtspflicht u. ä. Aber allgemein muß man Verantwortung etwas weiter sehen als nur unter dem Gesichtspunkt des Handelns, obwohl das handlungsmäßige Involviertsein in einen bestimmten Kausalprozeß – Folge einer Handlungsverursachung –, der vom Handelnden bzw. vom Verantwortungsträger mitbewirkt oder jedenfalls mit zu verantworten ist, charakteristisch ist. Eine Verknüpfung von dem Handelnden und dem Ergebnis, dem Produkt des Handelns, ist notwendig. Man braucht also ein Zuschreibungs- und Zurechnungskriterium für die Verantwortung. Es reicht nicht aus, daß man Handlungsfähigkeit allein fordert – das ist auch nur eine notwendige Bedingung – und auch kausale Verursachung allein ist nicht hinreichend für Verantwortlichkeit, sondern die erwähnte Verknüpfung von Handlung, Ursache, Prozeß und dem Ausgang desselben ist ebenfalls lediglich notwendig, jedoch allein nicht zureichend. Eine solche Verknüpfung der Verantwortungselemente in der Verantwortungsrelation kann u. U. auch erst institutionell – man denke an Haftung – durch Zuordnung hergestellt sein; sie ist dann eben konventionell konstituiert, definiert. Die Zuschreibung von Verantwortung ist also abhängig von der Handlungszuschreibung und von weiteren Prozessen der Zuerkennung und Zuschreibung, insofern in gewisser Weise sekundär.

Das normative Verantwortlichmachen ist grundlegend, ist primär, ist der Prototyp der Verantwortlichkeit, insbesondere auch für die Verantwortung im moralischen Sinne. Das moralische Verantwortlichsein bezieht sich im wesentlichen auf das Verantwortlichmachen, das Für-verantwortlich-Halten im normativen Sinne; deswegen haben wir es hier mit normativen Interpretationskonstrukten zu tun. Der Konstruktcharakter der Verantwortung zeigt sich gerade und inbesondere auch bei der moralischen Verantwortung: Verantwortung etwa im Sinne der Idee der Selbstachtung des Handlungs- und Verantwortungsträgers, der Idee und der Erhaltung der Einheit der Menschheit oder in Gestalt der Verantwortung gegenüber der Gesellschaft oder gegenüber Gott – alles das sind Deutungsergebnisse. Es handelt sich also generell um ein Zuschreibungskonstrukt, um hypothetische, artifiziell, konventionell erst erstellte oder gewonnene Zuschreibung. Die Verantwortung gegenüber solchen als ideellen Instanzen etablierten abstrakten Begriffen wie der Gesellschaft oder der Menschheit, sozusagen gegenüber postulierten Entitäten[1], zeigt, daß es sich um eine Quasiinstanz handelt, die als Verantwortungsinstanz bewertet bzw. fingiert, projiziert oder konstituiert wird. Insbesondere moralische Verantwortung ist in diesem Sinne auf universalisierte Quasiinstanzen (Menschheitsidee, Idee oder Gesetz der Moralität usw.) angewiesen, ist in hohem Grade konstruktgebunden, hypothetisch, konventionell. Moralische Verantwortung ist aufgrund ihrer Orientierung also ein charakteristischer Fall für normative Interpretationskonstrukte. Die Redeweise von abstrakten Verantwortungsinstanzen ist zunächst metaphorisch. Man könnte sogar der Meinung sein, daß das Reden von Gott, dem gegenüber wir verantwortlich sind, – linguistisch-philosophisch gesehen, analytisch gesehen abstrakt verstanden – metaphorisch ist, weil hier eine Metapher als Instanz, als oberster Richter eingesetzt wird: »Herr« oder »Vater« – schon solche üblichen geschlechtsspezifi-

1 Ist auch Gott eine solche, vielleicht gar *die* prototypische projizierte oder idealisierte Instanz, *vor* der der Gläubige sich zu verantworten müssen wähnt?

schen Formulierungen beweisen deren Metapherncharakter. Jedenfalls sind diese postulierten abstrakten Entitäten kennzeichnend dafür, daß Verantwortungsrelationen in gewissem Sinne metaphorisch, symbolisch, konventionell, projiziert, konstruiert, eben interpretatorisch sind; sie sind nur indirekt und interpretativ zu verstehen als eine hypothetische moralische Konstruktion, die allerdings durchaus sozial sehr wirksam sein kann – und auch in der Regel ist. Sie hat im wesentlichen Appellcharakter, ist insofern nicht bloß beschreibend zu erfassen, sondern ist normativ, nicht nur normbezogen und nur einer normbezogenen Deutung zugänglich, sondern sie benutzt Normen, wendet sie bewertend, vorschreibend oder urteilend an! Man kann z. B. eine moralphilosophische Theorie des Gewissens in diesem Sinne entwickeln, um die moralische Verantwortung zu konkretisieren: Ich habe das Gewissen als Bewußtsein der selbstzugeschriebenen Verantwortlichkeit aufzufassen versucht.[2] Die Bewußtheit bzw. die bewußte Reflexion, daß man sich selber Verantwortung zuschreibt und dieses sich immer wieder vorhält und bewußt macht, das ist das, was wir herkömmlich als die Stimme des Gewissens in uns erleben.

Diese Zugeschriebenheit, dieser Zuschreibungscharakter von Verantwortung generell ist zwar relativ früh von dem Sozialpsychologen Fritz Heider (1944) entdeckt worden, der während der Zeit des Zweiten Weltkrieges von der Verantwortlichkeit als einer »Attribution«[3] geredet hat, die notwendig ist, damit eine Bewertung der Verantwortung und eine Bildung von Verantwortung überhaupt möglich wird. Er sprach auch schon, wenn auch z. T. terminologisch eher mißverständlich, von verschiedenen Dimensionen und Ebenen der Verantwortung im Sinne etwa eines Relationsbegriffs: Er unterschied z. B., erstens, den bloßen Zusammenhang zwischen Ereignissen, die er »Verbindung« nennt, etwa einer Handlung und einer Handlungsfolge, die z. B. verantwortet wird, einer kausalen Verbindung also, die sozusagen fundamental ist, von, zweitens, einem unmittelbaren Mitwirken des Handelnden beim Zustandebringen des zu verantwortenden Handlungsergebnisses, das er »Beteiligung«: das »Begehen« (commission,

2 Vgl. Verf. 1987a.
3 Schon Kant sprach von einer »Imputation«, welche Verantwortung und Gewissen charakterisiert (vgl. z. B. auch AA VI, 223: »*Person* ist dasjenige Subjekt, dessen Handlungen einer *Zurechnung* fähig sind.«).

i. S. v. to commit), das Tun einer Handlung nennt. Drittens ist die Voraussehbarkeit eines Ereignisses für ihn eine notwendige Bedingung für die Redeweise von Verantwortlichkeit, viertens die Absichtlichkeit bei der Herbeiführung des Ereignisses, und dann schließlich fünftens die Rechtfertigungsperspektive: Man muß das Handeln rechtfertigen, wobei vorausgesetzt wird, daß das Resultat sozusagen unter Kontrolle des Handelnden stehen muß oder entsprechend gedeutet werden muß. Diese verschiedenen Dimensionen des Verantwortungsbegriffs gehen bei Heider noch etwas durcheinander, aber immerhin ist es klar, daß es sich um Zuschreibungen handelt, und daß unterschiedliche Typen der Verantwortung oder der Relation, die bei Verantwortlichkeit eine Rolle spielt, gesehen werden. Alles das ist in der Literatur, insbesondere in der philosophischen Literatur, leider wenig beachtet worden und wurde auch in der Öffentlichkeit praktisch nicht bekannt, obwohl das m. E. durchaus wichtig ist. Trotzdem ist der Ansatz Heiders, glaube ich, systematisch nicht klar genug, und deshalb muß man über ihn hinausgehen: Das Verantwortungskonzept strukturiert soziale Wirklichkeit, soziale Verhältnisse und Beziehungen, auch die normative Erfassung der Wirklichkeit, und muß nach typischen Rollen, z. B. nach der Rolle des Handelnden und der des Beobachters oder des Empfängers, d. h. desjenigen, in bezug auf den gehandelt wird, unterschieden werden. Typische Träger, Objekte, Adressaten und Instanzen der Verantwortung sind zu unterscheiden – und auch verschiedene Gesichtspunkte, unter denen Handlungsverantwortung zugeschrieben wird. Deswegen scheint es mir sinnvoll zu sein, eine Theorie der zuschreibungsgebundenen Verantwortungskonzepte als mehrstelliger Beziehungsbegriffe zu entwickeln. Und zwar ist zu unterscheiden einmal das Verantwortungssubjekt, der Verantwortungsträger, der für etwas verantwortlich ist, für ein Ergebnis seines Handelns, für Handlungen selbst, für Handlungsfolgen, für Resultate, für Zustände, für die Rollenausfüllung z. B., für Aufgaben usw., und dieser Verantwortungsträger ist gegenüber einem Verantwortungsobjekt, einem Gegenstand der Verantwortung (einem Adressaten oder Betroffenen sollte man vielleicht besser sagen, um nicht in eine inhumane Sprache abzusinken, denn der Gegenstand der Verantwortung ist oft eine Person oder ein Lebewesen) verantwortlich. Gegenüber dem Adressaten, der von meiner Handlung oder dem Ergebnis, die bzw. das ich zu verantworten habe, betroffen ist, und vor einer Instanz habe ich mich zu verantworten. Die Verantwortlichkeit besteht oder bezieht sich u. U. auf eine abstrakte Instanz, etwa auf Gott, oder auf eine institutionelle Instanz, oder eben auf eine Idee; eine solche ist ja auch eine abstrakte Instanz. Verantwortlich sein ist also in diesem Sinne ein mindestens vierstelliger Begriff: Ich verantworte ein Ergebnis in bezug auf einen Adressaten und vor einer Instanz. Hier müßte man eigentlich noch einfügen: »in bezug auf einen bestimmten Leitstandard«, »in bezug auf eine bestimmte Verantwortungsart«, »in bezug auf ein normatives Kriterium«, »in bezug auf eine Norm«. Das ist dann die notwendige Spezifizierung des Verantwortungstyps zum Zwecke der Konkretisierung oder Operationalisierung der Verantwortungsbeziehung. Schließlich können Verantwortlichkeiten auch in bezug auf eine Dimension der unterschiedlichen Handlungsbereiche gemeint sein – dazu gleich mehr. Ob man diese Dimensionierungen oder Typisierungen selbst in die Relationsstruktur des Verantwortungsbegriffs hineinnehmen soll, das kann man offen lassen. Das scheint nicht nötig zu sein, aber man kann es natürlich machen. Man kann statt dessen auch entsprechend diesen Ebenen und Dimensionen verschiedene Typen und Ebenen des Verantwortlichseins unterscheiden, z. B. rechtliche, moralische, Rollen- und Aufgabenverantwortung, Handlungsverursachungs- oder Handlungsergebnisverantwortung. Weitere Unterscheidungen, die sich daran anschließen könnten und wichtig sind, wurden schon kurz angedeutet: einmal die vorausschauende Verantwortung, die Ex-ante-Verantwortung und zum anderen die rechtfertigende Ex-post-Verantwortung. Man könnte natürlich auch nach den Kontrollmechanismen unterscheiden – also danach, ob eine formelle Sanktion vorgesehen, zugeordnet ist, welche die Verantwortlichkeit kontrolliert, oder ob es bei der Verbindlichkeitsunterstellung rein informell zugeht, etwa im Sinne einer bloßen Beurteilungsnorm, z. B. einer moralischen, bei der es nicht um soziale Kontrolle im direkten Sinne geht, sondern um Lobens- und Tadelnswürdigkeit, also um eine abschätzende Beurteilung, die allenfalls eine ideelle Sanktion darstellen kann. Oder man kann auch nach unterschiedlichen Graden der Verbindlichkeit der Normen differenzieren, indem man für die Verantwortungszuschreibung berücksichtigt, daß es Muß-Normen, Soll-Normen und Kann-Normen gibt und welche von ihnen im zu beurteilenden Falle relevant sind; und dementsprechend könnte man hier natürlich auch die Unterscheidungen der Verantwortlichkeiten weiter differenzieren. Wichtig ist u. U. natürlich auch die Unterscheidung zwischen dem Verantwortungszuschreiber und dem Verantwortungs- oder Normsetzer, demjenigen also, der die Verantwortungszuschreibung der Regel und dem Modus nach setzt bzw. institutionalisiert.

Verantwortung ist also zunächst ein Begriff, der sich in einer Zuschreibungsnorm in bezug auf eine Relation zwischen Individuen und Ergebnissen oder Produkten von Handlungen ausdrückt, die sich auf Bewertungen von Handlungserwartungen beziehen. *Sich für ein Handlungsergebnis* bzw. eine Situation oder Zustandsänderung *zu verantworten*, bedeutet einfach, daß man sich für Handlungen, Handlungsfolgen usw. gegenüber einem Adressaten, dem man verpflichtet ist, und vor einer Instanz, die natürlich nicht identisch mit dem Adressaten sein muß, aber dies durchaus sein kann, gemäß bestimmten Kriterien, Normen, zu rechtfertigen hat, und zwar ex ante oder ex post. Der jeweilige Verantwortliche hat eigenes und beim Vorliegen spezifischer Voraussetzungen – siehe Haftung – u. U. auch fremdes Handeln zu legitimieren, zu rechtfertigen, zu begründen, zu vertreten, dafür einzustehen. Verantwortung ist ein Begriff, der allerdings auch deskriptiv verwendet und zugeordnet werden kann. Auf den Unterschied zwischen beschreibender und normativer Zuschreibung ist im einzelnen noch genauer einzugehen. Verantwortungszuschreibung ist also sozusagen mehrdimensional möglich: Sie kann versuchen, die Ursächlichkeit festzustellen, einfach die Handlungsfolgen und -zusammenhänge, wie es zu dem Ergebnis kam, zu ermitteln, sie kann also insofern deskriptiv operieren; sie kann aber auch normativ entweder rechtliche oder moralische Schuld oder Haftbarkeit oder Tadelnswürdigkeit zuerkennen, wobei das Zuerkennen weit über das bloße Beschreiben hinausgeht, sondern zu verstehen ist im Sinne des Verantwortlich*machens*. Normatives Verantwortlichsein heißt ideell oder real zur Verantwortung gezogen werden (können).

Verantwortungstypen und -dimensionen

Unterschiedliche Verantwortungstypen gewinnt man nun durch weitere Interpretationen, die im einzelnen nun noch anzuführen sind. Doch dabei ist immer zu unterscheiden zwischen der beschreibenden Interpretation und der normativen Interpretation: Wenn ich sage, daß jemand entsprechend den rechtlichen Bedingungen verantwortlich ist, wenn ich sozusagen aus der Beobachterrolle heraus formuliere, dann ist das etwas anderes, als wenn ich jemanden wirklich zur Verantwortung ziehe, ihn verantwortlich mache und ihm erkläre: Du bist hierfür verantwortlich, du hast dafür einzustehen! Was die Typen der Verantwortlichkeit und die Dimensionen und Ebenen angeht, so habe ich seit Jahren versucht, zur besseren Orientierung eine Systematik der Verantwortungstypen aufzustellen: Es sind im wesentlichen vier bzw. fünf verschiedene Ebenen, die unterschieden werden können.

Die erste Ebene, die allgemeinste und abstrakteste, ist die der Handlungsverantwortung oder der Handlungsfolgenverantwortung oder der Handlungsergebnisverantwortung, die im wesentlichen das Kausalverhältnis zwischen meinen Handlungen und den Folgen konkretisiert oder beschreibt. Die positive Kausalhandlungsverantwortung für bestimmte Handlungen ist der Prototyp dessen, was ich zu verantworten habe. Aber es gibt natürlich auch Verantwortlichkeit für Unterlassungen, das zeigt sich z. B. in Bhopal, bei dem größten Chemieunfall, als die Aufseher zwei Stunden lang weiter Tee getrunken haben, bevor sie aktiv wurden und merkten, daß ein Unfall geschehen war, von dem sie noch nicht ahnten, daß er sich zu einer Katastrophe größten Ausmaßes auswachsen würde. (Freilich hätten sie es vorher wissen können und müssen, wie MIC (Methylisocyanat) in der Freisetzung wirkt . . .) Hier ist in vielerlei Hinsicht ein Unterlassen zu verantworten, aber ein Unterlassen, das zu Folgen führte, die jenseits der möglichen Verantwortbarkeit bzw. Schadensbegleichung oder Wiedergutmachungsmöglichkeit für einzelne und Unternehmen liegen.

Die Verbindung etwa von positiver Handlungsverantwortung und negativer Verantwortung für Unterlassungen ist die aktive Verhinderungsverantwortung oder Präventionsverantwortung; sie wird z. B. professionell relevant im Falle eines Kontrollingenieurs, der andere hinsichtlich ihrer Pflichterfüllung kontrolliert bzw. nach

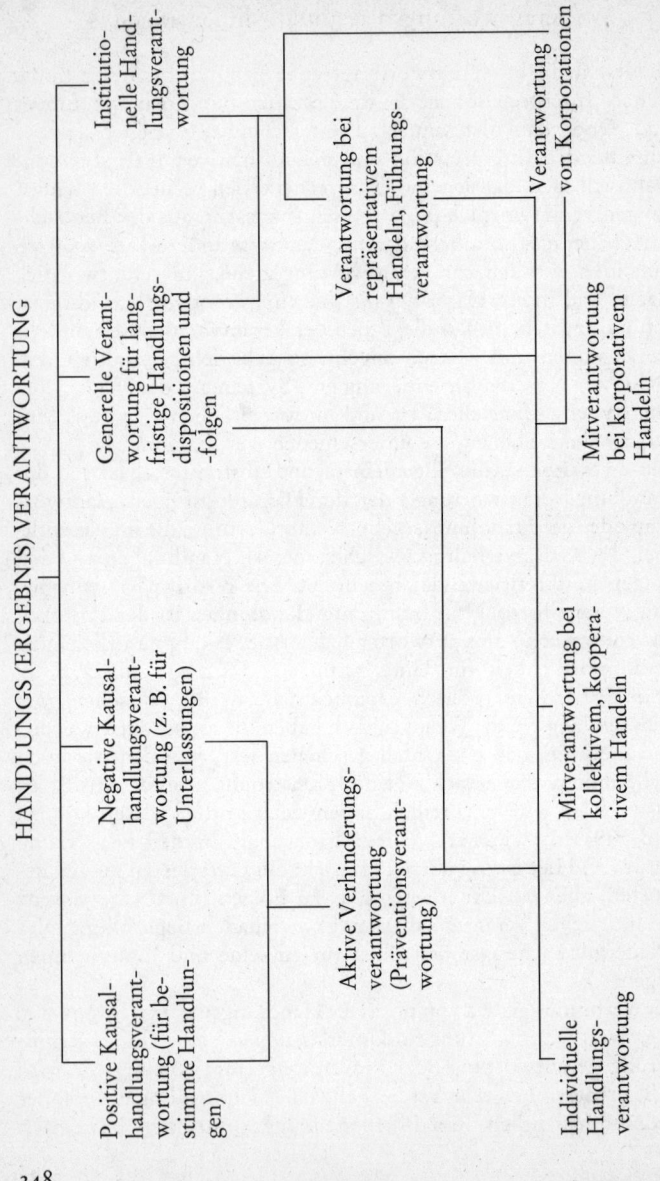

HANDLUNGS (ERGEBNIS) VERANTWORTUNG

Institutionelle Handlungsverantwortung

Generelle Verantwortung für langfristige Handlungsdispositionen und -folgen

Negative Kausalhandlungsverantwortung (z. B. für Unterlassungen)

Positive Kausalhandlungsverantwortung (für bestimmte Handlungen)

Aktive Verhinderungsverantwortung (Präventionsverantwortung)

Verantwortung bei repräsentativem Handeln, Führungsverantwortung

Verantwortung von Korporationen

Mitverantwortung bei korporativem Handeln

Mitverantwortung bei kollektivem, kooperativem Handeln

Individuelle Handlungsverantwortung

Schwachstellen sucht u. ä. Die Handlungsverantwortung wird normalerweise einem Individuum zugeschrieben, aber es gibt natürlich auch Gruppenverantwortung oder Mitverantwortung bei Verantwortungsträgern in Gruppen oder Gremien, Mannschaften usw. Das Parlament ist ein Beispiel einer solchen Gruppenverantwortlichkeit: Jeder einzelne Abgeordnete ist verantwortlich, aber das Parlament in collectivo ebenfalls via Einzelverantwortlichkeit der beteiligten Mitverantwortungsträger.

Neben der individuellen Handlungsverantwortung für einzelne Handlungen gibt es natürlich auch längerfristige Verantwortungen für umfassende Handlungsdispositionen und Handlungskomplexe bzw. deren Folgewirkungen, also für langfristige Handlungsfolgen oder Handlungszusammenhänge: Eltern sind für ihre Kinder nicht nur in bezug auf einzelne Handlungen verantwortlich, sondern generell, längerfristig, längerwirkend. Eine generelle Verantwortung für Handlungsdispositionen ist also von der Einzelverantwortung für Einzelhandlungen zu unterscheiden. (Analog wie zwischen Akt- oder Handlungs- und Regelutilitarismus könnte man auch zwischen *Aktverantwortung* und Langfrist-, Bereichs- oder Regelverantwortung unterscheiden.) Das gilt auch dann entsprechend für die Gruppenmitverantwortlichkeit oder die in Gruppen zu tragende Mitverantwortlichkeit. Man kann auch eine Verantwortung institutioneller Art feststellen und zuschreiben – insofern, als bestimmte Institutionen sekundär, durch bestimmte ihrer Mitglieder handeln, nämlich durch jene Mitglieder, die in bestimmten repräsentativen Rollen für die Institution handeln. Diese Amtsträger tragen dann eine entsprechende, mit der institutionellen Verantwortung verknüpfte persönliche Verantwortung. Man kann aber sagen, die Institutionen selbst sind sekundär auch Verantwortungsträger, insofern sie sekundär durch ihre handelnden Vertreter handeln. Das gilt insbesondere bei repräsentativem Handeln von Führungskräften in Institutionen. Die institutionelle Verantwortung ist dabei nicht total auflösbar in personale Einzelverantwortungen der einzelnen Handlungsträger, obwohl beide miteinander verzahnt sind. Die Frage dieser Reduzierbarkeit ist allerdings ein Problem, das viel diskutiert wird, derzeit besonders in den Vereinigten Staaten; man kann voraussagen, daß diese Diskussion demnächst auch in Europa aufbrechen wird – nämlich der Streit darüber, ob es so etwas gibt wie eine Handlungsverantwortung von Korporationen und

Institutionen, und insbesondere, ob es eine *moralische* Verantwortung auch von Korporationen und Institutionen gibt. Diese Art von schematisierter Darstellung der Typen von Handlungsergebnisverantwortung ist natürlich noch recht schematisch und abstrakt. Sie bedarf der Ausfüllung, sie muß sozusagen mit »Fleisch« angefüllt werden, konkreter werden, konkretisiert werden. Verantwortung wird etwa dadurch konkreter, daß man bestimmte Rollen- oder Stellenbeschreibungen, Aufgaben vorgibt, denen entsprechend Verantwortung ausgeübt und übernommen wird.

Das zweite Diagramm (S. 251) braucht nicht sehr ausführlich kommentiert zu werden: Jedem ist bekannt, was Rollen- und Aufgabenerfüllung bzw. -nichterfüllung und was die Verantwortung für die ordnungsgemäße Erfüllung einer Aufgabe oder Pflicht bedeutet. Die Rollen- und Aufgabenverantwortung besteht also in erster Linie darin, daß eine bestimmte Rolle, bestimmte mit dieser verbundene Erwartungen und Aufgaben pflichtgemäß erfüllt werden.

Diese Verantwortlichkeit kann formell in einem Vertrag, Auftrag, Gesetz oder Versprechen festgelegt sein; oder sie kann informell in einer Erwartung (Loyalität) zwischen Personen oder Rollenträgern entstanden sein. Die institutionelle Rollenverantwortung für bestimmte repräsentative Rollen, etwa Führungsaufgaben, in einem Handlungs- und Rollengeflecht ist dann natürlich eine Unterart der Verantwortung zur Rollenerfüllung oder zur Aufgabenausführung gemäß der entsprechenden Rolle. Das Spektrum beider kann wiederum formell oder informell festgelegt sein. In einer Rollenverantwortung kann z. B. eine generelle Vorsorge- oder Fürsorgepflicht oder -verantwortlichkeit auch impliziert sein: Eltern sind also qua Elternrolle verantwortlich für das Wohl ihrer Kinder, ganz gleich, ob diese Verantwortung nun in rechtlicher oder in moralischer Hinsicht besteht; sie sind einfach durch die Übernahme und die Funktion dieser Rolle in einer verantwortlichen Position.

Andererseits kann auch der Fall gegeben sein, daß man durch eine bestimmte Rolle, z. B. in einer Institution, verantwortlich sein kann bzw. zur Verantwortung gezogen werden kann für etwas, was man selber gar nicht verursacht hat (und z. B. deswegen etwa nicht direkt moralisch zu verantworten hat): Haftungsverantwortung ist oftmals eine solche institutionell festgelegte Rollenverantwortung, die hier zu berücksichtigen ist. Die Erfüllung von

ROLLEN- UND AUFGABENVERANTWORTUNG

Verantwortung zur Rollen(erwartungs)-erfüllung (Rollen-pflichten)

formell

informell

legal

Institutionelle Rollenverantwortung für repräsentative Rollen (z. B. Vorstand)

informell

formell

(Berufs)spezifische Aufgaben (Erfüllungs-)Verantwortung

Loyalitäts-verantwortung

Korporative Verantwortung von Institutionen (gegenüber Mitgliedern, Gesellschaft usw.)

organisatorisch

legal

moralisch

Gruppenverantwortung

Fürsorge- und Vorsorgeverantwortung

Haftungs- und Entschädigungsverantwortung

251

berufsspezifischen Aufgaben, also die Rollen- und Aufgabenverantwortung in beruflichen Zusammenhängen ist hier exemplarisch angeführt; sie ergibt sich natürlich selbstverständlich als Unterform der Rollenverantwortung generell.

Auch in diesem Zusammenhang gibt es Gruppenverantwortung bzw. Mitverantwortung in bestimmten Rollen, die jemand mit übernimmt; auch hier gibt ja es die Rollen, welche Gruppen, Institutionen, Organisationen oder Korporationen institutioneller Provenienz für die Mitglieder, Klienten oder Partner oder die Gesamtgesellschaft übernehmen. Das alles kann mehr oder weniger festgelegt sein, legal oder moralisch unterschiedlich zu interpretieren sein.

Es gibt schließlich noch so etwas wie Loyalitätsverantwortung in einer bestimmten Rolle; z. B. findet man diese häufig in politischen Parteien. Es gibt die Phänomene, daß jemand unter den etablierten Politikern sich besonders verantwortlich fühlt für einen jungen aufstrebenden Politiker; und umgekehrt scheint auch eine Loyalitätspflicht des Geförderten gegenüber dem »Elder Statesman« zu bestehen, ohne daß dieses formell in Statuten festgelegt wäre. Dennoch kann die Erfüllung einer Loyalitätspflicht auch als Gegenstand einer Rollenbeziehung aufgefaßt werden und nicht nur einer rein persönlichen, was es natürlich auch sein kann. Soviel zur Rollen- und Aufgabenverantwortung. Es gibt natürlich hierzu unzählige weitere Beispiele, die im einzelnen hier nicht angegeben werden können.

Diese Rollen- und Aufgabenverantwortung kann jedoch weiterhin konkretisiert oder überformt werden durch bestimmte rechtliche Verantwortlichkeiten – meistens sind ja Rollenpflichten durch rechtlich relevante Verträge festgelegt –, und das Übertreten oder Verletzen eines Vertrages oder einer Rollenpflicht ist dann rechtlich zu verfolgen. Rechtliche Verantwortung ist also eine weitere Form, die natürlich auch entsprechend der Differenziertheit verschiedener Gesetzeskodizes differenziert zu betrachten ist: die strafrechtliche kann sich von der zivilrechtlichen Verantwortlichkeit bzw. Zurechenbarkeit unterscheiden. Man denke beispielsweise an die Verantwortlichkeit von natürlichen und juristischen Personen, die strafrechtlich oder zivilrechtlich durchaus in unterschiedlicher Weise belangt werden können. Da ich selber kein Jurist bin, kann die differenzierte Diagrammdarstellung rechtlich relevanter Verantwortlichkeiten und deren Beziehungsstruktur hier nicht vorgelegt werden; ich bezweifle auch, daß es einen einheitlichen Zusammenhang in Form einer guten Übersicht gibt. Generell muß man sagen, daß rechtliche Verantwortung eben Zurechenbarkeit von Schuld oder von Pflicht oder von Haftung (ersteres wie letzteres bei Schäden) ist. Pflicht kann z. B. in positivem Sinne als Handlungsgebot oder im negativen als Unterlassungsgebot oder im Sinne der Verletzung als Vorwerfbarkeit verstanden werden: Man muß rechtlich »einstehen«, seine Handlungen im entsprechenden durch die Gesetzeslage bestimmten Zusammenhang rechtlich faßbar vertreten können. Voraussetzung der Zuschreibung ist natürlich die (rechtliche) Verantwortungsfähigkeit (bzw. Schuldfähigkeit), d. h., das Individuum muß in der Lage sein, die (rechtliche) Verantwortung zu erkennen und zu tragen bzw. auszuüben, es muß sozusagen in einem normalen Zustand der Verantwortungsfähigkeit sein. Es ist zu erwähnen, daß auch das Eintretenmüssen für das Handeln von Stellvertretern bzw. von Personen, für die man etwa mithaften muß, natürlich eine Form ist, die besonders im zivilrechtlichen Kontext auftritt; so findet sich die Haftbarkeits- oder Entschädigungsverantwortung in dem zuvor bei der Rollenverantwortlichkeit genannten Sinne insbesondere beim rechtlichen »Einstehenmüssen«. In diesem Zusammenhang gibt es heute sogar – und das wird zunehmend aktuell, etwa auch in der europäischen Gesetzgebung – die verschuldensunabhängige Produkthaftung und Gefährdungshaftung, die überhaupt nicht mehr auf ein direktes schuldhaftes Handeln der Herstellenden zurückgeht, sondern eigentlich mehr als eine vorsorgliche Unterlassungshaftung gesehen werden muß: Der Hersteller muß eben sein Produkt heutzutage gleichsam »idiotensicher« gestalten; er muß alle möglichen Gefahren des möglichen Mißbrauchs mit Schadensrisiko usw. von vorneherein einkalkulieren, was natürlich fast unmöglich ist und auch zu erheblichen Schwierigkeiten der Konkretisierung dieser Verantwortlichkeit führt. Doch die rechtliche Verantwortung soll hier im einzelnen nicht näher behandelt werden, mittels einer Übersicht sollen wesentliche Elemente zusammengefaßt werden.

Rechtliche und moralische Verantwortlichkeit

Ein Normadressat ist vor Instanzen, vor denen er sich verantworten muß, in Abhängigkeit von subjektiven Voraussetzungen, nach Graden der Verantwortlichkeit gestuft und mit unterschiedlichen Rechtsfolgen, insbesondere Sanktionen, verantwortlich.

1. Normadressat: im Strafrecht Einzelperson; im Zivilrecht juristische Person für ihre Organe; natürliche Personen.

2. Instanzen: z.B. im Strafrecht: Gerichte; im Zivilrecht: Einzelpersonen oder juristische Personen, Schlichtungsstellen, Gerichte; politisch: z.B. Untersuchungsausschuß.

3. Voraussetzungen: Delikt-/Schuldfähigkeit; Schuldformen: Vorsatz – Wissen und Wollen des Erfolgs, Fahrlässigkeit – »wer im Verkehr die erforderliche Sorgfalt außer acht läßt«; Garantiehaftung; Gefährdungs- und Produkthaftung.

4. Ausprägungen der Verantwortlichkeit. Verhaltensverantwortlichkeit für Handeln/Unterlassen; Rollenverantwortlichkeit: vertraglich, gesetzlich, politisch; Organverantwortlichkeit; Zustands- bzw. Bereichsverantwortlichkeit; Überwachungsverantwortlichkeit; Vorsorgeverantwortlichkeit.

5. Rechtsfolgen, insbesondere Sanktionen: ohne Sanktionen: von der Verantwortlichkeit freisprechend: voll; teilweise; Verantwortlichkeit feststellend aufgrund: Tatbestandsvoraussetzung, Gestaltungsakt/Urteil; mit Sanktionen: positiv; negativ.

Die interessanteste Form einer konkreteren Verantwortlichkeit in unserem Zusammenhang ist natürlich die (universal)moralische Verantwortung, die beim Verantwortungsträger für das Wohl und Wehe anderer, von seinem Handeln (bzw. Unterlassungs»handeln«) betroffener Personen oder Lebewesen entsteht oder besteht. Im abgeleiteten, im sekundären Sinne gibt es aber eine solche Verantwortlichkeit auch für das eigene Wohl und die eigene persönliche Entwicklung (z.B. eigener Anlagen, Fähigkeiten, Chancen usw.). Es gibt also auch so etwas wie eine moralische Selbstverantwortung, eine Verantwortung für sich selber und auch natürlich gegenüber und vor sich selber (als Objekt oder Adressat bzw. evtl. gar als Instanz), vor der eigenen Selbstachtung etwa im Kantischen Sinne der Moralität. Doch der eigentliche Prototyp der moralischen Verantwortung ist die direkte, in einer Situation ausgeübte bzw. zu übernehmende oder involvierte Verantwortung für die eigene Handlung gegenüber einem von der Handlung Be-

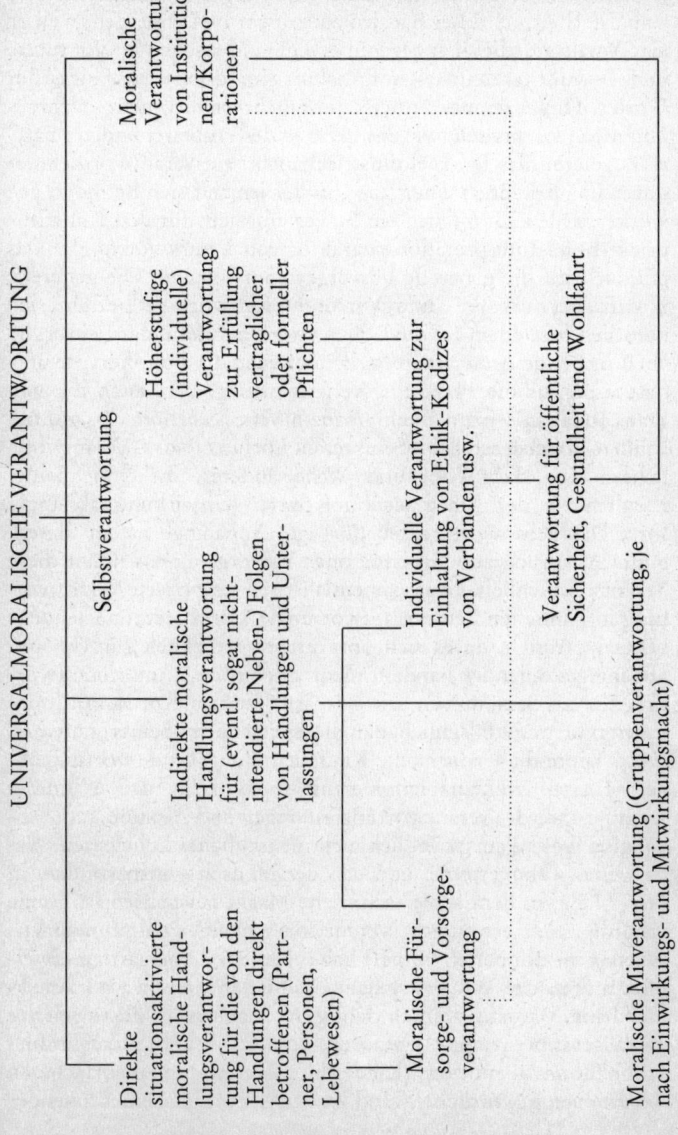

UNIVERSALMORALISCHE VERANTWORTUNG

Selbstverantwortung

Direkte situationsaktivierte moralische Handlungsverantwortung für die von den Handlungen direkt betroffenen (Partner, Personen, Lebewesen)

Indirekte moralische Handlungsverantwortung für (eventl. sogar nicht-intendierte Neben-) Folgen von Handlungen und Unterlassungen

Höherstufige (individuelle) Verantwortung zur Erfüllung vertraglicher oder formeller Pflichten

Moralische Verantwortung von Institutionen/Korporationen

Moralische Fürsorge- und Vorsorgeverantwortung

Individuelle Verantwortung zur Einhaltung von Ethik-Kodizes von Verbänden usw.

Verantwortung für öffentliche Sicherheit, Gesundheit und Wohlfahrt

Moralische Mitverantwortung (Gruppenverantwortung, je nach Einwirkungs- und Mitwirkungsmacht)

255

troffenen. Man denke wiederum an das schon häufiger zitierte Samariterbeispiel: Hier half jemand einem Notleidenden, weil er eine Verantwortlichkeit gegenüber einem Menschen in Not fühlte und bewußt erkannte, »wahrnahm« im doppelten Sinne des Wortes. Diese Verantwortlichkeit braucht freilich nicht »wahrgenommen« zu werden, wie das Beispiel des vorbeireitenden Pharisäers zeigte. Das Beispiel illustriert auch, wie Verantwortlichkeit durch das Erkennen einer Lage, in der jemand sich befindet, geweckt werden kann (auch ein Beweis übrigens für den Konstitutions- bzw. Interpretationscharakter von Verantwortung!). Das gilt auch für die generelle Fürsorgeverantwortung. Die generelle moralische Fürsorge- und Vorsorgeverantwortung bezieht sich natürlich besonders auf die Rollen etwa der Eltern, der Lehrer für entsprechende Anvertraute, z. B. aber auch der Politiker: Sie umfaßt mehr als die Handlungsverantwortung, u. a. auch die von Hans Jonas in seinem Buch »*Prinzip Verantwortung*« (1979) besonders herausgestellte »Seinsverantwortung«: das Verantwortlichsein für das Wohl und Wehe anderer, die von meiner Möglichkeit der Machtausübung bzw. -einwirkung abhängig sind. Das Schwache, Hilfebedürftige, Abhängige hat in diesem Sinne Anspruch auf Fürsorge oder Vorsorge. Jonas nennt diese Verantwortlichkeit etwas existentialistisch »erweiterte Verantwortung im Sinne der Seinsverantwortung« (klarer wäre: »Seiendenverantwortung«, da es sich um Verantwortlichkeit für von mir abhängiges Seiendes handelt, nicht jedoch i. e. S. um Verantwortung für das Sein, dessen Sein oder gar Ins-Sein-Kommen). Jonas meint nun, m. E. fälschlich, daß diese erweiterte »Seinsverantwortung« heute die traditionelle Kausalhandlungsverantwortung abgelöst habe. Voll zuzustimmen ist Jonas darin, daß es immer wichtiger werde, Verantwortung zu tragen und auszuüben für abhängige Wesen, einschließlich nichtmenschlicher Lebewesen, Naturwesen, Ökosysteme, und daß der Mensch – insbesondere in dem Maße, in dem seine technische Macht gewachsen ist – eine erhöhte und erweiterte Verantwortlichkeit »wahrzunehmen« (wieder im doppelten Sinne!) habe. Das sei die neuartige erweiterte moralische Verantwortlichkeit, die der Mensch wahrzunehmen habe. Das ist sicherlich richtig. Aber erstens ist die erweiterte »Seinsverantwortung« strukturell nicht neu (Eltern waren immer schon für das »Sein« ihrer Kinder im weiteren – und mehrfacheren – Sinne verantwortlich!). Und zweitens kann man nicht aus der analytischen Untersuchung einen Ablösungsprozeß extrahieren und behaupten, die traditionelle Handlungsverantwortung sei nicht mehr existent oder sei überholt. Im Gegenteil: sie besteht nach wie vor – und in dem Maße, wie die technische Macht und Handlungsmacht durch Multiplikation mit technischen Mitteln gewachsen ist. Mit der Macht wächst natürlich auch die Verantwortlichkeit für die Folgen des eigenen Handelns. Man hat es im Grunde mit *zwei* (analytisch) verschiedenen Arten von Verantwortlichkeit zu tun, nämlich einmal der erweiterten Verantwortlichkeit, die dem Menschen in dieser seiner historisch selbstausgebildeten, selbstangemaßten Rolle des technologisch mächtig gewordenen Wesens zuwächst – der Mensch wird sozusagen nolens volens – oder vielleicht eher weniger nolens als volens – zum (Be-)Herrscher der Erde, der damit auch Verantwortung zu übernehmen hat für andere Naturwesen, die diese Verantwortung per se nicht selber tragen oder vertreten können[4] –, aber das bedeutet nicht, daß er für sein Handeln nicht mehr im traditionellen Sinne der Handlungsverantwortung verantwortlich wäre. Im Gegenteil: die Handlungsverantwortung wird sozusagen dramatisiert, wird drastischer, folgenträchtiger – und *beide* Verantwortlichkeitstypen sind nun über den Bereich der menschlichen Adressaten hinaus zu berücksichtigen. Bleibt auch der Mensch das alleinige verantwortliche Wesen, so kann und muß heute doch der Bereich der Verantwortungsgegenstände auf andere Wesen, z. B. Tiere, Naturarten und -systeme erweitert werden. Das scheint die Idee hinter Jonas' Ansatz zu sein. Übrigens ist auch diese nicht neu: Albert Schweitzer postulierte die generelle und gar »grenzenlose« Verantwortung »gegen alles, was lebt«, gegenüber allem, was in meinen Handlungsbereich kommt, von meinen Handlungsmög-

4 Man kann sich natürlich fragen, ob alles natürlich Seiende (auch etwa in bezug auf Eingriffs-, Erhaltungs- oder Zerstörungsfähigkeit des Menschen) überhaupt »zu verantworten«, Verantwortungskategorien zu unterwerfen ist. Soweit freilich Machtausübung möglich und stets – u. U. auch unbeabsichtigt – am Werke ist und insofern die Bewahrung und etwa ökologisch ausgewogene Existenz der Naturwesen und ihrer Ökosysteme bejaht wird, stellt sich natürlich für den Menschen mit der Problematik der Machtausübung über die Natur auch die entsprechende Verantwortungsfrage. Sie bezieht sich weniger auf eine metaphorische, heute modisch gewordene Vermoralisierung der Natur als eher auf seine eigenen Handlungspotenzen und deren Grenzen.

lichkeiten abhängt, bereits seit dem Ersten Weltkrieg (seit 1915; publiziert: 1923)!

Neben der direkten, situationsaktivierten moralischen Handlungsverantwortung (von der Art des Samariterbeispiels) gibt es natürlich auch indirekte moralisch zuzuschreibende Verantwortung für voraussehbare Folgen, Nebenfolgen und Fernfolgen meines Handelns. Wir können uns selbst davon freisprechen, daß wir auch eine gewisse wachsende Verantwortlichkeit für Fernfolgen unseres Handelns – z. B. unseres Stils des Konsumierens, des Verbrauchens, der Rohstoffausbeutung usw. – für künftige Generationen haben, oder auch für Folgen ökonomischer Wirkungen in Ländern der Dritten Welt, die nicht direkt in der Handlungssituation mit uns verflochten sind, sondern in einer sehr viel indirekteren Verbindung und Verknüpfung von Wirkungen mit unseren Handlungen bzw. Lebensformen stehen. Auch im Maße der wachsenden Wirkungsvernetzung wächst Verantwortlichkeit – so müssen wir postulieren, interpretieren. Diese indirekte moralische Handlungsverantwortung ist heute noch sehr umstritten und auch schwierig zu analysieren, aber sie ist trotzdem (als) existent (zu unterstellen).

Die Verantwortung allgemein bezieht sich aber nicht nur auf direkte oder indirekte Handlungswirkungen, sondern es gibt auch eine moralische Pflicht zur Einhaltung von Verpflichtungen, Verträgen, Gesetzen, also eine höherstufige Verantwortung zur Erfüllung vertraglicher, formeller oder auch in persönlicher Loyalitätsbindung oder durch Versprechen zustandegekommener Pflichten. Die Verantwortung dafür, im Sinne des Rechts zu handeln, kein Gesetz zu übertreten, ist eine höherstufige Verantwortung als etwa eine Handlungspflicht in der direkten Beziehung zum Handlungspartner. Rechtseinhaltung ist auch moralisches Gebot. Mit anderen Worten: die moralische Verantwortung überformt z. B. auch die rechtlichen Verantwortlichkeiten, und sie ist gestuft. Die moralische Verantwortung ist nach Stufen zu orientieren.

Neuerdings hat Kurt Bayertz sogar eine weitere Stufe eingeführt, die er »Metaverantwortung« nennt, nämlich die Verantwortlichkeit des Moralphilosophen bzw. des Moralreformers dafür, eine wirklich sinnvolle und zukunftsorientierte Ethik zu entwickeln. Denn Moral ist allemal von Menschen »gemacht«, entworfen, konstituiert. Da wir unsere Normen, unsere Moral selbst gestalten und weiterentwickeln müssen, wenn auch unter bestimmten

Ansprüchen auf Allgemeingültigkeit usw., ist auch das Erstellen und Variieren von moralischen Regeln, wie auch z. B. von Gesetzen, selbst eine Handlung, die verantwortet werden muß – eben in einer, in diesem Sinne höherstufigen oder metadisziplinären Verantwortlichkeit. (Der Ausdruck »Metaverantwortung« ist zwar von der Ursprungsbedeutung des Ausdrucks »meta« her angebracht, aber er ist insofern etwas irreführend, weil er sonst immer im Zusammenhang mit »metasprachlich« gebraucht wird und sich auf semantische Bedeutungszusammenhänge bezieht; es geht hier aber nicht nur um die Verantwortung für moralische Sprechweisen, sondern um die Verantwortung für die Einführung von Normenkonzeptionen, Einhaltung von bestimmten Kriterien bei der Normenfindung und Normensetzung usw.) Daß hier noch viel analytische Arbeit zu leisten sein wird, ist einsichtig, aber es zeigt sich schon jetzt deutlich, daß hierbei in vielerlei Hinsicht von interpretativen Konstrukten Gebrauch gemacht wird; es handelt sich hier in der Tat um normative Interpretationskonstrukte im engeren Sinne.

Die Verantwortung beispielsweise zur Einhaltung von bestimmten Ethikkodizes von Verbänden – z. B. von Wissenschaftler- und Technikervereinigungen – ist vielleicht eine Mischform verschiedener der genannten analytischen Ebenen, – eine Ausprägung, die zwischen einer Rollenverantwortung (Wahrnehmung einer Rolle), der rechtlichen Verantwortlichkeit (z. B. Rechtsprechung in Verbänden und Institutionen) und der moralischen Verantwortlichkeit steht; sie ist etwa der Erfüllung von rechtlichen Verpflichtungen moralisch gleichzusetzen.

Ethikkodizes und Verantwortungskonflikte

Neuerdings, seit 1947, enthalten auch die sogenannten »Ethikkodizes«, die Verhaltens- oder Berufskodizes von Ingenieur- und Wissenschaftlervereinigungen oft eine Verpflichtung des einzelnen Ingenieurs oder Wissenschaftlers, die öffentliche Sicherheit, Gesundheit oder Wohlfahrt zu beachten und in seinen Handlungen, Plänen und Entscheidungen zu berücksichtigen. Der Ingenieur bzw. Wissenschaftler ist somit verpflichtet, auch mit Blick auf das öffentliche Wohl zu arbeiten. (Dabei kann es im einzelnen natürlich noch höchst kontrovers sein, was die für die u. U. alternative Interpretation offene Formel vom Gemeinwohl und der öffentlichen Sicherheit konkreter bedeuten soll.) Durch die Öffentlichkeitsverantwortung gerät natürlich der Verantwortungsträger, z. B. der angestellte Ingenieur oder Wissenschaftler, in einen typischen Rollenkonflikt zwischen den Zielen, Interessen, beispielsweise seine eigene Karriere voranzubringen, seinem Arbeitgeber gerecht zu werden oder entsprechend die Erwartungen der Klienten, Partner oder der Auftraggeber zu erfüllen und eben seine Verantwortlichkeit gegenüber der größeren Öffentlichkeit wahrzunehmen. Bei bestimmten Entwicklungen oder bei Zumutungen von Aufgaben in Grenzbereichen stellt sich öfters die Frage, ob der Ingenieur nicht eine »whistle blowing ethic« vertreten soll, d. h., ob er, wenn etwa bestimmte illegale (z. B. umweltschädigende) Strategien der Produktherstellung bzw. der Umweltbelastung heimlich vorgenommen werden, die Öffentlichkeit informieren sollte oder darf. Er gerät in typische Rollenkonflikte, die natürlich auch *moralische* Konflikte sind – gerade insofern, als Moralität ja auf das Wohl und Wehe anderer Betroffener ausgerichtet ist. Insbesondere wenn es sich um die Allgemeinheit handelt, dann liegt hier ein moralischer Konflikt insofern vor, weil es eben zunächst auch eine moralische Pflicht z. B. des Ingenieurs ist, in einem bestimmten Vertragsverhältnis seiner Rolle und seiner Funktion entsprechend zu handeln, also den Weisungen z. B. der Vorgesetzten oder der Auftraggeber bzw. der Arbeitgeber zu entsprechen. Moralisch (und auch rechtlich, wie manche Arbeitsgerichtsurteile der letzten Zeit zeigen) gilt freilich diese Weisungsgebundenheit nur, soweit diese Anweisungen nicht illegal sind. Doch in Grenzbereichen ist das natürlich oft sehr schwierig zu ermitteln, ganz abgesehen von den Hindernissen bei der Einschätzung der Folgewirkungen für die Praxis. Es gibt eine Reihe von Fällen, die das drastisch zeigen. Heutzutage ist es leider generell immer noch so, daß es neben dem häufig auftretenden Zusammenhang, ein sog. »ethischer Ingenieur« und ein »Märtyrer« zu sein, kaum andere Möglichkeiten gibt. Glücklicherweise ist in der Bundesrepublik die Arbeitsrechtsprechung besser entwickelt als z. B. in den USA, wo immer noch eine Hire-and-fire-Mentalität vorherrscht. Aber oft wird auch noch in unserer Gesellschaft derjenige, der sich im öffentlichen Interesse für das Wohl der Allgemeinheit einsetzt, benachteiligt, »bestraft«, weil und indem er i. d. R. am kürzeren Hebel sitzt und u. U. zunächst einmal einfach entlassen oder strafversetzt wird und so seiner Subsistenz- oder Aufstiegschancen beraubt wird. Es gab in den USA Fälle, in denen Ingenieure fristlos entlassen wurden, obwohl oder gerade weil sie sich im ethischen Interesse für die Allgemeinheit eingesetzt hatten, z. B. auf einen zu erwartenden Dammbruch aufgrund von Pfuscherei hinwiesen, bevor es zu den entsprechenden Unglücksfällen kam, und die Ingenieure wurden – man lese und staune! – aus Gründen der sog. »Ethik« entlassen, weil es eben in dem Ethikkodex seinerzeit (1932) nicht erlaubt war, einen anderen Ingenieur zu kritisieren. Andere Ingenieure, etwa bei dem berühmten und bestdokumentierten Fall der Schnellbahnstrecke an der San-Francisco-Bay, wurden, als sie auf die Unsicherheiten des automatischen Brems- und Kontrollsystems aufmerksam machten, ebenfalls entlassen und bekamen schließlich durch Intervention des Ingenieurverbandes sechs Jahre später einen Preis für besonderes »ethisches Verhalten«, aber sie wurden weiterhin auf einer Art »schwarzen Liste« geführt und bekamen keine Arbeit. Einer von diesen Ingenieuren, Robert Bruder, sagte resigniert, der Ingenieur habe auch heutzutage nur die Alternative, »Märtyrer« zu sein oder mitzuschwimmen. Wer sich im Interesse der Universalmoral und der Allgemeinheit exponiert, lebt meist unbequemer. Im Grunde ist häufig noch – auch in unserer noch jungen demokratischen Gesellschaft der Bundesrepublik – eine Auszeichnung des Duckmäusertums systematisch vorprogrammiert. Zivilcourage müssen besonders viele Deutsche noch lernen und – ebenso wichtig! – bei anderen anzuerkennen lernen.

Man müßte hier auf weitere Probleme im einzelnen eingehen, z. B. ist die moralische Verantwortung von Institutionen und Korporationen derzeit (in den USA) ein heißer Diskussionspunkt. Ich selber bin der Meinung, daß in der Tat auch eine *moralische* Verantwortlichkeit von Institutionen besteht: z. B. hat auch der Staat eine moralische Verantwortlichkeit, wenn er sich als Rechtsstaat versteht. Auch andere Institutionen haben hinsichtlich ihrer Verantwortlichkeit einen moralischen Status, auch ohne daß man nun deswegen die Institutionen selber, wie es Peter French (1984) versucht, zu »moralischen Personen« hochstilisieren müßte. Moralische Verantwortlichkeit kann auch Institutionen und Korporationen zugeschrieben werden – insoweit das Wohl oder Wehe potentiell Betroffener oder gar das Gemeinwohl von ihren Aktionen abhängt, ohne daß nun eine Institution oder ein Unternehmen damit eine moralische Person mit Bewußtheit, Selbstcharakter usw. wäre. (French hält eine interne differenzierte Entscheidungsstruktur – etwa einer Firma – für ein entscheidendes moralisches Personalitätskriterium; doch das erscheint zu einfach.) Eine moralische Verantwortung kann auch Gruppen bzw. Institutionen zugeschrieben werden, ohne daß dadurch die ebenfalls bestehende persönliche Verantwortung der Gruppenmitglieder reduziert würde. Dennoch kann eine institutionelle oder Gruppenverantwortung bestehen, die nicht auf die persönliche Einzelverantwortung allein zurückgeführt, durch diese definiert werden kann. Es gilt aber, daß diese korporative Verantwortlichkeit nicht ohne Einzel- und Persönlichkeitsverantwortung im moralischen Sinne existieren kann. Institutionelle Verantwortung ist nicht freischwebend – nicht unabhängig von personaler zu verstehen. An die Gruppenverantwortung im moralischen Sinne ist immer auch eine persönliche Verantwortung gebunden, was aber eben nicht bedeutet, daß sie total in Persönlichkeitsverantwortung moralischer Art auflösbar ist.

Insgesamt kann man resümieren: Die aufgeführten Typen, Ebenen und Dimensionen der Verantwortung sind natürlich miteinander verknüpft. Das abstrakte, allgemeine Schema der Handlungsverantwortung steht als prototypisch voran, wird als Orientierungsschema formaler Art analytisch übergeordnet, es muß aber eben erst mit Gehalt, mit Inhalt, mit »Fleisch« erfüllt werden, um inhaltlich und konkret faßbar und auch verfahrensmäßig zugänglich zu werden. Es müßte »operationalisiert« werden; das kann geschehen durch die rechtliche Interpretation oder durch die Konkretisierung im Sinne der Rollen- und Aufgabenverantwortung in Gestalt etwa von bestimmten Stellenbeschreibungen, Verträgen und Verpflichtungen usw. Die Konkretisierungsforderung kann sich aber auch auf die Aktivierung moralischer Verantwortlichkeit bzw. sozialer Kontrolle usw. beziehen. Die Handlungsform des ersten Schemas an sich bleibt noch formal: Vollständige Handlungen sind nur als inhaltlich konkrete und als in bestimmte Situationen und Zusammenhänge eingebettete zu verstehen, insofern ist die Handlungsergebnisverantwortung als abstrakt-schematische, übergeordnete Verantwortung durch Deutungen, durch Konkretisierungen, durch Interpretationen erst zu ergänzen, ja, zu vervollständigen. Sie wird erst dann greifbar, sinnvoll und wirklich auch im einzelnen zurechenbar. Mit anderen Worten: eine abstrakte schematisch-formale Handlungsverantwortung an sich ist noch leer, sie muß ausgefüllt werden, sie muß konkretisiert werden.

Normative und deskriptive Verantwortungszuschreibung

Charakteristisch für alle diese angeführten Formen der Verantwortungsübernahme ist, daß die oben skizzierten Rechtfertigungsargumente, »praktischen Schlüsse«, Handlungserklärungen und die Strukturen von weiteren solchen Argumenten einschlägig sind und dem Umgang mit normativen Interpretationskonstrukten gleichen. (Sie umfassen ja spezifische Fälle von solchen.) Man kann das Verantwortungskonzept in verschiedenen Dimensionen zur Beschreibung oder auch zur Erklärung dafür benutzen, daß jemand verantwortlich ist, aber auch – und das ist der grundlegendere Anwendungsfall – zur normativen Rechtfertigung, zur Begründung, zur Bewertung oder auch zum Vorschreiben oder zur Kritik von Handlungen unter dem Verantwortungsaspekt. Zu der deskriptiven Verwendung etwa kann man vielleicht als Beispielsatz wählen: »Der Kapitän ist für das Überleben und das Wohl seiner Mannschaft und für sein Schiff verantwortlich«, weil er z. B. in seiner vertraglichen Rollenverpflichtung diese Verantwortung übernommen hat. Wenn man diesen Satz so aus der Beobachterperspektive formuliert, dann gibt er eine deskriptive Darstellung. Diese setzt aber voraus, daß eine normative Verpflichtung vorhergegangen ist, und diese kann auch wiederum aktualisiert werden. Wenn man beispielsweise an den Kapitän der *Exxon Valdez* denkt, der das Schiff in betrunkenem Zustand auf einen Felsen gesetzt hat und die Umweltkatastrophe an der Küste Alaskas verursacht hat, dann wird in dem Verfahren, das sich anschloß, der Kapitän mit Recht (im doppelten Sinne) im *normativen* Sinne verantwortlich gemacht, zur Verantwortung gezogen. Er ist also im rechtlichen Sinne – und auch im moralischen Sinne – für mehr verantwortlich gewesen als für seine Mannschaft und für sein Schiff. Er wurde verantwortlich gemacht für die größte Umweltkatastrophe, die bis dahin in der Geschichte der Öltankerfahrt eintrat. Die normative Zuschreibung von Verantwortung ist also insofern nicht nur als handlungsleitend, sondern auch als kritikauslösend bzw. -begründend für die entsprechende Urteilsrechtfertigung oder als Grundlage für die (in diesem Falle allenfalls symbolischen) Wiedergutmachungs- bzw. Entschädigungsforderungen zu sehen.

Natürlich ist zumal die *Selbst*zuschreibung von Verantwortung im Sinne etwa des Gewissensurteils auch normativ wirksam. Für die »gewissenhafte« Zuschreibung von Verantwortlichkeit gibt es wohl eine realiter von der normativen abtrennbare, bloß beschreibende Verantwortungszuerkennung zunächst nicht, sondern dabei wird im Grunde die normative Verantwortung vorausgesetzt und, indem sie aus der Beobachterperspektive beschrieben wird, meist auch wieder als normative (re)aktiviert. Die Vergegenwärtigung des Gewissensurteils ist per se immer normativ (re)aktivierte Selbst-In-Pflichtnahme. Wenn, wie ich andernorts (1986c) entwickelte, die Gewissensstimme das Bewußtsein selbstzugeschriebener Verantwortlichkeit ist, so ergibt sich diese Unablösbarkeit der deskriptiven Zuschreibung von der normativen Selbstaktivierung ohne weiteres.

Es ist generell festzuhalten, daß die *normative* Zuschreibung von Verantwortung die grundlegende, die primäre ist, daß die deskriptive Zuschreibung aus der Beobachterperspektive in gewisser Weise sekundär bleibt. Eine solche wird aber wiederum von der normativen Zuerkennung vorausgesetzt; denn man muß ja auch die Kausalzusammenhänge im Sinne etwa der Handlungsergebnisverantwortung kennen, um überhaupt moralische Zuschreibungen vornehmen zu können.

Überall hier – das wurde zweifellos deutlich – handelt es sich in der Tat um Interpretationskonstrukte, die teils vorausschauend, teils rückblickend, teils positiv, teils negativ verwendet werden. John Ladd hatte bereits 1975 versucht, eine Klärung der Verantwortungsbegriffe zu erarbeiten, indem er eine deskriptive Verantwortung, also eine beschreibende Verantwortungszuschreibung, von der normativen unterschied. Er meinte, daß die deskriptive Verantwortungszuschreibung abschließend und ausschließend (»exclusive«) sei; indem sie jemanden als verantwortlich ansieht, schließe sie im Rückblick die Verantwortlichkeit anderer möglicher Partner oder Verantwortungsträger aus; sie sei deswegen geschlossen, abgeschlossen – eben exklusiv. Dagegen sei die normative Verantwortung offen und »einschließend« (»inclusive«), sie sei in die Zukunft gerichtet, sie könne von verschiedenen Partnern gemeinsam getragen werden – nicht nur Eltern sind für ihre

Kinder verantwortlich, sondern z. B. auch Lehrer –, insofern handelt es sich also hier um eine offene und einschließende Verantwortlichkeit. Diese Unterteilung ist aber m. E. sehr vordergründig und fragwürdig; denn sie würde ja besagen, daß etwa die rechtliche Haftung, die ja »exklusiv« ist, nur deskriptiv zu attribuieren, und nicht normativ geltend zu machen wäre – was absurd ist. Noch ein Reihe anderer paradoxer Effekte würde auftreten: Die Mitverantwortung wäre sozusagen immer normativ, könnte nie einfach beschreibend ermittelt oder dargelegt werden, weil sie ja nicht exklusiv ist, insofern als es verschiedene Mitverantwortliche gibt; ferner enthält die deskriptive Verantwortlichkeit auch nicht nur eine negative Haltung gegenüber der eigenen oder der Verantwortung einer anderen Person, die normative ist keineswegs nur positiv, sondern kann durchaus auch negativ gesehen werden. Ladd scheint ebenfalls die Ex-ante-Verantwortlichkeit mit der normativen und die Ex-post-Verantwortlichkeit mit der deskriptiven Verantwortungszuschreibung einfach gleichzusetzen. Diese Einteilung in der unterstellten Dichotomisierung der Kombinationsbildung funktioniert im Grunde nicht. Normativität, Zukunftsbezogenheit, Exklusivität und Positivität sind voneinander unabhängige Merkmale von Verantwortlichkeiten. Ladd hat das z. T. auf meine Kritik hin wohl auch eingesehen.

Deswegen hat er auch aufgrund unserer Diskussion dann neuerdings (vgl. z. B. Ladd 1992) eine konstruktive Theorie der moralischen Verantwortlichkeit entwickelt, in der er zwei Begriffe der Verantwortlichkeit unterscheidet: einmal die negative Tadelnsverantwortlichkeit (»blame responsibility«), die in gewissem Sinne in der Tat »geschlossen«, »negativ« und tendenziell »exklusiv« oder eingrenzend ist: Der Tadel richtet sich gegen jemanden (u. U. auch mehrere), der (die) spezifisch namhaft gemacht werden muß (müssen). Demgegenüber ist die moralische Verantwortlichkeit im Sinne einer Ex-ante-Handlungsverantwortlichkeit primär nicht »tadelorientiert«, sondern offen und vorausschauend – eine Verantwortlichkeit, die viel eher mit der moralischen Verantwortlichkeit für Handlungsentwürfe und -entscheidungen identifiziert werden kann. Die zukunftsorientierte erweiterte moralische Verantwortlichkeit ist eine Relation zwischen bestimmten Personen und Ergebnissen von Handlungen, wobei die eine Partei, also die handelnde, etwas tun soll oder nicht tun soll, was das Wohlbefinden einer anderen Partei, der Empfangenden (Rezipienten), also der Betroffenen (seien es nun Opfer oder Nutznießer), beeinflußt und insofern also eine erweiterte Verantwortlichkeit ist, die aber auch dann Mitverantwortung anderer und eine Unterteilung nach verschiedenen Graden erlaubt – etwa im Zusammenhang eines Handlungsgeflechtes eine Differenzierung der Verantwortlichkeit, je nach der strategischen Zentralität, welche durch die kausale Handlungsmöglichkeit und -einwirkungsfähigkeit des Handelnden bestimmt wird. Man ist gleichsam mehr verantwortlich, wenn man im Handlungsgefüge ein *zentraler* Verursacher ist; man ist aber auch mitverantwortlich, wenn man sozusagen nur als ein »Rädchen« am Rande mitwirkt. Diese Differenzierung nach Zentralität schließt beispielsweise auch die Befehlsnotstandsausreden von KZ-Schergen usw. aus; sie sind im Maße ihrer Mitbeteiligung auch mitverantwortlich, obwohl sie natürlich nicht in demselben hohen Maße verantwortlich sind, wie es z. B. der jeweilige Lagerkommandant oder etwa der notorisch-berüchtigte »Reichsführer SS« waren, der sich seiner Verantwortung dann auch durch Selbstmord entzogen hat.

Die moralische Verantwortlichkeit in diesem erweiterten Konzept ist also positiv, ist zumal offen für variabel zu erweiternde Mitverantwortlichkeiten[5] und Gruppenverantwortlichkeiten. Sie hängt mit einer Orientierung an Tugenden, mit einer moralischen Attitüde, mit einer »Haltung« im weiteren Sinne zusammen. Sie ist nicht abgelesen an dem *rechtlichen* Vorbild des Schuldhaftmachens; sie ist also in gewissem Sinne eine erweiterte und erweiterungsermöglichende Verantwortlichkeit, die entsprechend der *moralischen* Verantwortlichkeits-Intuition wirkt. Diese Unterscheidung zwischen der moralischen Verantwortlichkeit im erweiterten Sinne und der Tadelns- oder rechtlichen Verantwortlichkeit ist wohl eigentlich das, was Ladd mit seiner ursprünglichen Unterscheidung zwischen den zwei verschiedenen Arten, die er voreilig mit der deskriptiven und der normativen Verantwortung identifiziert hatte, gemeint hat.

Es wird von ihm hier zu Recht auf verschiedene Dimensionen, Typen und funktionale Gesichtspunkte bei der Zuschreibung der Verantwortlichkeit hingewiesen. Das Hauptcharakteristikum der

---

5 Es gibt aber auch bei der Tadelnsverantwortung Mit- und Gruppenverantwortlichkeit, nur kann diese nicht »real« (im Sinne einer *ratio essendi*) nachträglich erweitert werden, sondern nur erkenntnismäßig (*ratio cognoscendi*).

beschreibenden Verwendung von Verantwortlichkeit ist aus der Beobachterperspektive, daß der Satz: »Jemand ist für etwas verantwortlich«, eben *wahr* oder *falsch* sein kann. Er ist bzw. liefert eine Beschreibung, und diese kann durch eine faktische Bestreitung ungültig gemacht oder kritisiert werden, während das bei der normativen Verwendung nicht gilt. Die kognitive Beschreibung einer normativen Verantwortungzuschreibung ist möglich: Der Beschreibende braucht nicht selbst verbindlich Verantwortung zuzuschreiben oder zuzurechnen. (Analytisch, aber nicht »real«, gilt das auch bei Selbstzuschreibung von Verantwortlichkeit (s. o.).) Der *Be*schreibende schreibt nicht *vor*, er bewertet nicht selbst, er kann sozusagen normativ unbeteiligt aus der äußeren Perspektive konstatieren, daß eine Verantwortlichkeit besteht, und diese Feststellung ist wahrheitsfähig. Eine normative Verantwortlichkeitsrelation, eine grundlegende und schon geschehene normative Zuerkennung ist dabei immer schon vorausgesetzt, nämlich, daß jemand im betreffenden Falle normative Verantwortung übernommen hat, daß Verantwortung für ihn oder überhaupt jemanden verbindlich ist – das ist sozusagen die grundlegendere Relation, die zu berücksichtigen ist. Man kann nur normativ zuerkannte Verantwortung beschreiben. (Das »Schon-Zuerkanntsein« ist dabei nicht notwendig – wie meist zu unterstellen – zeitlich, sondern eher logisch gemeint.)

Hauptcharakteristikum der normativen Verantwortungszuschreibung ist also, daß es sich bei dieser um eine konstitutive oder reaktivierende Zuerkennung, Zuteilung, Zuerteilung von Verantwortung handelt, und nicht um eine bloße Beschreibung. Die Zuschreibung ist also mehr als bloße wiedergebende Beschreibung, sie ist aktive, engagierende Zuerkennung, Zuerteilung. Wesentlich ist auch: normative Zuschreibungen sind in ihrem eigenen Gehalt nicht wahrheitsfähig, sie können nicht wahr oder falsch sein. Sie können auch nicht durch faktische Sachverhalte und deren Feststellung oder durch konstatierende oder deskriptive theoretische Erkenntnisse allein widerlegt werden, sondern sie bestehen per gesetzter oder reaktivierter Geltung. Die normative Verwendung von »X ist verantwortlich« drückt sich dadurch aus, daß man an X eine Anrede stellt: »Du sollst das und das tun«, oder: »Du hast das und das zu verantworten«, »Dies hättest du nicht tun sollen/dürfen!«, »Du hättest hier aber so handeln müssen«, »In einer solchen Situation mußtest, sollst du dies tun/unterlassen!« In dieser Weise ist also ein normatives Moment involviert, das weit über die deskriptive Konstatierung hinausgeht.

Oft wird auch nicht beachtet, daß, wie ich früher schon erwähnt habe, das Normative und das Deskriptive im wesentlichen nicht an sprachlichen Formen hängen. Wenn z. B. John Ladd (1975) die deskriptive und die normative Verantwortung einfach als Typen unterschieden hat, so ist das eine etwas voreilige Kennzeichnung. Entscheidend ist, daß normative Wirkungen und normatives Zumuten von einer bestimmten funktionalen Deutung in einer Situation, in einem Kontext abhängig sind. Ein und derselbe Satz kann u. U. normativ oder deskriptiv gemeint sein oder auch funktionieren. Normativ sind Äußerungen, Satzvorkommnisse, nicht eigentlich Sätze selbst. Normative Zuschreibung ist also eine funktionale Zuschreibung, die in einem bestimmten Kontext erst konstituiert, gebildet oder reaktiviert, rekonstituiert wird; sie ist nicht einfach mit einer sprachlichen Formulierung oder einem absoluten Typus gleichzusetzen. Das alles muß man berücksichtigen, wenn man von normativen Interpretationskonstrukten und normativen Verantwortlichkeiten spricht. Es ist das Konstrukt in seiner Vorkommensweise und in seiner Kontexteinbettung, das normativ wirken und funktionieren kann. Auch normative Interpretationskonstrukte »leben« nur in ihren Deutungsprozessen.

Die Zuschreibung und Verwendung von normativen Verantwortungszuschreibungen kann man sich in einem Phasen- bzw. einem Stufendialog oder Verhandlungsmodell, das vier oder fünf Stufen umfaßt, verdeutlichen: *erstens* die Etablierung der Norm oder die Normierung, wobei eine soziale oder konventionelle Normierung oder die durch eine Autorität veranlaßte Setzung von Verantwortung, etwa im Sinne der Etablierung einer Zuschreibungsnorm (einer Norm der Zuschreibung von Verantwortung) geschieht. *Zweitens* ist dann die Phase oder Stufe »Akzeptierung der Verantwortung« auch etwas, das darin zum Ausdruck kommt, daß der Verantwortungsträger den grundsätzlichen Anspruch, der ihm gegenüber aufgrund der erwähnten Setzung der Verantwortungszuschreibungsnorm erhoben wird, anerkennt. Die Anerkennung oder Akzeptierung der Norm ist sozusagen die grundsätzliche Vorentscheidung dafür, daß man bereit ist, die Verantwortung in aktuellen Fällen dann auch zu übernehmen. *Drittens*: die Phase des Verantwortlichseins als Anspruch: Man erkennt den generellen Anspruch an und erklärt sich als verantwortlich für einen entsprechenden Handlungstyp (bzgl. typischer Situationen und Kontexte). *Viertens*: die Aktualisierung in konkreten Fällen, die Konkretisierung, Realisierung, die wirkliche (»reale«) Beachtung des Verantwortungsanspruches im Handeln und Planen selbst: Dies ist die Aktualisierungsphase oder -stufe, die gegenüber der potentiellen generellen Übernahme der Verantwortung jetzt dann handlungs-, folgenrelevant und konkret wird. *Fünftens* schließlich gibt es dann die Stufe Verantwortlichkeitsbeurteilung bzw. Verantwortungs»realisierung« als Rechenschaftslegung, als Bewertung in der letzten Phase: das Verantwortungssubjekt, der Verantwortungsträger, hat sich und anderen Rechenschaft für sein Handeln zu geben, sei es *ex ante* oder *ex post*. Die normalerweise stattfindende rechtliche Interpretation des zur Verantwortungziehens wird im Grunde oft auf diese Phase beschränkt. Entscheidend ist immer, daß man mit Verantwortlichkeiten konfrontiert wird, die in Ansprüchen dargestellt werden, denen man gerecht werden soll; es handelt sich also in der Tat um *normative Interpretationskonstrukte*, die von der Gesellschaft, von der Autorität, die die Norm setzt bzw. von Handlungspartnern, von Personen mit entsprechenden Erwartungen und/oder durch institutionelle, soziale Kontrollen oder Sanktionen i. d. R. gesetzt bzw. gestützt werden. (Eventuell werden diese Erwartungen auch einfach hypothetisch unterstellt, z. B. die Erwartung, daß ein Handlungspartner meine Grundrechte nicht verletzt usw.) Es handelt sich also im Grunde um die Übertragung eines Zuschreibungsmodells ins Normative.

Insgesamt haben wir bei der Untersuchung des Verantwortungsbegriffes erkannt, daß 1) die beschreibende Feststellung des bzw. der Verantwortlichen Verbindlichkeit (Haftung) im Sinne einer kausalen Einwirkung oder einer konventionellen Verbindlichkeit methodisch von einer jeden normativen Bewertung vorausgesetzt wird und daß 2) umgekehrt die normative Verantwortungszuschreibung oder das Verantwortlichmachen grundlegend (prototypisch) für Handlungsverantwortung generell ist, und zwar im nichttrivialen Sinne: Ein Ergebnis, das »zu verantworten« ist, muß durch eine Handlung oder konventionelle Etablierung der Verbindlichkeit zustande gekommen sein und darf nicht *nur* im trivialen Sinne auf einen naturgesetzlichen Kausalprozeß zurückgeführt werden:[6] Das Normative ist sozusagen konstitutiv für eine legitime Verwendung des Verantwortungsbegriffs. 3) Die normative Verantwortungszuschreibung geschieht in Abhängigkeit von einem Wertungs- und Zurechnungskriterium auf bestimmten, den erwähnten Ebenen: z. B. der rechtlichen, moralischen oder rollengebundenen Zuschreibung von Verantwortlichkeit – und sie ist als solche nicht *faktisch* bestreitbar, sondern eigentlich nur im Sinne von Rechtfertigungsargumenten, in Abhängigkeit des Vorliegens oder Fehlens von Legitimationsgründen oder von anderen Kriterien kritisierbar. Beispielsweise ist bei der moralischen Verantwortungszuschreibung der Gesichtspunkt der moralischen Tadelnswürdigkeit oder Lobenswürdigkeit der entscheidende; ein moralisches Urteil kann etwa nicht durch bloße Faktenkonstatierung kritisiert oder aufgehoben werden. 4) Die Zuschreibung normativer Verantwortung ist mehrstufig, sie setzt Handlungsfähigkeit als notwendige Bedingung für die deskriptive genuine (»nicht-triviale«) und auch für die normative Verantwortungszuschreibung voraus, ist aber nicht mit der Handlungsfähigkeit allein schon zu identifizieren. Als hinreichende Bedingung kann erst ein Zusammentreffen von Handlungsfähigkeit, Eigenverursachung, Einbindung – etwa bei Haftung – in ein Handlungsgefüge bzw. in Verbindlichkeit erzeugende Konventionen usw. mit dem Gelten entsprechender Zuschreibungsnormen verstanden werden. Insgesamt handelt es sich also um ein relativ komplexes Geflecht, das im einzelnen näher zu analysieren und auf typische Fälle zu beziehen wäre.

Die bisherige Diskussion um die Verantwortungszuschreibung zeigt insgesamt, daß häufig nicht genügend zwischen der deskriptiven und der normativen Zuschreibung, zwischen Beschreibungen und der Verwendung normativer Interpretationskonstrukte unterschieden worden ist. Daß man dies weiterhin in präziserer und differenzierterer Form leisten kann und sollte, dürfte aus der Diskussion klar geworden sein.

Indem wir uns mit normativen Verantwortungsrelationen und den

6 »Der Wind war dafür verantwortlich, daß das Fenster brach« – das ist natürlich kein normativ relevanter Verantwortungsbegriff, sondern ein illegitimer sprachlicher Verwendungsrahmen für den eigentlich doch letztlich auf normative Begründung zurückgehenden Verantwortungsbegriff. (Es handelt sich bei solchen Verwendungen eigentlich um einen Kategorienfehler der Umgangssprache.)

normativen Interpretationskonstrukten im Unterschied etwa zu Beschreibungen und konstatierenden Deutungen von Verantwortlichkeit befaßt haben, haben wir zugleich ein interessantes Beispiel für aktuelles analytisches Philosophieren über einige neueste Fragestellungen erfahren.

Prioritätsregeln

Zum Beispiel wäre es in diesem Zusammenhang auch wichtig, analytisch zu verfolgen und in einem möglichst praktisch anwendbaren Ansatz Strategien und Entscheidungsregeln zu entwerfen, wie man mit Konflikten zwischen unterschiedlichen Verantwortlichkeiten umgehen kann; Verantwortungskonflikte sind ja typisch, geradezu allgegenwärtige Alltagsrealität. Der typische fünfstrahlige Konflikt des angestellten Technikers oder anwendungsorientierten Forschers zwischen eigenem Karriereinteresse, Arbeitgeberwünschen, Kundenerwartungen, Standesethos und öffentlicher Gemeinwohlorientierung ist oben (259 f.) angeführt worden. Wie man beispielsweise bestimmte Prioritätsregeln ausarbeitet, die geeignet sind, zur Lösung oder wenigstens Regelung von Verantwortungskonflikten beizutragen, darüber wird heutzutage beispielsweise in der Wirtschaftsethik in den Vereinigten Staaten (vgl. z. B. Werhane 1985), aber zunehmend auch hier nachgedacht: Wieweit sollen etwa moralische Werte oder Grundrechte jeder Nutzenorientierung vorangehen? Sind Grundrechte jeglicher ökonomischer Nutzen-, Gewinn-, Kosten-Bilanz (etwa beim Problem der Geschwindigkeitsbegrenzung) unbedingt vorzuordnen, also »prädistributiv« (MacCormac 1988, 312 ff.) vor jeder Verteilungsdiskussion zu beachten und zu wahren – und wenn ja, wie? Wieweit soll allgemein und in typischen Fällen Schadensabwendung den Vorrang haben? Soll eine absolute Priorität voreingeräumt werden? (Offensichtlich jedenfalls nicht für Minimalschäden – etwa an der Umwelt; aber dennoch hat die allgemeine Idee des Vorrangs der Schadensabwendung eine gewisse moralische Grundintuition für sich.) Im folgenden seien noch relativ unsystematisch einige Regeln für solche Präferenzen und Prioritäten in einer Tabelle vorgestellt, die ich mit meinem Mitarbeiter Matthias Maring in den letzten Jahren zusammengestellt habe, die man näher analysieren, evtl. erweitern müßte.

Für Verantwortungs- und Rollenkonflikte lassen sich zunächst mindestens die zehn folgenden gestuft und prima-facie-geltenden (moralischen) Präferenz- und Prioritätsregeln angeben (vgl. zu den ersten vier Regeln Werhane, 1985, 72 f.):

1. »Moralische Rechte jedes betroffenen Individuums abwägen«; diese gehen vor Nutzenüberlegungen (prädistributive (Grund-) Rechte)[7].

2. Einen »Kompromiß suchen, der jeden gleich berücksichtigt« – im Falle eines unlösbaren Konflikts »zwischen gleichwertigen Grundrechten«.

3. »Erst nach Abwägung der moralischen Rechte jeder Partei darf und sollte man für die Lösung votieren, die den geringsten Schaden für alle Parteien mit sich bringt«.

4. Erst nach ›Anwendung‹ der Regeln 1, 2 und 3 Nutzen gegen Schaden abwägen.

Also: Nichtaufgebbare moralische Rechte gehen vor Schadens-abwendung und -verhinderung und diese vor Nutzenerwägungen.

5. Bei praktisch unlösbaren Konflikten sollte man faire Kompromisse suchen. (Faire Kompromisse sind z. B. eine annähernd gleichverteilte oder gerechtfertigt proportionierte Lasten- bzw. Nutzenverteilung.)

6. Allgemeine (höherstufige) moralische Verantwortung geht vor nichtmoralischen beschränkten Prima-facie-Verpflichtungen.

7. Universalmoralische Verantwortung geht i. d. R. vor Aufgaben- bzw. Rollenverantwortung.

8. Direkte primäre moralische Verantwortung ist meistens vorrangig gegenüber indirekter Fern- oder Fernstenverantwortung (wegen der Dringlichkeit; aber es gibt Abstufungen nach Folgenschwere und -nachhaltigkeit) und gegenüber sekundärer korporativer Verantwortung.

9. Das öffentliche Wohl, das Gemeinwohl soll allen anderen spezifischen und partikularen nichtmoralischen Interessen vorangehen.

7 Moralische Rechte sind bei Werhane (1985, 16 ff.): das Recht der gleichen Berücksichtigung, das Recht auf Sicherheit und auf Lebensunterhalt, das Recht auf Leben, das Recht nicht gequält zu werden, das Recht auf Freiheit (i. S. v. Handlungs- und Wahlfreiheit, Autonomie und Privatheit), das Recht auf Privateigentum.

Auch in technischen Regelwerken sind Prioritätsprinzipien formuliert. Mit DIN 31 000 können wir z. B. folgende Regel aufstellen:

10. »Bei der sicherheitsgerechten Gestaltung ist derjenigen Lösung der Vorzug zu geben, durch die das Schutzziel technisch sinnvoll und wirtschaftlich am besten erreicht wird. Dabei haben im Zweifel die sicherheitstechnischen Erfordernisse den Vorrang vor wirtschaftlichen Überlegungen.«

Diese Regeln eröffnen wohl mehr Fragen, als sie beantworten können. Sie zeigen aber, daß hier eine Ordnung erst durch eine Hierarchie von Handlungsordnungsregeln und durch eine Systematik von Regeln möglich ist, die den Vorrang, die Auswahl von Handlungen bzw. die entsprechenden abwägenden Beurteilungen von Verantwortlichkeiten erlauben. Auch hier handelt es sich also im wesentlichen um Konstruktbildungen normativer, in diesem Falle empfehlender oder gar vorschreibender Art. Man könnte und müßte dies eigentlich noch weiterführen, was hier nicht geschehen kann.

11. Pragmatisches Philosophieren
als interpretierendes Transzendieren

In den hier wiedergegebenen Vorlesungen wurden exemplarisch einige zentrale Fragen des aktuellen Philosophierens von der theoretischen bis zur praktischen Philosophie behandelt, wobei insbesondere die erkenntnistheoretische Bedeutsamkeit von Deutungen und deren Ergebnissen sowie Strukturen in Gestalt von Interpretationskonstrukten in den Vordergrund gestellt und der Zusammenhang von Deutungen und Wertungen untersucht wurde: »Von Deutungen zu Wertungen« – dies könnte ein Kurzetikett unserer Bemühungen darstellen. Wir sind von zentralen in der aktuellen philosophischen Diskussion stehenden Problemen der theoretischen Interpretationskonstruktbildungen und ihrer Fruchtbarkeit vorangeschritten zur eingehenden Erörterung von normativen Interpretationskonstrukten und der Frage, wie beiderlei Strukturierungs- und Konstitutionsweise miteinander verzahnt sind. Dabei spielt(e) der Begriff des Handelns eine Achsenrolle. Wir haben das Philosophieren als ein handlungsorientiertes analysiert, als ein mit Hilfe von Konstruktionen und Schemaprojektionen, insbesondere als ein durch Interpretationstätigkeiten arbeitendes Reflektieren. Dieser Ansatz basiert auf einer bestimmten Konzeption, einer pragmatischen, also handlungsgebundenen sowie akteurs- und adressatenorientierten Philosophie. Dieser pragmatische Ansatz besteht nicht darin, daß man in traditioneller, weiser Beschaulichkeit ein bloßes Nach-Denken durchführt, sondern vielmehr darin, daß man auch aktiver vorausdenkt. Dieses Philosophieren ist nicht um jeden Preis sicherungsorientiert, sondern gibt sich entwurfs- und risikofreudiger als das traditionelle absolutistische Begründungsdenken. Es ist also notwendig für das Philosophieren, wieder mutiger Vor-Denker- und Quer-Denker-Tätigkeit zu leisten. Kritik ist notwendig, aber wichtiger noch ist konstruktive praxisorientierte pragmatische Entwurfstätigkeit. Die kritische Tradition muß ins Praktische und Pragmatische gewendet werden.

Man kann sich nicht darauf beschränken, wie es herkömmlich oft in der rationalistischen Tradition gesehen wurde, daß man nur etwas formal Ableitbares oder als sicher oder als logisch Erkennbares reflektiert, sondern man muß sich als Philosophierender entwurfsfreudiger den ungeklärten inhaltlichen Fragen stellen, selbst wenn diese Bemühung – natürlich! – keine endgültigen Ergebnisse zeitigen kann, die man »schwarz auf weiß« nach Hause tragen könnte. Das kann man in der Philosophie außer in formalen oder trivialen Fragen ohnehin nie! Mut zum Eigendenken, zum Eigenwerten! Philosophieren als das das Bestehende übersteigende Reflektieren umfaßt natürlich das Kantische Schlagwort der Aufklärung: »Sapere aude!«: »Habe den Mut, dich deines eigenen Verstandes zu bedienen!« Allerdings in erweiterter Form. Kant bezog das Wort zu sehr noch auf das zu sichernde Wissen. Sein Schlagwort muß ergänzt werden durch: »Criticare aude! Iudicare aude! Evaluare aude!« und gar »Construire aude! Interpretari aude!«: »Wage es (auch), zu kritisieren, zu urteilen, zu bewerten, zu konstruieren und zu interpretieren!« Philosophieren ist also auch bewertende und vor allem interpretierende kreative Reflexionstätigkeit, die Interpretationskonstrukte konzipiert und ausdehnt – sowohl nach deren Bedeutung als auch nach Funktion und Anwendungsbereich. Eine solche pragmatische Philosophie ist mehr als Wissenschaft. Sie ist nicht bloß wissenschaftliche Philosophie, obwohl sie auch Teilgebiete (wie z. B. logische Untersuchungen) enthält, die mehr oder minder rein wissenschaftlich vorgehen. Aber schon Leibniz hatte gesehen und bedauert, daß das, was uns als absolut sicher einsehbar gilt, leider eben nicht das ist, was uns als Menschen zutiefst interessiert und engagiert, und daß die uns wirklich tief engagierenden und fordernden menschlichen Orientierungen und Wahrheiten der wissenschaftlichen sowie einer absoluten Sicherung zumeist entzogen sind. Daraus kann man eigentlich nur den Schluß ziehen, daß das Philosophieren über das bloß wissenschaftliche Argumentieren und Sichern hinausgehen muß. Philosophie ist nicht nur »recherche de la certitude perdu«, sondern Philosophieren ist ein aktives kreatives Entwerfen, das weit über die wissenschaftlichen Teildisziplinen des methodologischen und erkenntnistheoretischen Analysierens, des ontologischen Entwerfens oder rein sprachanalytischen Deutens hinausgeht. Philosophieren ist im Grunde ein ständiges probierendes Ausdehnen der Analyse und sprachlicher Ausdrucksmöglichkeiten, der Interpretationsmöglichkeiten: ein stets weiterfragendes, weiterstrebendes Untersuchen der Grundlagenfragen und ein schrittweise tieferdringendes Analysieren der Interpretationsprägungen und interpretationsverhafteten Imprägnierungen unserer Welterfassungen – einschließlich der konstitutiven und der normativen. Bekanntlich hat Otto Neurath einmal in der Erkenntnistheorie und Wissenschaftsphilosophie das Bild benutzt, daß wir uns alle in einem Schiff auf hoher See befinden, das wir dauernd umbauen müssen, wobei oft eine Planke durch eine andere ersetzt werden muß, das Schiff aber dennoch nicht sinken darf, wir müssen also unsere Begriffs- und Theorienapparate ständig in der Weise umbauen, daß wir dennoch auf dem Meere und in Bewegung bleiben und auch in der Lage sind, einen Kurs zu steuern. Dieses Bild des theorieorientierten Wissenschaftstheoretikers oder Grundlagentheoretikers Neurath kann natürlich auf das Schiff der Interpretationskonstrukte oder der Interpretationen, mit denen wir leben, in denen wir leben, ausgedehnt werden: Wir müssen unsere Interpretationen stets hinterfragen, wir müssen ihren Korpus stets umbauen; wir erkennen unsere Welt durch interpretatives Reflektieren, durch transzendierendes Reflektieren als unsere, als eine von uns in Erkennen und Handeln geprägte Welt. Das »Prägen« der Welt in diesem übertragenen, metaphorischen Sinne hat zweierlei Aspekte: einerseits die Prägung der Erkenntnisformen, der Erfassungsformen, der Erfassungsmöglichkeiten und andererseits eine – wenn auch nur begrenzte – Manipulation und Veränderung der Welt. D. h., das Handeln verändert auch »die Welt« in Abhängigkeit von unseren Interpretationen. Erkennen ist auch ein Handeln, und nur unter der Grundbedingung des Handelns und der Auffassung des Menschen als des handelnden und deutenden Wesens können wir das Erkennen tiefer zu verstehen suchen. Interpretieren ist auch ein Handeln – und jedes Handeln interpretationsgeprägt.

Deutlich ist jedenfalls, daß das Philosophieren sich nicht bequem bei der absoluten Sicherheitssuche zurücklehnen kann, wie es in rationalistischen Zeiten üblich war, sondern daß Umprägungen immer nötig sind. Das Philosophieren ist radikaler, risikoreicher geworden, aber auch entwurfsfreudiger, sozusagen jugendlicher. Der alte Rationalist mit dem Barte verstarb eines natürlichen Todes.

Philosophieren muß lebendig bleiben. »Nur was sich wandelt, lebt«, hat Richard Wagner einmal gesagt. Der pragmatisch Philosophierende ist sozusagen stets wandlungsbereit, stets auf der

Reise, stets im neuen Aufbrechen zu neuen Zielen, neuen Ufern, ja, zu neuen inneren Kontinenten. Philosophieren ist immer ein intellektuelles Wagnis, ein ständiges Fundamenteprüfen und Fundament-Umbauen. Philosophie ist aktiv und kreativ. Wir sind als Philosophierende auf den ständigen Umbau unserer Interpretationen und Interpretationskonstrukte angewiesen. Die Offenheit des Fragens, die Selbstvergewisserung durch Selbstverfraglichung, die über Äußeres und Soziales wie Sprachliches vermittelte, indirekte Selbstverortung und Selbstorientierung im Sinne des steten Hinterfragens, des unaufhörlichen Reflektierens ist notwendig, ist konstitutiv. Philosophie, so wurde ja des öfteren (z. B. eindringlich von Wilhelm Weischedel 1975, 25 ff.) definiert, ist »radikales Fragen«, ist die »radikale Verfraglichung«. Jedenfalls müssen die Offenheit und der kreative Gesichtspunkt des ständigen Suchens, Tastens, Fragens in der Philosophie weiterhin bestehen. Sie kann nicht nur rationalisierende Sicherung oder ideologische Apologetik in irgendeiner Hinsicht sein, sie muß immer erneut, immer offen, stets bereit sein, Neues zu lernen, Neues zu suchen. Sie ist die Disziplin des versuchten Sichorientierens im ständigen Suchen. Die Disziplin der permanenten (notorischen, fast neurotischen (?)) Sich-Selbstinfragestellung, der unablässigen Neuansätze und des Von-neuem- und Zu-Neuem-Aufbrechens – und insofern vielleicht etwas pubertär. Aber dafür immer lernbereit, flexibel, für Neues und das Abenteuer des Geistes offen – Philosophie als pragmatisches Philosophieren ist also anders als ihr übliches Image, die ewig jugendliche Geistesdisziplin – eine Disziplin, die notorisch über Disziplingrenzen hinausdenkt. »Philosophieren«, sagte Martin Heidegger in einer (noch) unveröffentlichten Vorlesung (WS 1928/29), »ist Transzendieren«. Philosophieren, so möchte ich erweitern, ist transzendierendes Interpretieren.

Wer nicht mehr sucht, der lebt nicht mehr – jedenfalls nicht intellektuell! Bleiben wir lebendig Suchende und wehren wir der Erstarrungsgefahr einer Selbstmusealisierung des Philosophierens, wie sie gerade in akademischen Zirkeln und Fakultäten oft zu finden ist. Bleiben wir lebendig beim Verfraglichen und Verändern bzw. Neuentwerfen und Umbauen unserer Interpretationskonstrukte. Philosophieren ist – wie gesagt – interpretierendes Transzendieren. Durch Interpretationsveränderung zu neuen Ufern! Das Wagnis des Aufbruchs, das Abbrechen der Brücken, der alten Hütten – das macht den Philosophierenden sozusagen zu einem »Wikinger des Geistes«. Sollte er nicht immer versuchen, auf diese Weise zu neuen geistigen Kontinenten zu gelangen? Ein Wikinger des Geistes innerhalb der Akademie, aber nicht nur innerhalb der universitären Welt, sondern auch darüber hinaus ein Wahrheitssucher, ein normativer Anmahner, als Mischung zwischen Shakespeareschem Narren einerseits und der kindlichen Wahrheitssuche andererseits. In der Welt sind wir als Philosophierende oft nicht anerkannt, wir werden belächelt: Das war ja schon zu Platons Zeiten so, daß der Philosoph, der aus dem Licht der Ideenschau in die Höhle zurückkam, als Fremder, als Narr belächelt oder gar ausgelacht wurde. Wie sagt das Sprichwort: »Kinder und Narren ...«: Jugendliche und Philosophierende ... haben auch einen tiefen Wahrheitsdrang.

Das Philosophieren soll weiterhin jugendliches, wagemutiges Rekognizieren, Reevaluieren, offenes Weitersuchen und Neubeurteilen – transzendierendes Interpretieren – bleiben. Das Philosophieren hat weiterhin ständig die Rolle des Jugendlichen des Geistes zu spielen, ist immer in der Orientierungsphase. Der »Wikinger des Geistes« sollte freilich nicht die Eroberungsmentalität der historischen Wikinger mit ihren Aggressionen, mit Brandschatzungen, Eroberungen und Machtinstinkten haben und hegen, sondern allenfalls rein intellektueller »Brandstifter« sein: metaphorisch »Brandstifter des Geistes« (der die Probleme zum Brennen bringt). Nur wer selber brennt, kann andere entzünden!

Literatur

Abel, Günter: Nietzsche. Die Dynamik der Willen zur Macht und die ewige Wiederkehr. Berlin/New York 1984.

Anderson, A. R.: Reduction of Deontic Logic to Alethic Modal Logic. In: Mind 67 (1958), S. 100-103.

Averill, James R.: A Constructivist View of Emotion. In: Plutchik, R./Kellermann, H. (Hg.): Theories of Emotions. Bd. 1, New York 1980.

Ax, A.: The Physiological Differentiation Between Fear and Anger in Humans. In: Psychosomatic Medicine 15 (1953), S. 433-442.

Ayer, Alfred J.: Sprache, Wahrheit und Logik. Stuttgart 1970.

Bannister, Don/Fransella, Fay: Der Mensch als Forscher. Münster 1981.

Bartlett. F. C.: Remembering. Cambridge 1932.

Bartlett, F. C.: Thinking. New York 1958.

Bayertz, Kurt: Verantwortung als Reflexion. In: Hubig, Ch. (Hg.): Verantwortung in Wissenschaft und Technik. Kolloquium an der TU Berlin, WS 1987/88. TUB-Dokumentation. Berlin 1990. S. 89-101.

Birbaumer, N.: Psychophysiologische Ansätze. In: Euler, H. A./Mandl, H. (Hg.): Emotionspsychologie. München 1983. S. 45-52.

Boulding, Kenneth E.: The Interplay of Technology and Values. In: Baier, Kurt/Rescher, Nicholas (Hg.): Values and the Future. New York/London 1969. S. 336-350.

Broad, C. D.: Philosophy 21 (1946), wiederabgedruckt in: Some of the Main Problems of Ethics. In: Feigl, M./Sellars, W. (Hrsg.): Readings in Philosophical Analysis. New York 1949. S. 547-563.

Bruner, Jerome S.: Studien zur kognitiven Entwicklung. Stuttgart 1971.

Davidson, Donald: Was ist eigentlich ein Begriffsschema? In: Davidson, Donald: Wahrheit und Interpretation. Frankfurt a. M. 1986. S. 261-282.

Davitz, Joel R.: The Language of Emotion. New York 1969.

Devitt, Michael/Sterelny, Kim.: Language and Reality. Oxford 1987.

Dörner, Dietrich: Die Fähigkeit des Menschen zum Denken in komplexen Systemen. Basel 1984.

Dörner, Dietrich: Die Logik des Mißlingens. Reinbek 1989.

Field, Hartry: Tarski's Theory of Truth. Journal of Philosophy 69 (1972) S. 347-375.

Flores, Albert/Johnson, Deborah G. (1983): Collective Responsibility and Professional Roles. In Ethics 93 (1983), S. 537-545.

French, Peter A. (1984): Collective and Corporate Responsibility. New York 1984.

French, Peter A. (Hg.) (1972): Individual and Collective Responsibility. Cambridge, MA 1972.

Gehlen, Arnold: Urmensch und Spätkultur, Philosophische Ergebnisse und Aussagen. Bonn 1956.

Gibson, James J.: Die Sinne und der Prozeß der Wahrnehmung. Bern u. a. 1973 (Orig. 1966).

Gibson, James J.: Wahrnehmung und Umwelt. Der ökologische Ansatz in der visuellen Wahrnehmung. München u. a. 1982.

Goffman, Erving: Rahmenanalyse. Frankfurt a. M. 1977.

Görtzen, René: Duty and Inclination. The Phenomenological Value Ethics of Hans Reimer. In: The Journal of Value Inquiry 25 (1991), 119-145.

Groeben, Norbert: Handeln – Tun – Verhalten als Einheiten einer verstehend-erklärenden Psychologie. Tübingen 1986.

Groeben, Norbert/Scheele, B.: Produktion und Rezeption von Ironie. Tübingen 1984.

Groeben, Norbert/Wahl, D./Schlee, J./Schiele, B.: Das Forschungsprogramm. Subjektive Theorien. Tübingen 1988.

Hacking, Ian: Die Bedeutung der Sprache für die Philosophie. Königstein/Taunus 1984 (Orig. Cambridge 1975).

Harré, Rom M.: The Social Construction of Emotions. Oxford 1986.

Harré, Rom M.: Die Sprache der Moral. Frankfurt a. M. 1983.

Hartmann, Nicolai: Ethik. Berlin ⁴1962.

Heider, Fritz: Social Perception and Phenomenal Causality. In: Psychological Review 51 (1944) S. 358-374.

Hubel, David H./Wiesel, Thorsten N.: Die Verarbeitung visueller Information. In: Spektrum-Verlag: Wahrnehmung und visuelles System. Heidelberg 1986, S. 36-47.

Hubel, David H.: Auge und Gehirn. Heidelberg 1989.

Hume, David: Untersuchungen über die Prinzipien der Moral. Hamburg 1972.

Inglehart, Ronald: Kultureller Umbruch. Frankfurt a. M. 1988.

Jonas, Hans: Das Prinzip Verantwortung. Frankfurt a. M. 1979.

Izard, Caroll E./Buechler, S.: Aspects of Consciousness and Personality in Terms of Differential Emotions Theory. In: Plutchik, R./Kellermann, H. (Hg.): Theories of Emotions. New York 1980. S. 165-181.

Kant, Immanuel: Kritik der praktischen Vernunft. Akademie-Textausgabe. Bd. v. Berlin 1968. S. 1-164.

Kant, Immanuel: Die Metaphysik der Sitten. Akademie-Textausgabe. Bd. vi. Berlin 1968. S. 203-494.

Kant, Immanuel: Kritik der reinen Vernunft. (A: 1781, B: 1787). Hamburg 1976.

Kelsen, Hans: Hauptprobleme der Staatsrechtslehre. Tübingen 1911.

Kelly, George A.: The Psychology of Personal Constructs. 2. Bde. New York 1955.

Klages, Helmut/Kmieciak, Peter (Hg.): Wertewandel und gesellschaftlicher Wandel, Frankfurt–New York 1979.

Kluckhohn, Clyde: Values and Value-Orientation in the Theory of Action. An Exploration in Definition and Classification. In: Parsons, T./Shils, E. A. (Hg.), Towards a General Theory of Action. Cambridge/Mass. 1951, S. 388-433.

Kmieciak, Peter: Wertstrukturen und Wertewandel in der Bundesrepublik Deutschland. Göttingen 1976.

Koestler, Artur. Der Mensch – Irrläufer der Evolution. Bern 1978.

Kripke, Saul: Wittgenstein über Regeln und Privatsprachen. Frankfurt a. M. 1987.

Ladd, John: The Ethics of Participation. In: Nomos 16 (1975) S. 98-125.

Ladd, John: Bhopal: Moralische Verantwortung, normale Katastrophen und Bürgertugend. In: Lenk, H./Maring, M. (Hg.): Wirtschaft und Ethik. Stuttgart 1992. S. 285-300.

Lantermann, Ernst D.: Handlung und Emotion. In: Emotionspsychologie. München/Wien/Baltimore 1983.

Lantermann, Ernst D.: Kognitive und emotionale Prozesse beim Handeln. In: Mandl, Heinz/Huber, Günter L. (Hg.): Emotion und Kognition. München/Wien/Baltimore 1983.

Laucken, Uve: Denkformen der Psychologie. Dargestellt am Entwurf einer Logographie der Gefühle. Bern u. a. 1989.

Lazarus, Richard S./Averill, J. R./Opton, E. M.: Ansatz zu einer kognitiven Gefühlstheorie. In: Birbaumer, H. (Hg.): Psychophysiologie der Angst. München 1977 (Orig. 1970). S. 182-207.

Lazarus, Richard S./Kanner, A. D./Folkmann, S.: Emotions: A Cognitive-Phenomenological Analysis. In: Plutchik, R./Kellermann, H. (Hg.): Theories of Emotions. New York 1980. S. 189-217.

Lazarus, Richard S.: Thoughts on the Relation between Emotion and Cognition. In: American Psychologist 37 (1982) S. 19-24.

Lenk, Hans (1986b): Zur Frage der Verantwortung des Wissenschaftlers. In E. Braun (Hg.): Wissenschaft und Ethik. Bern–Frankfurt a. M.–New York 1986, S. 117-143.

Lenk, Hans (1987b): Über Verantwortungsbegriffe und das Verantwortungsproblem in der Technik. In Lenk/Ropohl 1987, S. 112-148.

Lenk, Hans (1989): Können Informationssysteme (moralisch) verantwortlich sein? In Informatik-Spektrum (1989), S. 248-255.

Lenk, Hans/Ropohl, G. (Hg.) (1987): Technik und Ethik. Stuttgart 1987.

Lenk, Hans: Gewissen und Verantwortung als Zuschreibungen. In: Zeitschrift für philosophische Forschung 41 (1987) S. 571-591.

Lenk, Hans: Konträrbeziehungen und Operatorengleichungen im deontologischen Sechseck. In Lenk (Hg.) 1974, S. 198-206.

Lenk, Hans (Hg.): Normenlogik. Pullach 1974.

Lenk, Hans: Verfiel der Wert der Arbeit in der Bundesrepublik? In: Menne, A. (Hg.): Philosophische Probleme von Arbeit und Technik. Darmstadt 1987, S. 90-111.

Lenk, Hans: Philosophie und Interpretation. Frankfurt a. M. 1993.

Lenk, Hans: Handlung als Interpretationskonstrukt. Entwurf einer konstituenten- und beschreibungstheoretischen Handlungsphilosophie. In: Lenk, H. (Hrsg.): Handlungstheorien interdisziplinär, Bd. II: Handlungserklärung und philosophische Handlungsinterpretation, 1. Halbbd. München 1978. S. 279-350.

Lenk, Hans: Handlungserklärung und Handlungsrechtfertigung unter Rückgriff auf Werte. In: Lenk; H. (Hrsg.): Handlungstheorien interdisziplinär, Bd. II: Handlungserklärung und philosophische Handlungsinterpretation, 2. Halbbd. München 1979. S. 597-616.

Lenk, Hans: Verantwortung für die Natur. Gibt es moralische Quasirechte von oder moralische Pflichten gegenüber nichtmenschlichen Naturwesen? In: Allgemeine Zeitschrift für Philosophie 8 (1983) S. 1-18.

Lenk, Hans: Zur Verantwortung des Ingenieurs bei Kontrolle und Innovation. Ethikkodizes im technischen Fortschritt. In Innovation: Idee, Technologie, Know How 1986, S. 201-204.

Lenk, Hans: Zur Frage der Verantwortung des Wissenschaftlers. In: Braun, Edmund (Hrsg.): Wissenschaft und Ethik. Bern/ Frankfurt a. M./New York 1986. S. 117-143. (Zitiert als 1986b.)

Lenk, Hans: Verantwortung und Gewissen des Forschers. In: Neumaier, Otto (Hrsg.): Wissen und Gewissen. Arbeiten zur Verantwortungsproblematik. Wien 1986 S. 33-55. (Zitiert als 1986c.)

Lenk, Hans: Zu einem methodologischen Interpretationskonstruktionismus. In: Journal for General Philosophy of Science 22 (1991), S. 283-302.

Liebhart, Ernst H. (1975b): Über die Zuschreibung von Verantwortlichkeit. S. 212-226 in Zeitschrift für Sozialpsychologie 6 (1975).

Livingstone, Margret S.: Kunst, Schein und Wahrnehmung. In: Spektrum-Verlag: Gehirn und Kognition. Heidelberg 1990. S. 156-163.

MacCormac, Earl R.: Werte und Technik: Wie man ethische und menschliche Werte in öffentlichen Planungsentscheidungen einbringt. In: Bungard, Walter/Lenk, Hans (Hrsg.): Technikbewertung. Frankfurt a. M. 1988. S. 308-327.

MacLean, Paul D.: A Triune Concept of the Brain. In: T. J. Boag/D. Campell: The Triune Concept of the Brain and Behaviour. Toronto 1973.

MacLean, Paul D.: New Findings Relevant to the Evolution of Psychosexual Functions of the Brain. In: Journal of Nervous and Mental Disease 135 (1962), Nr. 4, S. 289-301.

Mandler, George: Denken und Fühlen. Zu einer kognitiven Theorie emotionaler Prozesse. Paderborn 1979.

Mandler, George: The Generation of Emotion: A Psychological Theory. In: Plutchik, Robert/Kellermann, Henry (Hg.): Theories of Emotions. New York 1980. S. 219-243.

McCoy, Mildred M.: A Reconstruction of Emotion. In: Bannister, D. (Hg.): New Perspectives in Personal Construct Theory, New York 1977. S. 93-124.

Merkel, Reinhard: ›Denk nicht, sondern schau!‹ Lichtenberg und Wittgenstein. Merkur 42 (1988), H. 1, 2743.

Miller, George A./Galanter, Eugene/Pribram, Karl H.: Plans and the Structure of Behaviour. London u. a. 1960.

Moore, George Edward: Principia Ethica. Stuttgart 1970.

Nagel, Thomas. Was soll das alles bedeuten? Stuttgart 1988. (Orig. 1987.)

Neisser, Ulric: The Multiplicity of Thoughts. In: British Journal of Psychology 54 (1963) S. 1-14.

Neisser, Ulric: Kognitive Psychologie. Stuttgart 1974.

Neisser, Ulric: Kognition und Wirklichkeit. Stuttgart 1979.

Neumaier, Otto (Hg.): Wissen und Gewissen. Arbeiten zur Verantwortungsproblematik. Wien 1986.

Nowell-Smith, P. H.: Ethics. Harmondsworth/Middlesex ³1959.

Ogden C. K./Richards, I. A.: The Meaning of Meaning. New York 1923 (Dt. Die Bedeutung der Bedeutung. Frankfurt a. M. 1974).

Osgood, Charles E./May, William, E./Murray, S. Miron: Cross-cultural Universals of Affective Meaning. Urbana, IL 1975.

Parsons, Talcott/Shils, Edward A. (Hg.): Towards a Generals Theory of Action. Cambridge, MA 1951.

Plutchik, Robert: Emotion. A general psychoevolutionary theory of emotion. In: Scherer, K. R./Ekman, P. (Hg.): Approaches to Emotion. Hillsdale, N. J. 1984, S. 197-219.

Plutchik, Robert/Kellermann, Henry (Hg.): Emotion. Bd. 3. New York/London/Toronto/Sydney/San Francisco 1986. ●

Plutchik, Robert: A General Psychoevolutionary Theory of Emotion. In: Plutchik, Robert/Kellermann, Henry (Hg.): Theories of Emotions Bd. 1 New York 1980. S. 3-33.

Plutchik Robert/Kellerman, H. (Hg.): Theories of Emotion. 2 Bde. New York 1980.

Pothast, Ulrich: Philosophisches Buch. Frankfurt a. M. 1988.

Putnam, Hilary: Die Bedeutung von ›Bedeutung‹. Frankfurt a. M. 1979 (amerik. 1975).

Putnam, Hilary: Vernunft, Wahrheit und Geschichte. Frankfurt a. M. 1982 (Orig.: Cambridge 1981).

Quine, Willard Orman Van: Wort und Gegenstand. Stuttgart 1980 (Orig.: 1960).

Reiner, Hans: Gut und Böse. Freiburg 1965.

Rescher, Nicholas: Introduction to Value Theory, Englewood Cliffs, N. J. 1969.

Ritter, Joachim/Gründer, Karlfried (Hg.): Historisches Wörterbuch der Philosophie. Bd. 6. Basel/Stuttgart 1984. Stichwort »Norm«. Sp. 906-920.

Rock, Irvin: Wahrnehmung – Vom visuellen Reiz zum Sehen und Erkennen. Heidelberg 1985.

Rokeach, Milton: The Nature of Human Values. New York–London 1973.

Ross, Alf: Directives and Norms. London 1968.

Rötzer, Florian: Französische Philosophen im Gespräch. München 1986.

Rudolph, Wolfgang: Die Amerikanische »Cultural Anthropology« und das Wertproblem. Berlin 1959.

Rumelhart, David E.: Schemata: The Building Blocks of Cognition (1978, Center for Human Information Processing La Jolla CA) In: Spiro, R./Bruce, B./Brewer, W. (Hg.): Theoretical Issues in Reading Comprehension. Hilldale, NJ 1980.

Rumelhart, David E./McClelland, James L.: Explorations in Parallel Distributed Processing. Cambridge, MA 1988.

Russell, Bertrand: Human Knowledge. London 1948.

Sagan, Carl: The Dragons of Eden. New York 1977 (TB. 1977, Ballantine).

Schachter, Stanley/Singer, Jerome E.: Cognitive social and physiological determinants of emotional states. In: Psychological Review 69 (1962) S. 379-399.

Schank, Roger/Abelson, Robert: Scripts, Plans, Goals, and Understanding. Hillsdale, NJ 1977.

Scheele, Brigitte: Emotionen als bedürfnisrelevante Bewertungszustände. Grundriß einer epistemologischen Emotionstheorie. Bern u. a. 1990.

Scheler, Max: Der Formalismus in der Ethik und die materiale Wertethik. Gesammelte Werke. Bd. 2. Bern/München ^{4}1954.

Scherer, K.: Wider die Vernachlässigung der Emotion in der Psychologie. In: Michaelis. W. (Hg.): Bericht über den 32. Kongreß der Deutschen Gesellschaft für Psychologie in Zürich 1980. Göttingen 1981. Bd. 1. S. 304-314.

Schramm, Alfred: Norm-Folgen ohne Normenlogik. In: Krawietz, Werner u. a. (Hg.): Theorie der Normen (Festschrift f. Ota Weinberger). Berlin 1984. S. 441-446.

Schweitzer, Albert: Kultur und Ethik. (1923) München ^{2}1960.

Singer, Wolf: Das Jahrzehnt des Gehirns. Frankfurter Allgemeine Zeitung 27. 12. 1990, S. N. 1.

Solomon, Robert C.: The Passions. The Myth and Nature of Human Emotions. New York ^{2}1977.

Spektrum der Wissenschaft (Hg.): Gehirn und Kognition. (Einführung: Wolf Singer) Heidelberg, o. J.

Stevenson, Charles L.: Ethics and Language. New Haven/London ^{12}1968.

Tiger, Lionel/Fox, Robin: Das Herrentier. Steinzeitjäger im Spätkapitalismus. München 1973.

Topitsch, Ernst: Vom Ursprung und Ende der Metaphysik. Wien 1958.

Treisman, Anne: Merkmale und Gegenstände in der visuellen Verarbeitung. In: Spektrum-Verlag: Gehirn und Kognition. Heidelberg 1990. S. 134-145.

Ulich, Dieter: Das Gefühl. Über die Psychologie der Emotionen. München 1985.

Weinberger, Ota: Der Normenlogische Skeptizismus. In: Rechtstheorie 17 (1986), S. 13-81.

Weinberger, Ota: Ex Falso Quodlibet in der deskriptiven und in der präskriptiven Sprache. In: Rechtstheorie 6 (1975), S. 17-32.

Weinberger, Ota: Ideen zur logischen Normensemantik. In: Haller, R. (Hg.): Jenseits von Sein und Nichtsein. Graz 1972, S. 295-311.

Weinberger, Ota: Normenlogik und logische Bereiche. In: Conte, A. G./Hilpinen, G./Wright, G. H. v. (Hg.): Deontische Logik und Semantik, Wiesbaden 1977, S. 176-212.

Weischedel, Wilhelm: Der Gott der Philosophen. Grundlegung einer philosophischen Theologie im Zeitalter des Nihilismus. Bd. 1: Wesen, Aufstieg und Verfall der philosophischen Theologie. Darmstadt 1975.

Werhane, Patricia H. (1985): Persons, Rights and Corporations. Englewood Cliffs, NJ 1985.

Wittgenstein, Ludwig: Philosophische Untersuchungen. Frankfurt a. M. 1982.

Wittgenstein, Ludwig: Tractatus logico-philosophicus. Frankfurt a. M. 1960.

Wright, Georg Henrik von: Bedingungsnormen – ein Prüfstein für die Normenlogik. In: Krawietz, W. u. a. (Hg.): Theorie für Normen (Festschrift f. Ota Weinberger). Berlin 1984, S. 447-456.

Wright, Georg Henrik von: Norm und Handlung. Königstein/Ts. 1979 (Orig. 1963).

Zajonc, R. B.: Feeling and Thinking. Preferences Need no Inferences. In: American Psychologist 1980, Nr. 2, S. 151-175.

Zimmer, Dieter: Die Vernunft der Gefühle: Ursprung, Natur und Sinn der menschlichen Emotion. München 1984.

Namenregister

Abel, G., 66, 67
Abelson, R., 111
Alexander, 68
Allen, W., 58, 121
Anderson, A., 228
Aristoteles, 68, 69, 162
Averill, J. R., 130, 147
Ax, A., 128
Ayer, A., 33, 171

Bannister, D., 60, 142
Bartlett, F. C., 11
Bayertz, K., 258
Berkeley, G., 33
Birbaumer, N., 128
Boulding, K., 171
Broad, C. D., 173
Bruder, R., 261
Bruner, J. S., 111
Büechler, S., 136

Chomsky, N., 33
Cicero, 207
Cook, J., 33, 34

Dalton, J., 70
Davidson, D., 33, 111
Davitz, J. R., 132, 133
Delgado, J. M., 135
de Saussure, F., 42
Descartes, R., 46
Devitt, M., 71, 73
Dörner, D., 119, 136, 160

Einstein, A., 161
Euklid, 115

Field, H., 65
Fodor, J., 58
Fox, L., 122

Fransella, F., 60, 142
Frege, G., 19
French, P., 261, 262

Galanter, E., 59
Galilei, G., 23
Gehlen, A., 120, 201
Geiger, T., 167
Gibson, J., 106, 107
Goodman, N., 58
Görtzen, R., 178
Goethe, J. W. v., 9, 16
Goffman, E., 111
Groeben, N., 148, 153, 159

Hacking, I., 33
Hare, R., 171, 214, 220
Harré, R., 130
Hartmann, N., 174, 208
Hebb, D. O., 120
Hegel, G. W. F., 15
Heidegger, M., 20, 25, 277
Heider, F., 243, 244
Heisenberg, W., 23
Helmholtz, H. v., 93, 94, 95
Hilbert, D., 22
Hubel, D., 86, 96
Humboldt, W. v., 153
Hume, D., 11, 17, 170, 214
Husserl, E., 46, 178

Inglehart, R., 187
Izard, C. E., 136

James, W., 11
Johannes (Evangelium), 7, 9
Jonas, H., 256, 257

Kant, I., 46, 47, 80, 81, 82, 87, 88,
112-116, 175, 176, 197, 275

Analytisches Inhaltsverzeichnis

suhrkamp taschenbücher wissenschaft
Philosophie

suhrkamp taschenbücher wissenschaft
Philosophie

suhrkamp taschenbücher wissenschaft
Philosophie

suhrkamp taschenbücher wissenschaft
Philosophie

suhrkamp taschenbücher wissenschaft
Philosophie

suhrkamp taschenbücher wissenschaft
Philosophie

suhrkamp taschenbücher wissenschaft
Philosophie

suhrkamp taschenbücher wissenschaft
Philosophie

suhrkamp taschenbücher wissenschaft
Philosophie

suhrkamp taschenbücher wissenschaft
Philosophie

suhrkamp taschenbücher wissenschaft
Philosophie

Über sämtliche bis Mai 1992 erschienenen suhrkamp taschenbücher wissenschaft (stw) informiert Sie das Verzeichnis der Bände 1 – 1000 (stw 1000) ausführlich. Sie erhalten es in Ihrer Buchhandlung.